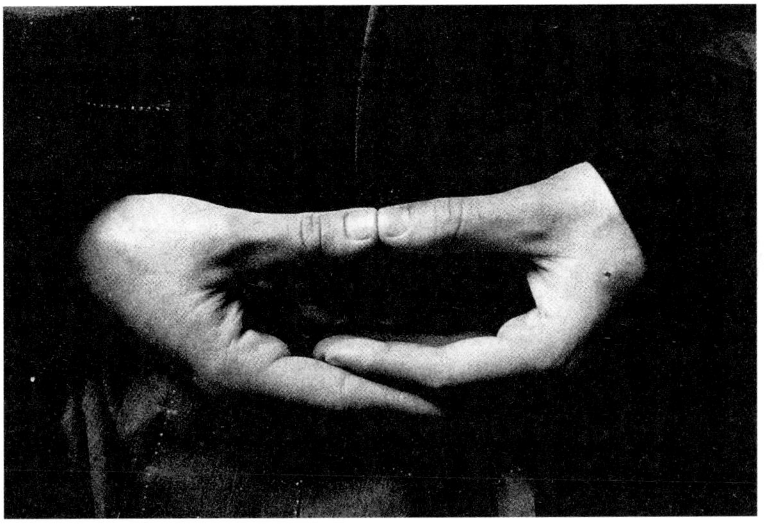

Avec mes remerciements
à Bernard Alexandre pour son enrichissante ouverture d'esprit,
à Clément Blin, auteur de *La Chirométrie*,
Hélène Cavanagh, Yves C. et Karine T. pour leur aide et leurs précieux conseils.

Illustration de la page précédente :
Attitude traditionnelle des mains dans le zazen, au Japon, position assise pour la pratique des exercices de la méditation zen destinée à produire l'illumination. Elle consiste à poser la main gauche ouverte dans la droite, le dos des deux mains tourné vers le bas, et à soulever légèrement les pouces, ce qui fait que leurs extrémités se touchent. (Ph. Farkas-Fotogram)

La conception et la réalisation intérieures ont été réalisées par C.V.S. (Lauffray),
la recherche iconographique
par Hélène Morlier.
Les photos des pages 63, 64, 79, 80, 82, 83, 85, 87, 89 et 91 sont de Maurice Rougemont.
Les dessins des pages 5, 78 et des pages 103 à la fin du livre sont l'œuvre d'Anne Ducoté.

Edition du Club France Loisirs, Paris,
avec l'autorisation des Editions Hatier.

ISBN : 2.7242-3670.X
N° Editeur : 13132

CATHERINE d'AMECOURT RATHLE

LA CHIROLOGIE

LE LANGAGE DES MAINS

FRANCE LOISIRS
123, boulevard de Grenelle, Paris

SOMMAIRE

les doigts et les monts

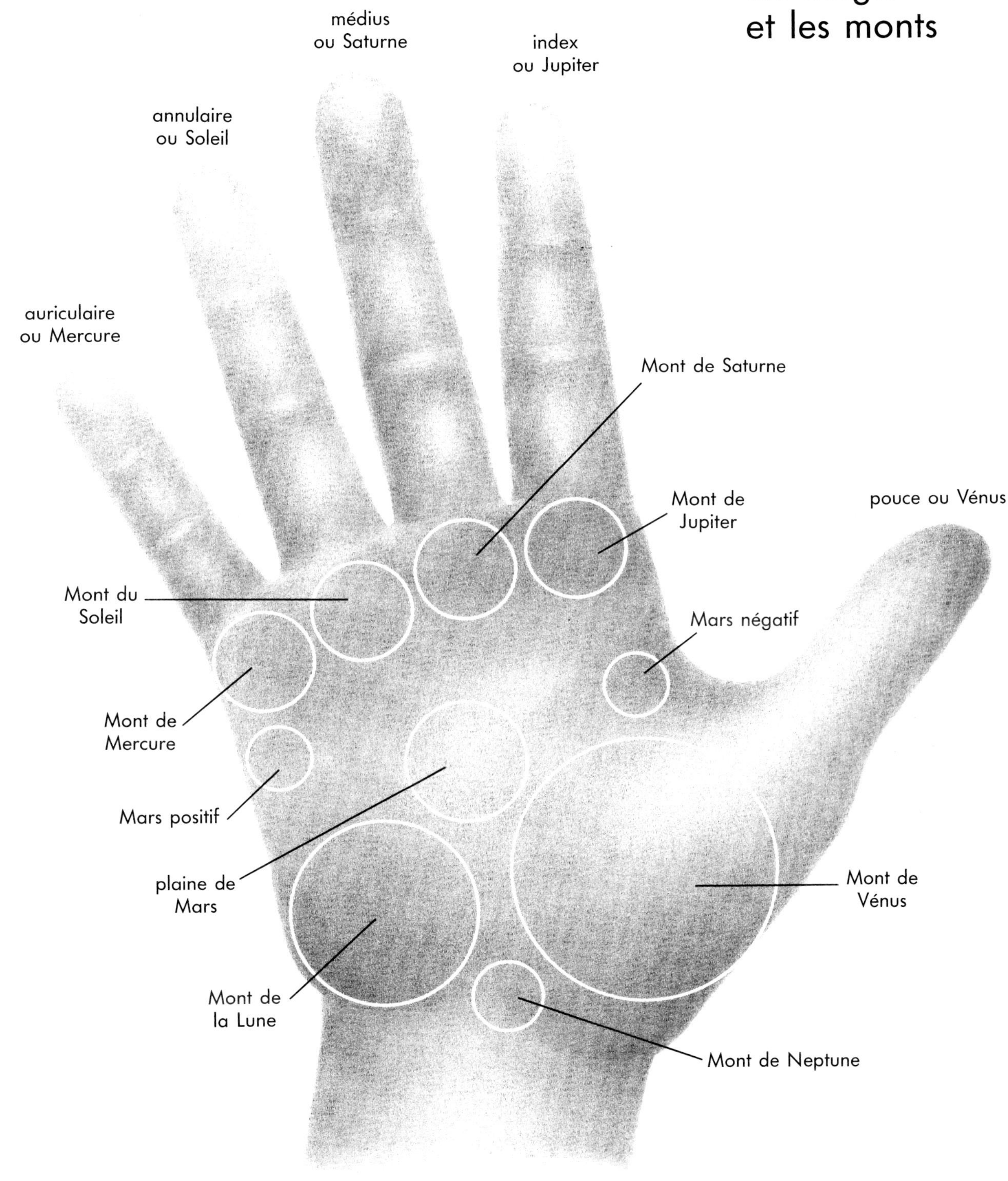

▼ *Deux dessins des lignes de la main, extraits de l'ouvrage de Jean d'Indagine,* Chiromantia, Physiognomica, *Argentorati, 1534. (Ph Bibliothèque nationale, Paris) (voir détails en fin d'ouvrage)*

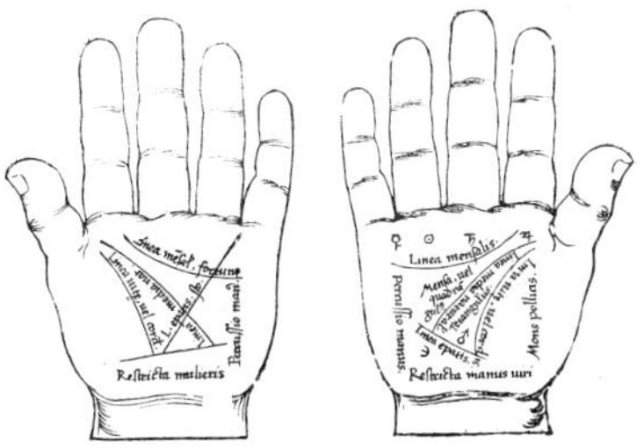

INTRODUCTION

Les mains sont l'essence même de l'homme. D'abord éducatrices, elles nous permettent, enfants, de découvrir le monde et de développer notre intelligence. Puis, fidèles interprètes de nos sentiments, elles deviennent les témoins attentifs et privilégiés de notre vie.
Gestes d'hommes politiques animant la parole, la secondant ou la trahissant. Mais aussi gestes de passion ou de tendresse révélant le non-dit, allant plus loin que les mots. Jeux de mains affirmant de la droite et séduisant de la gauche dans un perpétuel relais. Les mains de la danseuse balinaise, celles du pianiste courant sur le clavier, celles des artisans et du travail bien fait, celles du prêtre nous bénissant, celles de nous tous, sœurs révélatrices de chaque instant. Mains au message impartial car leurs formes, leur couleur et leurs lignes échappent à notre contrôle conscient. A nous de déchiffrer ces amies de toutes les heures.
Toutes montrent le désir de vivre, d'aimer et d'être aimé, celui de réussir sa vie pour devenir célèbre aux yeux de la société ou atteindre un équilibre intérieur. Malgré les difficultés, les errances, les brisures, les chocs affectifs, les vies se lisent comme un tout : dans leurs joies et leurs peines, leurs échecs et leurs succès, un livre toujours ouvert.
« Connais-toi toi-même », comme il est gravé sur le fronton du temple de Delphes : tel est le but de la chirologie. Ses premiers adeptes furent médecins comme Hippocrate, qui examinait les mains pour y voir l'état de santé, et philosophes comme Aristote qui affirmait dans son De Historia Animalium *que « les lignes ne sont pas écrites vainement dans la main des hommes ; elles proviennent de l'influence du ciel sur leur destinée ».*
Mais, alors que la chiromancie prédisait l'avenir dans les lignes de la paume, la chirologie étudie les corrélations de l'ensemble des mains avec la constitution physique, le tempérament et le caractère d'un individu, ce qui lui permet d'en dresser un portrait psychologique. Ce bilan raconte comment s'est forgée la personnalité dans le passé, son affirmation au présent et le but vers lequel elle tend. Les fluctuations des lignes qu'on peut suivre grâce à des empreintes confirment cette évolution. Elles prouvent notre liberté d'action et la responsabilité que nous avons de notre vie.
La chirologie ne prédit pas l'avenir. Elle voit le devenir. A nous d'en faire ce que nous voulons.

◀ *Hommage rendu à Darius, détail, main de Xerxès. Epoque achéménide. Trésorerie, Persépolis. (Ph Giraudon)*

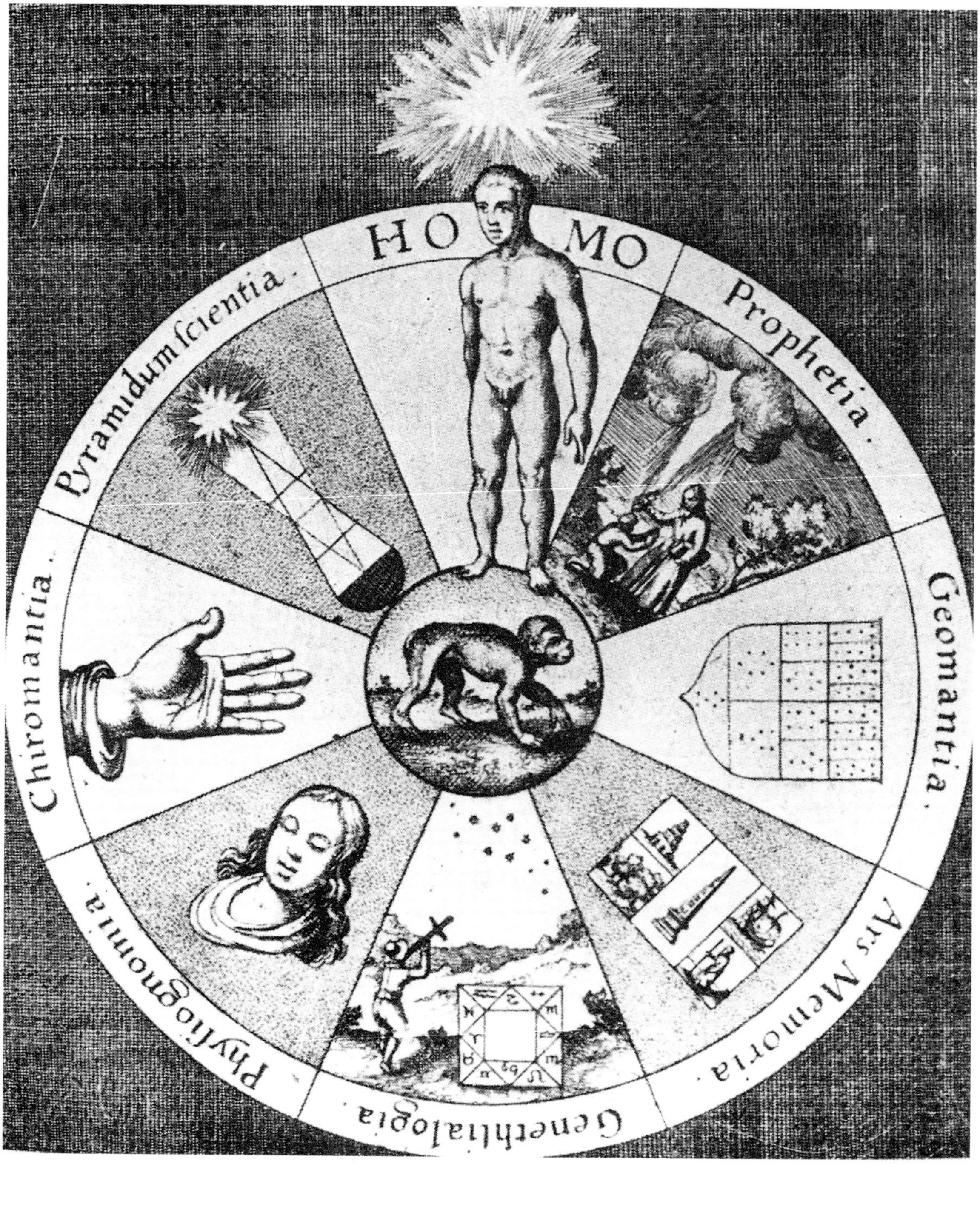

▲ *Schéma des arts divinatoires, extrait de l'ouvrage de l'Anglais Robert Fludd (1574-1637) :* Utriusque Cosmi Historia, *Oppenheim, 1619. (Ph Harlingue-Viollet)*

PREMIERE PARTIE

LA CHIROLOGIE DANS L'HISTOIRE

« Pourquoi la main ne résumerait-elle pas la physionomie, puisque la main est l'action humaine tout entière et son seul moyen de manifestation ? »

Balzac
Le Cousin Pons

dusis. dipondis. tressis. quadra
sis. quinquis. sexis. Septusis.
octusis. et c e t e ra.

La chirologie est l'étude des corrélations de la main avec la constitution physique, le tempérament et le caractère d'un individu. Etymologiquement, ce mot provient du grec *kheir* qui veut dire main, et de *logos*, parler ou discourir. Elle se décompose en deux parties :

• la chirognomonie (en grec : *gnômón,* qui connaît), l'examen des formes de la main, rénovée au XIXe siècle par le capitaine d'Arpentigny ;

• la chiromancie (en grec : *manteia,* la divination), l'interprétation des lignes et des signes inscrits sur la paume et les doigts.

▲ *Clef de voûte, la main de Dieu bénissant. Eglise de Saint-Guilhem-le-Désert, Hérault, XIIe siècle. (Ph Roger-Viollet)*

◀ *L'art de compter avec les doigts de 1 à 20 000. Planche extraite de* Raban Maur, De Numeris, *manuscrit médiéval, Allemagne. Bibliothèque nationale, Lisbonne. (Ph Giraudon)*

CHIROLOGIE ET CULTURE

Dans l'Antiquité, les mains servaient à diagnostiquer l'état de santé, à déterminer l'hérédité et la constitution émotionnelle et physique de l'individu, et à connaître sa psychologie. Cette étude appelée chirosophie (en grec *sophia*, « sagesse ») faisait partie des sciences humaines, au même titre que la médecine, l'anatomie, l'alchimie ou la philosophie, toutes lancées à la découverte de ce mystère qu'était l'homme. La main, zodiaque en miniature, révélait l'horoscope de chaque être, l'homme étant lui-même microcosme du système solaire. La définition que l'on donne de la chirosophie au XVIIe siècle (« l'art d'exprimer les pensées par des mouvements et des figures qu'on fait avec les doigts[1] ») montre qu'elle ne se souciait que des gestes et du comportement humain. L'homme ne reflétait plus le cosmos, mais devenait un spécimen à examiner au microscope de la science. A l'émerveillement humaniste succédait l'ère de la spécialisation.

Car, malgré les possibilités scientifiques et médicales qu'elle apportera, la découverte des relations directes de la paume avec le cerveau ne fera que confirmer la croyance millénaire selon laquelle les mains reflètent notre personnalité, que cela s'appelle « prédire l'avenir ou le destin » ou « raconter la bonne aventure ». Aujourd'hui, même si elle n'est pas encore prouvée scientifiquement, cette prise directe avec notre propre individualité est suffisamment passionnante pour qu'on s'y intéresse. Au travers des mots de la chiromancie résonne une conscience populaire qui a résisté à tout intellectualisme et à une rationalité desséchante. Ce désir de survie à travers les siècles ne vaut-il pas qu'on s'y arrête ? Combien de proverbes, de croyances ou de remèdes de « bonne femme » n'ont-ils pas été démontrés scientifiquement ?

« La plus belle expérience que nous puissions vivre est celle du mystère », écrivait Albert Einstein.

Bravant l'hérédité, les contraintes et les exercices de pouvoir de la société, la compréhension psychologique des formes et des lignes de la main permet d'entrevoir

◄ *Main pharaonique, bas-relief, Grand Temple d'Amon, Karnak, Egypte. (Ph Michel Hayaux du Tilly)*

▼ *Extrait d'une planche de* Philosophus, *un des premiers traités de chirologie, de John Bulwer. (Archives Snark, ph Edimédia)*

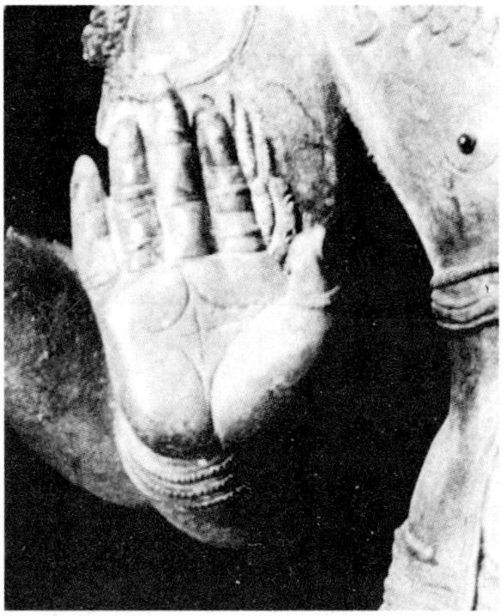

▲ *Vishnou, et détail de la main droite, Inde, XIIe siècle. Musée national, Madras, Inde. (Ph Lauros-Giraudon)*

la personnalité spécifique de chaque être. Quant à la fluctuation des lignes, elle prouve la liberté d'action et la responsabilité que nous avons de notre vie.

LES ORIGINES

D'où vient la chiromancie ? Son origine est-elle chaldéenne, sumérienne, égyptienne ou hindoue ? Vieille tradition orale, les mots qui la définissent n'ont pratiquement pas changé depuis l'Antiquité, comme s'ils se faisaient l'écho d'un ancien savoir ou d'un langage oublié.

L'Inde, berceau de la chirologie

En Inde, la chirologie fait partie d'une science, la Samudrika Shastra, qui prédit la destinée humaine en étudiant la physionomie, et en particulier la main. Le plus ancien manuscrit de chirologie est un parchemin védique datant de 2000 ans av. J.-C. et conservé pieusement dans un temple de Bénarès. Après une théorie sur l'évolution des espèces identique, ou presque, à celle de Darwin quelque quatre mille ans plus tard, l'auteur anonyme donne la signification des lignes de la main. La qualité des commentaires et ses statistiques témoignent du haut niveau de ses connaissances.

La chiromancie est aussi mentionnée dans des textes védiques : *le Code de Manu* (VI, 50) et *le Vasishta* (règle 21), où la même défense est faite à un ascète de gagner sa vie « soit en expliquant prodiges et présages, soit par l'art de l'astrologie ou de la chiromancie ».

Dans la chirologie indienne, le pouce définit le caractère présent par rapport au karma (l'âme des vies antérieures que nous réincarnons), alors que les lignes révèlent les conflits intérieurs provenant de nombreuses réincarnations et des difficultés rencontrées dans les vies antérieures. Les lois karmiques ont si fortement imprégné la chiromancie que, dans la statuaire et la peinture, les dieux, parce qu'ils ne subissent pas les effets du karma, ont des paumes ornées de lignes et de signes surnaturels.

Par la subtilité de ses observations, sa méthode pratique, la finesse de sa psychologie et sa conception philosophique de l'univers, cette approche influencera profondément la chirologie occidentale des siècles à venir.

La Chine et la prédestination

Bien que les premiers textes comme le *Siu Fou* n'apparaissent qu'à partir du IIe siècle av. J.-C., la chiromancie chinoise est aussi ancienne que celle des Indes. Considérée comme une connaissance scientifique, elle fait partie

▲ *Fragment d'une fresque provenant d'un monastère de Douldour Aqour (VIIᵉ s.), vaste oasis monastique, près du désert de Takla Marklan, établi sur la Route de la soie allant de Kasghar, au Pamir, vers la capitale chinoise. Musée Guimet, Paris. (Ph Lauros-Giraudon)*

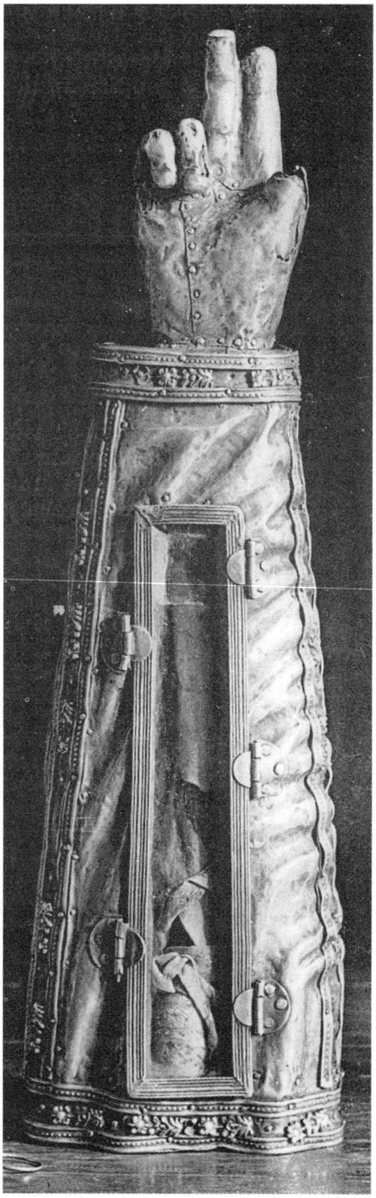

▲ *Bras reliquaire de saint Mandet. Eglise Saint-Jean-du-Doigt, Finistère. (Ph Roger-Viollet)*

des sciences occultes dont les recherches se décomposent en deux groupes.

Le premier groupe, appelé *siang jenn*, la divination de l'homme, examine par le biais de la chiromancie et de la physionomie tous les détails physiques qui, chacun, révèlent la personnalité. L'autre, *t'iènn oènn*, les signes célestes, étudie les rapports entre les astres et la destinée humaine dans l'astrologie et les sorts.

Les évocations, étant ce qui reste de l'homme dans le monde astral et représentant l'énergie ancestrale, font partie des deux groupes.

La lecture des mains, *siang cheou*, est le premier degré des sciences occultes. Elle s'intéresse aussi bien aux formes et à la dimension des lignes qu'aux signes montrant l'état de santé.

Alors que la chiromancie européenne croit à un relatif libre arbitre, l'interprétation chinoise considère que personne n'est libre de son choix, que celui-ci est imposé par ce qu'est l'individu au moment même où ce choix s'opère. D'autre part, l'interprétation tient toujours compte d'un sentiment et de son contraire « car ils naissent l'un de l'autre par transformation[2] », comme l'amour et la haine, la perspicacité et la médisance, le souci des autres et la jalousie, la fierté et l'orgueil. Il faut donc d'abord juger de l'intensité d'un sentiment et voir s'il n'y a pas de signes de renversement dangereux vers son contraire.

L'importance de la main dans la Bible

Il est probable qu'à l'origine, certaines facettes de l'enseignement chiromantique faisaient partie d'une initiation religieuse tenue secrète. Ce qui expliquerait pourquoi la chiromancie est restée orale si longtemps. Et aussi la force de son langage, qui le rend universel parce que sensible à tous.

Certains versets de la Bible (traduits ici de la version originale hébraïque) sont cités comme prouvant la présence de chiromanciens chez le peuple élu. Ainsi : « Dieu inscrivit des signes et des sceaux dans les mains de tous les fils des hommes pour que les fils des hommes puissent connaître leurs tâches » (Job, XXXVII, 5-7) ; « La longueur de ses jours est dans sa main droite, les richesses et les honneurs dans sa main gauche » (Pr, III, 16) ; « Quel mal est dans ma main ? » (Sam, XXIV, 18).

Mais ces textes peuvent être pris au figuré et dépendent des aléas de la traduction car la main a toujours été un symbole de puissance spirituelle, comme le montre ce verset VIII, 11, du Livre d'Isaïe : « Oui, ainsi m'a parlé Yahvé, lorsque sa main m'a saisi pour me détourner de suivre la route que ce peuple suit. »

La main et sa signification religieuse

Dans beaucoup de religions, la main a un pouvoir guérisseur. Par exemple, on retrouve la pratique de l'imposition des mains aussi bien dans la Bible que dans l'Evangile, quand le Christ imposait les mains aux malades qu'il guérissait.

Chez les premiers chrétiens, la main symbolisait la passion du Christ et chaque doigt avait sa signification. Le pouce représentait Dieu, l'index le Saint-Esprit, le médius le Christ, l'annulaire et l'auriculaire sa nature divine et humaine. Ce symbolisme se retrouve dans la bénédiction du prêtre pendant la messe : l'index et le médius levés et le pouce replié symbolisent le Père, le Fils et le Saint-Esprit.

Chez les musulmans, la représentation de la main est un signe de protection. Le pouce symbolise Mahomet, l'index Fatima, Ali son mari est le médius, leurs enfants Hassan et Hussein sont l'annulaire et l'auriculaire.

D'autre part, chacun des doigts représente un des cinq commandements principaux du Coran. Et la main de Fatma est un porte-bonheur répandu dans tous les pays musulmans.

Deux tendances de la chirologie vont se dessiner : l'une concernée par l'étude de la physionomie humaine et l'autre par la découverte de l'âme, d'où son côté sacré et hermétique.

Les romanichels

Les romanichels ont-ils, pour survivre, trahi des secrets initiatiques en disant « la bonne aventure » ? Partis de Roumanie au XVIe siècle, ils commencent alors leur errance à travers l'Europe. Certains pensent qu'ils venaient d'Egypte, pays qu'ils avaient fui lors de la conquête par Selim le Terrible, au début du XVIe siècle. D'où la croyance selon laquelle ils seraient dépositaires des pouvoirs magiques pharaoniques. Il est plus probable qu'ils arrivaient de l'Inde, dont ils furent chassés par Tamerlan en 1398.

Leur passage dans chaque pays est ponctué d'édits les pourchassant. En 1578, Henri VIII interdit leur séjour en Angleterre à cause de la façon dont ils pratiquent la chiromancie, « cet astucieux moyen d'abuser les gens ». Ils seront chassés de France en 1560. Mais les torts qu'ils portent à la chiromancie sont tels que, soixante ans plus tard, Jacques Ferrand note que « personne n'exerce publiquement cet art trompeur, sinon des voleurs, des bandits et des mendiants actuellement connus partout sous le nom de Bohémiens, d'Egyptiens et de Camaras, et qui sont venus en Europe en l'an 1417[3] ». Et, pour conclure, reprenons les mots de Fred Gettings dans son *Histoire de*

▲ *La diseuse de bonne aventure. Dessin de Gustave Doré, 1868. (Ph Bulloz)*

la chiromancie : « Les caractères spécifiques attribués aux différentes zones de la main il y a des siècles déjà ont cours aujourd'hui encore. En d'autres mots, la chiromancie fragmentaire qui a survécu au temps, malgré les mauvais traitements, les erreurs d'interprétation, le mépris dont elle a été l'objet, a permis de supposer l'existence d'une doctrine qui pourrait bien avoir été comparable à de nombreux préceptes de la chirologie moderne[4]. »

LA TRADITION

La tradition est si riche que nous ne citerons que les œuvres les plus importantes et les plus significatives pour le développement de la chirologie. Ceux qui veulent en savoir plus liront l'excellent historique de Fred Gettings[5].

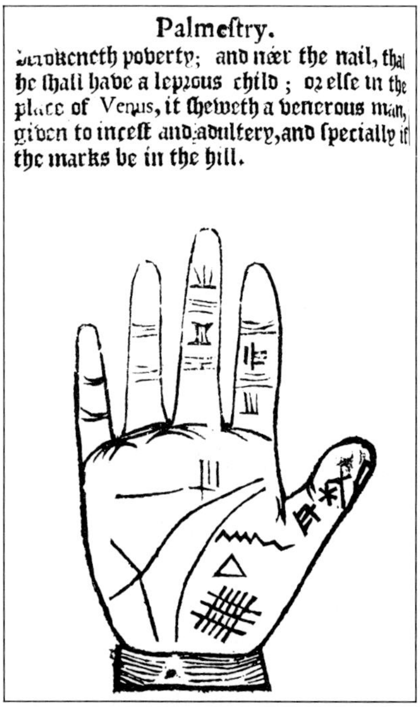

Palmeſtry.

betokeneth poverty; and neer the nail, that he ſhall have a leprous child; or elſe in the place of Venus, it ſheweth a venerous man, given to inceſt and adultery, and ſpecially if the marks be in the hill.

▲ *Une page de* The Book of Palmestry, *traduction anglaise d'un texte latin de Jean d'Indagine, par Fabian Withers, 1651. (Archives Hatier)*

Légendes et croyances

La première œuvre occidentale, qui aurait été écrite en 350 av. J.-C., est la *Cyromantia Aristotelis cum Figuris,* attribuée à Aristote et rééditée à Ulm en 1491. Elle commence ainsi : « Tant de gens ont dit tant de choses sur l'art de la chiromancie que je veux me contenter de parler de ce qui est certain et laisser de côté ce qui est confus, douteux ou faux. » Beaucoup d'auteurs, à partir du XVe siècle, se référeront à Aristote pour donner du prestige à leurs ouvrages.

La légende veut qu'Aristote, voyageant en Egypte, trouvât sur un autel dédié à Hermès un traité sur la science de la main, qu'il envoya à son élève Alexandre le Grand, « comme digne de l'attention des plus grands savants[6] ». Ce traité fut traduit plus tard en latin par un certain Hispanus. Dans son *De Historia Animalium*, Aristote affirme que « les lignes ne sont pas écrites vainement dans la main des hommes ; elles proviennent de l'influence du ciel sur leur destinée[7] ».

Les auteurs de la Renaissance vont tous se référer aux autorités chiromantiques traditionnelles : Anaxagore, Hippocrate, Platon, Ptolémée, Galien, Paul d'Egine, Avicenne et Averroès. Bien qu'on leur attribue quelques textes, peu nous sont parvenus. D'après le cardinal Alliaco, philosophe hermétique du XVe siècle, cité par Jean Belot, « Sputina avait conseillé à Jules César de prendre garde aux calendes de Mars, parce qu'il avait vu en sa main gauche une demi-croix née en la plaine dont l'extrémité tendait au Bélier[8] ». Jules César lui-même passait pour un excellent chiromancien. En effet, c'est grâce à ses connaissances qu'il confondit l'imposteur Alexandre qui se disait le fils d'Hérode : « Parce qu'il n'avait à la main aucune marque de royauté ».

▶ *Une page de* Die Kunst Chiromantia, *de Johann Hartlieb, écrit en 1448 et publié à Augsbourg vers 1475. (Ph Bibliothèque nationale, Paris)*

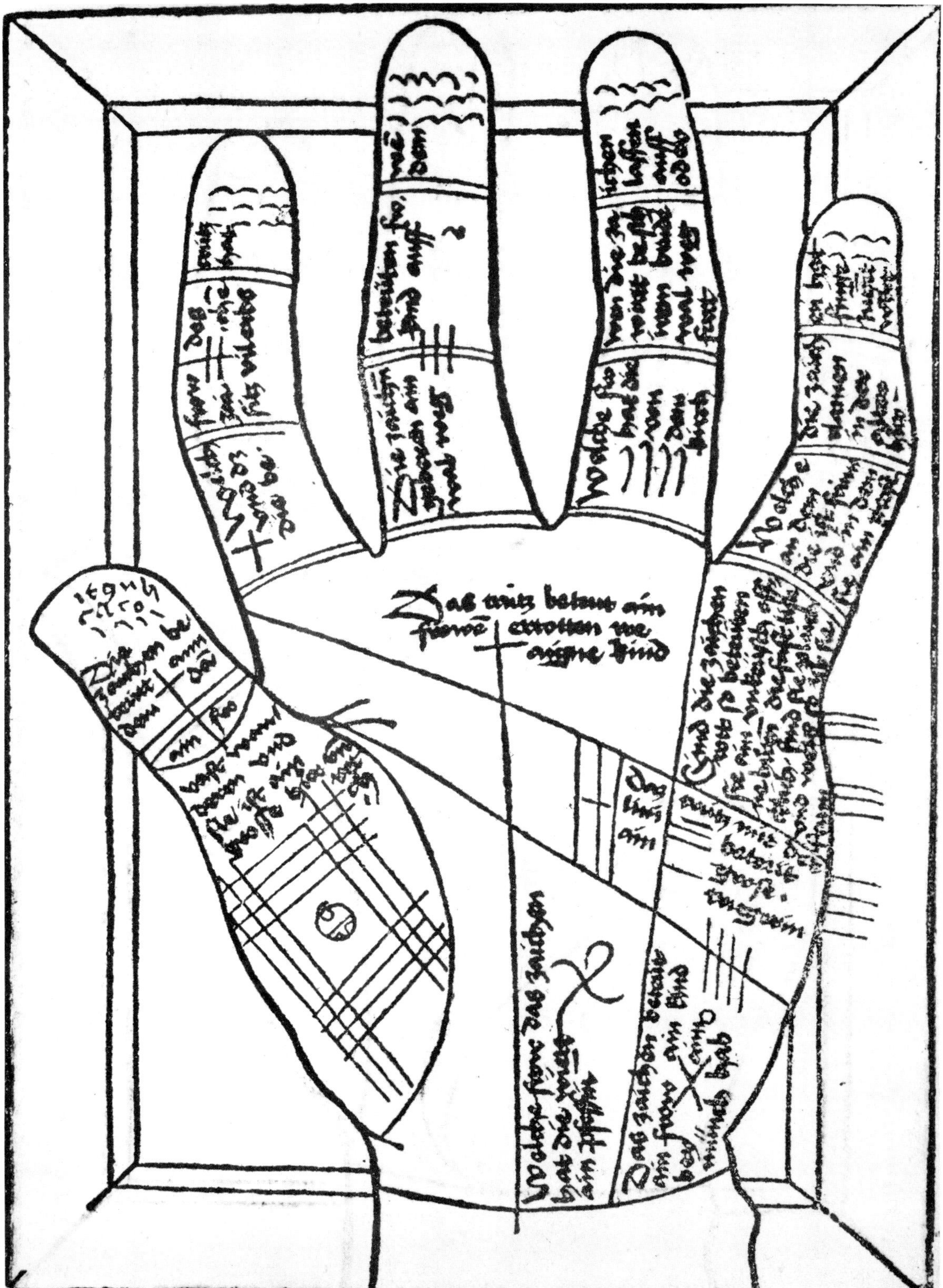

Das nach geschriben büch von der hannd hat zu
teutsch gemacht Doctor hartlieb durch bett und hais
sung der durchleichtigen hochgebornen furstin Frowe
Anna geboren von praunschweigk gemahel dem tugent
reichen hochgelopten fursten hertzog Albrech hertzog zu baiern
und graff zu voburg · das ist geschehen am freitag nach
conceptionis maria virginis gloriosis 1448 ·

Item So wiss das du wirst finden und underricht werden
zwaierlay hend von mannen und von weiben von erst so
hab fleiss auff die gerechten hannd da vindestu die aigent
schaft der mannen Dar nach hab acht auff die gelincken
hannd So sichstu der frawen gemerk nach aller ordnug
auch sol dir das lesen nichtz wann du nicht acht haust
auff die lini der selben hand

Les premiers manuscrits européens

Au début du XIIIe siècle apparaissent en Europe des petits fascicules accompagnés de dessins rudimentaires de la main et écrits en latin médiéval, qui semblent avoir été les polycopiés de l'enseignement de l'époque. Reflétant le goût des symboles et la rigidité de la hiérarchie sociale du Moyen Age, ils ne tiennent compte que de trois lignes formant un triangle (le destin, la tête et la vie) et des signes particuliers.

D'autres manuscrits plus importants, appelés *Summa Chiromantia,* sont des traités de base. Le plus complet, écrit par le moine Ricardus Dore, date du XVe siècle. Il décrit les mains, les quatre lignes principales (la vie, la tête, le cœur, le destin), les planètes, les monts, les signes particuliers, les lignes sœurs, les quadrangles, les proportions des mains, les ongles, les jointures.

Une troisième sorte de manuscrits comporte un texte chiromantique très court, inséré dans une œuvre plus importante consacrée à l'étude de la physionomie. L'un d'entre eux est attribué à Avicenne, célèbre médecin et philosophe perse du début du XIe siècle. Il serait l'initiateur de la tradition chiromantique orientale en Occident. D'autres pensent que c'est Averroès, médecin et philosophe arabe commentateur d'Aristote, qui l'introduisit un siècle plus tard en Europe.

Apogée et déclin de la chiromancie

La tradition prétend que l'Eglise condamnait la chiromancie. Il semble que la validité des textes chiromantiques n'ait pas été discutée mais qu'on se demandait « s'il était agréable à Dieu qu'un homme cherchât à connaître l'avenir[9] ». L'une des premières œuvres profanes, publiée vers 1475 à Augsbourg, soit quarante ans après l'invention de l'imprimerie par Gutenberg, est *Die Kunst Chiromantia,* écrit en 1448 par Johann Hartlieb, qui parut après la mort de son auteur. C'est un ouvrage très rare, passionnant historiquement et sociologiquement, mais décevant sur le plan de la chiromancie.

Le meilleur auteur de la Renaissance est Indagine, prêtre allemand de la puissante famille des Hagen. D'une grande érudition, il fut envoyé en ambassade auprès du pape. Il écrivit de nombreux ouvrages sur la chiromancie et l'étude de la physionomie. Son *Introductiones Apotelesmaticae Elegantes in Chiromantiam,* publiée à Strasbourg en 1522, connut un vif succès parce que, pour la première fois, le sujet était abordé d'une manière concrète et claire.

▲ *Une page de* Die Kunst Chiromantia, *de Johann Hartlieb, publié vers 1475. (Ph Bibliothèque nationale, Paris)*

▲ *Jean d'Indagine. Portrait paru dans* Chiromantia, *Argentorati, 1539. (Ph Bibliothèque nationale, Paris)*

▼ *Une page de* Chiromancie et Physiognomonie, *de Jean d'Indagine, publié en 1662, Paris. (Ph Bibliothèque nationale, Paris)*

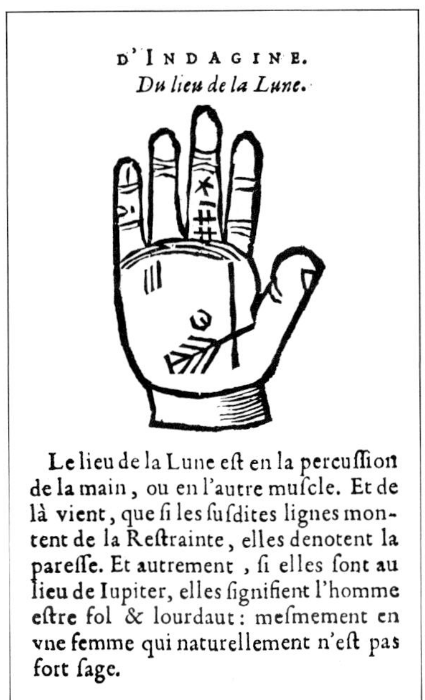

D'INDAGINE.

Du lieu de la Lune.

Le lieu de la Lune est en la percussion de la main, ou en l'autre muscle. Et de là vient, que si les susdites lignes montent de la Restrainte, elles denotent la paresse. Et autrement, si elles sont au lieu de Iupiter, elles signifient l'homme estre fol & lourdaut: mesmement en vne femme qui naturellement n'est pas fort sage.

▼ *Portrait de Jean Belot dont les* Oeuvres *furent publiées à Rouen en 1667. (Archives Hatier)*

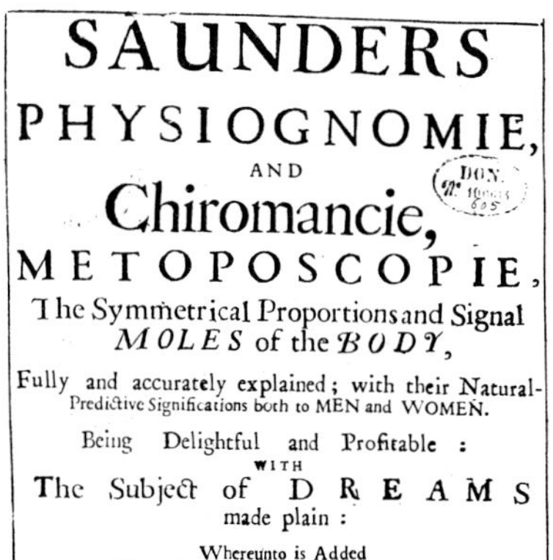
SAUNDERS
PHYSIOGNOMIE,
AND
Chiromancie,
METOPOSCOPIE,
The Symmetrical Proportions and Signal
MOLES of the BODY,
Fully and accurately explained; with their Natural-Predictive Significations both to MEN and WOMEN.
Being Delightful and Profitable :
WITH
The Subject of DREAMS
made plain :
Whereunto is Added
The ART of MEMORY.

The Second Edition very much Enlarged
BY
RICHARD SAUNDERS, Student in Astrology and Physick.
LONDON,
Printed by H. Brugis, for Nathaniel Brook, at the Sign of the Angel in Cornhil and at his Shop at the East end of the Royal Exchange. 1671.

▲ *Page de titre de* Physiognomie and Chiromancie, Métoposcopie *(1671), le célèbre ouvrage de Richard Saunders (1613-1683 ?). (Archives Snark, Ph Edimédia)*

Dans la seconde moitié du XVe siècle, Tricasse, disciple de Coclès (voir *L'Art de la chirologie,* page 39), écrivit *Esposizicie Del Libro Di Chyromazie Da Bart. Cocles.* Très ésotérique, il reprend les traditions hindoues, perses et égyptiennes et y mêle observations pertinentes et superstitions.
L'ouvrage le plus détaillé est l'*Opus Mathematicum,* du Français Jean Taisnier, publié en latin, à Bologne, en 1562. Il contient plus de 1 300 gravures expliquant les signes et les combinaisons de signes de la main. Né en Belgique en 1509, Jean Taisnier accompagna Charles Quint à Tunis et en Italie comme précepteur des pages impériaux. Après la mort de l'empereur, il se retira à Bologne où il exerça des fonctions ecclésiastiques.

Astrologie et divination

Jean Belot, qui influencera fortement les auteurs futurs, est l'exemple même du lien indissoluble de la chiromancie avec l'astrologie, lien qui se poursuivra jusqu'à ce que la première prenne une attitude plus scientifique, au XIXe siècle. Curé de Milmonts, philosophe hermétique et disciple de Raymond Lulle, sa pratique des sciences divines et célestes le conduisit plusieurs fois en prison. Ecrites en latin et publiées à Rouen en 1654, ses *Œuvres* furent traduites en français et parurent à Liège en 1704 sous le titre de *Familières instructions pour apprendre les sciences de chiromancie et physionomie.*
Richard Saunders publie à Londres en 1671 sa *Physiognomie, Chiromancie and Metoposcopie,* le meilleur ouvrage de vulgarisation des arts divinatoires. Il traite de chiromancie mais aussi de métoposcopie (l'art d'interpréter les lignes du front), d'onychomancie (la divination par les ongles), d'œnomancie (la divination par le vin), d'ornithoscopie (le vol des oiseaux), des rêves, etc. Bien qu'il ait repris les grandes doctrines de l'époque, en particulier les œuvres de Taisnier et Belot, il ne manquait pas d'idées personnelles et originales qu'il illustrait d'anecdotes étranges.

La méthode scientifique

Alors qu'au XVIIIe siècle une nouvelle mode intellectuelle, avide de « méthode scientifique », détrône la chiromancie traditionnelle, il faudra attendre les travaux de Lavater sur la physiognomonie et la parution de ses excellents *Physiognomische Fragmente* en 1775-1778 pour que se forment peu à peu les fondements de la chirologie moderne. « Tout ce qui existe a un caractère bien déterminé, écrit-il. Chaque individu est doué d'une originalité naturelle et d'une valeur propre. (...) L'âme d'une

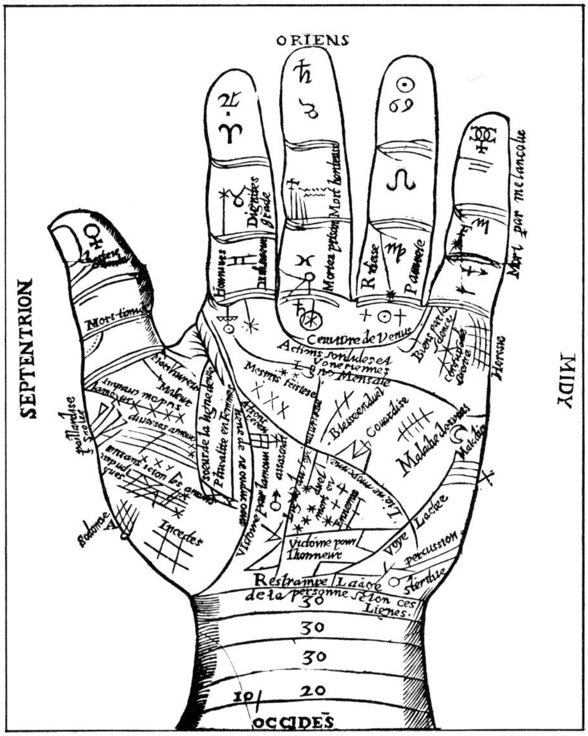

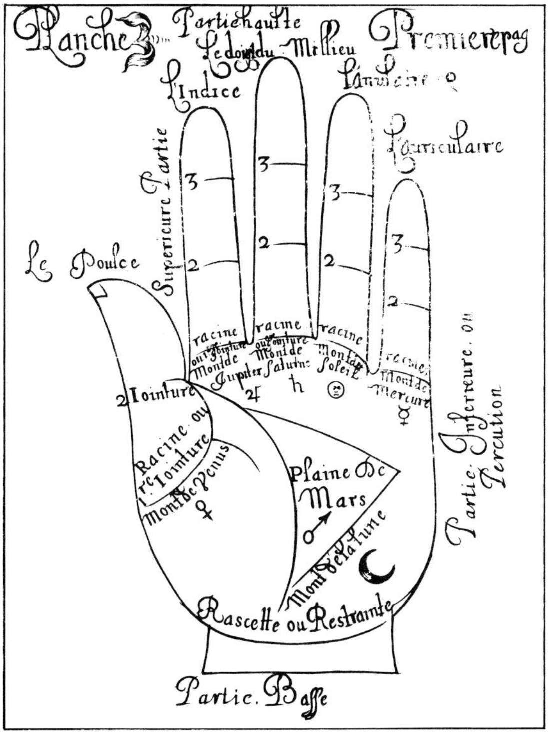

personne n'est autre chose qu'une physionomie intérieure. (...) L'organisation du visage, pour qui sait l'analyser et l'interpréter, exprime la constitution du génie et du caractère[10]. » L'influence de son œuvre sera déterminante sur la chirologie moderne (voir biographie de Lavater, page 43).

▲ *A gauche : une page extraite des* Œuvres *de Jean Belot, Rouen, 1654, abrégé de la Chiromancie selon l'auteur. (Ph Bibliothèque nationale, Paris.) A droite : une page des* Principes de la Chiromancie, *écrits par Jean Taisnier (né en Belgique en 1509) et publiés à Paris en 1677, vraisemblablement la version française de* l'Opus Mathematicum, *publié en 1562 à Bologne. (Ph Bibliothèque nationale, Paris)*

LA CHIROLOGIE MODERNE

Dorénavant, deux interprétations distinctes se côtoieront : l'une restera fidèle à la tradition chiromantique ; l'autre ne l'acceptera qu'à la faveur de l'expérience, tout en y ajoutant l'observation des formes issues de la morphologie. La chirologie moderne bénéficiera des nouvelles découvertes scientifiques et de l'œuvre des Français d'Arpentigny et Desbarolles, qui vont révolutionner la chiromancie en y ajoutant la chirognomonie, l'étude des formes de la main.

Les précurseurs

Après une longue carrière militaire, le capitaine Casimir Stanislas d'Arpentigny se retire à la campagne à 48 ans. La lecture des mains que lui avait faite une gitane pendant la guerre d'Espagne pique sa curiosité et le pousse à étudier les traités chiromantiques de l'Antiquité et du Moyen Age. N'ayant rien appris d'intéressant, il décide de tester son savoir théorique par l'observation.

D'Arpentigny, inventeur de la chirognomonie

Desbarolles raconte qu'au cours de soirées provinciales, d'Arpentigny « remarqua, par suite de son esprit d'analyse, que les doigts des arithméticiens et des manieurs de fer étaient lisses. Il reconnut chez les hommes à doigts lisses l'impressionnabilité, la spontanéité, l'intuition, l'inspiration momentanée qui remplace le calcul, le caprice, la faculté de juger à première vue, et conséquemment le goût des arts. Chez les hommes à doigts noueux, au contraire, il trouva la réflexion, l'ordre, l'aptitude aux chiffres, aux sciences exactes comme la mécanique, l'agriculture, les ponts et chaussées, la navigation, tout ce qui demande l'application de l'intelligence. Toute forme de main eut pour lui, dans sa variété, une signification qu'il n'accepta qu'à la longue et après des années d'études[11] ».

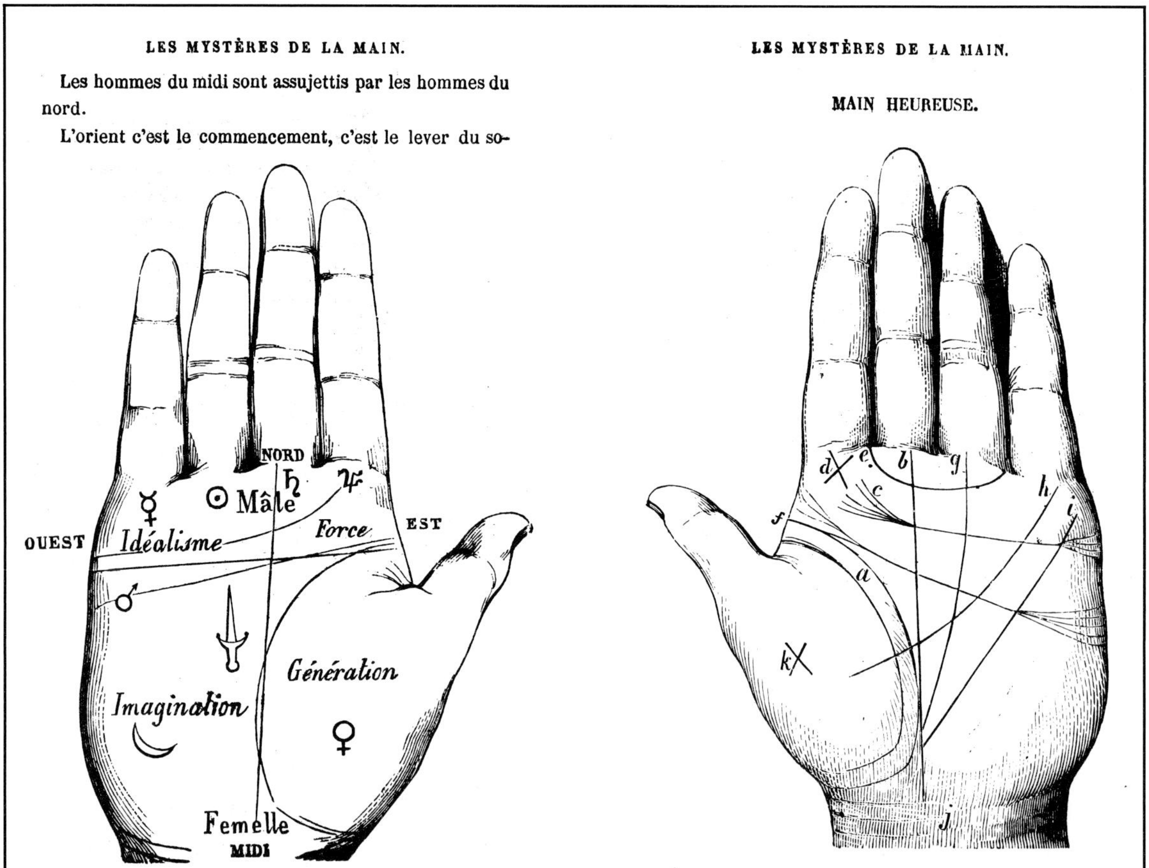

D'Arpentigny inventa la chirognomonie, science dans laquelle il classait les mains en sept types : élémentaire, spatulée, psychique, carrée, philosophique ou noueuse, conique et mixte (un mélange de toutes). Son livre parut en 1839 et le rendit immédiatement célèbre. Bien que cette classification fût remarquable à l'époque, les formes de main ont évolué et les types qu'il décrit ne se rencontrent plus à l'état pur. En 1865, il fit paraître un deuxième ouvrage : *La Science de la main.*

Desbarolles, le kabbaliste

Le deuxième novateur, Adrien-Adolphe Desbarolles, né à Paris en 1801, est d'abord un peintre de renom. Il s'exile pour des raisons politiques. Après avoir voyagé dans toute l'Europe, il s'installe à Paris où il se consacre à la chiromancie.

Peu satisfait des recherches de ses prédécesseurs, y compris d'Arpentigny, et dans le but de créer une nouvelle théorie, il étudie le système des kabbalistes parce « qu'ils admettent l'influence des astres de notre système sur la

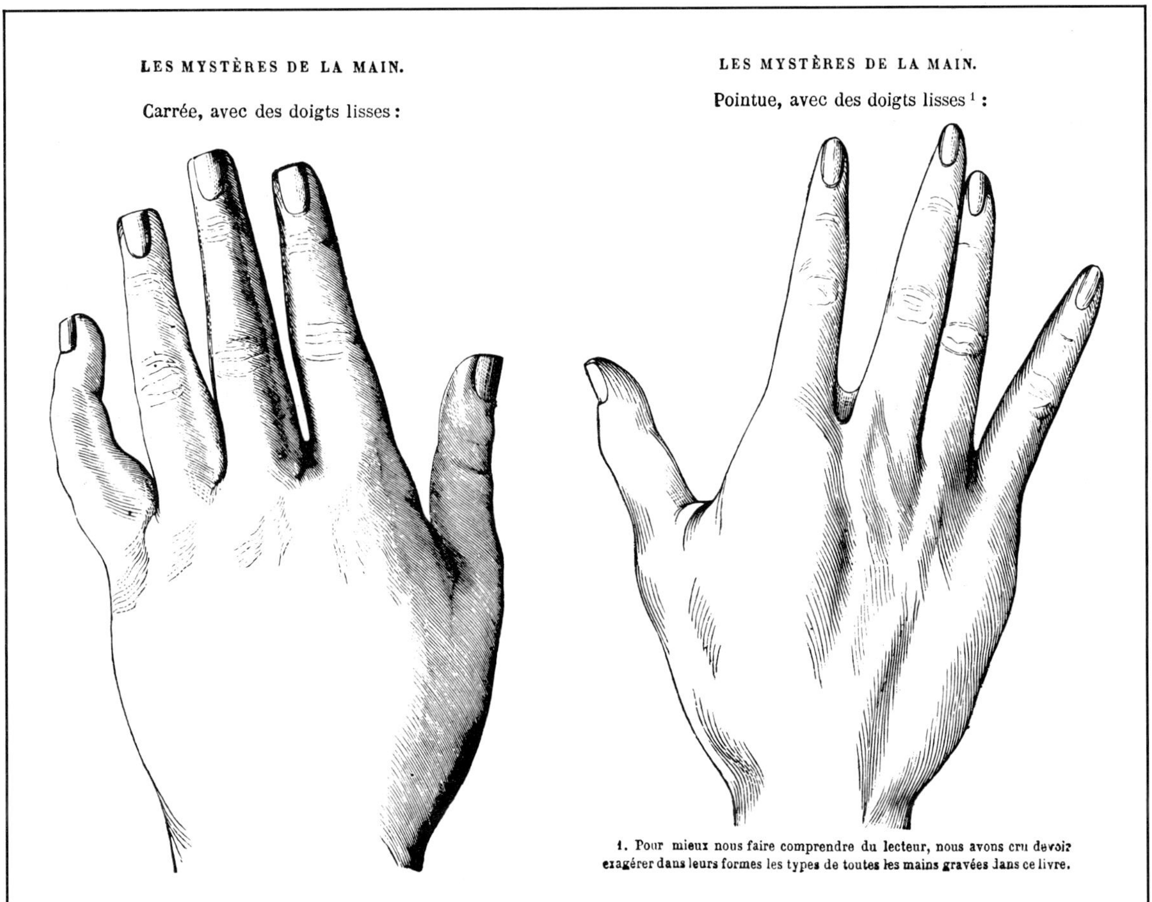

▼ *Quatre pages des* Mystères de la main, *d'Adrien-Adolphe Desbarolles (1801-1886) publiés en 1859, Paris. (Archives Hatier)*

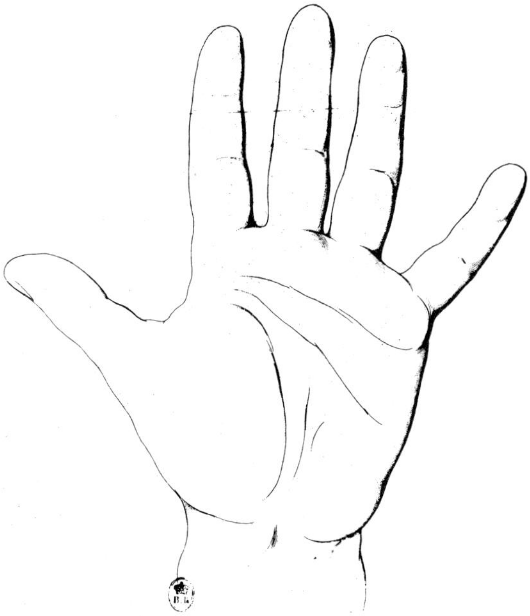

Die sensible Hand.

ı die Hand gez. von Jul. Hubner

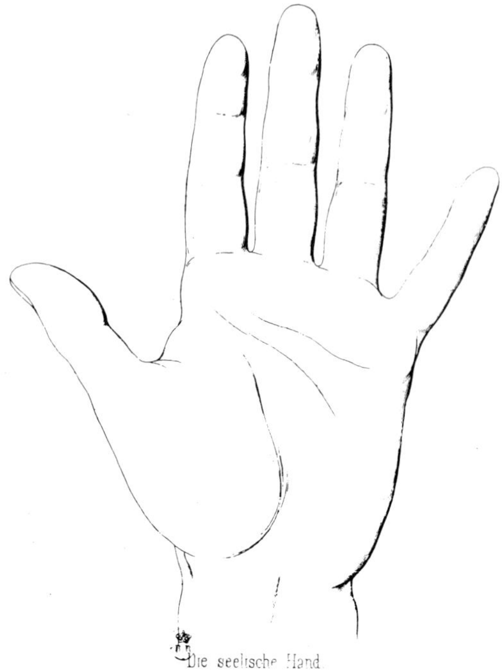

Die seelische Hand.

s die Hand gez. von Jul. Hubner

Die motorische Hand.

aus die menschliche Hand gez. von Jul. Hubner

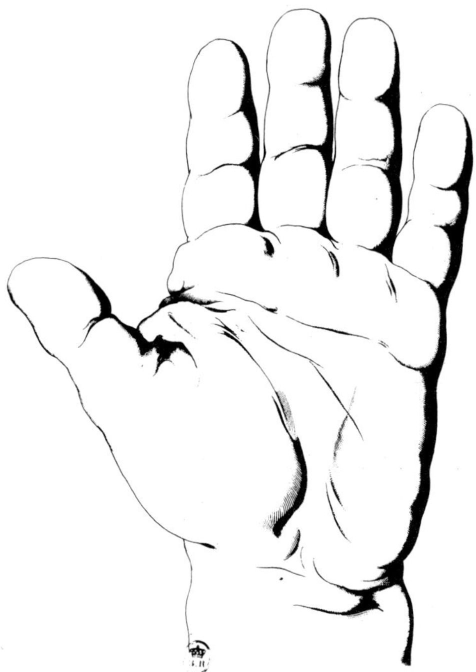

Elementare Hand

ı die menschliche Hand gez. von Jul. Hubner

création tout entière et sur l'homme plus spécialement, et qu'ils admettent surtout les rapports des instincts et même des passions avec les formes corporelles imposées, selon eux, en bien ou en mal par la position heureuse ou néfaste des astres de notre système au moment de la naissance, ou peut-être même au moment de la conception[12] ». Il se passionne aussi pour l'électricité, la physique, la physiologie et pour leurs rapports avec le système nerveux.

Le résultat est la parution de *La Chiromancie nouvelle* et des *Mystères de la main* en 1859, qui fut réédité vingt fois du vivant de l'auteur. En 1869, il édite le *Journal de la chiromancie* et écrit *Les Mystères de l'écriture*, un excellent ouvrage de graphologie. Sa chirognomonie et sa chiromancie sont à peu près les mêmes que celles de d'Arpentigny. Mais l'influence de la kabbale lui fait adopter la théorie des trois mondes : « matériel, moral, divin, d'où découlent les trois sphères d'idées : l'instinct, les abstractions, la spécialité[13]. » Dans *Les Mystères de la main,* après un chapitre sur la numérologie, il étudie la phrénologie et la physiognomonie, dont il tire la signature astrale, c'est-à-dire la description physique des types planétaires et leurs maladies : le Jupitérien, le Solaire, le Mercurien, le Martien, le Lunaire, le Vénusien. Cette approche imprégnera toute la chirologie à venir.

Inspiré par d'Arpentigny et Desbarolles, Heron Hallen, un savant victorien anglais, écrit une histoire de la chiromancie traditionnelle dans *A Manual of Cheirosophy* (1885) et traduit en anglais *La Chirognomonie* du capitaine d'Arpentigny (*Science of the Hand*, 1886).

▼ *Main de Fatma. En Algérie et dans les pays islamiques, elle préserve du mauvais œil. (Ph Harlingue-Viollet)*

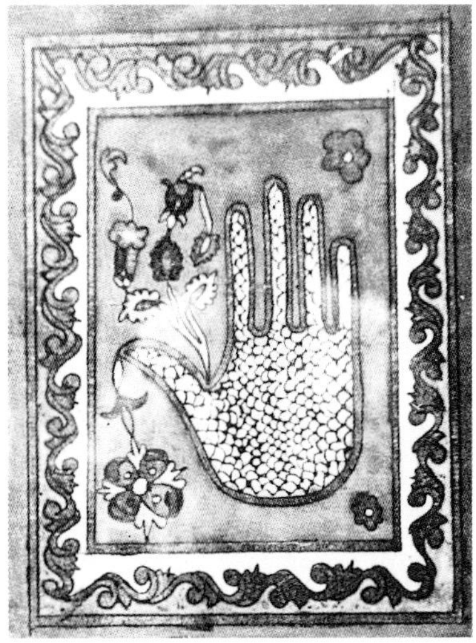

L'apport de la médecine

Dorénavant, la chirologie va bénéficier de recherches scientifiques qui feront oublier sa mauvaise réputation passée. Les découvertes de Lavater, l'inventeur de la physiognomonie, celles de Gall, l'inventeur de la phrénologie, et de son élève Spurzheim vont passionner la génération des savants futurs et les inspirer. Entre autres, sir Charles Bell, anatomiste écossais, qui écrit en 1883 un ouvrage spécialisé sur la main : *The Hand, its Mechanism and Vital Endowment as Evincing Design.* A la même époque, Georg von Meissner publie *Beitrage zur Anatomie und Physiologie der Hand* (1833), où il étudie la nature du derme et des papilles des mains.

Carl Gustav Carus (1789-1869), médecin du roi de Saxe, l'un des pionniers de la psychologie du subconscient, cherche les correspondances entre la morphologie et le caractère. Dans son ouvrage *Über Grund der Hand* (1846), Carus classe les mains en deux grands types, d'après leurs

◄ *Quatre dessins de main, extraits du livre du chirologue allemand Carl Gustav Carus (1789-1869),* Über Grund und Bedentung der Verschiedenen Formen der Hand *(1846). De gauche à droite : main sensible, main psychique ou morale, main motrice, main élémentaire. (Ph Bibliothèque nationale, Paris)*

caractéristiques physiologiques : la main préhensile (qui prend), avec deux subdivisions, la main élémentaire et la main motrice ; la main tactile (qui sent et palpe), à laquelle correspondent la main sensitive et la main psychique. Contrairement à d'Arpentigny, dont le classement est fondé sur la forme et les proportions de la main, Carus tient compte de sa fonction et son approche est plus rigoureuse scientifiquement. Il influencera les recherches allemandes sur la main.

Le docteur tchèque Jan Evangelista Purkyne (1787-1869), le premier à avoir discerné la valeur scientifique du relief cutané, est l'inventeur de la dermatoglyphie : l'étude des motifs cutanés et leur classification. Il en tire des hypothèses génétiques pouvant servir de base au diagnostic.

▼ *Une empreinte de pouce avec boucle. (Ph Jacquemin-Fotogram)*

◀ *Une page des* Mystères de la main *d'Adrien-Adolphe Desbarolles. (Ph Bibliothèque nationale, Paris)*

1. Fred Gettings, *Le Livre de la main,* Paris, Editions des Deux Coqs d'or, 1969, p. 7.
2. Georges Soulié de Morant, *Traité de chiromancie chinoise*, Paris, Guy Trédaniel, Editions de la Maisnie 1978, p. 22.
3. Fred Gettings, *op. cit.*, p. 193.
4. Fred Gettings, *op. cit.,* p. 162.
5. Fred Gettings, *op. cit.,* pp. 157-213.
6. Rapporté par Heron Allen, *A Manual of Cheirosophy,* Londres, 1885.
7. Aristote, *De Historia Animalium*, Ulm, 1491 (?).
8. Rapporté par Maryse Choisy, *La Chirologie,* PUF, Paris, 1927.
9. Fred Gettings, *op. cit.,* p. 185.
10. Johann Kaspar Lavater, *Essai sur la physionomie destinée à faire connaître l'homme et à le faire aimer*, La Haye, 1781-1803.
11. Adrien-Adolphe Desbarolles, *Les Mystères de la main*, Paris, Librairie du Petit Journal, 1859, p. 108.
12. Adrien-Adolphe Desbarolles, *op. cit.,* p. *XV.*
13. Adrien-Adolphe Desbarolles, *op. cit.,* p. 44.

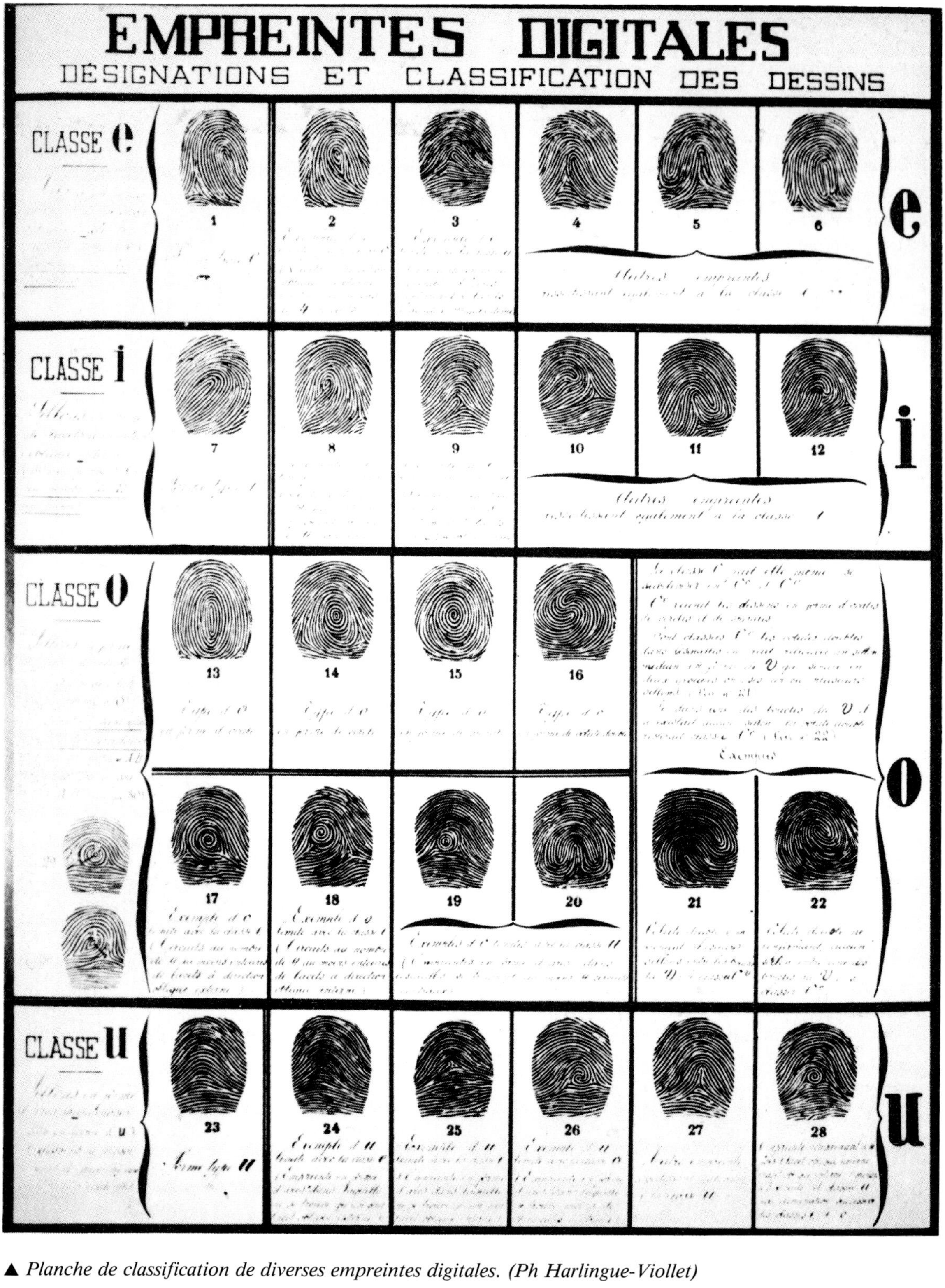

▲ *Planche de classification de diverses empreintes digitales. (Ph Harlingue-Viollet)*

CHIROLOGIE ET SCIENCE

Qu'elles soient génétiques, biologiques ou psychologiques, les découvertes scientifiques concernant la main ont des applications aussi bien policières que médicales. Et toutes viendront enrichir la chirologie moderne, que certains baptisent psychochirologie.
La découverte par Sir Francis Galton (1822-1911) de l'unicité et de la permanence du réseau papillaire des doigts va être à double détente. D'une part, la classification des empreintes digitales servira à l'identification policière. D'autre part, ces empreintes seront étudiées d'un point de vue génétique.

LES EMPREINTES DIGITALES

Dans la Chine ancienne, les empreintes des doigts étaient utilisées comme signature par ceux qui ne savaient pas écrire. Et l'empereur authentifiait de son pouce les papiers importants. C'est une empreinte sur une poterie japonaise antique qui donna l'idée au Dr Henry Faulds (1843-1930), médecin missionnaire écossais à Tokyo, d'écrire à ce sujet à Charles Darwin, qui lui-même transmit la lettre à son cousin Francis Galton. En 1880, Faulds suggéra dans un journal anglais d'utiliser les empreintes digitales pour découvrir les personnes recherchées par la police, idée qu'avait déjà eue en 1860 William James Herschel, officier administrateur au Bengale.
Ces deux hommes inspirèrent à Francis Galton la classification des motifs digitaux en boucles, volutes et arcs ; au moyen de sa collection d'empreintes, il put établir l'unicité inaltérable de ces motifs pendant la vie entière – même lorsque la peau est abîmée, la cicatrisation les ramène en surface.
Les idées de Galton furent reprises et approfondies par Sir Edward Henry, qui créa en 1901 le premier bureau des empreintes digitales de Scotland Yard.
Auparavant, pour identifier les criminels, la police avait employé la méthode anthropométrique du Français Alphonse Bertillon (1853-1914) fondée sur des mesures anatomiques. Ce système, mis en vigueur en France en 1883, fut peu à peu adopté par beaucoup d'autres pays. Mais le prestige de Bertillon devait subir un coup fatal lors de l'affaire Dreyfus, lorsqu'il authentifia un document

Spécimen de photographie judiciaire anglaise.

▲ La Photographie judiciaire, *ouvrage d'Alphonse Bertillon, Paris, 1890. (Ph Bibliothèque nationale, Paris)*

comme étant de la main de l'accusé alors qu'il avait été écrit par Esterhazy. La complication de l'anthropométrie fit qu'on lui préféra la prise des empreintes digitales : leur apparition chez le fœtus dès le quatrième mois et la permanence des motifs jusqu'à la mort garantissent en effet l'identité.

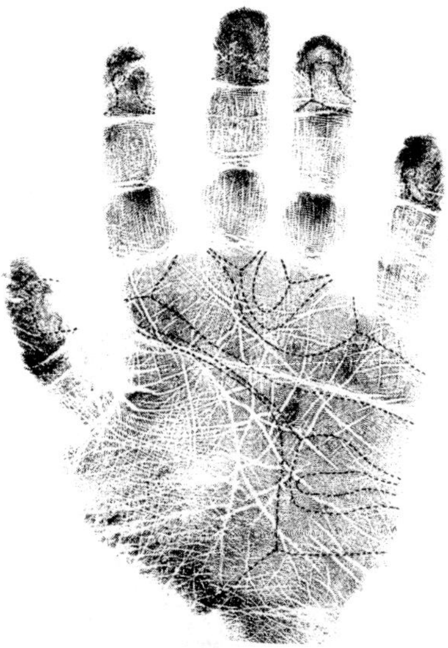

▲ *Empreinte trisomique (mongolisme). (Ph Pr Lejeune - Centre national de Recherches iconographiques, Paris)*

LA MAIN, MIROIR DE LA SANTE

Sir Francis Galton fut aussi le premier savant à prendre au sérieux la notion de diagnostic palmaire. Depuis lors, on a établi une liaison entre des maladies dues à des troubles congénitaux, comme la cardiopathie, ou d'origine virale, comme la rubéole, et des motifs particuliers apparaissant sur la paume et les ongles.
Les corpuscules tactiles des mains et des doigts, à propos desquels Meissner avait prouvé en 1853 qu'ils projetaient des crépitations différentes selon l'individu, sont en relation directe avec le cerveau (la scissure de Rolando). Or, le cerveau, le système nerveux et les sens, ainsi que la peau, proviennent tous de l'ectoderme de l'embryon et restent en relations étroites durant la vie entière. Il n'est donc pas déraisonnable de supposer que beaucoup de phénomènes internes se manifesteront par la peau. Tout le monde sait que la pigmentation jaune de la peau est le premier symptôme de la jaunisse. De même, l'arthrite rhumatoïde y dessine des écailles.
On sait aussi maintenant que la plupart des maladies de la peau ont souvent une origine mentale. Dermites, urticaires, acnés, verrues, allergies sont souvent provoquées par l'angoisse ou des troubles affectifs. Si les lignes et plis de la paume étaient le résultat du seul mouvement physique de la main, elles devraient rester stables. Or elles fluctuent constamment tout au long de l'existence. Il y a donc de fortes présomptions pour que l'état mental prédominant, c'est-à-dire la personnalité, s'inscrive en signes distincts sur la paume au travers d'ondes en liaison directe avec le cerveau.
Les chirologues vont vouloir faire admettre cette relation entre le cerveau et les lignes de la main aux médecins, alors que ces derniers ne feront que relever sur les mains les signes annonciateurs de maladies mentales ou de troubles génétiques et leurs effets héréditaires. Autant les dermatoglyphes (les dessins digitaux et palmaires) sont acceptés scientifiquement et étudiés statistiquement, aussi bien sur le plan judiciaire que sur le plan médical (curieusement, ils sont peu connus en chirologie), autant les lignes souffrent encore des méfaits du charlatanisme. La tradition, au lieu d'enrichir la chirologie de son savoir millénaire, l'a desservie.

▶ *Les lignes de la main en tant que miroir de la santé. Gravure allemande, anonyme, vers 1466. (Collection Viollet)*

Maria : martha
Petra autē erat xp̄us

NAISSANCE DES ECOLES DANS LE MONDE OCCIDENTAL

▲ *Madame de Saïs, chiromancienne, consultation et prise d'empreinte. (Ph Harlingue-Viollet)*

L'Angleterre

Chaque pays occidental a son école. En Angleterre, Katharine St Hill, fondatrice en avril 1889 de la Chirological Society (aujourd'hui disparue), entreprit dans les hôpitaux, asiles et prisons la vérification systématique de la tradition chiromantique et des relations entre les lignes de la main et le système nerveux.

Noël Jaquin établit les relations entre les motifs des empreintes digitales et la psychologie, et entre la dégradation du réseau papillaire et un mauvais état de santé. En 1945, il fonda la SSPP (Society for the Study of Physiological Patterns).

Citons aussi Beryl B. Hutchinson pour son approche originale et savante de la chirologie. Dans *La Main, reflet du destin*[1], elle raconte sa longue expérience. C'est la première chirologue à expliquer la signification psychologique des dermatoglyphes.

Les Etats-Unis

Aux Etats-Unis, le Dr William G. Benham commença à s'intéresser aux mains à l'âge de 13 ans, ce qui le poussa à faire sa médecine. Il publia *The Laws of Scientific Palmisty* à New York en 1900 et fut le premier à avoir l'idée de lire les mains pour orienter les jeunes. C'est dans ce but qu'il fonda à New York l'Institut d'orientation professionnelle.

L'Allemagne

En Allemagne, Julius Spier mourut pendant la dernière guerre mondiale sans avoir terminé la trilogie qu'il préparait sur les mains des malades mentaux et le poids de l'hérédité qu'elles révèlent. Seul parut *The Hands of Children*[2]. Les conférences qu'il donna à ce sujet à l'université de Zurich convainquirent C. G. Jung de l'intérêt de la chirologie, qu'il employa lui-même.

Ursula von Mangoldt poursuivit l'œuvre de Spier et écrivit notamment *La Main de votre enfant*[3]. Charlotte Wolff l'enrichit plus tard de ses propres recherches et publia *La Main humaine*[4], ouvrage dans lequel elle s'inspire des travaux de Carus, Vashide et Spier pour déterminer les types de mains et étudier l'hérédité mentale et physiologique.

La France

En France, le Dr Noël Vashide fut le premier médecin à vouloir établir un rapport entre les lignes de la main, qu'il appela les « images motrices », et la personnalité. Directeur du laboratoire de psychologie de l'asile de Villejuif, il fit examiner par Mme Fraya, une célèbre chiromancienne de l'époque, les mains des infirmes et déments internés dans son service. L'exactitude médicale des remarques de la chiromancienne le poussa à étudier les mains et à écrire un *Essai sur la psychologie de la main*[5] qui parut en 1909, après sa mort (que lui avait prédite Mme Fraya).
Le chirologue Georges Muchery écrivit de nombreux ouvrages et poursuivit l'étude des liens de la main avec l'état mental et la santé, en particulier dans son livre *La Mort, les Maladies, l'Intelligence et l'Hérédité*[6].
En relations étroites avec le monde médical, le chirologue Henri Mangin-Balthazar fit aussi des recherches sur les rapports entre la main et la santé ; il écrivit plusieurs ouvrages sur le sujet. Citons son *Abrégé de chiroscopie médicale*[7] et sa *Valeur clinique des ongles*[8], le meilleur livre sur l'onychologie, dans lequel il montre que l'examen des ongles permet d'établir d'un seul coup d'œil l'état de santé et la psychologie d'une personne.

▲ *Madame Véra, chiromancienne, en consulation. Paris 1962. (Ph Roger-Viollet)*

1. Beryl B. Hutchinson, *La Main, reflet du destin*, Paris, Payot, 1978.
2. Julius Spier, *The Hands of Children,* Londres, Routledge and Kevan Paul, 1955.
3. Ursula von Mangoldt, *La Main de votre enfant,* Paris, Delachaux et Niestlé, 1944.
4. Charlotte Wolff, *La Main humaine,* Paris, PUF, 1952.
5. Noël Vashide, *Essai sur la psychologie de la main,* Paris, Rivière, 1909.
6. Georges Muchery, *La Mort, les Maladies, l'Intelligence et l'Hérédité*, Paris, Edition astrale illustrée, 1925.
7. Henri Mangin-Balthazar, *Abrégé de chiroscopie médicale,* Paris, Dangles, 1951.
8. Henri Mangin-Balthazar, *Valeur clinique des ongles,* Paris, Oliven, 1932.

AICHA VOYANTE
TUNISIENNE
RENOMMÉE DANS TOUTES
LES EXPOSITIONS

L'ART DE LA CHIROLOGIE

Qui étaient ces chiromanciens et comment exerçaient-ils leur art ?
A toutes les époques, il y a eu des chiromanciens. Qu'ils soient par ailleurs savants, alchimistes, astrologues, hommes de lettres, médecins, philosophes, ils avaient une large audience. Quelle que soit leur approche, qui se complète parfois de voyance, tous ces interprètes se sont fait miroir de la personnalité de ceux qui les consultaient.
La chirologie ne se pratiquera dans sa forme actuelle qu'après la découverte, au XIXᵉ siècle, par le capitaine d'Arpentigny, de la chirognomonie — la science de la signification psychologique des formes de la main —, qui fut complétée par Desbarolles. Auparavant, sauf exception, on déchiffrait les lignes et les signes cachés dans la paume des mains tout en tenant compte du tempérament, c'est la « chiromancie ». La manière d'interpréter les mains dépend avant tout du courant de pensées de l'époque.
Dans l'Antiquité, par exemple, l'étude des mains faisait partie des sciences humaines au même titre que la médecine ou la philosophie. Les chiromanciens étaient donc médecins comme Hippocrate (460-377 av. J.-C.) et Galien (131-201 apr. J.-C.), philosophes comme Platon (428-348 av. J.-C.) et Aristote (384-322 av. J.-C.) ou les deux, comme, au Haut Moyen Age, Avicenne (980-1037), le « prince des médecins », et, un siècle après lui, Averroès (1126-1198), savant arabe, célèbre commentateur d'Aristote et initiateur de la chiromancie en Europe.
Mais que ce soit par curiosité ou parce qu'elle faisait partie de l'éducation, des hommes aussi différents que Pline, l'empereur Auguste, Jules César et Alexandre le Grand connaissaient la chiromancie et en faisaient usage.
Fidèles à la mentalité mystique du Moyen Age, les manuscrits de chiromancie ne voyaient dans les mains que symboles : le grand et les petits triangles formés par les trois lignes principales représentaient Dieu et la Sainte-Trinité.

¶ Si la demye ligne vient iusques a la restricte dessoubz la mainfinãt ain si q'l appert en ceste mai. Ce no' signi fie lhõme auaricieux q p droit ou nõ droit fait plusieurs cõtractz soy fai gnant sus lespece de preudhõmie fai re a aultres misericorde.

▲ *Une page de* Chiromantiæ, l'art de la Chyromance, *vers 1560, de Bartoloméo della Rocca dit Coclès, né à Bologne en 1467. (Archives Snark, Ph Edimédia)*

◀ *Madame Aïcha, voyante tunisienne, à l'Exposition coloniale de Strasbourg en 1924. (Ph N.D. Roger-Viollet)*

Les devins de la Renaissance

Humanistes avant tout, les chiromanciens célèbres de la Renaissance seront de véritables savants passionnés de médecine, d'anatomie, de physique, d'astrologie et de sciences occultes. Leur curiosité se voulait universelle.

Quant telles lignes mennes de petite longueur & largeur sapparestrõt au commencemẽt du triãgle ainsi ql appt en ceste maĩ. Ce nous signifie lhõme de cepueur: detracteur de renõmee daultruy: réply dꝫ vices: dentendemẽt subtil auec parolles doulces deceptiues.
G iij

▲ *Une page de* Chiromantiæ, *de Coclès, paru vers 1560. (Archives Snark, Ph Edimédia)*

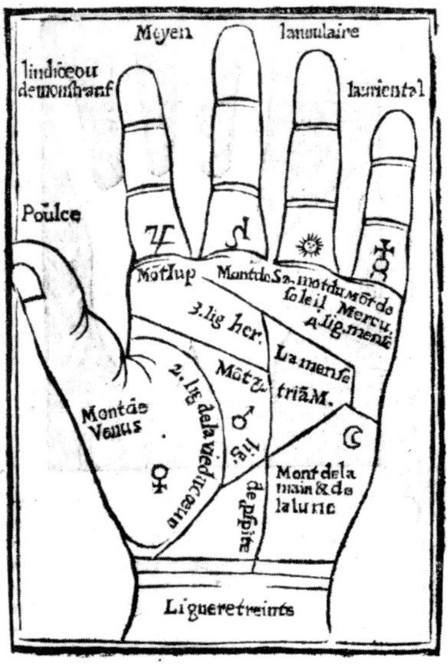

▲ *Une page de* Physiognomonie naturelle, la Chiromancie, *Rouen, 1698. (Ph Bibliothèque nationale, Paris)*

Le plus représentatif d'entre eux, connu pour l'exactitude de ses prédictions, s'appelait Barthélemy de la Rocca, dit Coclès.

Né à Bologne en 1467, médecin et philosophe, Coclès avait aussi étudié les mathématiques et l'astrologie et se laissa finalement séduire par les subtilités de la pensée hermétique. Sa *Chiromantiae, Opus Rarissimum de Eadem Chiromantiae,* parue en 1497, fut rééditée plusieurs fois et traduite en plusieurs langues, notamment en français en 1546 et 1560. Son introduction explique la nécessité de lire cet ouvrage « pour ceux qui veulent pratiquer la chirurgie et la médecine ». Brillant devin, il était certainement « voyant » et prédit la date de leur mort aux plus grands princes du temps, ainsi que la sienne. En effet, il annonça à son futur assassin, l'un des gardes d'Hermes Bentivoglio (fils de Jean, tyran de Bologne), « qu'il commettrait un odieux assassinat le 25 septembre 1504 » ; ce jour-là, il fut tué d'un coup d'épée de la main dudit garde.

Son contemporain, Tiberius Antiochus, était aussi féru de littérature, de physique et de mathématiques qu'il était passionné de magie, de chiromancie, d'astrologie et de sciences occultes. Mais si les personnages les plus influents de l'époque se pressaient à sa porte, il n'en périt pas moins sur l'échafaud, comme il l'avait lui-même prédit.

Pandolfo IV de Malatesta, seigneur de Rimini, l'un des princes les plus puissants d'Italie, vint le consulter à propos des affaires de l'Etat et s'entendit dire « qu'il éprouverait de grands revers et qu'il mourrait dans la mendicité à l'hôpital de Bologne », ce qui se réalisa. Il annonça aussi à Guerra, ami et conseiller militaire du même Pandolfo, qu'il serait assassiné par son maître. « Comment pouvez-vous le savoir ? » s'exclama Guerra. Et le devin de répondre : « C'est écrit de toute éternité, comme moi, Tiberius Antiochus, finirai mes jours sur l'échafaud. »

L'alchimiste magicien

Paracelse, le père de la « médecine hermétique », personnifie bien l'image sulfureuse des savants et alchimistes du début du XVIe siècle. Né en 1491, Philippe Aurèle de Bombast de Hohenheim, appelé Paracelse, fit des études de médecine et enseigna cette discipline à Bâle. L'originalité de ses opinions — « l'extérieur permet de connaître l'intérieur » — et ses penchants de chirurgien pour la nécromancie lui attirèrent de nombreux ennuis. Il est célèbre pour sa théorie de la « mumie », un baume naturel qui réparait les tissus, et pour avoir fabriqué et expérimenté un élixir d'éternelle jeunesse. Il étudia la chiromancie à fond et l'enseigna. Tout comme ses prédécesseurs, il utilisait les étoiles pour prédire l'avenir, mais il « lisait »

▲ *Portrait de Philippe Aurèle de Bombast de Hohenheim, appelé Paracelse (1491-1541). (Ph Harlingue-Viollet)*

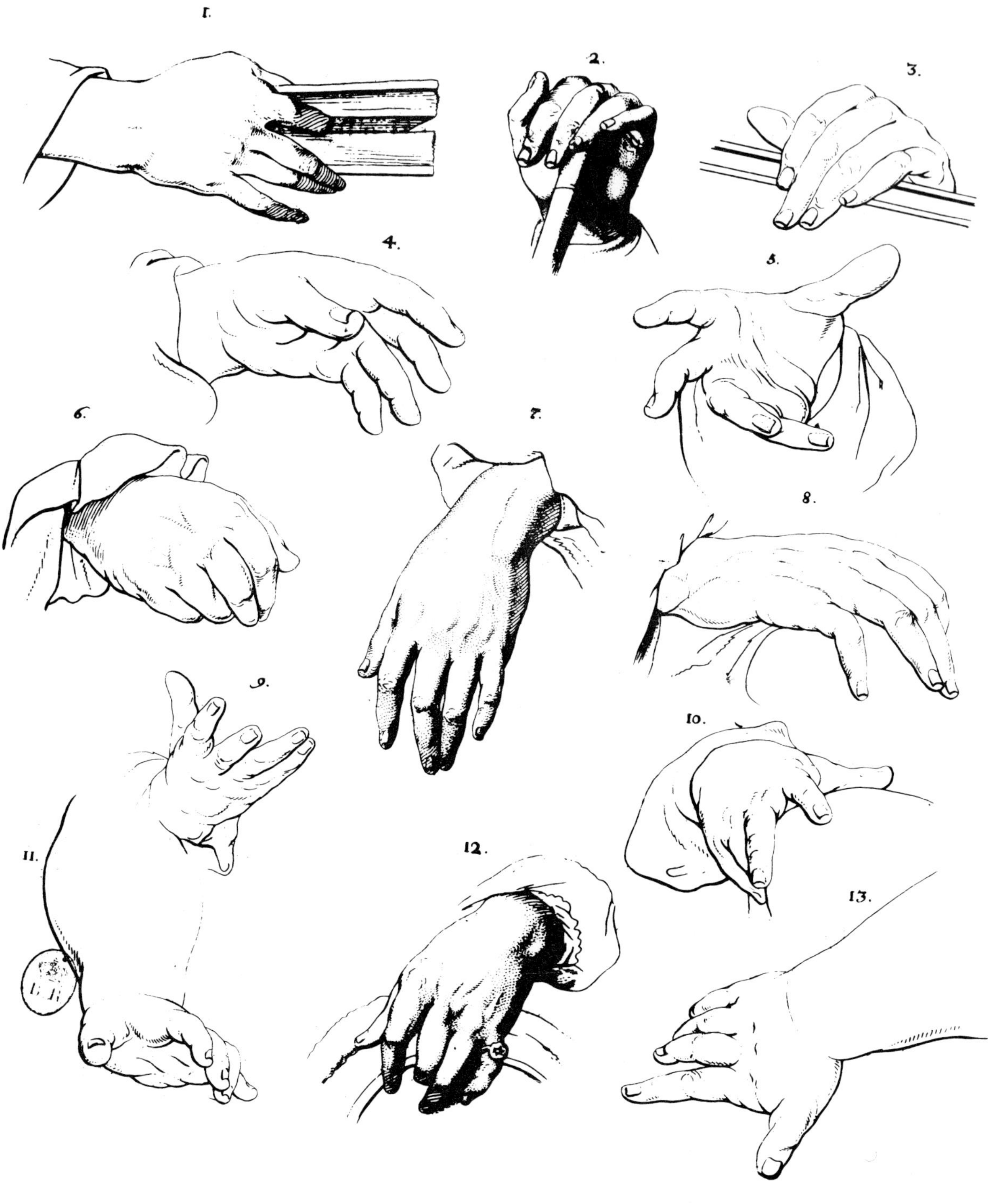
1.
2.
3.
4.
5.
6.
7.
8.
9.
10.
11.
12.
13.

aussi l'état de santé de ceux qui le consultaient. Il fut donc le premier chirologue au sens moderne du terme.

Le médecin de Louis XIV

Au XVIIe siècle, les deux chiromanciens les plus célèbres sont français. Bien qu'ils soient compatriotes et contemporains, leur approche est tout à fait différente. L'un, Marin Cureau de La Chambre (1594-1669), était médecin ordinaire du roi Louis XIV. Celui-ci avait une telle confiance en ses talents de devin qu'il le consultait sur le choix de ses favoris et de ses ministres. Richelieu, impressionné par ses dons et son savoir, en fit l'un des premiers membres de l'Académie française. De La Chambre nous a laissé deux ouvrages importants : *Discours sur les principes de la chiromancie* (1653) et *L'Art de connaître les hommes* (1659).

Le curé lettré

L'autre, Jean Belot, avait une attitude plus théorique. Après des études de théologie, il devint prêtre. Passionné de sciences occultes, il écrivit les *Instructions pour apprendre la science de chiromancie et physiognomonie,* le premier traité de vulgarisation de l'histoire de la chiromancie, publié à Rouen en 1647.
Mais l'esprit scientifique avait évolué. Dorénavant, on parlait « méthode » et on ne croyait que preuves à l'appui. L'alchimie était devenue chimie et l'astrologie, astronomie. La chiromancie fut taxée de superstition et de charlatanisme. Il fallut attendre la fin du XVIIIe siècle et les travaux de Lavater (1741-1801) sur la physiognomonie pour voir changer l'état d'esprit.

Le pasteur physionomiste

Lavater était pasteur ; sa piété et son humanité étaient exemplaires. Il mourut d'ailleurs frappé d'une balle en secourant les blessés dans les rues de Zurich, au lendemain de l'entrée des troupes françaises dans la ville. Poète et auteur d'ouvrages mystiques, il était en relation avec les plus grands esprits de son temps. Ses disputes épistolaires avec Goethe sont restées célèbres. « Les mains des hommes sont aussi diverses et aussi dissemblables que leurs visages... La main ne peut pas dissimuler », écrivait-il dans ses *Physiognomische Fragmente (Fragments physiognomoniques),* publiés à Zurich en 1775-1778. Ces préceptes préfigurent l'examen « scientifique » de la main préconisé quelques années plus tard par d'Arpentigny et Desbarolles.

◀ *Planche extraite de* Physiognomische Fragmente, *de Johann Kaspar Lavater (1741-1801), publié à Zurich de 1775 à 1778. (Ph Bibliothèque nationale, Paris)*

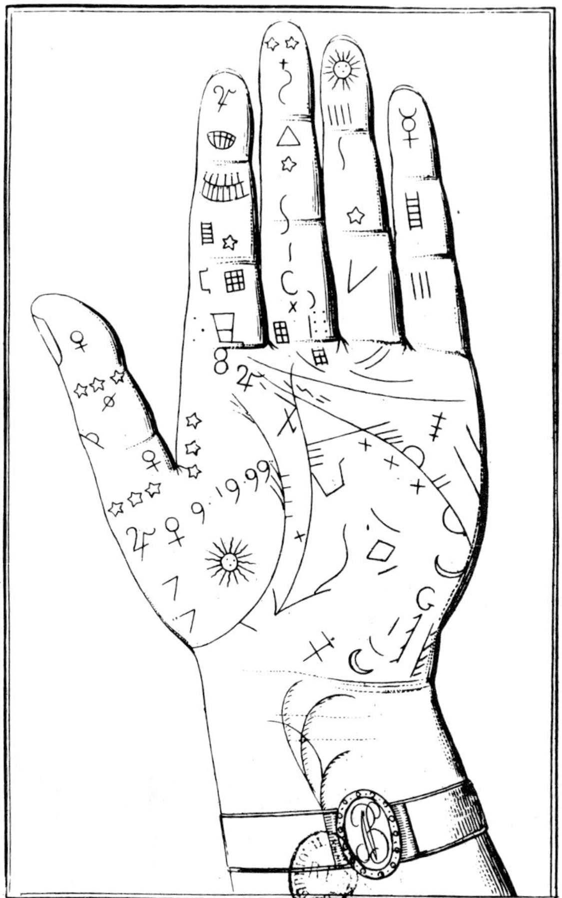

Intérieur de la main gauche (de l'ex Empr.) Napoléon – Buonaparte.

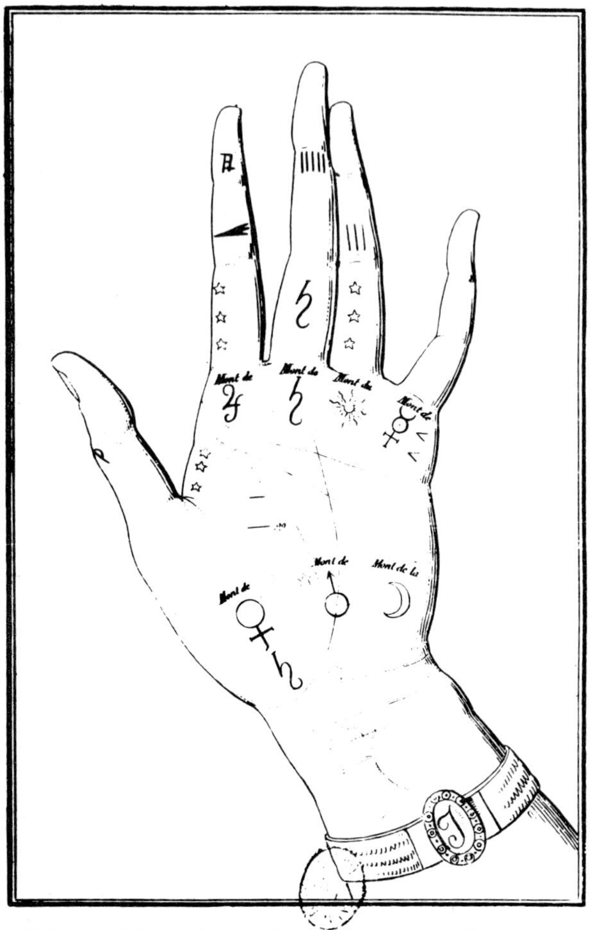

Interieur de la main gauche de l'Imperatrice Josephine.

▲ *De gauche à droite : intérieur de la main gauche de l'empereur Napoléon Bonaparte, intérieur de la main gauche de l'impératrice Joséphine. Dessins exécutés par Mademoiselle Lenormand. (Archives Snark, ph Edimédia)*

La chiromancienne de l'impératrice

Bien qu'elle n'ait rien d'une chirologue et qu'elle exerçât ses dons de voyance comme cartomancienne, Marie-Anne Adelaïde Lenormand, auteur de *Souvenir prophétique d'une sibylle* (1814), doit être citée pour la curieuse façon dont elle procéda la première fois que Napoléon vint la voir rue de Tournon, fait que relatent dans leurs Mémoires plusieurs des contemporains de l'empereur à qui il l'avait raconté.

Bonaparte, alors jeune général glorieux pour ses exploits au siège de Toulon, se décourageait de faire vainement antichambre au ministère de la Guerre lorsqu'il rencontra une amie qui lui vanta les talents de Mlle Lenormand. Il fut reçu par « une jeune femme d'une beauté médiocre, quoique non sans séduction, aux yeux très vifs et à l'attitude nonchalante. Elle lui dit d'emblée : "Vous voudriez exercer un pouvoir souverain dans l'armée et peut-être ailleurs dans la société." Etonné, il répondit qu'il n'en demandait pas tant, "mais qu'il se croyait assez de mérite pour avoir un commandement". Elle le pria de prendre une poignée de cendre dans la cheminée et de la jeter doucement sur une feuille de papier tout en pensant à son avenir. Elle examina le tas de cendre qui conservait la forme de sa main et lui dit : "Général, le commandement que vous désirez vous sera accordé en dot par votre mariage avec une jolie femme qui a déjà deux enfants. Vous irez faire la guerre en Italie et vous en reviendrez dans une telle gloire que vous serez alors le plus illustre des Français. Je ne peux vous en dire plus. Un seul conseil, méfiez-vous de l'orgueil. S'il peut vous mener très haut, il peut surtout vous ramener plus bas qu'au départ[1]" ». Mlle Lenormand avait parfaitement prévu le couronnement, les innombrables victoires, puis le dénouement, y compris Sainte-Hélène.

Givray raconte qu'au moment de son divorce avec l'impératrice (qui lui avait également été prédit), craignant sans doute des difficultés avec Joséphine, car cette dernière consultait Mlle Lenormand, Napoléon fit secrètement arrêter la voyante le 11 décembre 1809 et ne la libéra que douze jours plus tard, quand le jugement fut prononcé.

▼ *Portrait de la devineresse française Marie-Anne Adélaïde Lenormand (1772-1834). Dessin de J. Champagne. (Ph Harlingue-Viollet)*

Etre chiromancienne en 1850

Une des élèves de Mlle Lenormand, Adèle Moreau, qui se disait son successeur, connut elle aussi un très grand succès. Dans son *Avenir dévoilé... Chiromancie nouvelle* (1859), elle donne des détails très amusants sur l'exercice de son métier. Elle est la première chirologue à faire de la publicité. Dans son ouvrage, elle informe ses lecteurs qu'elle reçoit chaque jour, sauf les dimanches et jours de fête, de 9 h à 18 h et qu'on peut également la consulter par correspondance en envoyant des empreintes ou des photos. Son livre, rempli d'anecdotes savoureuses, expose sa théorie chiromantique fondée sur les relations entre types planétaires et système endocrinien.

La coqueluche des romantiques

Mme de Thèbes, de son vrai nom Antoinette Savay, fut la coqueluche du Tout-Paris à la fin du XIXe siècle. Elle connut tous les écrivains de l'époque et fut en particulier l'amie d'Alexandre Dumas fils, à qui elle devait sa « vocation » et qui la lança. L'histoire vaut la peine d'être contée. Voulant être actrice dans sa jeunesse, elle consulta Alexandre Dumas fils qui « lui conseilla de choisir une voie moins encombrée et plus immédiatement rémunératrice », comme le rapporte un contemporain, H. Decharbogne. « Ayant des notions de chiromancie, car elle avait

été en relation avec le capitaine d'Arpentigny, elle conçut le projet de remplacer Desbarolles qui venait de mourir. Dumas l'y encouragea vivement. N'affirmait-il pas que ''la chiromancie serait un jour la grammaire de l'organisation humaine'' ? Il promit de l'aider de tout son crédit et de toute sa notoriété. (...) Il tint parole[2]. »
Frappée par le nombre de personnes dont les mains révélaient la mort par le feu, et grâce à sa connaissance de l'astrologie, elle prédit qu'un incendie meurtrier aurait lieu à Paris le 4 mai 1897, ce qui se révéla exact puisque c'est ce jour-là que brûla le Bazar de la Charité, où périrent un grand nombre de femmes de la société parisienne. Après coup, cette prédiction fut largement commentée par toute la presse de l'époque. Son livre *L'Enigme de la main*[3] doit beaucoup au capitaine d'Arpentigny et à Desbarolles.

▲ Le Petit Journal, *numéro spécial sur l'incendie du Bazar de la Charité, le 4 mai 1897. (Ph Collection Viollet)*

▶ *Sarah Bernhardt, actrice française (1844-1923) photographiée par Nadar (1820-1910), vers 1862. (Ph Collection Viollet)*

Le numérologue

Le comte Louis Hamon, connu sous le nom de Cheiro (prononcé Kiro), est le chirologue anglais le plus célèbre du début de ce siècle. Dans ses Mémoires, *Confessions : Memoirs of a Modern Seer*[4], il raconte ses expériences de voyant moderne. Toutes les têtes couronnées et les célébrités de l'époque le consultèrent : Edouard VII d'Angleterre, Léopold de Belgique, le tsar Nicolas II de Russie, Raspoutine, Gladstone, Sarah Bernhardt, Mata Hari qu'il admirait, le shah Muzaffar-al-Din de Perse, Humbert d'Italie, Kitchener...
Avec l'aide de la numérologie, son extraordinaire intuition et ses dons de magnétiseur lui permirent de faire d'étonnantes prédictions personnelles, ce qui explique son succès. Grand voyageur, il raconte avoir appris son art dans sa jeunesse aux Indes où il passa deux ans à étudier la chirologie et l'astrologie avec un brahmane descendant de la caste Joshi. Journaliste, conférencier, il mena une vie d'aventurier pleine d'épisodes mouvementés et savoureux dont il fait un récit piquant. Son *Language of the Hand*[5], publié alors qu'il n'avait que 28 ans, se vendit à plus de cinq mille exemplaires en moins de cinq mois. De même, ses *World Predictions,* publiées en 1926, connurent une énorme diffusion.
Sa rencontre avec la plus grande actrice de l'époque est amusante. « Un soir, un inconnu vint lui demander de le suivre sans poser de questions pour examiner des mains qui l'intéresseraient vivement. Il se retrouva dans une maison près de St. John's Wood et commençait à s'inquiéter lorsqu'une dame entra dans la pièce, la tête et le visage couverts d'une épaisse mantille noire. Elle tendit ses mains vers la lampe, qui en effet le fascinèrent. Quand il eut finit de lui décrire le passé, le présent et l'avenir, elle retira ses

Nadar

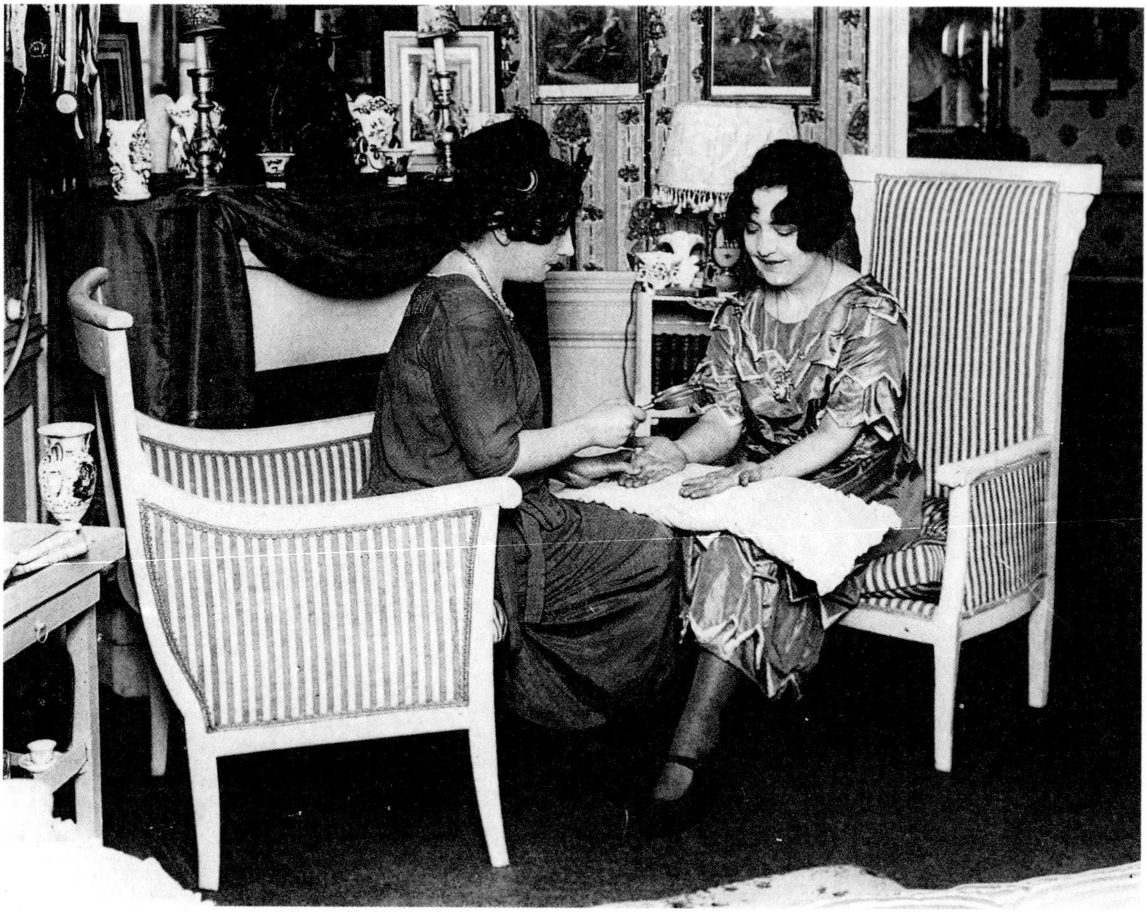

▲ *Madame Fraya, voyante, en consultation, vers 1930. (Ph Harlingue-Viollet)*

mains et se mit à sangloter jusqu'à ce que le voile qui la cachait tombe sur ses épaules et qu'apparaisse l'étonnant regard de la grande Sarah Bernhardt. »

Fraya, la voyante

Terminons par Mme Fraya, une authentique voyante d'origine basque, célèbre à Paris entre 1900 et 1950. De son vrai nom Valentine Dencausse, elle se préparait à une carrière de pianiste lorsqu'elle fut poursuivie en rêve, nuit et jour, par des milliers de mains dont elle ne comprenait pas le sens. Ce n'est qu'à 19 ans qu'elle prit soudain conscience de ses dons de voyance. Les livres de chirologie ne lui apprirent rien, comme elle le raconte à Simone de Tervagne : « Les lignes de la main, une écriture ne sont pour moi que des éléments d'excitation. Ils favorisent ma voyance, la facilitent, mais à la base, ce que je vois avant tout, ce sont des "images", des "clichés" que je décris fidèlement sans toujours être en mesure de les expliquer

ni de préciser à quelle date ils deviendront réalité[6]. »
Après qu'elle lui eut prédit sa gloire future et aussi les circonstances de sa mort (qui se révélèrent exactes), Pierre Loti écrivit dans *Le Gaulois* un article sur elle qui la lança. Toute la société parisienne la consultait. Fiacres et attelages encombraient la rue devant sa porte. « Elle savait ce qu'il fallait dire et ce qu'il fallait taire », dit encore Simone de Tervagne. Elle recevait tous les jours de 14 h à 21 h, jusqu'à trente personnes par jour. Sacha Guitry s'inspira d'elle pour l'un de ses personnages.
Elle avait la faculté de « voir » l'état physiologique et organique de ses interlocuteurs, comme elle le démontra au Dr Noël Vashide, directeur des laboratoires de psychologie de l'asile de Villejuif, qui, frappé de l'exactitude de son diagnostic, se lança dans une étude médicale approfondie sur les mains.
En 1913, Mme Fraya voyait des morts violentes dans les mains de ses consultants, ce qui lui donna le pressentiment de la guerre. Elle ne croyait pas à l'astrologie « parce qu'elle prévoit ». « La voyance est intransmissible, disait-elle aussi. Fuyez les faux médiums annonciateurs de catastrophes. La clairvoyance doit toujours être constructive[7]. » Elle était très préoccupée par les méfaits des premières explosions atomiques sur les « vibrations astrales ».
« Il y aura peu de monde à mon enterrement parce que beaucoup de ceux qui viennent me consulter ne veulent pas qu'on le sache », avait-elle déclaré peu de temps avant sa mort (1954), prédiction qui se révéla exacte.

▲ *La reine Nathalie de Serbie (1859-1941), répudiée par l'ex-roi Milan Obrénovitch IV, s'installa à Biarritz où on lui parla de Madame Fraya. Elle l'invita et ses dons de voyance lui firent grande impression. (Ph Collection Viollet)*

1. Raconté par René Dunan, in *La Grande Encyclopédie illustrée des sciences occultes* de Dom Neroman, Editorial Argentor, 1952.
2. Fred Gettings, *Le Livre de la main,* Paris, Les Deux Coqs d'or, 1969, p. 208.
3. Mme de Thèbes, *L'Enigme de la main,* Paris, Juven, 1901.
4. Louis Hamon, *Confessions : Memoirs of a Modern Seer,* Londres, Jarrolds Publisher, 1932.
5. Louis Hamon, *Language of the Hand,* Londres, Herbert Jenkins Ltd, s.d.
6. Simone de Tervagne, *Mme Fraya m'a dit... Les confidences de la plus grande voyante du siècle,* Paris, Adyar, 1955.
7. Simone de Tervagne, *op. cit.*

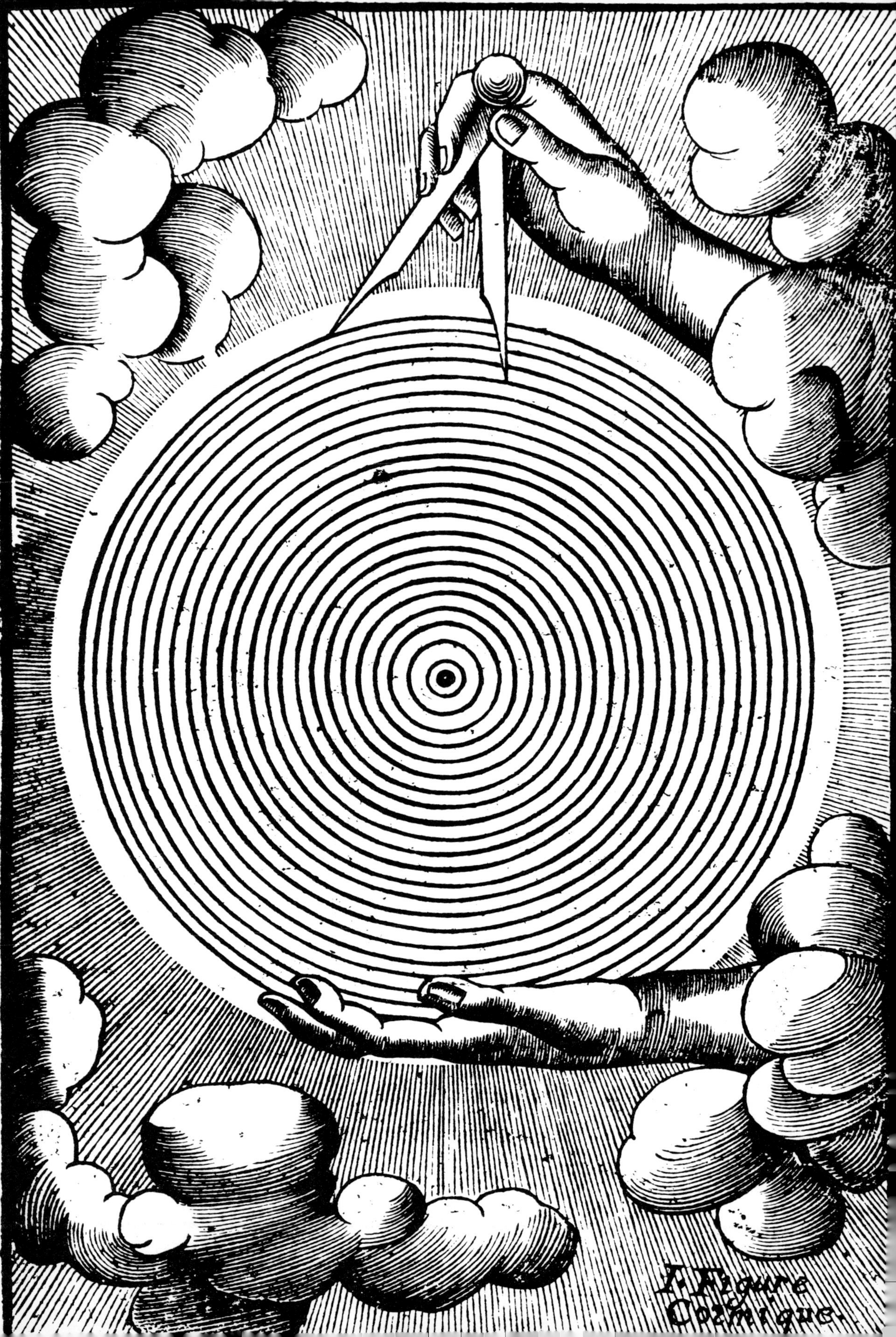
I. Figure
Cosmique.

DEUXIEME PARTIE

L'INTERPRETATION DES MAINS

« Ainsi donc la main, ce trésor particulier de l'homme, cette marque de distinction, ce gage de sa noblesse et de son origine est à son tour l'interprète du caractère humain et l'expression de l'humanité. »

Johann Kaspar Lavater
Fragments physiognomoniques

◀ *Figure cosmique, Annibal Barlett. (Archives Snark, ph Edimédia)*

Qui n'a pas envie de savoir de quoi il est capable, quelle est sa nature, quelles sont ses aspirations ? Nos propres mains nous permettent de répondre à ces questions avec autant de précision que n'importe quelle étude psychologique ou graphologique, tout en y ajoutant des probabilités futures qui en augmenteront encore l'intérêt.
En effet, n'est-il pas passionnant de pouvoir suivre l'évolution d'une personnalité grâce à des empreintes successives ? Les modifications du tracé linéaire, qui fluctue jusqu'à la mort, témoignent de notre liberté d'action et de la faculté de façonner notre vie.
Dans les mains, le temps qui passe n'est plus l'angoisse de vieillir, mais une construction formant un tout, une œuvre de patience jusqu'au bout.
L'étude des mains montre aussi les complémentarités et les antinomies de caractères. Quand il s'agira donc d'établir une relation harmonieuse durable sur un plan professionnel, sentimental ou amical, la lecture des mains des intéressés permettra de dépasser l'emballement des premières rencontres. La décision de s'associer ou s'unir se prendra en connaissance de cause.

◀ La Diseuse de bonne aventure, *détail. Peinture de Valentin de Boullogne,* XVIIe *siècle. Musée du Louvre, Paris. (Ph Bulloz)*

Ligne de vitalité courte
et longue vie
(main droite)

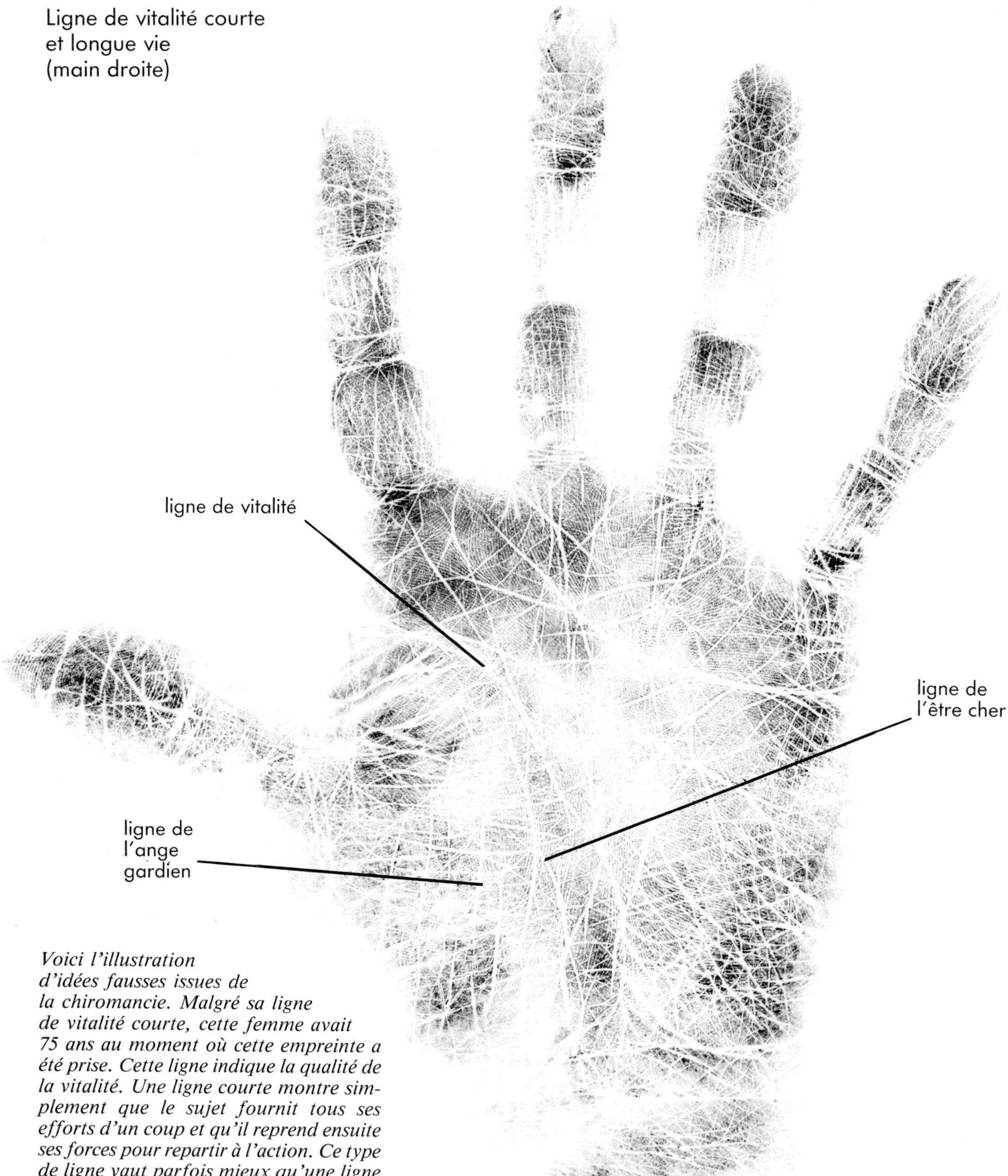

Voici l'illustration d'idées fausses issues de la chiromancie. Malgré sa ligne de vitalité courte, cette femme avait 75 ans au moment où cette empreinte a été prise. Cette ligne indique la qualité de la vitalité. Une ligne courte montre simplement que le sujet fournit tous ses efforts d'un coup et qu'il reprend ensuite ses forces pour repartir à l'action. Ce type de ligne vaut parfois mieux qu'une ligne longue, très faiblement inscrite et qui, elle, indique une vie plus végétative et renfermée.
Noter la ligne de l'ange gardien qui renforce la vitalité.

POURQUOI INTERPRETER LES MAINS

Le chirologue a un rôle de conseil et de guide. Sa vision doit être optimiste et remontante. Il n'existe pas de « mauvaises » mains. Toutes sont intéressantes. Si, malgré les difficultés de sa vie, une personne sort d'une consultation le sourire aux lèvres, le chirologue aura bien rempli son rôle.

UNE MEILLEURE CONNAISSANCE DES AUTRES ET DE SOI-MEME

N'est-ce pas difficile de se libérer de ses préjugés et de parvenir à être objectif vis-à-vis des autres et de soi-même ? Les signes, lignes et formes particulières que l'on note dans chaque main, se déchiffrent comme un alphabet dont chaque lettre révèle un trait psychologique. Réunies, elles donnent une vision d'ensemble qui permettra cette précieuse distance nécessaire à la découverte des autres et de soi-même.

En effet, voir la vie comme un tout aide à prendre du recul par rapport à ses propres difficultés et à s'accepter tel que l'on est. La lecture des mains doit toujours être faite dans une optique évolutive. Cette connaissance de nous-même nous rend plus positif et décuple notre capacité d'action.

L'interprétation des mains met à l'écoute des autres et en prise avec leur moi profond. Là encore, nous allons vérifier l'écart qui sépare notre impression personnelle de ce qu'ils sont réellement, au-delà du paraître. C'est cette découverte qui réserve les plus grandes surprises, l'étonnement de voir se dessiner une personnalité différente de celle que nous connaissions. C'est une leçon d'humilité, mais aussi une consolation. Nous avons tous des difficultés, des désirs, des aspirations. Nos données humaines se ressemblent mais leurs infimes différences traceront en fin de parcours une histoire infiniment personnelle.

La lecture des mains permet aussi de dévoiler des talents inexploités, de découvrir la cause de difficultés inexpliquables, ce qui permettra d'agir en conséquence et de vivre en meilleure harmonie avec soi-même.

Découvrir les autres aide à mieux les comprendre mais aussi à les accepter dans leurs différences et leurs singularités. Toutefois, cet envol intuitif ne sera possible que lorsqu'on se sera fait une idée générale des mains qu'on examine.

L'ORIENTATION PROFESSIONNELLE DES ENFANTS ET DES ADULTES

Une bonne étude des mains permet de se faire une idée précise d'une personnalité : ses tendances psychologiques, ses aspirations, ses centres d'intérêts, ses forces ou ses faiblesses. Il est donc possible de rassurer des parents sur l'avenir de leur enfant et de leur conseiller un secteur d'activité plutôt qu'un autre. Inutile en effet qu'ils le dirigent vers une carrière de mathématicien s'il a un tempérament d'artiste.

Quant à l'adulte, il lui arrive bien souvent d'avoir à redéfinir son orientation professionnelle. Cette approche originale, tout en lui donnant la possibilité de faire un bilan, lui permettra un meilleur choix. Parmi les tests permettant de définir une personnalité, les cabinets de recrutement et les « chasseurs de têtes » font de plus en plus appel à la chirologie. Un chef d'entreprise de ma connaissance a choisi son équipe de direction grâce à ses talents de chirologue et il affirme n'avoir eu qu'à s'en féliciter.

En effet, alors que la graphologie fait le bilan psychologique du passé et du présent d'une personne, la possibilité que donne la chirologie de connaître les aspirations futures du sujet permet un complément d'informations et une appréciation plus exacte de sa personnalité.

LA DETECTION DE DIFFICULTES MENTALES

Certains facteurs révèlent dans la main une fragilité mentale, qui peut aller d'une tendance à la dépression jusqu'à des problèmes plus graves. Les travaux de Julius Spier, en Allemagne, qui portaient sur l'étude systématique de la main des enfants et de celle des malades mentaux, ont amené C.G. Jung, le célèbre disciple de Freud, à utiliser la chirologie. Ces recherches furent poursuivies par Ursula von Mangoldt, Charlotte Wolff et bien d'autres.

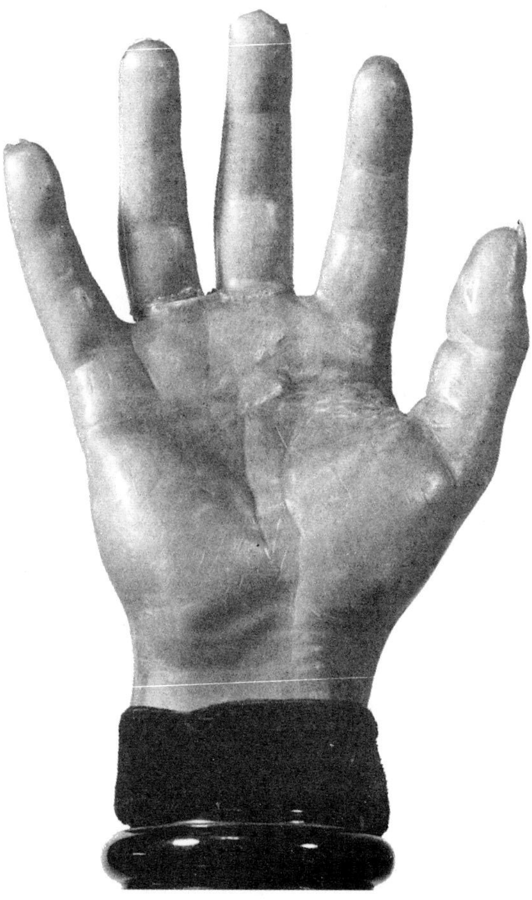

▲ *Moulage en cire de la main droite de Jean-Baptiste Troppmann, assassin du ménage Kinck et de leurs six enfants (affaire de Pantin), condamné et exécuté en janvier 1870. Musée de la Préfecture de Police. (Ph G. Feinstein-Fotogram)*

Voici les signes révélateurs d'une difficulté mentale :

- mains et doigts anormalement larges ou petits comparés à la taille d'un individu (à titre d'indication, la longueur d'une main est le dixième de la taille du corps et sa largeur à la base des doigts est égale au médius) ;
- main très longue et étroite ;
- index et médius de la même longueur ou médius et annulaire égaux ;
- un doigt exagérément petit comparé aux autres, par exemple un index n'atteignant pas la phalange onglée du médius ;
- pouce anormalement court, déformé ou placé si haut dans la main qu'il ressemble à celui d'un enfant ;
- doigts très tordus ou déformés (particulièrement l'auriculaire), quand il ne s'agit pas d'arthrite ou d'accidents ;
- lignes de tête très chaînées, brisées ou avec beaucoup d'îles ;
- ligne de tête absente (surtout dans les deux mains) ou si faible qu'inexistante (ne pas confondre avec la ligne simienne : lignes de cœur et tête réunies) ;
- lignes très profondes et tendues à l'extrême (surmenage, forte tension, besoin de détente) ;
- mains, doigts et extrémités très rigides ou très souples ;
- ligne simienne (lignes de cœur et tête réunies) dans une main déformée ou présentant une ou plusieurs des caractéristiques énumérées ci-dessus.

En présence de ces signes, ne tirez pas de conclusions hâtives. C'est l'ensemble de la main qui est déterminant. Vos conseils doivent aider à prendre une décision constructive, comme celle, si besoin est, d'aller consulter un spécialiste.
Une psychologue de ma connaissance, chirologue avertie, fait des empreintes des mains de ses nouveaux patients avant d'entreprendre une psychothérapie. Tous les ans et en fin de traitement, elle vérifie l'amélioration du tracé des lignes et leur clarification, preuve du travail accompli, au moyen d'une nouvelle empreinte qu'elle montre à son patient, ce qui l'intéresse et l'encourage vivement.

LA DETECTION DES MALADIES

Les associations chirologiques médicales classiques sont les suivantes :

- le pouce correspond à la vitalité et à l'état de santé général ;
- l'index au système respiratoire et à l'estomac ;
- le médius à l'intestin et au foie ;
- l'annulaire aux reins, au sacrum, à la circulation du sang ;
- l'auriculaire aux organes sexuels.

Mais c'est dans les lignes elles-mêmes qu'il existe les plus excitantes corrélations biologiques.
Sir Francis Galton (1822-1911), cousin de Charles Darwin, fut l'un des premiers savants à pratiquer le diagnostic palmaire. Il constitua une collection d'empreintes, la présenta à l'université de Londres et se spécialisa dans l'eugénisme, l'étude des meilleures conditions pour le maintien de la qualité de l'espèce humaine, sur laquelle s'appuie la théorie sociale du même nom. Le laboratoire Galton a poursuivi ses recherches et a démontré en 1959 que le mongolisme produit une ligne caractéristique appelée pli simien qui traverse le sommet de la paume.
Depuis lors, un certain nombre de troubles congénitaux ont été reliés à des motifs particuliers apparaissant dans la paume avant même que la maladie ne se déclare. Il en est de même pour certaines infections virales telle la rubéole : le biologiste Lyall Watson[1] rapporte que, lorsque la mère a été en contact avec la rubéole pendant sa grossesse, même si elle n'a pas été affectée, le bébé a un pli caractéristique dans la main. Des médecins japonais et américains font même un diagnostic médical en examinant la paume de leurs patients.

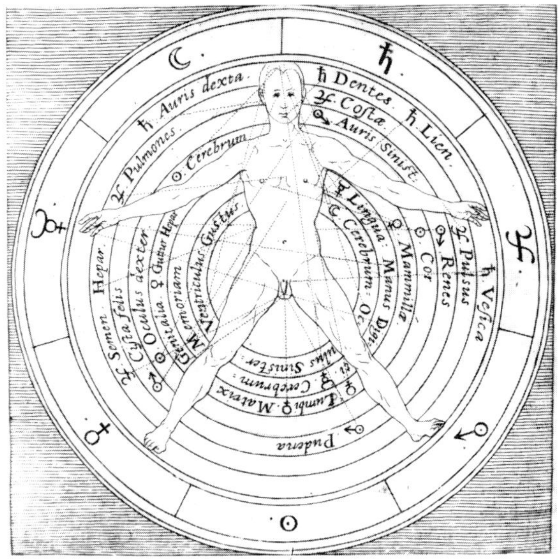

▲ *Influence des astres sur le corps humain. (Ph Roger-Viollet)*

Sans aller jusque-là, un mauvais état de santé se signale par la détérioration du réseau papillaire. Il est difficile de le détecter sans une loupe et un chirologue novice aura du mal à l'apprécier. Il est préférable de s'entraîner d'abord sur la main d'un familier dont le mal a été diagnostiqué par un médecin et d'en suivre les modifications au fur et à mesure de son rétablissement. On peut aussi vérifier cette évolution par des empreintes répétées. Des lignes appauvries par rapport à une empreinte précédente peuvent n'être provoquées que par des insomnies ou du surmenage.
Ne jouez pas au médecin. Soyez sûr de votre observation avant de la signaler à l'intéressé, ce qui lui permettra d'aller consulter un spécialiste.

1. Lyall Watson, *Histoire naturelle du surnaturel,* Paris, Albin Michel, 1974.

Mains d'un droitier

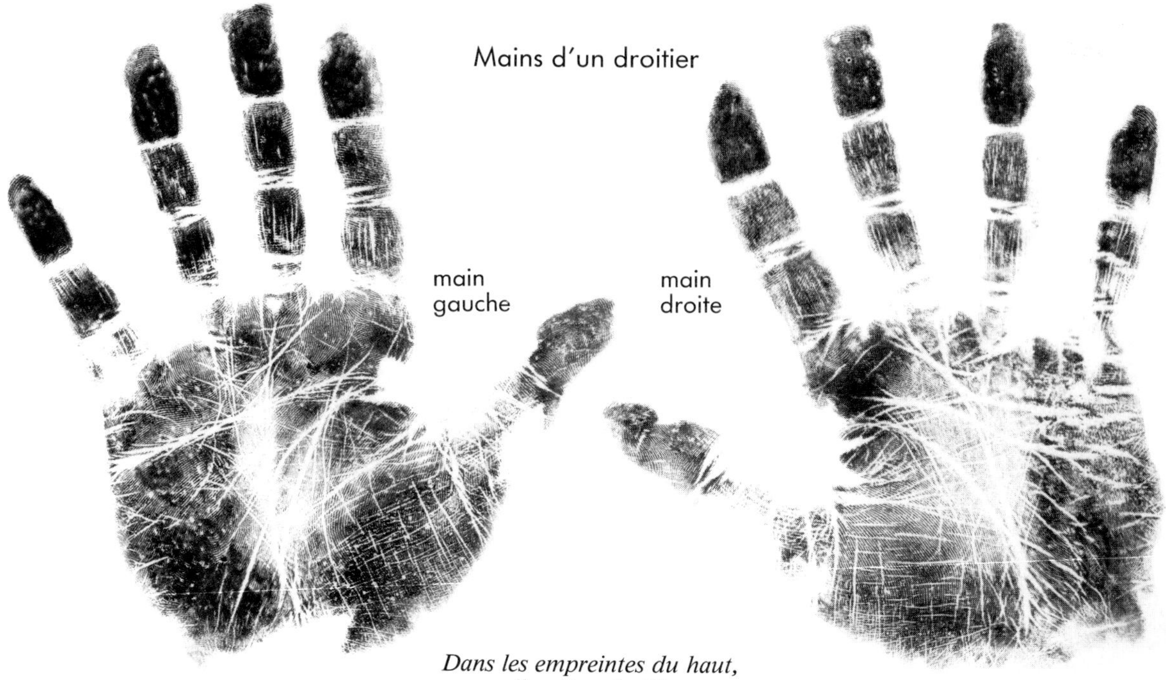

Dans les empreintes du haut, celles d'un droitier, la paume gauche reflète les bases de la personnalité alors que la droite montre l'état présent. Notez l'évolution d'une ligne simienne à gauche vers des lignes de cœur et de tête dans la main droite, signe d'un meilleur équilibre affectif et mental actuel. Dans les mains du bas, celles d'un gaucher, c'est l'inverse. La main gauche (illustration de droite) est meilleure que la main droite.

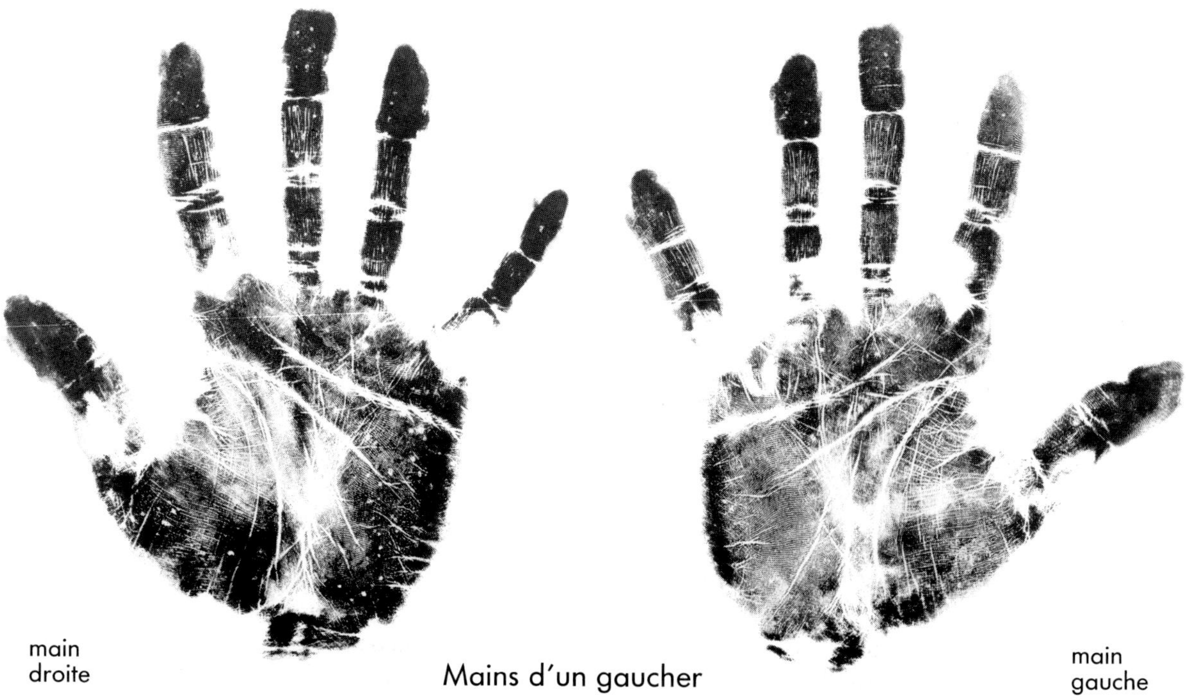

main
droite

Mains d'un gaucher

main
gauche

COMMENT INTERPRETER LES MAINS

La lecture des mains est une synthèse de tout ce qui est observé aussi bien sur la forme des mains, la couleur de la peau, la longueur des doigts par rapport à la paume, les ongles et leurs teintes, les lignes, les monts et les signes particuliers. Toutes ces informations peuvent être complémentaires ou contradictoires. L'essence même de la chirologie est d'en prendre note, d'en dresser le bilan et d'en tirer les conclusions.

MAIN DROITE, MAIN GAUCHE

La comparaison des deux mains permet d'un simple coup d'œil de se faire une idée sur la personnalité. Lire une seule main serait aussi incomplet que de regarder une photo à moitié développée.

La main la plus passive montre la personnalité potentielle, le monde de l'enfance et les effets de l'hérédité. Pour les droitiers, la main gauche, souvent plus délicate, révèle donc les dons de naissance, les tendances passées et futures, les traces que la vie y a inscrites.

La main la plus active, la droite pour les droitiers, est celle de la réalisation. Vous y verrez comment vous avez utilisé vos dons ou comment vous avez remédié à leur absence. En bref, ce que vous avez fait, ce que vous avez construit. C'est un constat du présent.

Pour les gauchers, les mains se lisent dans le sens inverse : la droite reflète la personnalité potentielle, la gauche celle du présent. Les ambidextres liront les deux mains ensemble.

Les mains peuvent être très différentes l'une de l'autre. Par exemple, on peut se trouver face à une main gauche sensitive Eau, aux doigts longs effilés, avec une ligne de tête plongeant vers la Lune, donc conforme à son type. Alors que la main droite, tout en gardant la même forme, aura construit une ligne de tête réaliste (droite et courte) caractéristique de la Terre. La personne ne trouvera son équilibre qu'en harmonisant ces deux tendances.

Un bébé qui vient de naître a déjà un réseau linéaire légèrement différent d'une main à l'autre et cette différence s'accentuera en grandissant. Les mains des gens âgés sont passionnantes à examiner : au soir de la vie, elles montrent quelles étaient leurs aspirations et ce qu'ils en ont fait.

L'HEREDITE

Les mains des enfants ressemblent à celles de leurs parents, par leur forme ou par leurs lignes, ou par les deux. D'ailleurs, Galton avait prouvé que la comparaison des empreintes digitales permettait d'établir la filiation. En revanche, les mains des frères et sœurs diffèrent bien souvent, à l'exclusion des signes héréditaires tels que les déformations des lignes et des doigts comme le pouce et l'auriculaire (voir empreintes, page 60).

L'ESPRIT DE L'INTERPRETATION

Il faut que l'interprétation soit d'une grande honnêteté. Donner ses mains à lire est un signe de confiance. Le chirologue doit être à la hauteur et se sentir responsable de ce qu'il va dire. La main ne peut servir de prétexte à un envol vers l'imaginaire. Chaque signe a un sens qu'il faut déchiffrer comme un alphabet. D'ailleurs, en se concentrant sur vos observations, vous vous libérerez plus facilement de vos impressions personnelles, ce qui facilitera et améliorera votre lecture.

La lecture des mains ne doit jamais être utilisée comme un instrument de puissance ou de séduction. L'objectivité est primordiale. Il ne s'agit pas de porter un jugement, mais de faire le point avec la personne concernée.

L'interprétation des mains se terminera sur une note optimiste. Nous avons la vie entière pour nous réaliser. Une tendance négative peut très bien se modifier, ne serait-ce que par la conscience qu'en

Hérédité

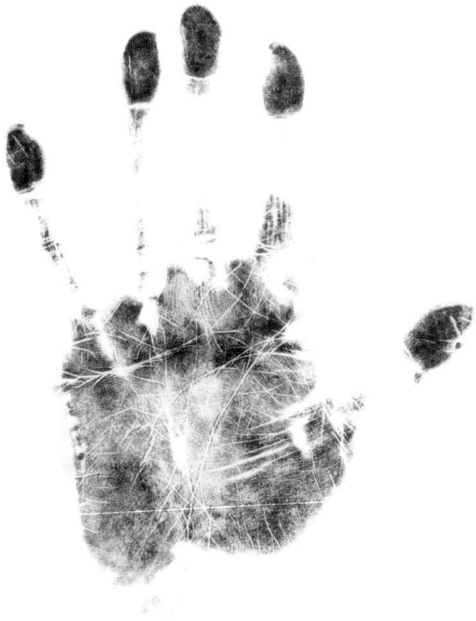

Père (main gauche)

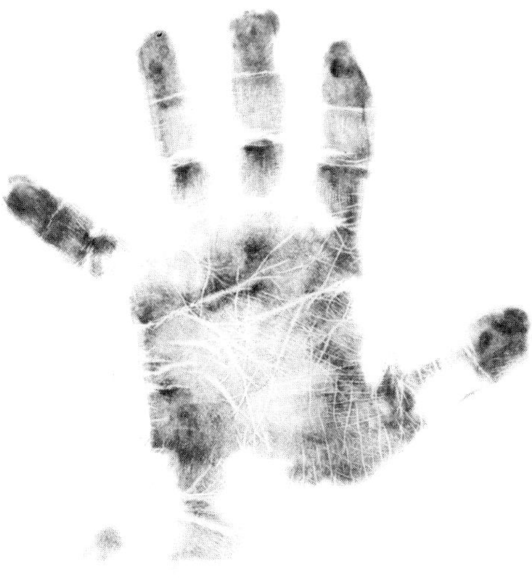

Fils
(main gauche)

La main du père Feu responsable ressemble à celle de son fils, aussi bien au point de vue forme que lignes. Par contre, la main de la fille rappelle les lignes de sa mère Feu intuitive, mais en plus fragile, et leur nombre relève du tempérament Eau alors que la forme est d'un type Air. Chez tous, l'auriculaire séparé du reste des doigts dénote un problème de communication.

a le sujet. Il ne faut jamais oublier que les lignes de la main changent, comme le fait la peau. Pourtant, il est nécessaire de signaler les aspects négatifs, afin d'aider la personne à mieux se connaître et à surmonter ses difficultés.

ECOUTER

Des personnes émotives peuvent prendre au tragique ce qu'on leur dit. Il faudra dans ce cas être prudent et décider si le moment est opportun pour une lecture des mains.

Celui qui déchiffre des mains doit savoir aussi bien écouter qu'interpréter. Les gens n'ont pas souvent l'occasion de parler réellement d'eux-mêmes. Quand vos remarques sont justes et que l'intéressé s'en étonne et vous raconte pourquoi vous avez raison, écoutez-le. Il est possible aussi que cela provoque des questions et le désir d'être conseillé. Amenez la personne à trouver ses propres réponses, ce sera plus efficace pour elle-même.

On vous déclarera peut-être que votre interprétation est fausse. Il peut s'agir d'une personne qui se connaît mal ou qui ne s'accepte pas telle qu'elle est, ou encore qui n'aime pas être connue. Ou simplement vous vous êtes trompé, reconnaissez-le en toute humilité, vous ferez mieux la prochaine fois !

Les mains doivent être lues dans un endroit calme et de préférence sans une troisième personne concernée. L'enregistrement sur bande magnétique n'est pas gênant pour le chirologue, mais il diminue l'attention de l'intéressé. Le résultat est donc moins positif.

Inutile de préciser que la discrétion est indispensable : ce qui est lu ne concerne que l'intéressé.

Si quelqu'un ne veut pas qu'on examine ses mains, ne cherchez pas à le convaincre. On ne doit lire que les mains de ceux qui le souhaitent.

Le chirologue ne doit pas faire de psychothérapie. Il fait le point de la situation et de l'état psychologique dans lesquels se trouve l'intéressé. Deux examens par an, qui donneront à la peau le temps de changer, sont amplement suffisants.

Plus vous lirez de mains et meilleure sera votre lecture. Ne soyez pas rebuté par les difficultés du début : apprendre à reconnaître les différentes formes de main, distinguer les signes... Commencez par une lecture simple avec ce que vous avez appris. Elle se complétera à mesure que votre savoir se développera.

Une bonne méthode pour commencer est de se baser sur sa propre main ou celle d'un familier dont vous prendrez l'empreinte (voir page 63). Elles vous serviront de référence et vous permettront de mesurer les progrès que vous aurez faits. Rappelez-vous que la chirologie est avant tout une science d'observation.

L'EXAMEN

Chacun adoptera sa méthode, mais voici quelques suggestions :

- Souvenez-vous que la personne qui vous donne ses mains à lire vous fait confiance : ce privilège vous oblige à vous montrer à la hauteur.

- Demandez à cette personne si on lui a déjà lu les mains et précisez toujours que les mains montrent le potentiel et les tendances.

- Répétez que les lignes secondaires peuvent changer d'une semaine sur l'autre et les lignes principales plus lentement, suivant l'importance de la modification.

- Informez-vous de l'âge de la personne et demandez-lui si elle est droitière, gauchère ou ambidextre.

- Regardez les mains avec attention et déterminez le type d'après la forme et les lignes. N'ayez pas peur de les toucher et de les palper.

- Notez le tempérament en examinant la flexibilité de la peau, sa couleur, sa consistance, sa température.

- Remarquez la taille de la main par rapport aux doigts. Comment se rattachent-ils à la paume ? En ligne droite ? En arc ? Quels sont les doigts qui se rapprochent les uns des autres et ceux qui sont tordus ? Ou bien ceux qui sont très écartés ? Quels sont les doigts dominants et les doigts faibles ? Notez les dermatoglyphes au bout des doigts.

- Examinez l'extérieur des mains et les articulations des doigts. Sont-elles noueuses ? Comment sont les ongles ?

- Passez maintenant à la paume et regardez les monts. Lesquels sont les plus proéminents ? Y a-t-il des signes particuliers ? Etoiles, triangles, grilles, îles ou croix ?

Hérédité

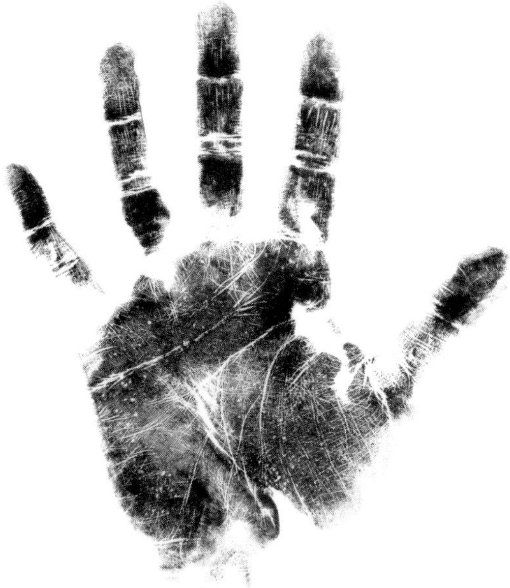

Mère
(main gauche)

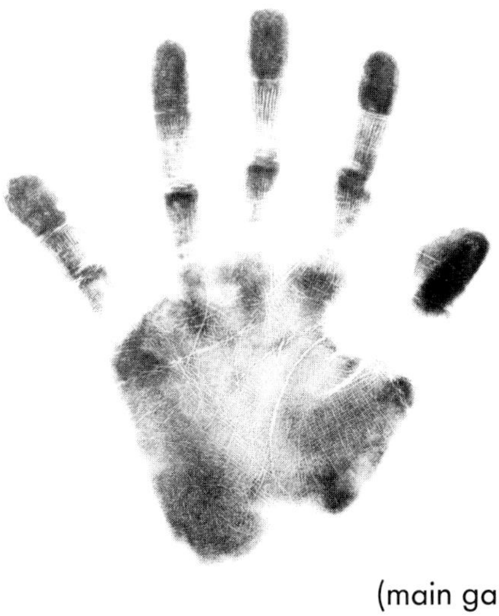

Fille
(main gauche)

- Observez les lignes dans leur ensemble. Sont-elles fortement inscrites dans la main ? Le réseau de lignes est-il clair ou embrouillé ? Où commence chacune des lignes et où finit-elle ? Les lignes sont-elles brisées, chaînées, striées, avec des îles et des points ? Forment-elles des branches et leur couleur diffère-t-elle de celle de la paume ?

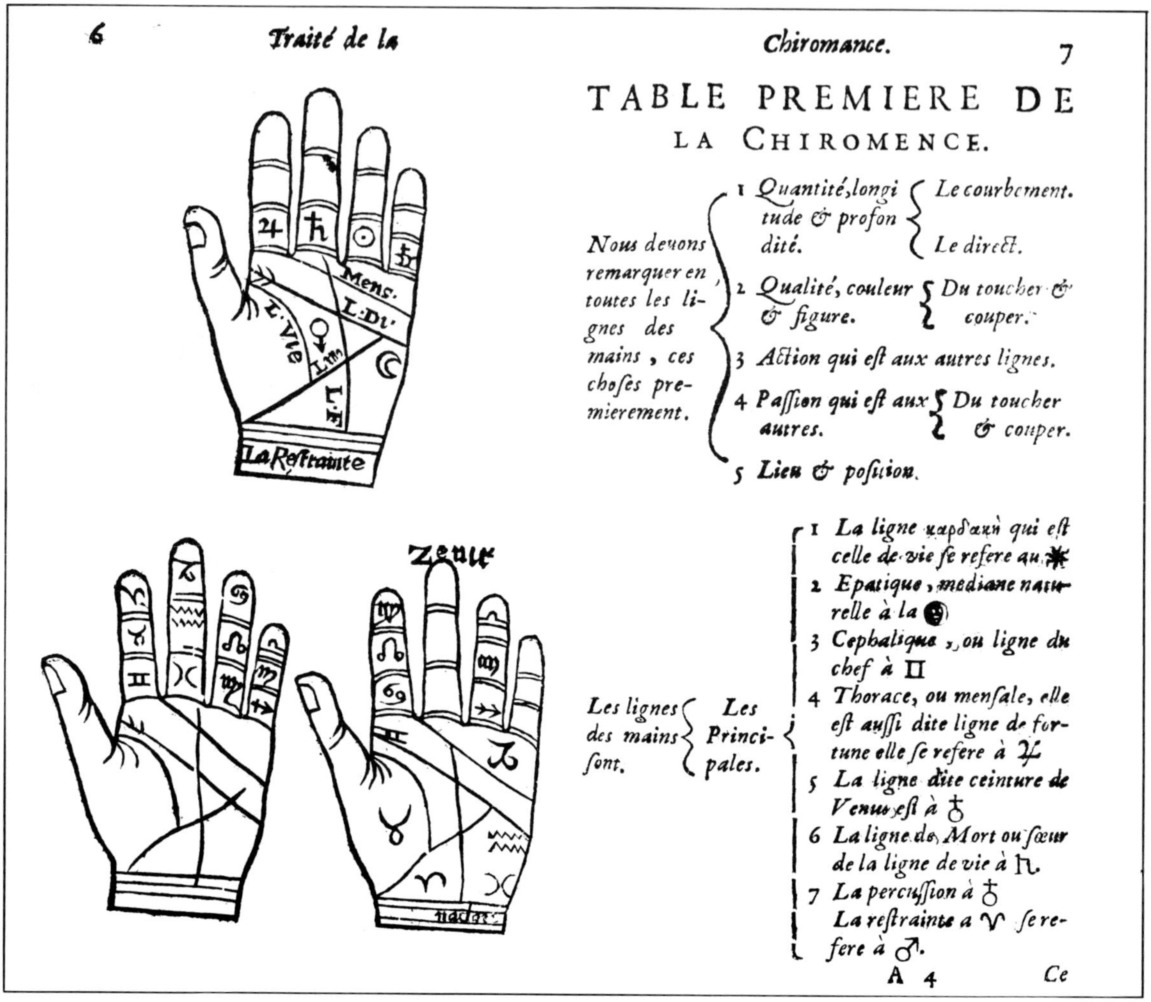

TABLE PREMIERE DE LA CHIROMENCE.

Nous devons remarquer en toutes les lignes des mains, ces choses premierement.

1 Quantité, longitude & profondité. { Le courbement. / Le direct.
2 Qualité, couleur & figure. { Du toucher & couper.
3 Action qui est aux autres lignes.
4 Passion qui est aux autres. { Du toucher & couper.
5 Lieu & position.

Les lignes des mains sont. { Les Principales. {
1 La ligne καρδιακὴ qui est celle de vie se refere au ☀
2 Epatique, mediane naturelle à la ☾
3 Cephalique, ou ligne du chef à ♊
4 Thorace, ou mensale, elle est aussi dite ligne de fortune elle se refere à ♃
5 La ligne dite ceinture de Venus est à ♁
6 La ligne de Mort ou sœur de la ligne de vie à ♄.
7 La percussion à ♁
La restrainte a ♈ se refere à ♂.

A 4 Ce

LA SYNTHESE

Vous allez faire la synthèse de tous ces renseignements.

C'est le moment le plus difficile, mais aussi le plus passionnant, car la chirologie n'est pas uniquement une science se contentant d'énumérer ses observations. Son appel à l'intuition en fait un art.

Georges Muchery, excellent chirologue français, disait qu'il fallait se mettre dans la peau de l'individu qu'on analysait et le faire revivre à travers son âme à soi. Et, pour Vashide, les lignes étaient des « images motrices » déterminées par l'action musculaire et la mémoire, mais l'intuition était indispensable pour établir une relation entre les lignes et la personnalité.

L'idéal est de faire un résumé psychologique de la main dans son ensemble en tenant compte de la forme, des divergences de lignes par rapport au type et aux doigts dominants, sans oublier les dermatoglyphes. Puis d'examiner la main passive et ses dons en les comparant avec les réalisations de la main active, et, après avoir passé les lignes en revue, de décrire la personnalité sur un plan vital, social et affectif : les réactions émotionnelles et sexuelles, la manière de mener sa carrière, la volonté, les relations avec les autres, la créativité et l'harmonie personnelle, la santé, les tendances nerveuses et passives, l'intuition, les voyages.

Quant à la ligne de vie, il convient de bien préciser qu'elle montre notre force vitale et non le nombre d'années à vivre. Pour le nombre d'enfants et les liens affectifs durables, signaler que ce n'est qu'une probabilité et non une certitude.

LA PRISE D'EMPREINTES

Les empreintes de mains sont indispensables à ceux qui veulent approfondir leurs connaissances chirologiques. Une collection d'empreintes servira aussi bien de référence pour de futures interprétations que de base de recherches, de comparaison et de classification. D'autre part, les empreintes permettent de travailler au calme lorsqu'on désire faire une analyse plus poussée.
Les moulages sont compliqués à faire, coûtent cher et sont encombrants. La meilleure façon de procéder est de prendre une photo qui donnera une reproduction fidèle de la morphologie de la main comme de sa texture et de sa couleur de peau, puis de faire une empreinte des lignes, signes et motifs papillaires de la paume et des doigts. Mais les photos ne sont pas toujours faciles à prendre. Dans ce cas, une fiche récapitulative de l'empreinte remplacera la photo.
Si vous n'avez aucun matériel, faites une photocopie ; la forme de la main sera fidèle, mais les lignes manqueront de précision.
Il existe plusieurs manières de prendre une empreinte. Voici la moins coûteuse, qui donne une empreinte facile à conserver.

◄ *Extrait des* Œuvres *de Belot, Rouen 1654. (Ph Bibliothèque nationale, Paris)*

Méthode simple

Vous vous procurerez le matériel dans un magasin spécialisé pour les arts graphiques. Il vous faut : un tube d'encre typographique diluable à l'eau (Aqualac) ; un rouleau de 10 à 12 cm pour étendre l'encre ; une plaque de verre, un journal, du linoléum pour étaler l'encre ; une pellicule de mousse pour bien prendre les reliefs de la main ; du papier-calque ou du papier machine d'un grain lisse (l'avantage du papier-calque est que, en retournant la feuille, on peut lire par transparence dans le bon sens, et non à l'envers) ; un crayon pointu pour suivre la forme des doigts.
Voici la manière de procéder :

- Laver les mains et s'assurer qu'elles ne sont pas humides.
- Faire asseoir l'intéressé pour qu'il ne soit pas contracté.

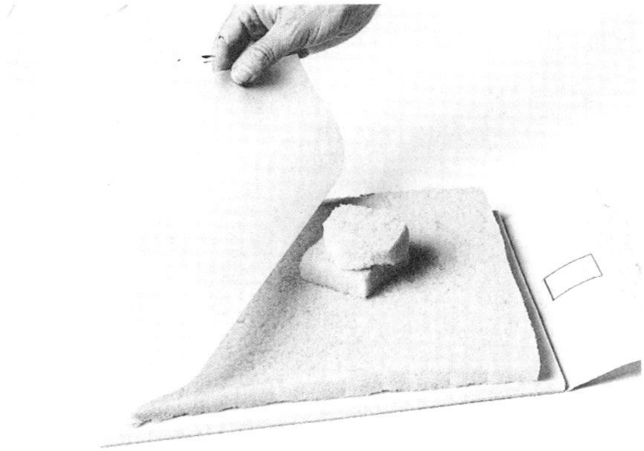

- Mettre un tapis souple d'une certaine épaisseur sous la feuille de calque pour permettre à celui-ci de bien « prendre » la forme de la main.

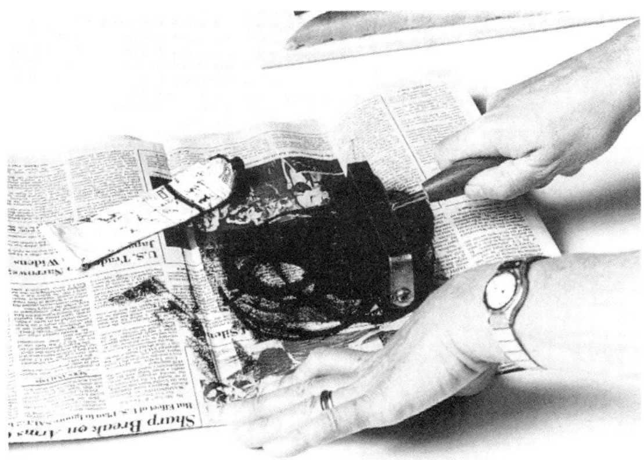

- Mettre de l'encre sur la plaque de verre ou le journal et encrer le rouleau.

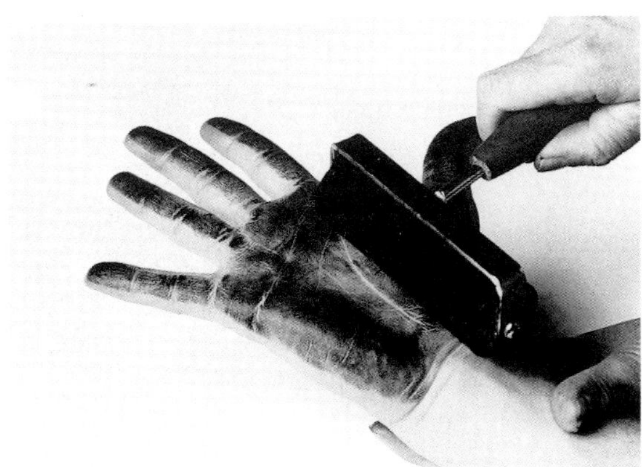

- Couvrir d'encre une main en s'assurant que les bouts des doigts et les creux de la paume le sont aussi.

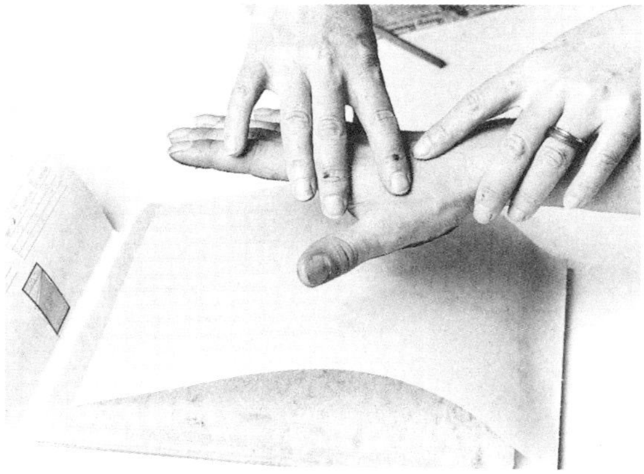

● Laisser la personne appliquer sa main bien au centre de la page ; appuyer au milieu de la main et sur les phalanges.

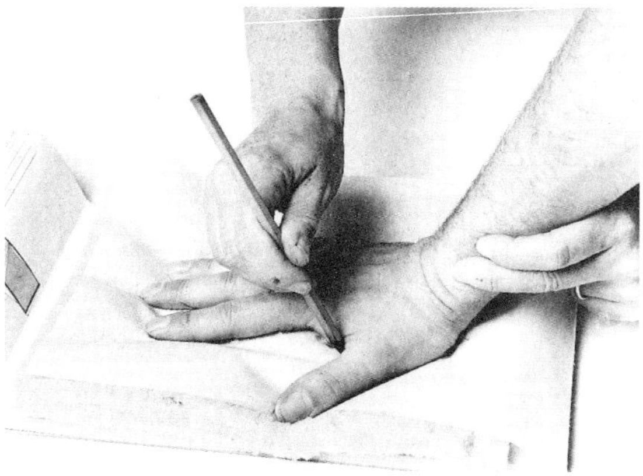

● Puis suivre au crayon la forme des doigts.
● Tenir le papier tandis que le sujet décolle la main.
● Prendre également l'empreinte du pouce.

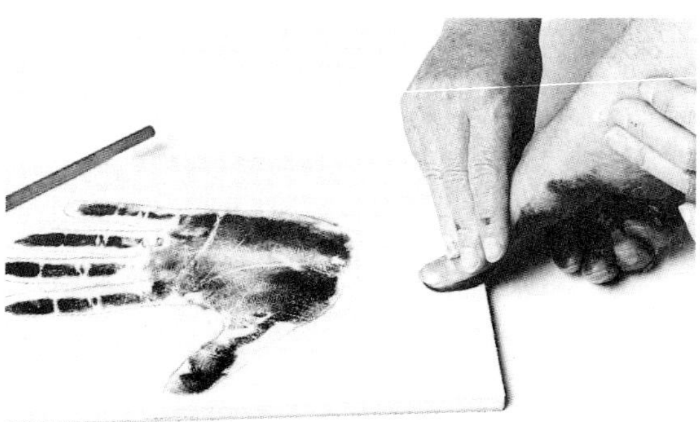

● Laisser sécher les empreintes.

● Pour se laver les mains, les passer d'abord à l'huile d'amande douce avant de les savonner.

L'expérience vous montrera qu'il y a des textures ou des formes plus difficiles à prendre que d'autres. En particulier les peaux dures, calleuses ou sèches. Ou encore celles qui sont très fines et molles. Les plus faciles sont celles qui ont une consistance élastique.
Si les empreintes ne sont pas satisfaisantes, recommencez... sans toutefois abuser de la patience de l'intéressé, surtout quand il s'agit de petits enfants !

Autres méthodes

Deux autres méthodes m'ont été recommandées par des chirologues expérimentés. Elles ont l'avantage de beaucoup moins salir les mains, mais elles sont aussi moins faciles à réaliser et un peu plus onéreuses. La qualité et la finesse de la reproduction sont supérieures à celles obtenues par la méthode précédente.

● Prenez de grandes feuilles autocollantes de plastique transparent et coupez-les à la taille de la main. Passez la main au noir de bougie et appliquez-la contre la partie collante. Prenez bien l'empreinte et tracez la forme des doigts. Retirez soigneusement le plastique et collez-le sur une feuille de bristol blanc en veillant à ce qu'elle ne plisse pas ; pour cela, collez-le au bas de la feuille et lissez-le avec une règle en prenant garde aux bulles d'air.
Vous obtiendrez une reproduction de la paume telle qu'on la voit et non inversée, donc plus facile à lire.

● Achetez dans un magasin d'articles de photo du papier pour tirage (semi-humide, OCE 475 N) en feuilles 21/27 et du révélateur A2 (poudre blanche). Versez la poudre dans très peu d'eau tiède et diluez-la ; il s'agit d'obtenir le mélange le plus concentré possible. Vous conserverez la solution obtenue dans un flacon permettant de la verser par petites quantités. Humectez la main et appliquez-la sur la feuille du côté jaune, qui blanchira en vieillissant.
L'empreinte obtenue est d'une grande finesse, mais attention : l'empreinte qui paraît être celle de droite est en fait celle de la main gauche et inversement.

▶ *Ci-contre, exemple de fiche récapitulative permettant d'annoter une prise d'empreinte.*

FICHE RECAPITULATIVE POUR PRISE D'EMPREINTE

Sexe : masculin / féminin
Nom :
Prénom :
Date de naissance :
Date de l'empreinte :
Métier :

Type prédominant : Terre Air Feu Eau	**Motifs digitaux :** Main droite, main gauche Boucles radiales ou ulnaires : combien ? Volutes : combien ? Arcs simples : combien ? Arcs de tente : combien ? Particularités :
Monts : Plus forts Plus faibles	**Motifs palmaires :** Combien et où ?
Peau : Texture Souplesse Couleur Consistance	
Doigts : Les dominants : plus long, plus court droit, tordu Jupiter + – Soleil + – Saturne + – Mercure + –	**Ongles :** Grandeur Forme Couleur Lunules Traits inhabituels
Pouce : Grandeur Souplesse Phalange volonté Attache (basse, moyenne, haute) Phalange logique	**Complément d'information et signes particuliers :** Main très petite, très grande Très large, étroite

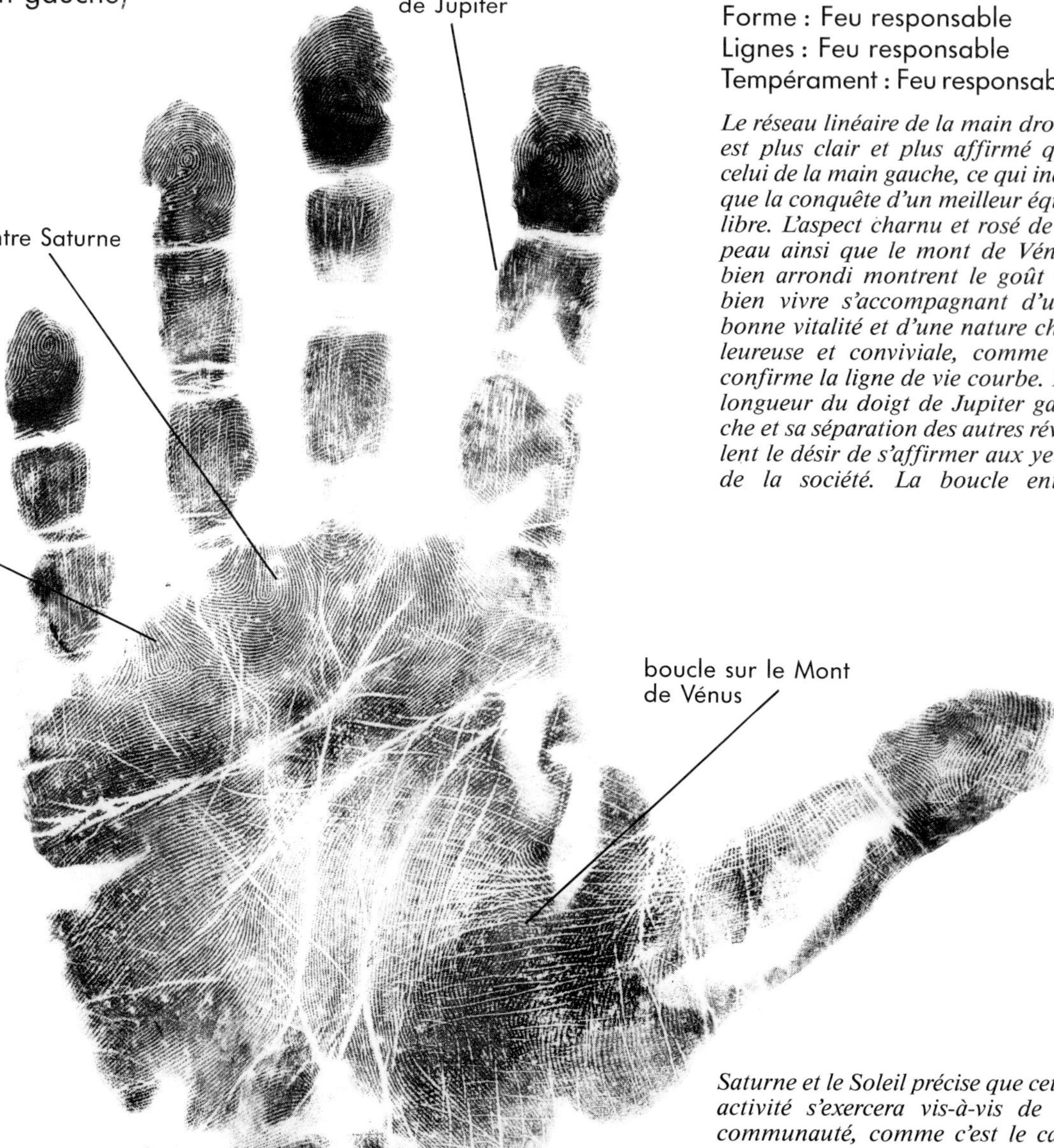

Forme : Feu responsable
Lignes : Feu responsable
Tempérament : Feu responsable

Le réseau linéaire de la main droite est plus clair et plus affirmé que celui de la main gauche, ce qui indique la conquête d'un meilleur équilibre. L'aspect charnu et rosé de la peau ainsi que le mont de Vénus bien arrondi montrent le goût de bien vivre s'accompagnant d'une bonne vitalité et d'une nature chaleureuse et conviviale, comme le confirme la ligne de vie courbe. La longueur du doigt de Jupiter gauche et sa séparation des autres révèlent le désir de s'affirmer aux yeux de la société. La boucle entre Saturne et le Soleil précise que cette activité s'exercera vis-à-vis de la communauté, comme c'est le cas, cette personne jouant un rôle dans des organisations patronales et étant passionnée de politique. La position du doigt de Jupiter, droit, tourné vers Saturne, révèle que ces ambi-

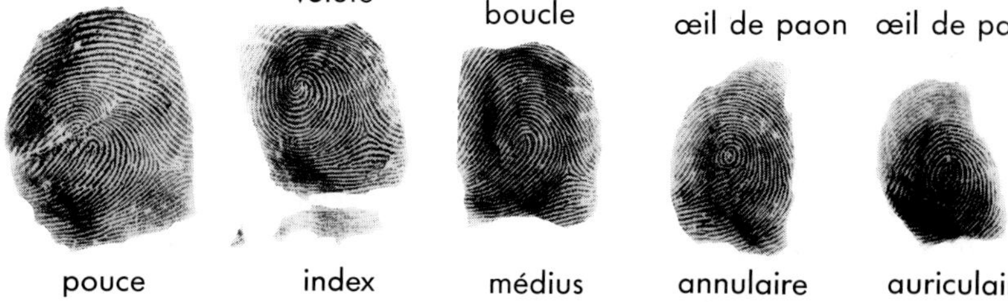

tions ne sont pas encore réalisées et que cette personne a pris une attitude plus intériorisée. Notez d'ailleurs la position des doigts de la main droite, comme s'ils étaient presque fermés, confirmant le repliement actuel. La ligne de Soleil sur la main droite annonce que l'harmonie intérieure sera meilleure après 55 ans. L'intéressé en a 52 et il a développé une affaire qu'il mène d'une façon originale : voir les volutes digitales sur l'annulaire et l'auriculaire droit précisant sa vision individualiste aussi bien sur le plan créatif qu'en matière de communication. Notez les particularités de cette main : une boucle sur le mont de Vénus gauche révélant le goût de la musique. Cet homme est un excellent pianiste. Entre les doigts du Soleil et Mercure, remarquez la boucle de l'humour qui donne de l'optimisme. La ligne de destin, rejoignant la ligne de cœur et se confondant avec elle tandis que cette dernière remonte vers Jupiter, annonce que cette personne réalisera ses ambitions à partir de la cinquantaine grâce à un meilleur équilibre affectif et à une harmonie intérieure, comme le révélait déjà la ligne de Soleil.

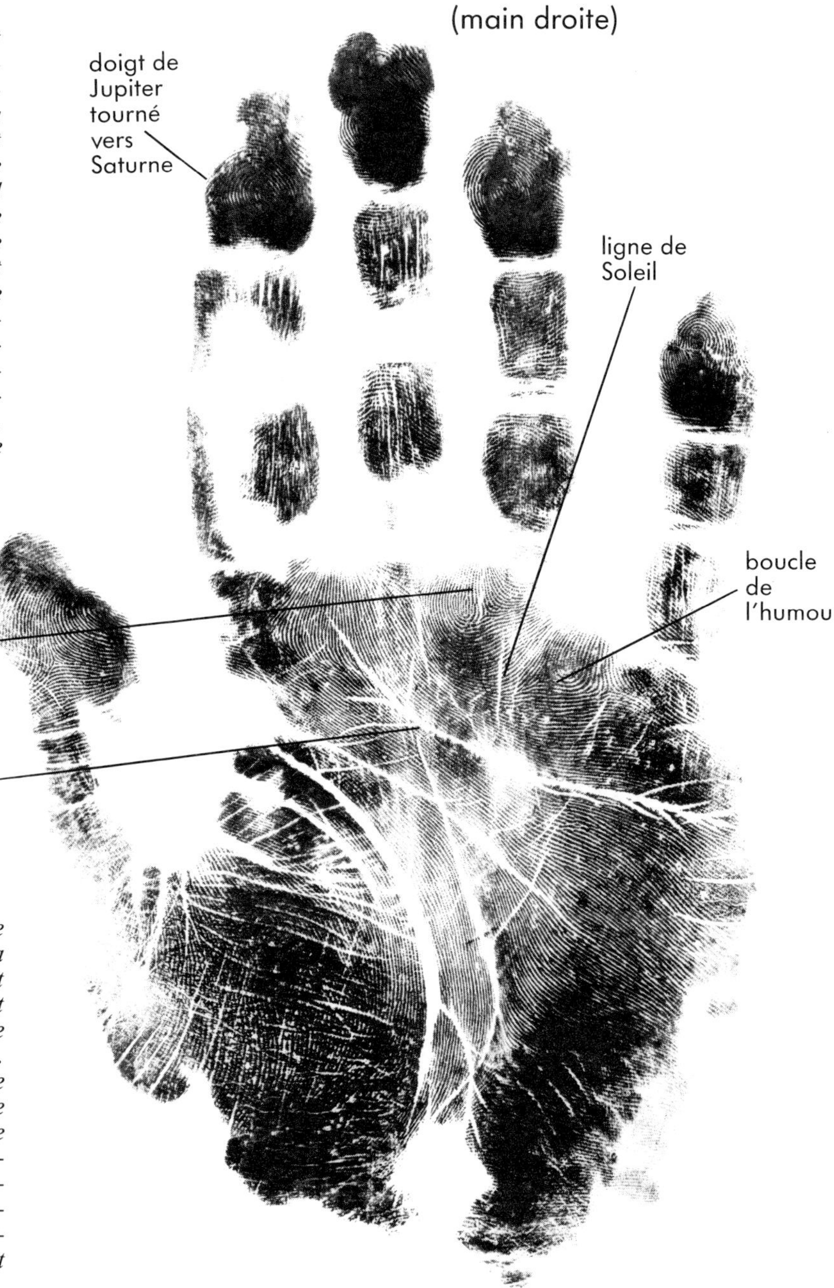

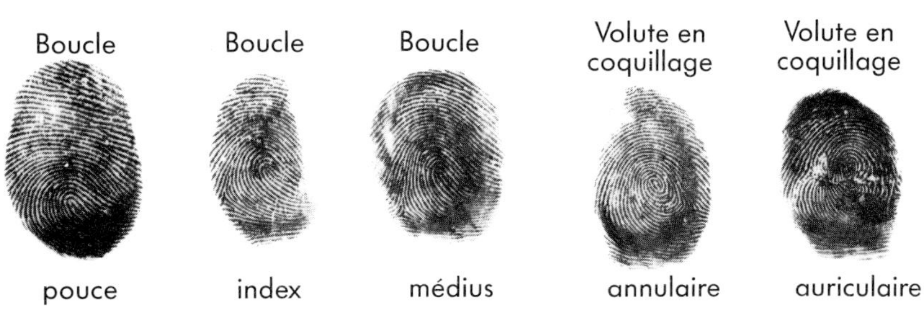

(main gauche)

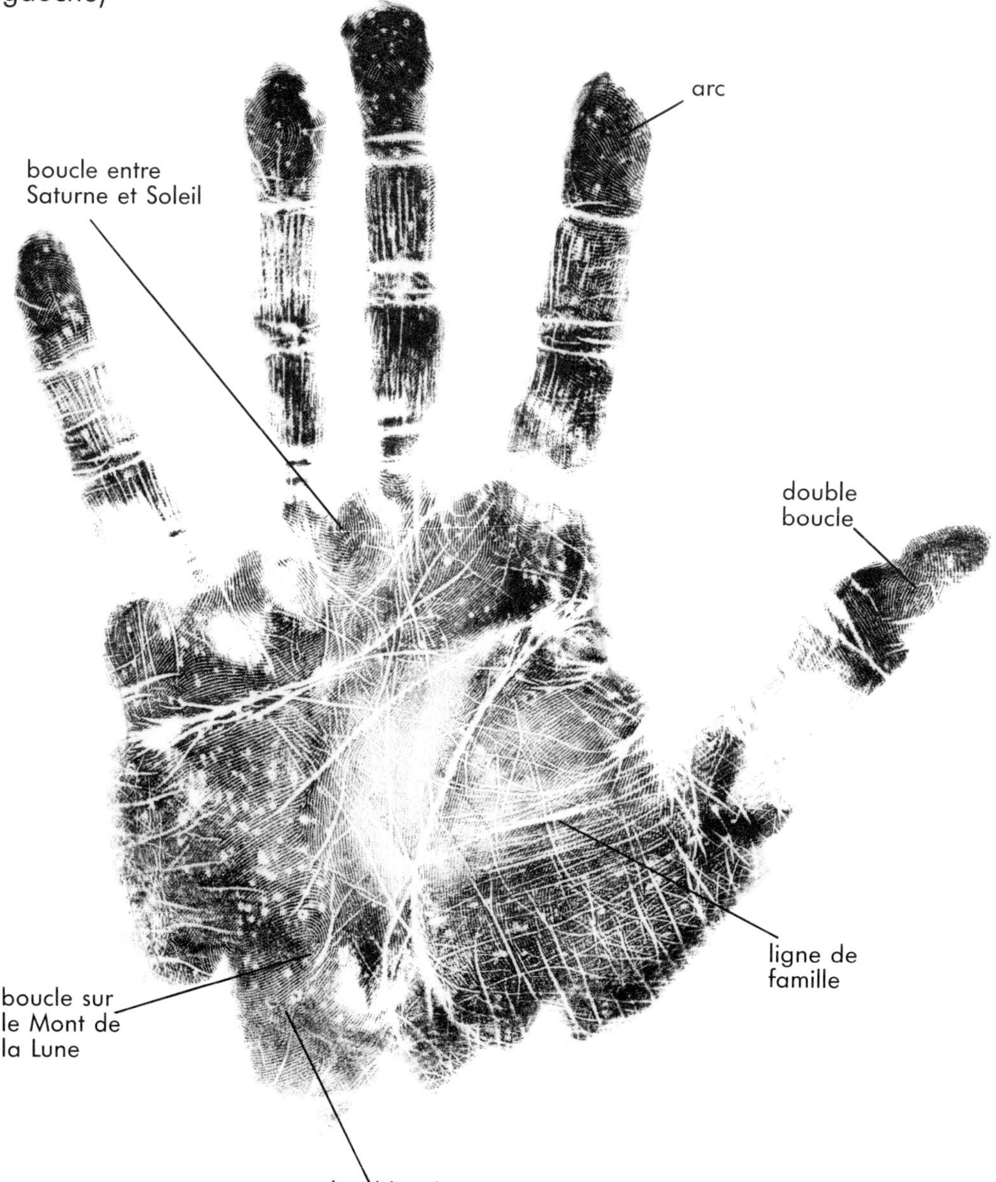

L'enchevêtrement linéaire de la main gauche se clarifie dans la main droite qui, elle, donne une impression de franchise et d'intensité. D'un côté, la sensibilité est perturbatrice. De l'autre, une branche de la ligne de tête descendant sur le mont de la Lune montre qu'elle se stabilise par l'imagination non dénuée du sens des réalités, comme l'indique la partie haute de la ligne de tête. Il y a de la bonté et une recherche de spiritualité dans ces mains : arc sur l'index gauche et boucle entre Saturne et le Soleil. Cette personne semble avoir plus vécu pour les autres que pour elle-même. Le mont de la Lune, droit, strié de lignes, révèle un besoin d'évasion vers l'imaginaire. Les perturbations émotionnelles de la ligne de cœur gauche s'atténuent dans la main droite grâce à un meilleur équilibre affectif entre l'émotion et la raison. Les doigts de Saturne et du Soleil collés l'un à l'autre dans les deux mains révèlent de l'anxiété peut-être due à

Forme : Air
Lignes : Gauche : Eau
Droit : Air
Tempérament : Air

(main droite)

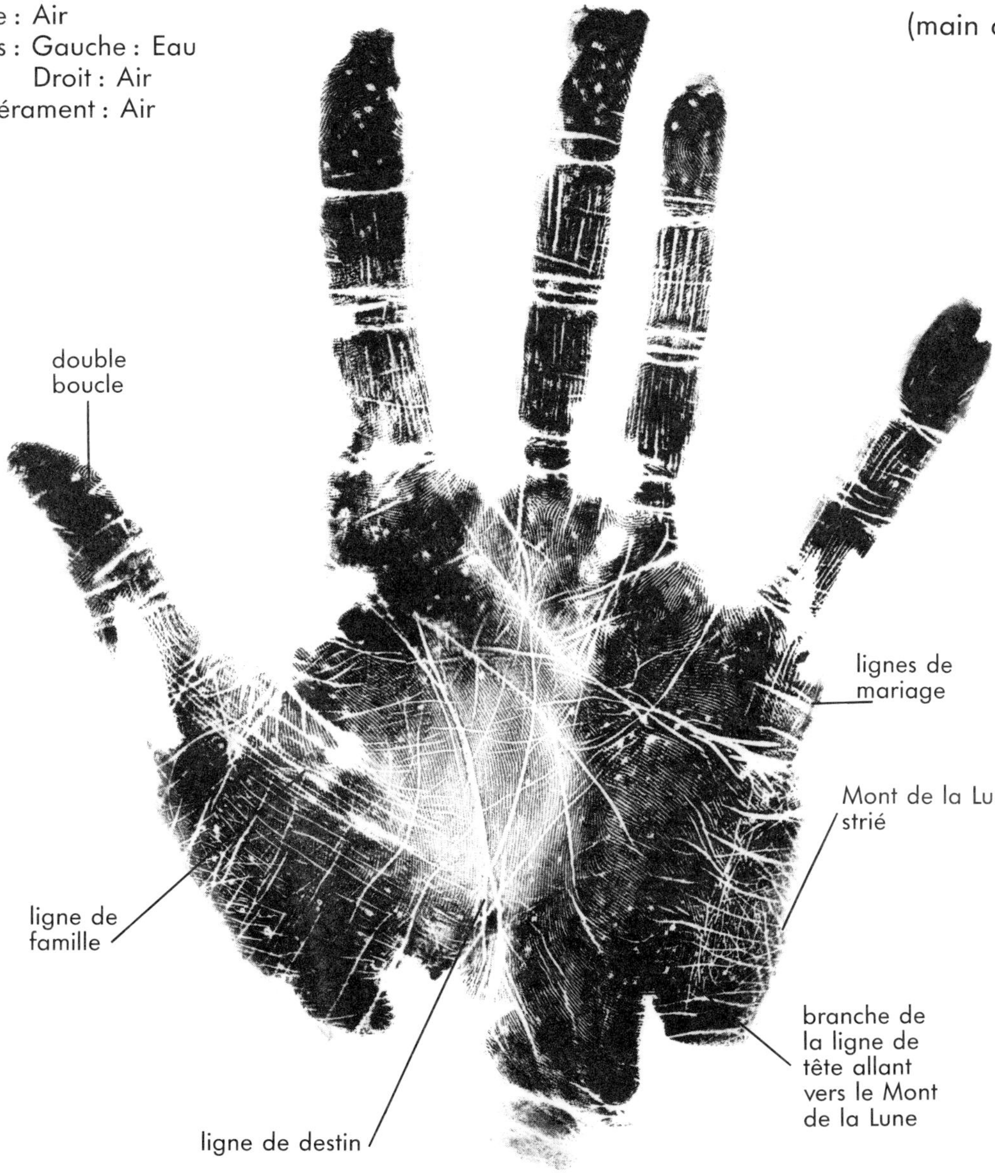

des difficultés relationnelles, comme l'indique le petit doigt séparé des autres.

La ligne de destin prenant naissance sur le mont de Vénus ainsi que la ligne de famille sur les deux mains dénotent une forte emprise parentale et familiale. Voyez les lignes de mariage très marquées et toutes les lignes d'enfants. Cette personne est mère de famille nombreuse. Les particularités de ces mains sont la présence de doubles boucles sur les pouces et d'une sur le mont de la Lune gauche, ce qui révèle de la difficulté à réaliser ses aspirations à cause d'un perfectionnisme stérilisant. La ligne de Soleil partant de la ligne de tête droite, soit 35 ans, indique que cette personne a trouvé un épanouissement dans la créativité artistique où elle canalise son intensité émotionnelle et charnelle tout en exprimant sa sensibilité. C'est dans la sculpture qu'elle a trouvé le sentiment de son individualité personnelle.

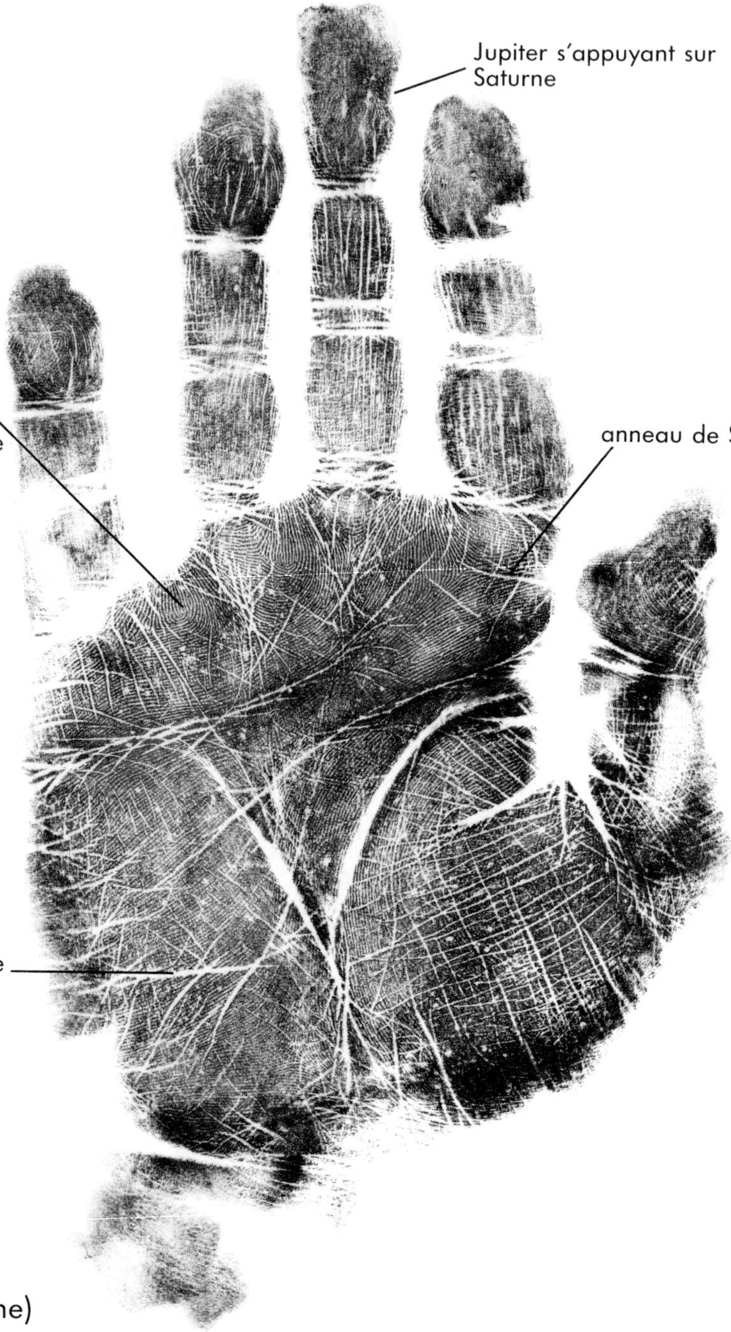

(main gauche)

Ces mains sont complexes par leurs différences. Plutôt Terre créative dans la main gauche et alliant donc l'instinct et l'imagination, d'où une grande émotivité et des réactions imprévisibles et brusques, la main droite à la paume rectangulaire s'aère et s'équilibre grâce aux doigts plus longs et écartés. La ligne de tête devient plus réaliste. Ayant dépassé la soixantaine, cet homme n'a pas fait une « réussite » mais une expérience professionnelle bâtie volontairement lui a donné une assurance qu'il n'avait pas. Le long auriculaire droit, doigt de la communication, le confirme ainsi qu'un don d'expression acquis au contact de la société où il aime briller (Saturne s'appuyant sur Jupiter). D'ailleurs, la ligne de Soleil démarrant sous l'influence de quelqu'un vers les 27/28 ans montre qu'il a développé une créativité artistique prenant le relais de son activité professionnelle et qui illumine sa main. Voyez combien l'annulaire droit, indépendant

Forme : Gauche : Terre
Droite : Air
Lignes : Feu
Tempérament : Terre créative

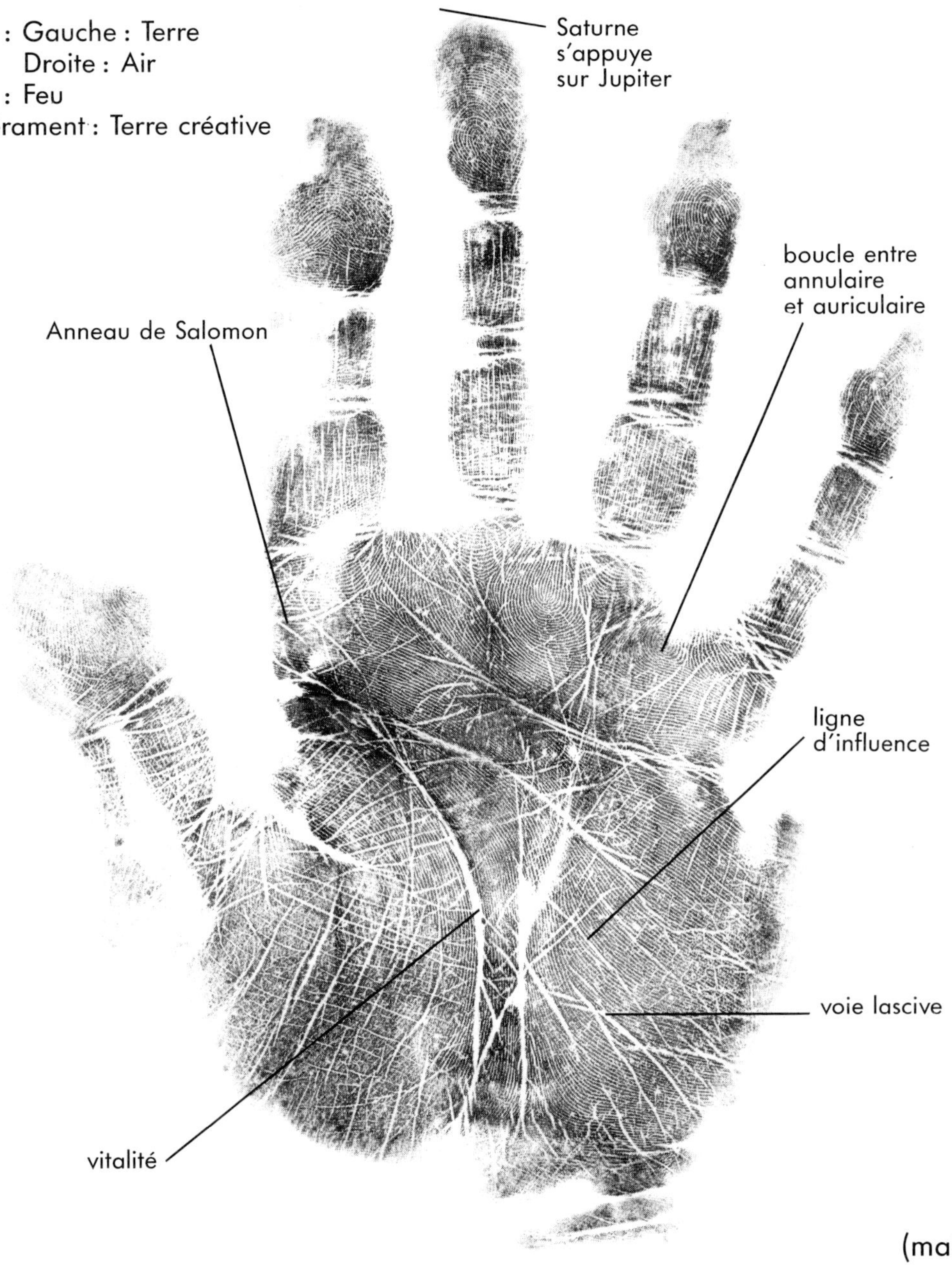

(main droite)

des autres, semble en quelque sorte victorieux. La présence de la Voie lascive nette sur la main gauche, plus fine et se dédoublant sur la droite, signifie un penchant pour l'alcool et un grand besoin charnel. La vitalité actuelle est meilleure que dans le passé et permet un effort plus continu.

Contrairement aux extrémités épaisses et carrées des doigts de la Terre, leur forme conique et presque pointue pour l'auriculaire et l'annulaire confirme la sensibilité esthétique doublée d'intuition. Cet homme s'est peu à peu bâti une meilleure harmonie en exploitant ses talents artistiques et littéraires. Notez l'anneau de Salomon à la base de Jupiter, le signe de la sagesse qui dénote un intérêt et une compréhension des autres innés. Le pouce en bille montre qu'il a parfois des accès de colère où l'émotion l'englue mais l'humour, dont la boucle s'inscrit entre l'annulaire et l'auriculaire, lui permet de s'en sortir en riant.

TROISIEME PARTIE

LA CHIROGNOMONIE : LES FORMES DE LA MAIN

« La forme, la texture, les lignes et les gestes exécutés subconsciemment par la main sont (...) en dehors de notre contrôle, et par conséquent possèdent la caractéristique valable d'être impartiaux. »

Docteur Charlotte Wolff
La Main humaine

◀ La Cathédrale, *sculpture d'Auguste Rodin (1840-1917). Musée Rodin. (Ph Bulloz)*

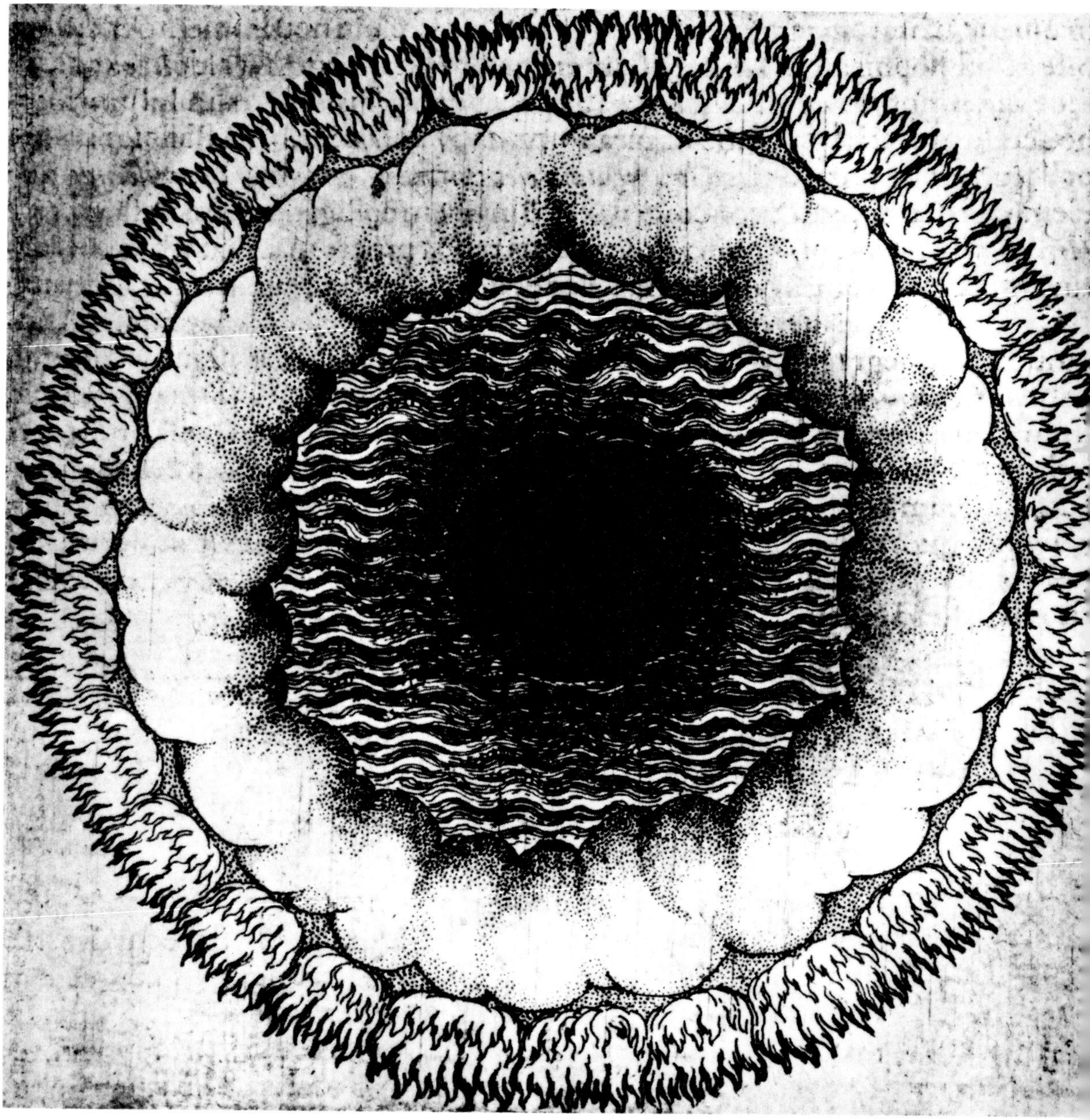

Le capitaine Casimir Stanislas d'Arpentigny, qui inventa en 1839 le terme de chirognomonie — la science interprétant la forme des mains — classait les mains en sept types : élémentaire, spatulée, psychique, carrée, philosophale ou noueuse, conique, mixte (un mélange de toutes). Remarquable à l'époque, cette classification ne tient pas compte de l'évolution de la société. En effet, le nombre de citadins a augmenté et l'interprétation de chaque type ne correspond plus aux métiers actuels.
Les huit types que nous vous proposons dans ce livre s'inspirent de travaux récents : ceux du Dr Charlotte Wolff, rapportés dans son ouvrage *La Main humaine,* et ceux de Clément Blin qui, dans sa *Chirométrie,* enrichit les études du Dr Wolff des dernières découvertes psychologiques et médicales. Nous avons groupé les formes de main en quatre catégories, baptisées des termes évocateurs provenant de la chirologie chinoise : Terre, Feu, Air et Eau. Ce sont les types de mains les plus caractéristiques aujourd'hui. Pourtant, il est rare de rencontrer une forme absolument pure. Il faudra décider lequel des types prédomine ou comment ils s'amalgament.
La chirologie n'est pour l'heure qu'une science d'observation. Ce n'est qu'avec l'expérience que vous arriverez d'un coup d'œil à interpréter les mains Terre, Feu, Air et Eau.

TERRE **Main pratique simple** **Mains pratiques complexes :** **main créative** **main combative**	FEU **Main responsable** **Main intuitive**
AIR **Main sociable** **Main concentrée**	EAU **Main sensorielle** **Main réceptive**

◀ *« La matière incandescente du firmament » représentant les quatre éléments : terre, eau, air et feu. Gravure allemande du* XVII*e siècle. (Archives Snark, ph Edimédia)*

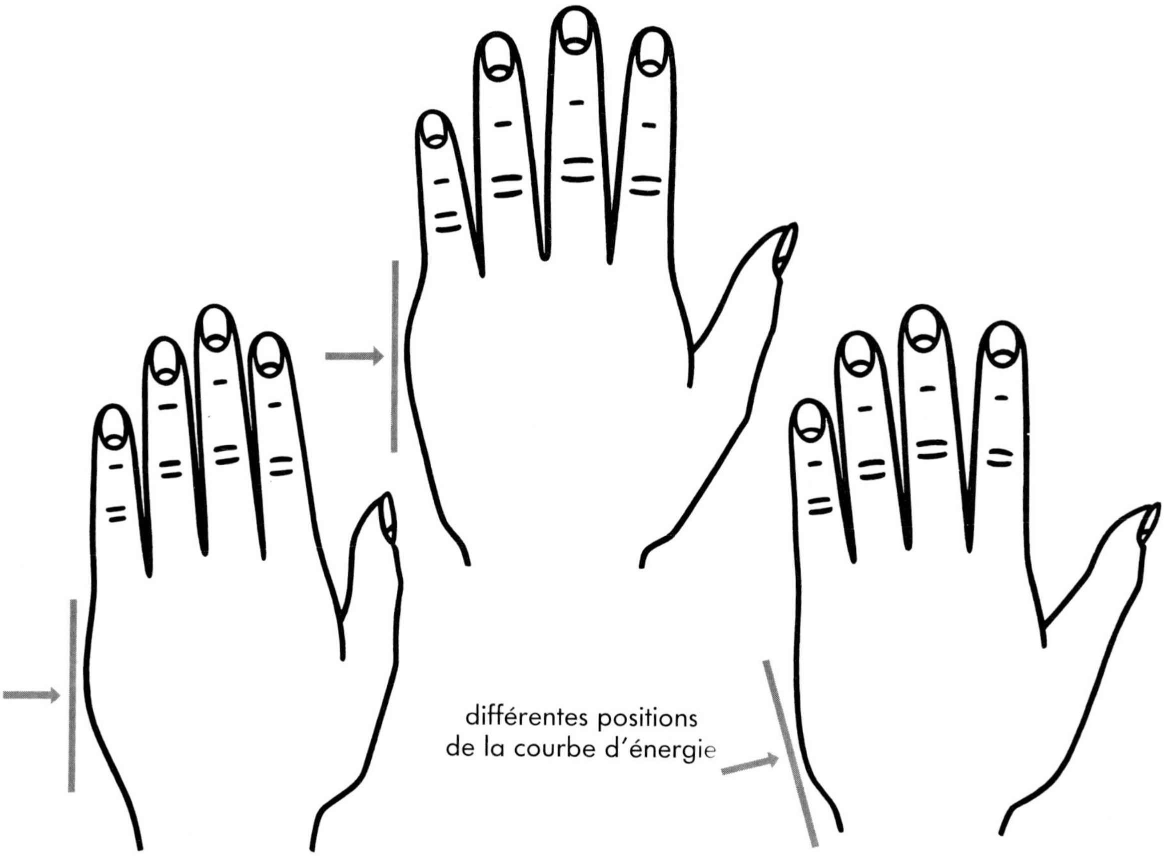

différentes positions
de la courbe d'énergie

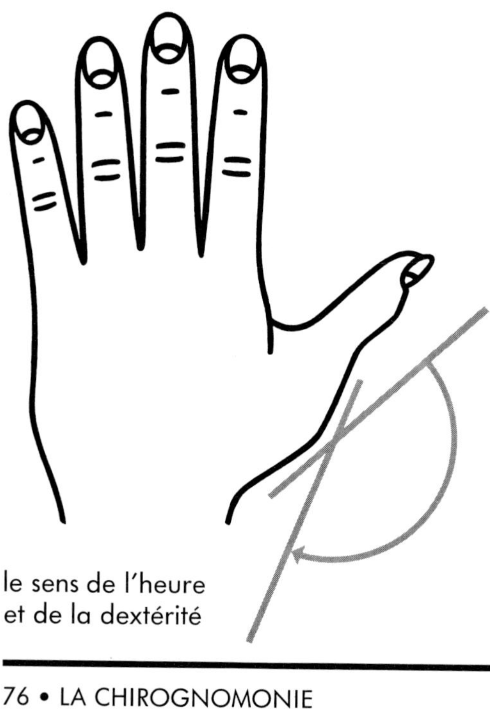

le sens de l'heure
et de la dextérité

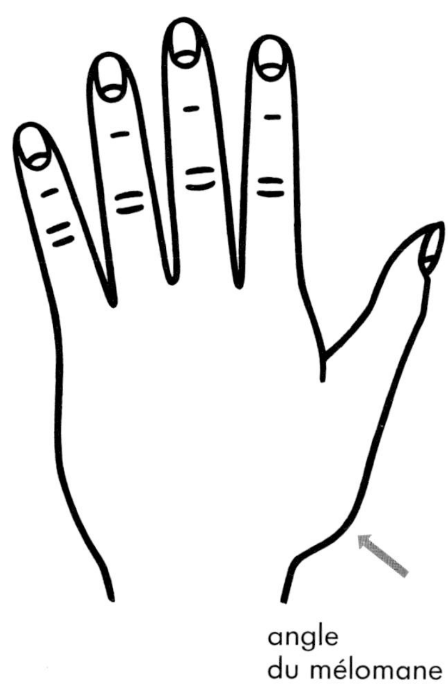

angle
du mélomane

FORMES ET TYPES PSYCHOLOGIQUES

Pour déterminer le type psychologique d'une main, on examinera attentivement la paume en la tâtant et en la mesurant, ainsi que les doigts. L'extérieur de la main sera plus facile pour juger de la forme. N'oublions pas que les types psychologiques sont tous issus de la classification d'Hippocrate et de Galien, qui discernaient quatre « tempéraments » fondés sur les quatre humeurs : le sang, le flegme, la bile jaune et la bile noire, dont le mélange constituait la nature du corps humain.

• Le sanguin (dynamisme, force, chaleur ; peau élastique, rosée, chaude, humide) se rapproche du tempérament des mains de Terre.
• Le bilieux (hyperactivité et vigueur ; peau ferme, chaude, sèche, musclée) correspond dans l'ensemble aux mains de Feu.
• Le nerveux (excitabilité, sensibilité, instabilité ; peau molle, claire, froide, sèche) irait aux mains d'Air.
• Le lymphatique (lenteur, indolence, réserve ; peau flasque, humide, froide) ressemble aux mains d'Eau.
Mais ces correspondances ne sont que des à-peu-près. Seule l'expérience aidera à déterminer les types de main et leur tempérament.

EVALUATION DE LA MAIN

Pour se faire une rapide idée de la main, il faut toujours garder en tête qu'une paume large dénote une meilleure vitalité et une attitude extravertie et réaliste. Alors qu'une paume en longueur annonce une personnalité plus réservée, introvertie et d'une vitalité moindre. Plus la main est petite, plus les réactions seront vives. Une main large a un rythme plus lent. Les doigts longs réfléchissent avant d'agir, les doigts courts sont plus instinctifs.

La courbe d'énergie

La courbe d'énergie vous donnera aussi un premier aperçu de la personnalité. Examinez le tranchant de la main. Notez à quel niveau elle est le plus renflée. Au bas de la paume, l'énergie est essentiellement physique. A mi-chemin sur le mont de Mars (entre les lignes de tête et de cœur), le caractère est ferme et énergique. Entre les deux, la vigueur et la fermeté s'additionnent et aident à la réalisation. Au-dessus de la ligne de cœur, l'énergie est purement mentale. A la base de l'auriculaire, il s'agit d'une personne vivant sur ses nerfs.

Examen du pouce

Le pouce est essentiel puisqu'il anime la main. D'un coup d'œil, on doit déterminer ce qui le caractérise. Par exemple : bien écarté de la main, il montre de l'indépendance d'esprit, un bon équilibre et la volonté de mener à bien sa tâche sans se laisser influencer.

L'angle du mélomane. Regardez si l'articulation à la base du pouce forme un angle saillant. Si oui, vous avez affaire à un mélomane, ou à quelqu'un qui a de l'oreille et le sens inné des langues.

Le sens de l'heure et de la dextérité. Quant à la phalange du milieu, si, une fois tendue, elle forme un angle avec celle du dessous, la personne a un sens si précis de l'heure qu'elle la connaît à la minute près, ce qui ne veut pas dire qu'elle sera ponctuelle ! Cela révèle aussi de la dextérité manuelle.

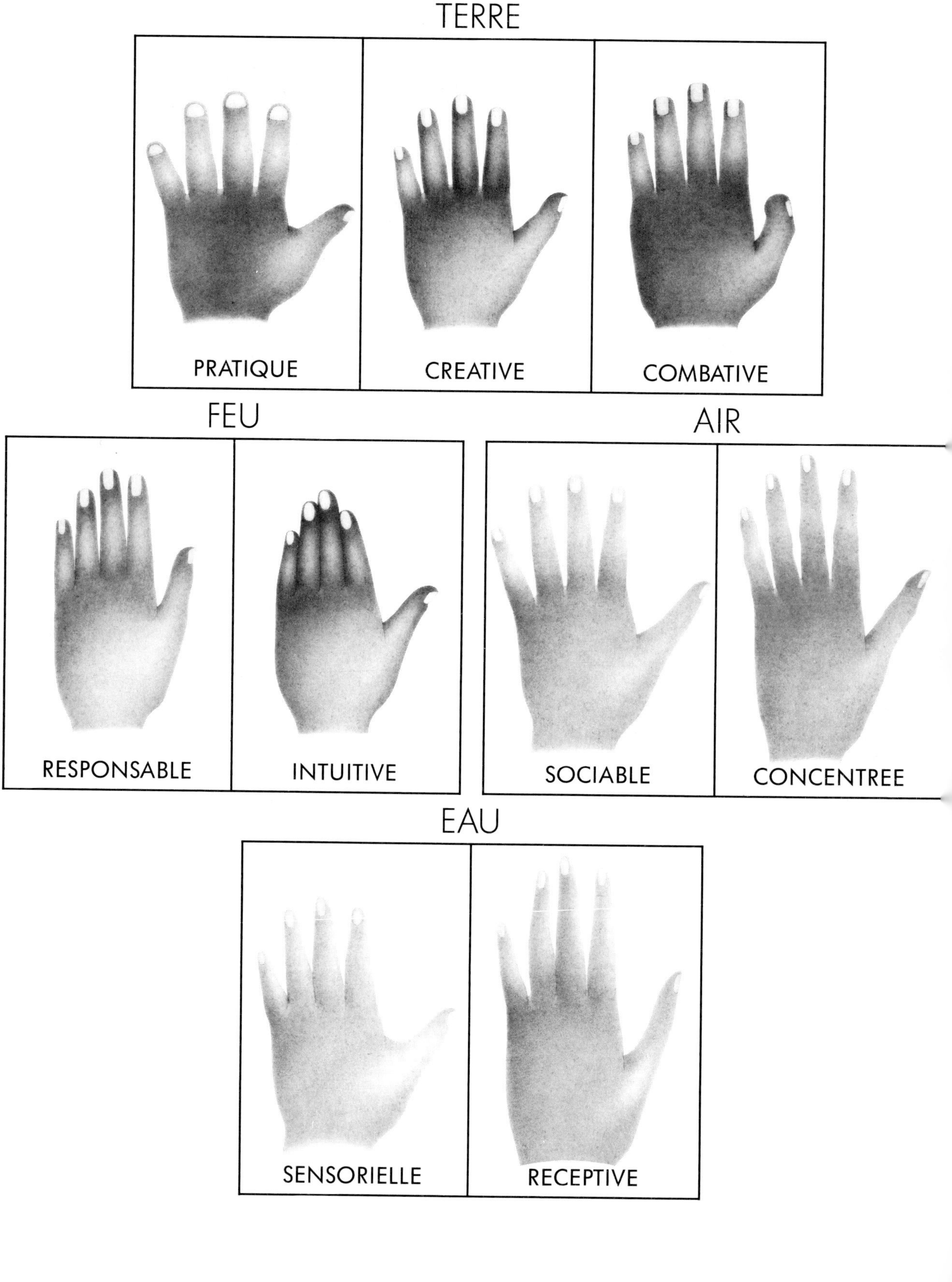
TERRE
PRATIQUE
CREATIVE
COMBATIVE
FEU
RESPONSABLE
INTUITIVE
AIR
SOCIABLE
CONCENTREE
EAU
SENSORIELLE
RECEPTIVE

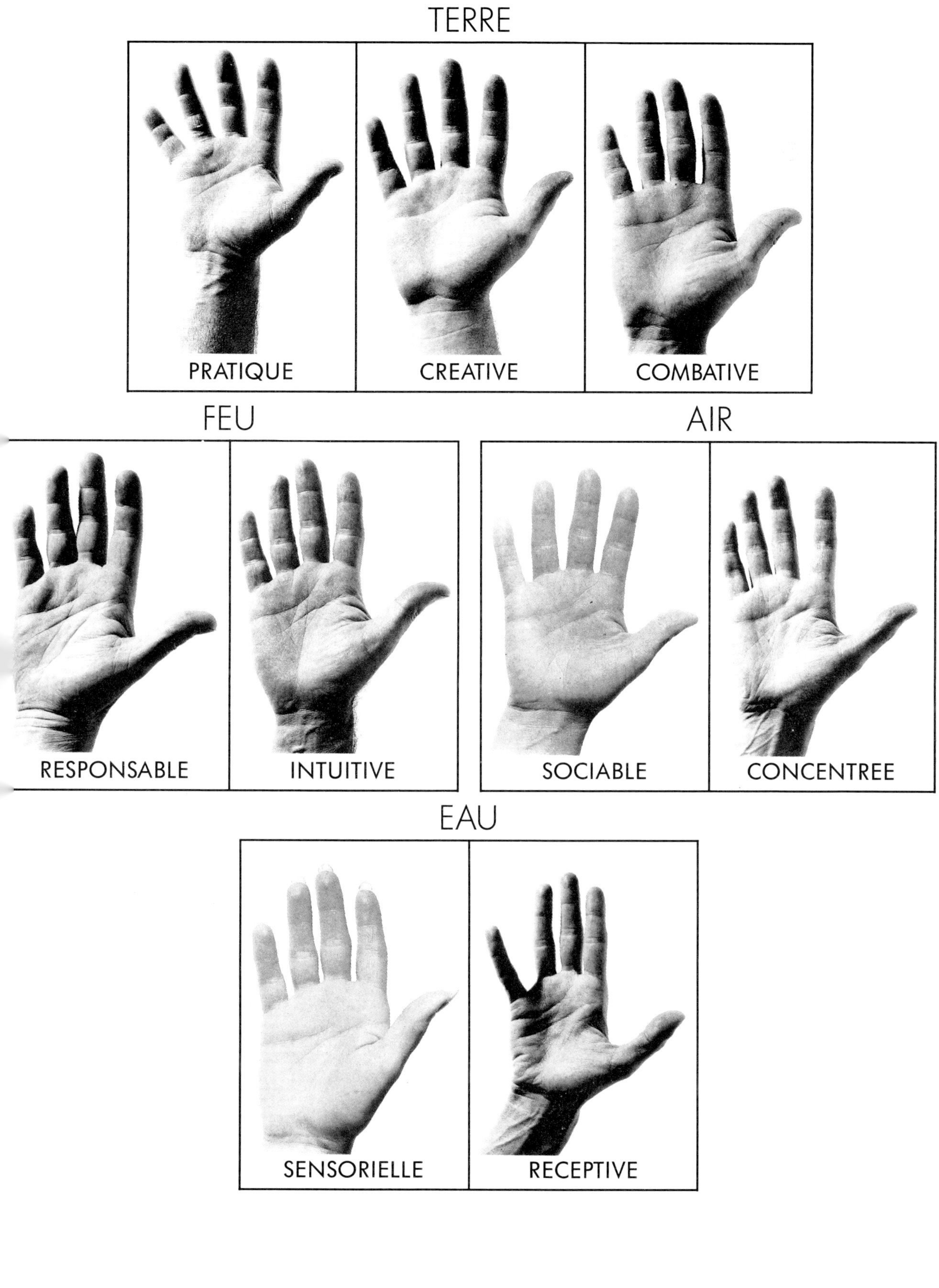
TERRE
PRATIQUE
CREATIVE
COMBATIVE
FEU
RESPONSABLE
INTUITIVE
AIR
SOCIABLE
CONCENTREE
EAU
SENSORIELLE
RECEPTIVE

Terre, main pratique

(main droite)

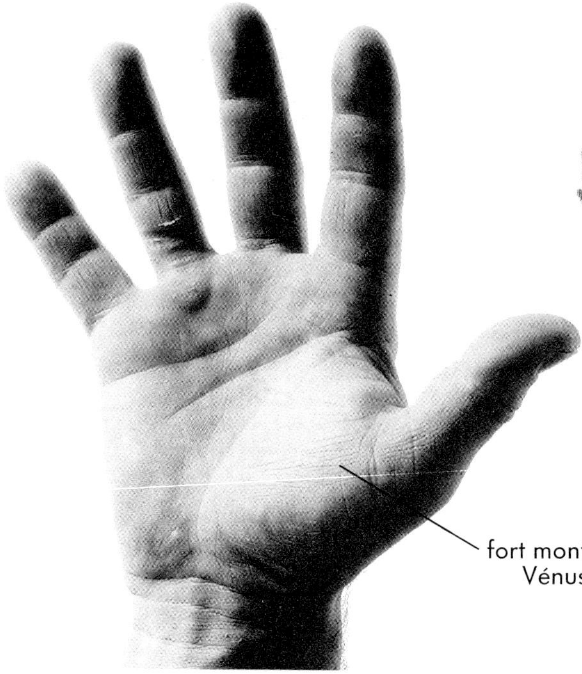

(main gauche)

Terre, main créative

(main droite)

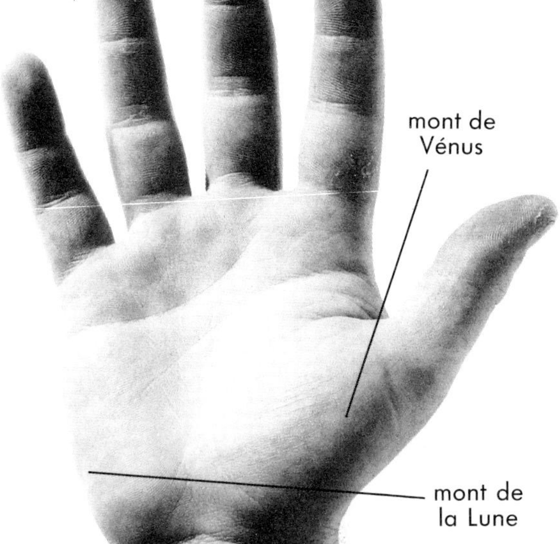

(main gauche)

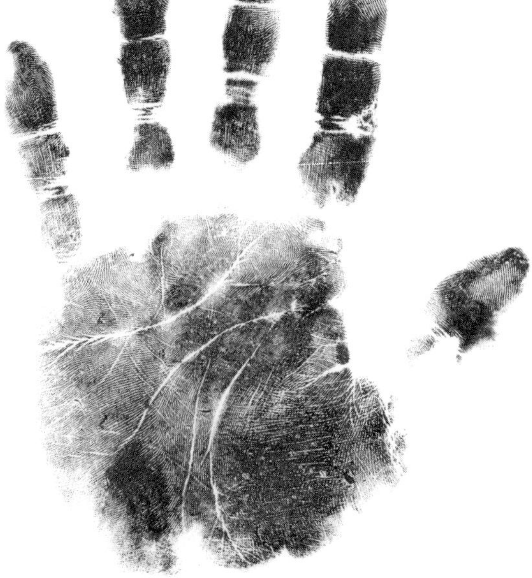

TERRE : LES REALISTES

Les mains Terre ont en commun un aspect solide, massif et dense comme la matière. Leurs paumes larges et carrées aux doigts courts semblent faites pour pétrir le limon, ce qui les établit fortement dans la réalité. La Terre est d'essence plus masculine que féminine.

Chaque main de ce type éclaire la Terre d'une lumière différente : la main pratique simple la travaille et la rend productive. La main pratique créative reflète sa beauté et traduit dans les œuvres l'émotion qu'elle en ressent. La main pratique combative utilise ses forces souterraines pour aller de l'avant.

La main Terre féminine a une forme plus arrondie, la peau plus fine, mais sa psychologie est la même.

Les types Terre féminins et masculins s'entendent bien entre eux. Le rythme plus calme de la femme s'accommode du goût du travail de l'homme. Mais hommes et femmes Terre seront réchauffés par la sensibilité imaginative et la sensualité de l'Eau. La rapidité et l'impatience du Feu les blessent, encore qu'ils respectent le rôle social de la main responsable. Quant à l'Air, ils l'admirent mais s'en méfient et se demandent si les abstractions de la main intellectuelle ne sont pas que du vent. Les facultés d'adaptation et d'élocution de la main sociable les épateront sans les « bluffer ».

◄ Terre, main pratique

Ses signes distinctifs sont des lignes peu nombreuses et fortement marquées, une paume large et épaisse avec un fort mont de Vénus, des doigts courts attachant cette personne à la Terre et ses réalités.

◄ Terre, main créative

Notez l'importance des monts de Vénus et de la Lune, caractéristiques de ce type de main. La créativité surgit de la rencontre avec une grande force charnelle (Vénus) et une vive imagination (Lune) où s'alimente la ligne de tête. Cette main est plus équilibrée que les mains créatives habituelles.

La main pratique simple

La terre nourricière soumise aux rythmes des saisons décrit bien cette large paume carrée à la peau ferme, aux doigts et aux ongles courts et robustes. Cette main donne une impression de solidité, de force et de lenteur. Son mont de Vénus proéminent, bordé par une ligne de vie profonde, confirme sa grande énergie vitale. Les lignes larges et horizontales témoignent de son réalisme.

Elle préfère le matériel au spirituel et ne fait pas de détail, comme l'indiquent sa large paume et ses doigts courts. Capable d'intuition, son intelligence est surtout pratique. La vie de plein air lui convient mieux que la ville. D'une grande résistance, elle donne le meilleur d'elle-même dans un travail dur et régulier où elle verra ses efforts se matérialiser. Les saisons, qu'elle sent charnellement, lui donnent aussi le sens de la beauté naturelle. Peu loquace, il lui arrive pourtant d'avoir un talent de conteur qu'aiguise sa bonne mémoire. Soupçonneuse, elle n'accorde pas facilement sa confiance et se méfie autant des nouveaux venus que des nouvelles idées. Mais, une fois conquise, elle sera une amie fidèle et loyale pour la vie. Elle a aussi le sens de la justice où sa bienveillance et son bon sens seront de précieux atouts.

Il est préférable de ne pas lui chercher querelle. Son ressentiment s'accumulera et s'exprimera de façon explosive. De plus, elle vous en gardera longtemps rancune.

Les métiers qui lui conviennent le mieux sont ceux qui font appel à son sens pratique, ses aptitudes manuelles, sa conscience professionnelle et son goût de la régularité. Ces mains feront merveille dans l'agriculture, le bâtiment, la mécanique, où leurs propriétaires seront aussi bien ouvriers, contremaîtres qu'entrepreneurs.

La main féminine a un bord extérieur plus arrondi, des lignes plus fines et le renflement du mont de Vénus est situé plus bas. Personne de confiance, son sens pratique s'exerce aussi bien dans son travail qu'à la maison où elle abat une rude besogne. Calme et maîtresse d'elle-même, elle surprend par la violence de ses réactions.

Les mains pratiques complexes

La main créative et la main combative, tout en ayant la même forme, ont des signes qui les différencient de la main pratique simple. Elles peuvent

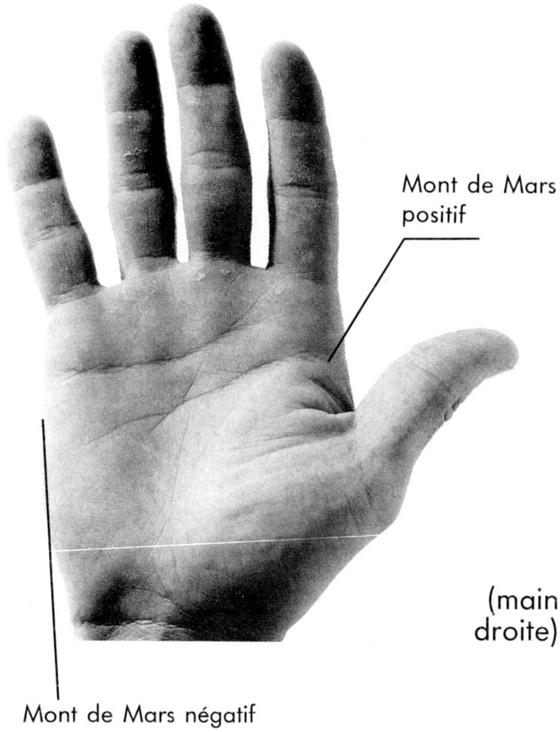

avoir un ou plusieurs des traits suivants : la peau fine, les doigts lisses, l'auriculaire plus petit ou tordu et les monts de la Lune ou de Mars très renflés, contrairement à l'habituel mont de Vénus proéminent de la main pratique.

Pratique créative. Sa peau fine, ses motifs papillaires nombreux, ses doigts lisses la rendent complexe. Le pouce est souvent petit, de même que l'auriculaire qui est parfois tordu. Le mont de la Lune placé bas et la ligne simienne (lignes de tête et de cœur n'en formant qu'une) montrent ses possibilités créatives et imaginatives. Ces aptitudes pratiques et créatives conviendront parfaitement à l'ébéniste, au sculpteur, au pianiste, aux écrivains ou aux poètes plus instinctifs qu'intellectuels.
Cette nature a du mal à s'intégrer dans la société. En effet, son émotivité tantôt la surexcite, tantôt la laisse dans un état de dépression profond. Intelligente — il lui arrive même d'être surdouée —, elle fait montre d'infantilisme dans son comportement, d'où une vie parfois instable et des difficultés à s'adapter socialement. Hypersensible, la main créative oscille entre l'imagination et l'instinct.

Pratique combative. Sa paume très musclée a une forme rectangulaire large. Ses doigts sont courts et robustes, son pouce parfois en bille, et sa courbe d'énergie est spécialement renflée au niveau du mont de Mars, ce qui lui donne un caractère combatif et dynamique, mais accentue son tempérament passionnel et impulsif.
Son caractère oscille entre deux tendances : l'une de lutteur qui lui fait aborder la vie de front, l'autre passionnelle qui l'enferme dans des accès de rage que déchaîne son infantilisme affectif. Une fois sa jalousie éveillée, elle ne se contrôle plus.
Cette main pratique des métiers tels que les sports de combat (boxe), la carrière militaire, la cascade, etc. ; mais elle révèle surtout une psychologie de « battant » que lui insuffle Mars, dieu de la Guerre.

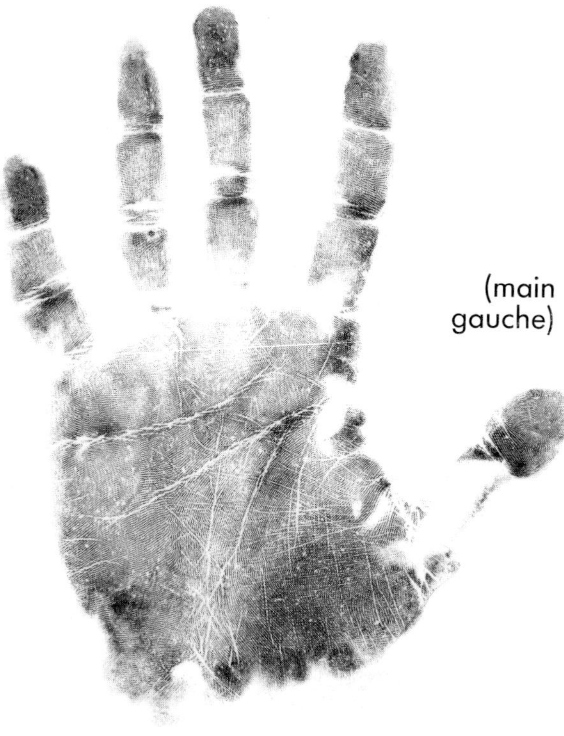

◄ Main Terre combative

Paume musclée et rectangulaire, doigts robustes et courts, courbe d'énergie renflée au niveau du mont de Mars, ce qui donne un caractère combatif et dynamique mais accentue le tempérament passionnel et impulsif. Lignes simples mais au tracé chaîné confirmant la manière de mener sa vie comme une lutte et expliquant les brusques changements de parcours des lignes.

FEU : LES ACTIVES

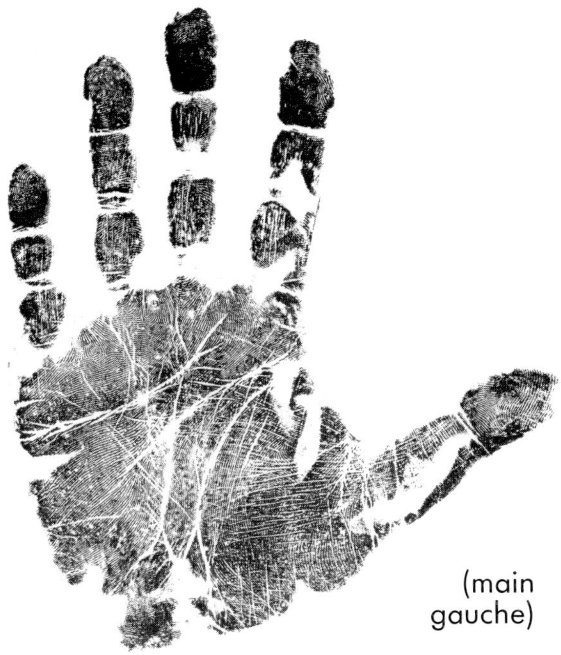
(main gauche)

Les mains de Feu partagent le même goût de l'activité que les mains de Terre. Mais la main responsable s'intéressera aux autres et son dynamisme bénéficiera de son calme, de sa pondération et de son sens de l'organisation. Cette chaleur contagieuse la mènera loin. Alors que la main intuitive, plus individualiste, aura une activité tournée vers l'accomplissement d'elle-même. Etincelant, brûlant et crépitant, le feu l'entraînera dans une pulsion irrésistible qui la conduira aussi bien à réaliser qu'à rester velléitaire, car elle a tendance à disperser son énergie aux quatre vents.

La main responsable

Cette main, large et charnue, rectangulaire dans le sens de la hauteur, comme le sont aussi les ongles, a une paume étoffée et rosée aux contours arrondis, des lignes bien tracées, des monts marqués. Jupiter, en particulier, est habité de tout un réseau linéaire qui renforce son désir de réussite, comme la plénitude du mont de Vénus révèle son goût de la vie et de bien vivre. Les doigts, plus longs que ceux du type Terre, sont dominés par le pouce et surtout l'index que symbolise Jupiter, le dieu du Pouvoir, de l'ambition et de l'affirmation de soi dans la société. Cette main se sent responsable de la communauté. Son sens de l'organisation, son énergie l'aident à atteindre ses buts aussi bien dans les affaires qu'en politique ou dans le social. La main responsable est d'une essence plus masculine que féminine.

Extravertie, elle a le sens du confort et de la beauté. Sa nature chaleureuse et sa sensualité en font un

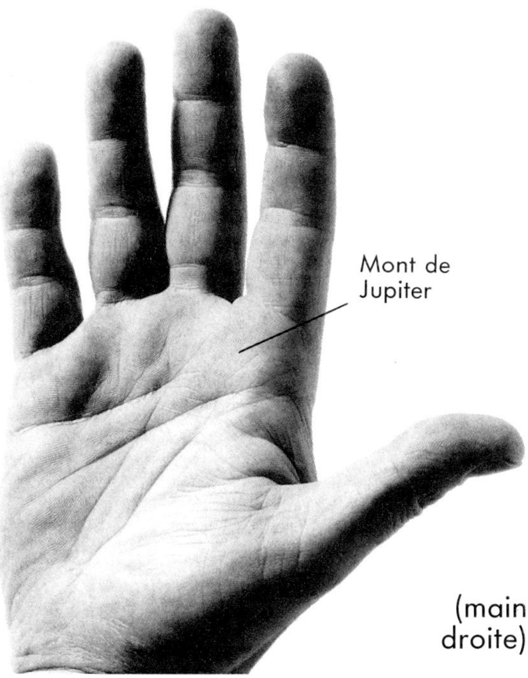

(main droite)

▶ Main Feu responsable

Elle est large, charnue, rectangulaire en hauteur, la paume rosée aux contours arrondis, des lignes bien tracées, un mont de Jupiter marqué montrant le goût de la réussite, le mont de Vénus arrondi dénotant le goût de bien vivre. Les doigts dominants sont le pouce, symbole d'énergie et de volonté, et l'index, le désir de s'affirmer dans la société.

bon vivant. Comme la main pratique simple, elle est sensible aux cycles, aux saisons. D'une autorité naturelle qui s'exerce en famille comme en société, elle défend les faibles et les opprimés. Mais son intérêt se porte vers le groupe. Par exemple, elle parlera mieux des problèmes de l'éducation qu'elle ne comprendra ses propres enfants.
Ses émotions sont profondes et stables. On peut compter sur elle. Même un peu trop. Il lui arrive de se croire responsable du bonheur des autres. Elle accorde aussi beaucoup d'importance à la considération et à la faveur publiques. Mais son intelligence et son humour l'aideront à retrouver son objectivité. Personne d'action, elle ne craint pas d'être une locomotive et nous prend en charge avec compétence et efficacité, sans ménager sa peine, ce qui nous la rend précieuse et indispensable. Puisqu'elle a besoin de nous pour se réaliser, profitons-en !
Sur le plan affectif, la vie conjugale lui convient bien, pourvu que son conjoint sache que cette personne s'intéresse plus aux vastes horizons et qu'il soit capable de la suivre dans les hautes sphères où l'entraîneront ses idées et ses responsabilités... et qu'en retour elle n'oublie pas de reconnaître ses mérites !
Tout en éveillant son désir de protection, la mouvance et la sensibilité de l'Eau s'adapteront bien à son rythme actif qu'elle saura aussi tempérer. Les théories de l'Air l'intéresseront et elle les mettra en pratique. Mais, d'une façon générale, sa nature chaleureuse la pousse à s'entendre bien avec tous. La main responsable brûle sans flammes mais va loin.

La main intuitive

Cette main, avec ses doigts agiles et souples, sa paume ovale allongée, son pouce souvent à « taille » (deuxième phalange plus mince), un mont de Vénus bien développé, donne une impression d'élégance et de vivacité. Ses lignes et ses motifs papillaires sont riches. Elle semble tournée vers un annulaire très long, doigt du Soleil, le dieu des Arts et de la Lumière, qui lui donne un vif besoin d'accomplissement créatif.
Tel le Feu, cet intuitif vit avec une intensité difficile à supporter et qui fatigue les tempéraments moins ardents.
Suroccupée, il lui arrive de se brûler à la flamme de son énergie. Ses capacités intellectuelles et son comportement dépendent de ses émotions. Quant à sa pensée, elle est plus intuitive que raisonnée. C'est avant tout une personne émotive et sentimentale, qui séduira par son aisance, son brillant, son charme, son enthousiasme. Elle sera très populaire. Mais ses idées fluctuant au rythme de ses émotions, elle surprendra par sa versatilité et ses changements d'humeur.
D'une nature rapide, son impatience fuse en mots spirituels et sarcastiques vis-à-vis des plus lents qu'elle blesse profondément. D'une grande lucidité, compréhensive, sa perception des autres est avant tout égocentrique.
Le succès est son moteur, mais elle supporte mal l'autorité ou les restrictions d'espace et de temps. Pourtant, elle a besoin des autres, ne serait-ce que pour briller. L'idéal pour elle est d'animer un petit groupe qui partagera ses enthousiasmes tout en appréciant sa valeur. Mais gare à son autoritarisme et à ses soudaines disparitions.

▼ Main Feu intuitive féminine

Une des plus jolies mains féminines, ses lignes sont souvent très complexes. Sentimentale et sensible, elle a une vie affective vibrante que confirme souvent sa ligne de cœur, passionnée et instable. C'est la plus active des mains féminines.

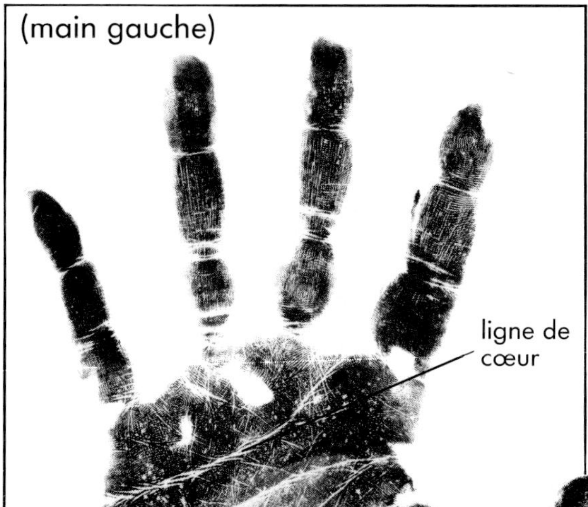

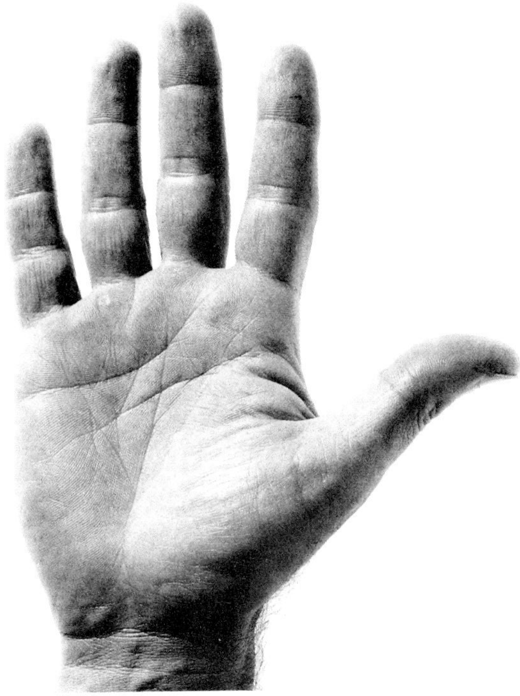

(main droite)

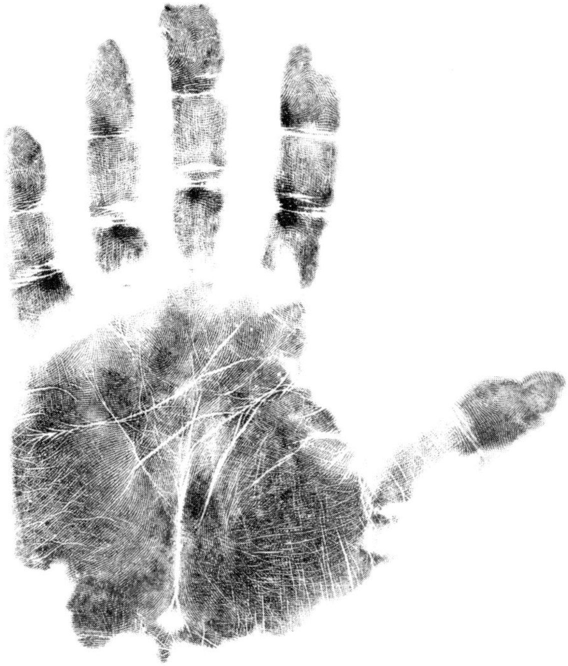

(main gauche)

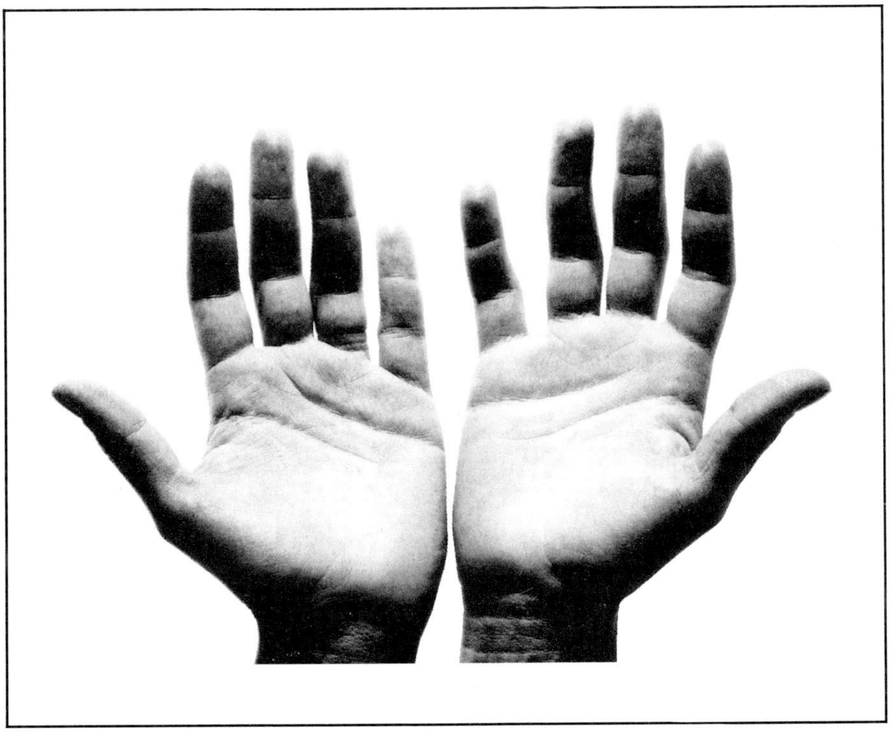

▲ Main Feu
intuitive masculine

Main ovale allongée, souvent mate et sèche, pouce avec une deuxième phalange plus mince, elle donne une impression d'élégance et de vivacité avec ses doigts agiles et souples. Les lignes et les motifs papillaires sont riches. Elle semble tournée vers un annulaire très long vers lequel monte une ligne de Soleil, ce qui lui donne un vif besoin d'accomplissement créatif.

Car cette agitée est tiraillée entre l'activisme et le repli. Son refus de mûrir, son hypersensibilité la poussent à fuir les responsabilités. La société, qu'elle critique, lui pèse et la vie contemplative la tente. Néanmoins, elle passe rarement aux actes. La main intuitive est donc essentiellement créative, particulièrement lorsqu'elle est solaire (long annulaire), et ses possibilités de métiers sont très variées. Son sens du mouvement en fera un joueur de tennis de classe, un danseur de talent ou encore un créateur de formes comme un architecte de renom. Beaucoup d'artistes ont ce type de main, qu'ils soient acteurs, chorégraphes, musiciens, peintres, décorateurs, photographes, paysagistes, poètes ou écrivains...

La présence de la ligne du Soleil sous l'annulaire, un mont de la Lune bombé, la qualité du pouce et de la ligne de tête préciseront les capacités créatives de la main intuitive, leurs possibilités de réalisation, ainsi que les moyens par lesquels elle les exprimeront : les affaires ou les arts. Car l'art permettra à cette personne d'échapper aux mesquineries de la vie où, malgré son impatience, son horreur du quotidien, elle fera preuve d'énormément de minutie. Avec des doigts courts, son énergie sera plus grande. Avec une paume longue, elle aura un sentiment d'enfermement. La présence d'une ceinture de Vénus nette ou longue augmentera l'instabilité et l'hypersensibilité de la main intuitive.

Les femmes ont très souvent la main intuitive et beaucoup deviennent des artistes réputées. La paume est arrondie, le mont de Vénus implanté bas et les lignes sont complexes et nombreuses parce que la main féminine est plus nerveuse. Elle a les mêmes traits de caractère que celle de l'homme, tout en étant plus sentimentale et sensible. D'où une vie affective vibrante, que confirmera sa ligne de cœur instable. Des mains féminines, c'est la plus active.

L'homme et la femme intuitifs aiment la diversité, le changement. Ils apprécient aussi leur indépendance. Ils ont besoin d'une vie conjugale pleine de péripéties, car ils détestent la monotonie. Une nature de la même intensité leur conviendra bien. La lenteur de la Terre les ennuie. L'Eau, plus passive, les éteint. L'Air, au contraire, les oxygène et les enrichit intellectuellement.

Leur santé souffre des efforts qu'ils imposent à leur système nerveux. D'où certains troubles, dont les plus courants sont l'insomnie et l'anxiété.

AIR : LES INTELLECTUELLES

Il y en a deux : la main sociable et la main concentrée. L'une est toujours prête à s'envoler et l'autre plane : telle est l'influence qu'exerce l'Air sur elles. En effet, la première, grâce à son intelligence et à son esprit méthodique, navigue aisément dans le monde de la pensée, mais elle est sociable et a les pieds sur terre, elle voudra mettre ses idées en pratique. En revanche, le goût de la solitude de la main concentrée ne l'incite guère à quitter les hautes sphères de la théorie.

Partageant les mêmes pensées et les mêmes aspirations à l'harmonie, les mains d'Air s'entendent bien entre elles. A cause de leurs différences de caractère, les relations avec le Feu seront plus stimulantes et vivantes, quoique plus précaires. Car la vivacité du Feu les dynamise mais les fatigue. Toutefois, l'Air devra toujours veiller à ne pas se laisser enfermer. Sa liberté d'esprit ne le supporterait pas.

La main sociable

Avec sa paume carrée à la peau fine et rosée, son pouce long et énergique, elle rappelle la Terre, mais une Terre affinée par l'Air. Ses longs doigts écartés aux ongles carrés s'élancent vers le ciel. Les monts étant moins marqués, les nombreuses lignes au tracé rigoureux paraissent clarifiées par rapport à celles du Feu et de l'Eau. L'ensemble donne une impression d'harmonie, d'élégance et de franchise naturelles.

Dotée d'un excellent équilibre mental et physique, la main sociable se sent plus à l'aise dans le monde des idées que dans celui des sentiments dont elle se méfie. Son long auriculaire, doigt de Mercure, dieu de l'Eloquence, du Commerce et messager de l'Olympe, avive son sens de la communication et sa facilité d'expression.

Sa curiosité et sa mobilité d'esprit l'aident à comprendre l'humanité et à l'aborder dans sa complexité et sa diversité. Bien intégrée dans la société, elle emploie son énergie à convaincre et fait souvent partie d'associations, politiques ou autres. Mais sa tendance à l'intellectualisme lui donne parfois une sécheresse abstraite qui empêchera la mise en pratique. Car vous aurez de la difficulté à la faire changer d'opinion. Méfiante, elle ne vous croira que preuves à l'appui : veillez à ce qu'elles soient solidement étayées. Pourtant, elle ne se battra pas pour défendre ses idées, car l'émotion l'emporterait sur la raison.

L'ordre, la méthode et la stabilité sont les traits de base de sa personnalité. Très organisée, elle ne laisse rien au hasard. Sa vie peut manquer de fantaisie, mais son travail en bénéficiera. Munie d'un solide bon sens, elle l'aborde avec logique, efficacité et persévérance. Les difficultés ne lui font pas peur. Patiente, elle saura les surmonter. Bien qu'elle aime les structures, ne cherchez pas à l'enfermer. Son indépendance d'esprit s'épanouit mieux dans la liberté. Ne dit-on pas « libre comme l'Air » ? L'équipe à laquelle elle insuffle ses idées en profitera.

Son sens inné de l'expression en fait l'interprète idéal du groupe. D'où son talent pour les médias (journalisme, télévision, publicité, cinéma, édition) et les relations publiques où elle excellera grâce à sa diplomatie. Spécialement si elle a un pouce à « taille », avec une extrémité en biseau. Elle réussira aussi dans les métiers de contacts humains : la politique, les affaires, la justice, la médecine. Avec des articulations noueuses, signe de pouvoirs analytiques et de concentration, elle se spécialisera dans l'enseignement ou dans des sciences exactes, telles la comptabilité, les mathématiques, l'ingénierie, l'électronique.

Si sa ligne de tête s'incline vers la Lune, elle choisira des carrières plus créatives comme la littérature. De toute façon, ses facultés intellectuelles lui permettront de s'adapter rapidement à toute nouvelle situation.

Sur le plan affectif, l'homme à la main sociable est assez réservé. Il aborde les autres avec sa tête plutôt qu'avec son cœur. Les sentiments lui font peur. Il recherchera donc avant tout une communauté d'esprit et quelqu'un qui partagera son idéal.

▶ Main Air sociable

La paume légèrement rectangulaire, la peau fine et rosée, elle rappelle la Terre mais ses doigts plus longs et écartés l'aèrent. Les monts moins marqués, ses nombreuses lignes paraissent plus claires que celles de l'Eau et du Feu. Son long auriculaire parfois doté d'une saillie sur le tranchant de la main avive son sens de la communication et sa facilité d'expression.

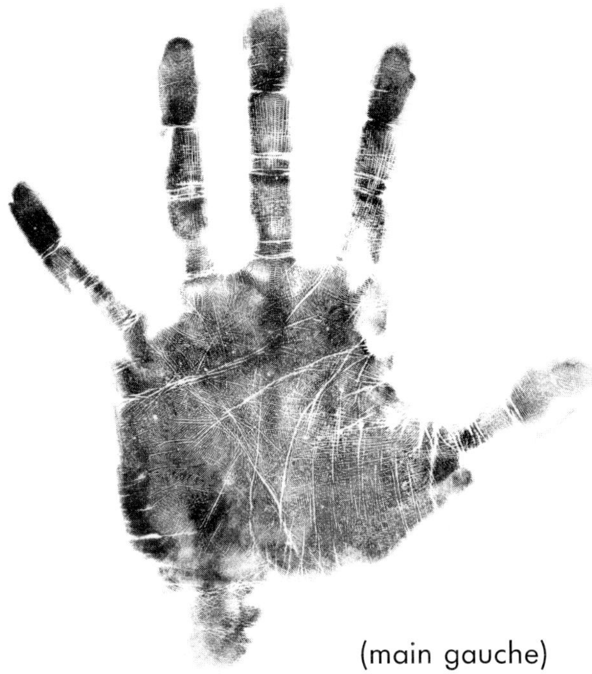

(main gauche)

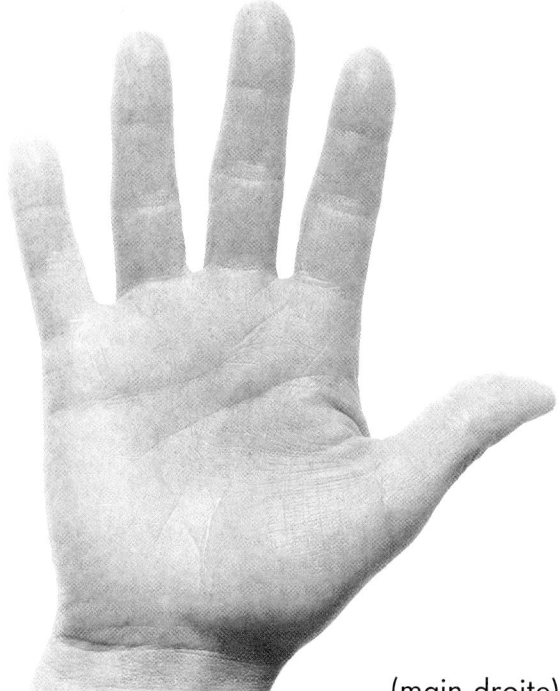

(main droite)

Plus petite et légère, la beauté de la main féminine reflète l'harmonie intérieure. Son goût de l'indépendance et des contacts lui fera rechercher un travail où elle donnera libre cours à l'originalité de ses idées et à son sens artistique. Plus compatissante et moins conformiste que l'homme, sa compréhension des autres équilibrera son tempérament rêveur et la ramènera sur terre.

La main concentrée

Elle ressemble à la main sociable mais en plus décharnée et anguleuse. Comme si l'Air l'asséchait. Le rectangle de la paume parfois creuse s'allonge en s'aplatissant. Plus mince, le réseau linéaire s'inscrit profondément dans la chair. Les doigts très longs et noueux, bien écartés, sont dominés par Saturne, symbole d'intériorisation et de sagesse. Ayant observé que les philosophes avaient ce type de main, les Grecs de l'Antiquité l'appelaient philosophale.

Comme la main sociable, la main concentrée appartient à des gens raisonnables, logiques et travailleurs. Ses doigts longs et noueux renforcent ses dons

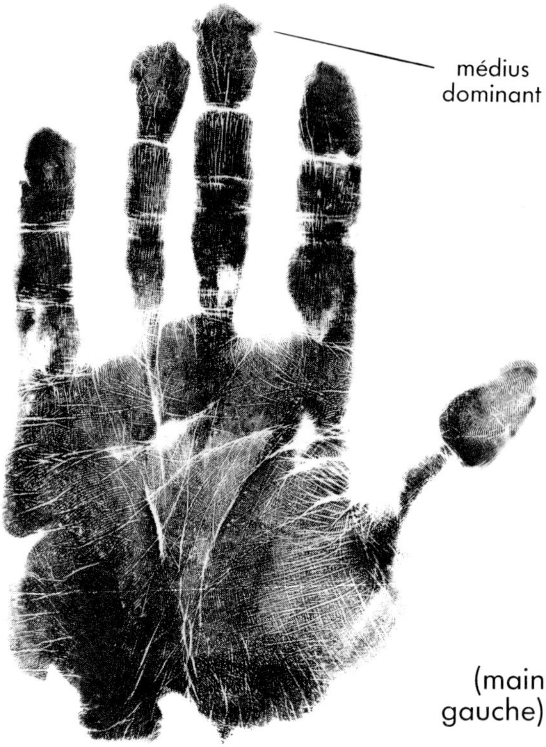

▲ Main Air concentrée

Ressemblant à la main sociable, elle est plus décharnée et anguleuse. Le rectangle de la paume parfois creuse s'allonge en s'aplatissant. Plus fin, le réseau linéaire s'inscrit profondément dans la chair. Les doigts longs et noueux sont dominés par le médius ou Saturne, symbole d'intériorisation et du goût de la solitude.

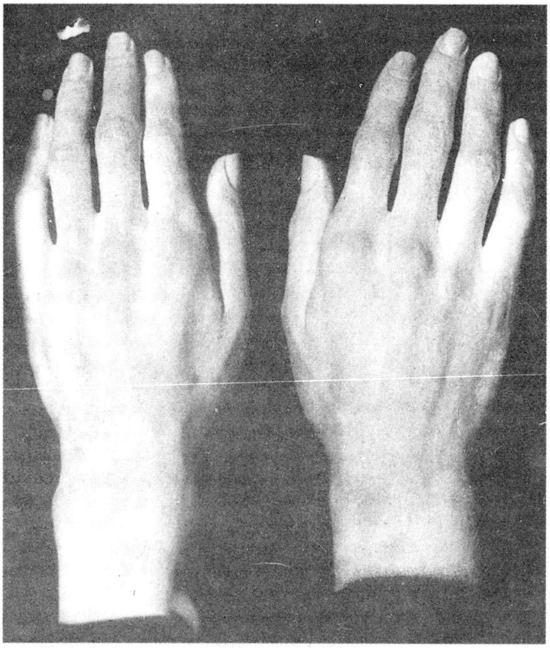

▲ *Mains du compositeur allemand Ludwig van Beethoven (1770-1827), exemple de main Air concentrée. (Ph Collection Viollet)*

de pénétration et d'analyse. Dotée d'une infinie patience, elle examinera son sujet avec une extrême minutie et ne conclura qu'après avoir poussé jusqu'au bout son investigation. C'est la main de la recherche, des études, de l'approfondissement spirituel. D'ailleurs, elle préfère la vie sédentaire, solitaire et studieuse. La main concentrée sera celle d'un écrivain, d'un professeur de littérature, d'un chercheur, d'un philosophe. Mais, avec ses tendances à l'ascétisme et à l'idéalisme, elle sera aussi celle d'un prêtre, d'un moine ou d'un théologien.

La main concentrée a la tête dans les nuages de la théorie et les sphères où sa pensée évolue sont si élevées qu'elle en oublie le quotidien. Une ligne de tête droite lui donnera du réalisme et un sens pratique dont elle a grand besoin. Car, malgré ses possibilités mentales et son idéalisme, ou peut-être à cause d'eux, la main concentrée fait rarement fortune. Rappelez-lui l'heure du dîner et emmenez-la faire du « jogging » !

EAU : LES SENSITIVES

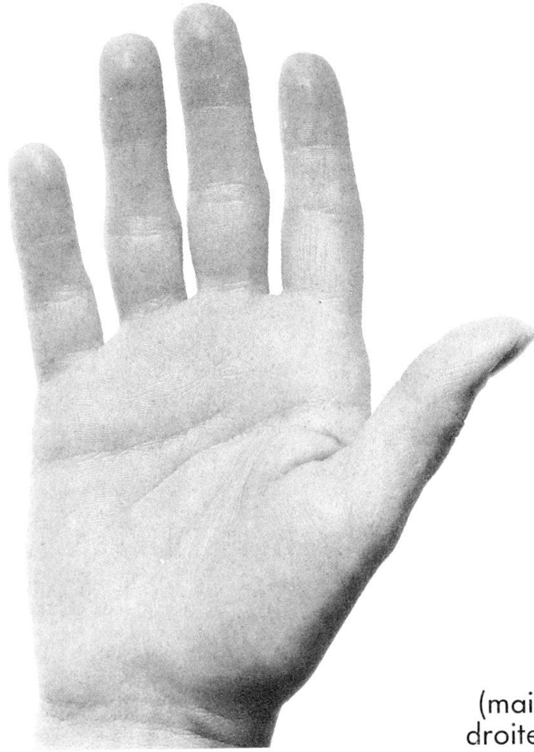

(main droite)

Comme l'eau, ces mains sont fluides et épousent les formes qu'elles suivent, mais cette docilité est souvent trompeuse et cette mouvance les rend inconstantes, influençables, imprévisibles, difficiles à suivre. Elles sont plus passives qu'actives. L'une, la main sensorielle, est sensuelle et affective. L'autre, la main réceptive, perçoit des ondes si vives qu'elle doit s'en protéger pour ne pas être emportée par ce torrent.
La Terre repose l'Eau, car le rythme des saisons lui permet de prendre forme. Le Feu, par son hyperactivité, la fatigue et la brûle. L'Air la dessèche.

La main sensorielle

Petite et étroite, les doigts courts, coniques et potelés, ornés de coussinets, cette main étoffée à la paume longue et arrondie donne une impression de féminité et de sensualité. Bien que son mont de Vénus soit habituellement plat, elle est essentiellement vénusienne ; son mont de la Lune allongé et renflé montre l'importance que jouent l'imagination et le subconscient dans sa vie. Ses lignes sont étroites et en toile d'araignée, ses ongles ressemblent à des noisettes effilées vers le haut.
D'un tempérament émotif instable, elle est très intuitive et ressent tout fortement, d'où sa fragilité, son hypersensibilité, sa nervosité. Le calme sera nécessaire à son équilibre mental. Malgré sa faible vitalité, elle montrera une force inattendue dans les moments difficiles. Impulsive et influençable dans le quotidien, elle se laisse facilement dominer par une émotivité et une affectivité immatures. Capricieuse, elle évoluera au gré de sa sentimentalité et

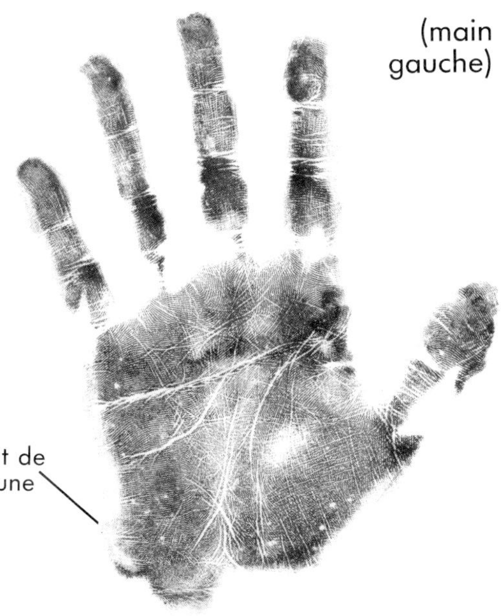

(main gauche)

▶ Main Eau sensorielle

Petite et étroite, les doigts courts et coniques, sa paume longue et arrondie est constellée de petites lignes fines. Elle donne une impression de féminité et de sensualité. Le mont de Vénus habituellement plat, elle est pourtant essentiellement vénusienne, mais le mont de la Lune, rempli, montre l'importance que joue l'imaginaire qu'elle préfère à la réalité.

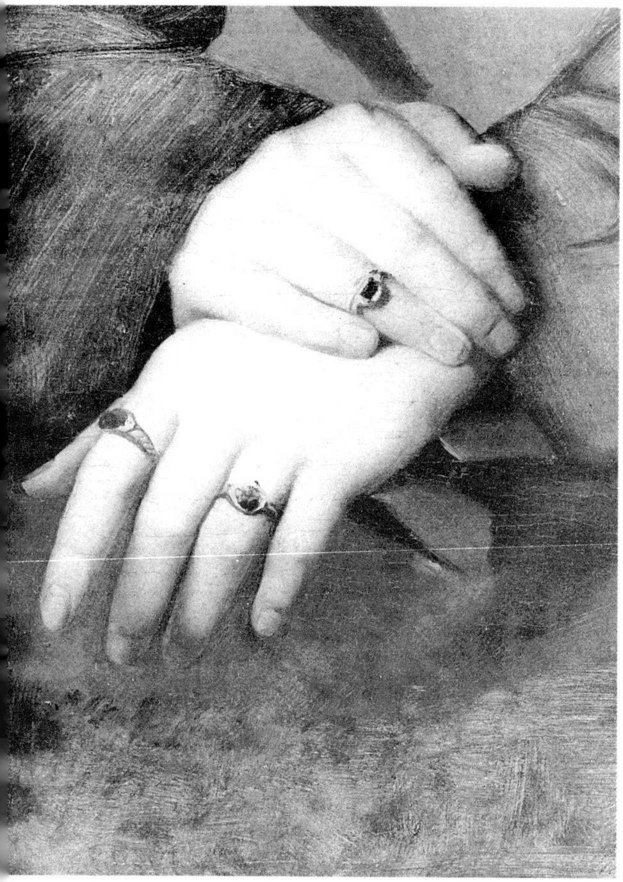

▲ Exemple de main Eau sensorielle
Etude de mains de femme, par le peintre français Dominique Ingres (1780-1867). Musée de Bayonne. (Ph Bulloz)

▲ Exemple de main concentrée
Mains jointes de vieillard, dessin du peintre et graveur allemand Albrecht Dürer (1471-1538). Collection de l'Albertina, Vienne. (Ph Collection Viollet)

de ses attirances physiques avec un sens très personnel des valeurs morales. Gare à son sens critique : elle change souvent d'amis et de camp. Mais, séduisante et voluptueuse, elle plaira sa vie entière et donnera aux autres l'envie de la protéger, ce qui lui permettra de se réfugier dans un monde romantique où elle sera à l'abri des blessures de la réalité. La richesse de ses impressions et de son imagination lui donne l'instinct de la beauté, des couleurs et une bonne oreille musicale. Des mains sensorielles feront d'excellents interprètes, qu'ils soient acteurs, chanteurs ou musiciens. Toutes les professions artistiques leur sont ouvertes, mais leur mobilité et leur manque de persévérance les empêchent souvent de tirer parti de leurs multiples talents créatifs. Elles devront se fixer un rythme de travail pour développer leurs dons. Une paume plus épaisse et ferme, des lignes plus claires et une ligne de tête bien dessinée renforcent le sens des réalités. Un grand pouce donne le goût de la fortune et de la célébrité.

La main réceptive

C'est la belle main de madone des maîtres anciens, dite aristocratique ou psychique. Longue, mince, flexible, elle a les doigts effilés et pointus, les ongles en amande, la paume étroite en forme de poire, un mont de la Lune saillant vers lequel descend la ligne de tête, ce qui renforce ses tendances imaginatives. Sa peau blanche, fine et molle est ornée d'un réseau linéaire arachnéen.

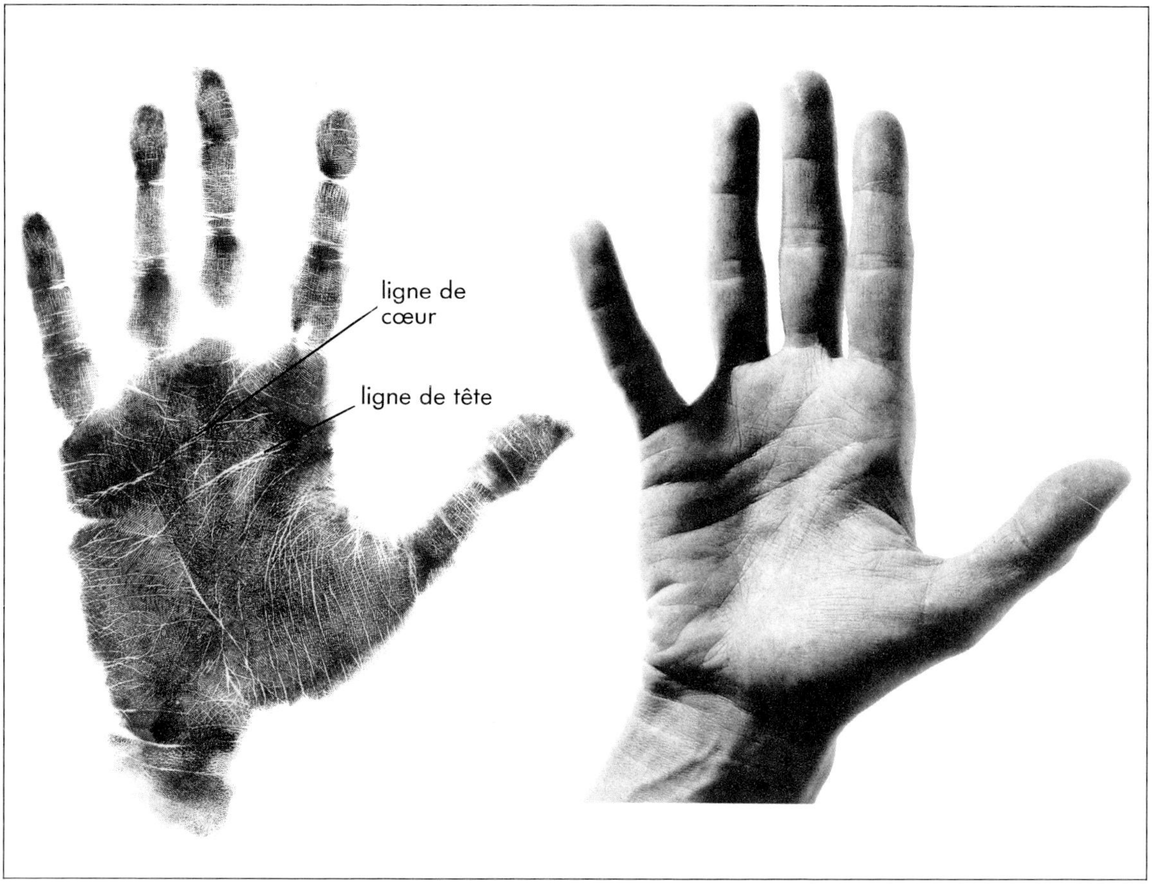

▲ Main Eau réceptive

Longue, mince, flexible, les doigts effilés et pointus, sa paume est étroite et en forme de poire lorsqu'elle serre les doigts. Elle a un mont de la Lune saillant vers lequel descend la ligne de tête, ce qui renforce ses tendances imaginatives. Sa peau fine et molle est ornée d'un réseau linéaire arachnéen.

Se bousculant pour pénétrer en elle, les forces extérieures, auxquelles elle est si réceptive, l'influencent sans cesse et l'immobilisent. Elle préfère rêver sa vie plutôt qu'agir. Impressionnable, la moindre émotion la bouleverse. D'où l'importance de son climat ambiant : il devra être animé par des gens réalistes et actifs qui veilleront sur elle. Elle a le même goût de la solitude que la main Air concentrée. Introvertie et ayant du mal à communiquer, elle donne l'impression d'être froide. Les sentiments passent avant la sensualité, la beauté et la spiritualité avant la réalité. Ce qui la caractérise, c'est son contact direct avec le subconscient, ce qui expliquerait sa compréhension instinctive du symbolisme. Ses talents artistiques sont encore plus vifs que ceux de la main sensorielle, mais sa réceptivité excessive la rend plus dilettante que créatrice. Elle sera muse, inspiratrice, mais sa nature rêveuse et utopiste l'empêchera de se réaliser et elle préférera se réfugier dans un monde chimérique. L'anneau de Vénus renforcera cette envie d'évasion. Pourtant, sentant d'instinct les autres, elle a des dons psychiques étonnants. Surtout lorsque le mont de la Lune est d'un rose plus vif que le reste de la main. Beaucoup de « voyants » ont ce type de main. La main féminine est encore plus gracieuse et petite. Très compréhensive et bienveillante, c'est une excellente épouse et amie. Son bonheur dépendra presque entièrement de son conjoint, auquel elle sacrifiera ses aspirations, si besoin est. Son souci des détails lui compliquera la vie. Aimez-la : elle vous le rendra au centuple.

TABLE.

Où sont marquées les couleurs des Planettes, & les Signes, Temperamens & Elemens qui leur correspondent.

Couleurs	Blanche	Noire	Couleur de feu.	Blue.
Planetes	☽	♄	♂	♀
Signes	♋	♑	♈	♎
Tempera-mens	Le Flegme pur,	La Melancolie pure	La colere pure,	Le Sang pur.
Elemens	L'Eau,	La Terre.	Le Feu	L'Air.
Couleurs	Cendrée	Verde obscure,	Rouge,	Couleur de citron.
Planetes	☿	♄	♃	♀
Signes	♊	♒	♐	♉
Tempera-mens.	Le Flegme mélé de bile noire.	La Melancolie mélée de sāg.	La Colere mélée de sang.	Le Sang mélé de flegme.
Elemens	L'Eau meléede terre	La Terre méléed'air	Le feu melé d'air.	L'Air mélé d'eaü.
Couleurs	Plombée,	Couleur de fer,	Dorée,	Verde pâle.
Planetes	♄	☿	☉	♀
Signes	♏	♍	♌	♓
Tempera-mens	La pituite mélée de melācolie	la bile noire mélée de colere,	La bile iaune mélée de sang.	Le sang mélé de pituite.
Elemens	L'eau mélée de feu.	Laterremélée de feu.	Le feu mélé d'air.	L'air mélé d'eau.

Cette

TRAITS PHYSIQUES ET TEMPERAMENTS

Rappelons les quatre tempéraments d'Hippocrate et Galien — le sanguin dynamique, le bilieux hyperactif, le nerveux excitable, le lymphatique indolent — dont découlent les observations qui vont suivre, et les quatre catégories de forme de main qui en gros leur correspondent : Terre, les réalistes ; Feu, les actives ; Air, les intellectuelles ; Eau, les sensitives. Les traits physiques tels que la consistance de la main, sa souplesse, sa taille par rapport au reste du corps, la qualité de sa peau, la couleur et la température de la paume, son degré d'humidité nous aident à définir le tempérament spécifique du sujet examiné.

CONSISTANCE

Une simple poignée de main nous indique la consistance de la main et nous permet d'évaluer son niveau d'énergie. Une autre manière de s'en rendre compte est d'appuyer le pouce sur la paume.

Main maigre

Quand la main est maigre, le sujet se fatigue vite et n'arrive pas à trouver l'énergie nécessaire pour obtenir des résultats. Cette maigreur dénote souvent un manque de vitamines.
Lorsque la main est maigre et raide, cette personne manque de chaleur, elle a tendance à être entêtée dans ses rapports avec les autres, parfois même inflexible.

Main flasque

Quand, en serrant la main, elle s'écrase, cela dénote une quasi-inexistence d'énergie physique. Il en résulte une grande difficulté à exprimer ses sentiments et à agir concrètement. C'est souvent la main des oisifs et des rêveurs, qui n'aiment ni les efforts physiques ni les émotions. Ils n'ont aucun sens de l'heure et font faire aux autres ce qui les ennuie. Ils rendent les autres responsables de leur indolence. Leur énergie sexuelle est minime.
Lorsqu'elle est flasque et épaisse, la sensualité du sujet est renforcée et il s'adonne à ses plaisirs (nourriture, drogues, alcool). Il a souvent des problèmes de poids, mais il est incapable de se restreindre.

◄ *Une page de* La Chiromancie naturelle, *Paris, 1655. Traduction française établie d'après un texte latin de Ronphile. (Ph Bibliothèque nationale, Paris)*

Main molle

Quand on ne sent pas les os, le sujet possède une énergie plus intellectuelle que physique. Il est d'une nature imaginative. Mais lorsque la paume est épaisse, il a les mêmes problèmes d'excès sensuels que la main flasque épaisse.
En revanche, une paume molle et plate indique une faible énergie sexuelle. Elle révèle une personne qui se lasse vite et qui est plutôt preneuse que donneuse.
La main molle aux doigts bouffis en forme de saucisse dénote une hyperthyroïdie.

Main élastique

L'élasticité au toucher atteste la vitalité. Active, cette personne a une attitude constructive dans l'existence. Entreprenante, elle possède le sens de l'adaptation et une excellente ouverture d'esprit. Ses talents d'invention et de créativité sont très développés.
Quand la paume est épaisse, la personne est d'un tempérament chaleureux, sensuel et elle est pourvue d'un bon appétit sexuel. Elle sait aussi bien donner que recevoir et maintient d'excellentes relations personnelles avec autrui.

Main ferme

Avec une main moins élastique, plus ferme, il s'agit d'une personne active, énergique et d'une forte personnalité. Responsable et équilibrée, elle a une

capacité d'adaptation et une ouverture d'esprit moins grandes que celles de la main élastique, mais son sens des réalités l'oblige à tenir compte des faits, même si cela lui demande un effort.
La paume épaisse révèle une personne chaleureuse, énergique et possédant un excellent équilibre. Souvent mariée ou vivant en couple, cette personne aime la sexualité sans en être obsédée.

Main dure

Rugueuse et dure, cette paume appartient à une personne d'une grande vigueur physique mais d'une nature pourtant contractée. Entêtée et d'une faculté d'adaptation limitée, elle est sujette à de brusques colères. Si cette personne ne se dépense pas assez, elle souffrira d'hypertension, de maladies de cœur, d'ulcères, de migraines, de maux de dos.
Une personne dont la paume est dure et épaisse aura tous les attributs de la main dure, mais aussi des goûts matériels qui la rendent plus apte aux travaux et exercices physiques. Inflexible, elle peut être emportée par ses émotions et devenir agressive sexuellement. Plus preneuse que donneuse, elle ne pense qu'à son plaisir personnel.

Main creuse

Une légende inquiétante entoure la main creuse : celle de n'avoir jamais un sou vaillant !
Une main ne peut être appelée creuse que si, lorsqu'elle est énergiquement ouverte, on peut loger une noix dans le creux de la paume, ce qui est rare. La définir en disant qu'elle laisse filer l'argent entre ses doigts lui convient mieux. Son propriétaire prendra de grands risques financiers, qui lui apporteront la richesse ou la pauvreté, d'où sa mauvaise réputation. Pourtant, il n'est pas avare et se montre d'une grande générosité quand il est en fonds.
Voilà ce qu'en dit la tradition mais, d'après mon expérience, ce « creux » provient de l'hérédité ou d'une faible calcification.

SOUPLESSE

La souplesse de la main est à l'image de la personnalité de son propriétaire.

Très raide

Elle est si rigide qu'elle a tendance à tenir les doigts pliés vers l'intérieur de la paume. Il s'agit d'une personne extrêmement méfiante, travailleuse, responsable, mais dont le caractère manque de souplesse. Très attachée à ses idées, elle a du mal à s'adapter aux changements. D'une nature secrète et renfermée, elle explique difficilement ses problèmes. Lorsque le pouce est raide, la personne a tendance à s'économiser émotionnellement et financièrement, mais les relations qu'on établit avec elle sont stables. On peut compter sur elle.

Raide

Lorsque les doigts ne se plient pas vers l'arrière, le sujet présente les mêmes caractéristiques qu'avec la main très raide, mais en moins accentuées. Renfermé, contrôlant ses sentiments, il a une excellente énergie vitale. Quoique d'esprit plus ouvert que le précédent, il a des difficultés à s'adapter à un nouvel environnement. C'est une personne fiable.

Moyennement souple

Les doigts se plient vers l'arrière de la main en un léger arc de cercle. Sa possibilité d'adaptation est meilleure. Moins réservée et sur la défensive, elle est plus ouverte aux nouvelles idées, donc plus mobile. Grâce à son intuition et à sa facilité de contact, elle comprend bien les problèmes des autres. Avec un pouce souple, elle est généreuse aussi bien sentimentalement que financièrement.
Sa difficulté est d'attaquer trop d'activités à la fois et d'avoir du mal à en terminer une.

Très souple

Elle se plie sans effort vers l'arrière jusqu'à faire un angle de 90 °. Il s'agit d'une personne très influençable, facile à dominer et qui a du mal à se concentrer. Elle est dépensière ; ses sentiments sont aussi imprévisibles que ses actions.
Avec un pouce flexible, elle est si généreuse qu'elle se fait exploiter. Aimant le changement, elle est rarement fidèle. Sa spontanéité, sa générosité, son sens de l'adaptation en font une compagne très distrayante.

TAILLE

Depuis l'Antiquité, les architectes se préoccupent de l'harmonie des proportions, qu'ils atteignent grâce au fameux nombre d'or. L'unité de mesure, employée par les Egyptiens et reprise plus tard par les sculpteurs grecs, était le module basé sur la longueur du médius. Ainsi, la statue de Polyclète *Achille et l'athlète* (Louvre) est de dix-neuf fois la hauteur du médius, comme le constate le Dr Noël Vashide[1]. Les proportions du corps humain formaient un tout et avaient leurs lois que retrouvèrent plus tard Giotto, Léonard de Vinci ou Dürer. Pour apprécier la taille de la main, il faut l'évaluer par rapport aux dimensions et à l'ossature du corps. En règle générale, la longueur de la main doit représenter le dixième de la hauteur du corps. Un homme de 1,80 m doit avoir des mains de 18 cm. La mesure se prend de l'extrémité du médius au premier bracelet, ou rascette, du poignet. La largeur de la main est considérée comme parfaite quand la paume à la base des doigts est de la même taille que le médius.
L'interprétation de la forme des mains est toujours fondée sur une synthèse des traits les plus frappants de la main. Dans cette optique, on ne tient compte que de ce qui échappe à la normalité : autrement dit lorsque des mains sont très grandes, très petites, très étroites ou très larges.

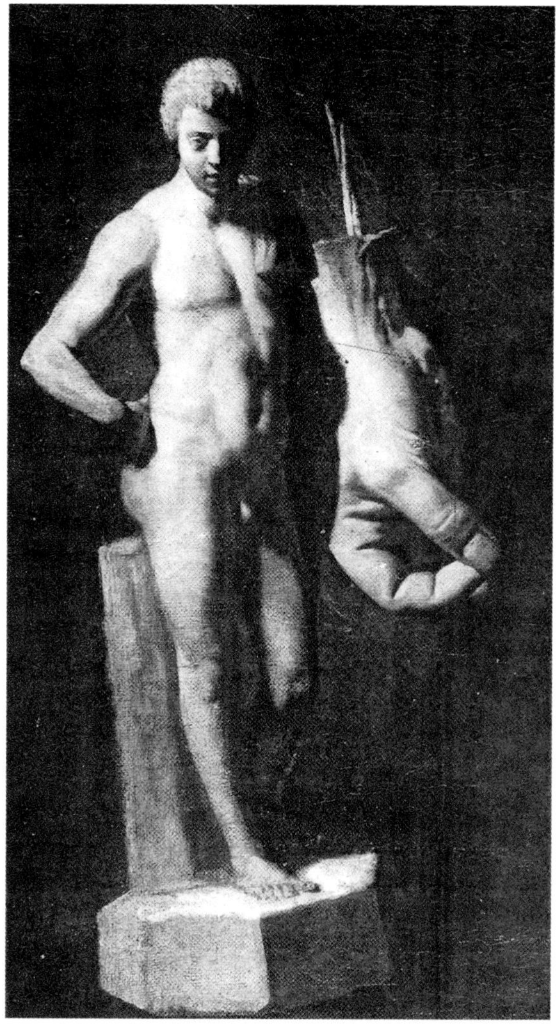

▲ Deux jeunes gens dessinant, *détail. Peinture de Valentin de Boullogne, XVIIe siècle. Musée de Montpellier. (Ph Bulloz)*

Parfaite

C'est le signe d'un bon équilibre physique et psychique, qui permet une excellente activité et une vision réaliste de l'existence. Cette main a toutes les vertus. Reste à trouver l'oiseau rare !

Longue

Une main avec des doigts longs (à peu près égaux ou plus longs que la paume) indique une tendance à voir les faits dans les détails, à les analyser et à les approfondir. Elle appartient aux horlogers, aux chercheurs, aux chirurgiens. Très longue, elle se noie dans les détails.

Petite

A l'inverse, une main avec des doigts plus courts que la paume assimile les faits et les visualise globalement. Elle est généralement impulsive et passe

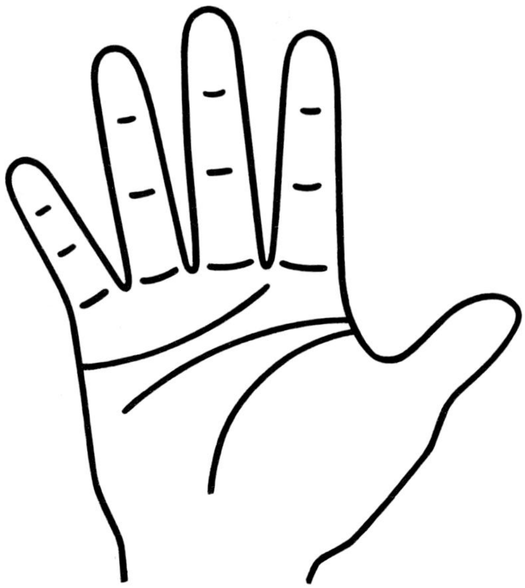

paume large

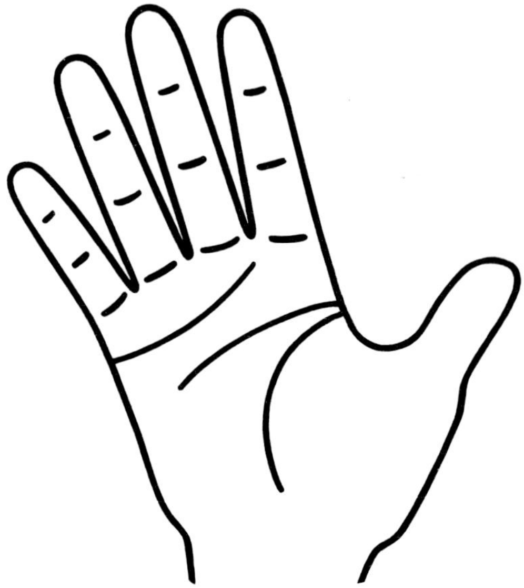

paume étroite

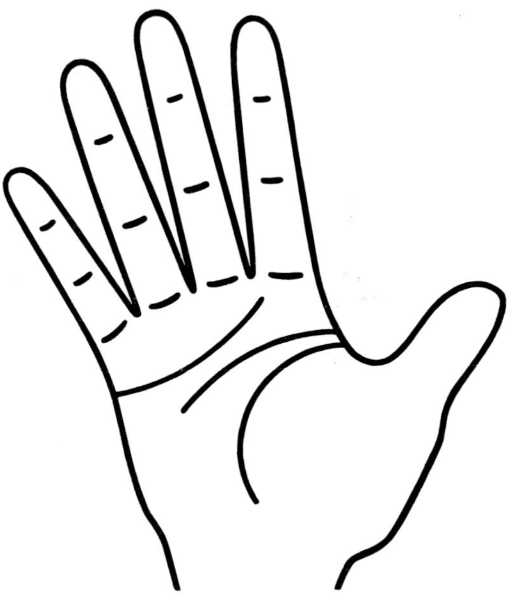

doigts longs

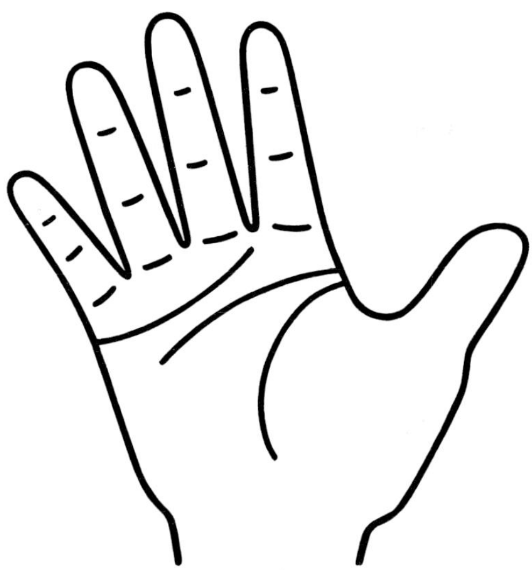

doigts courts

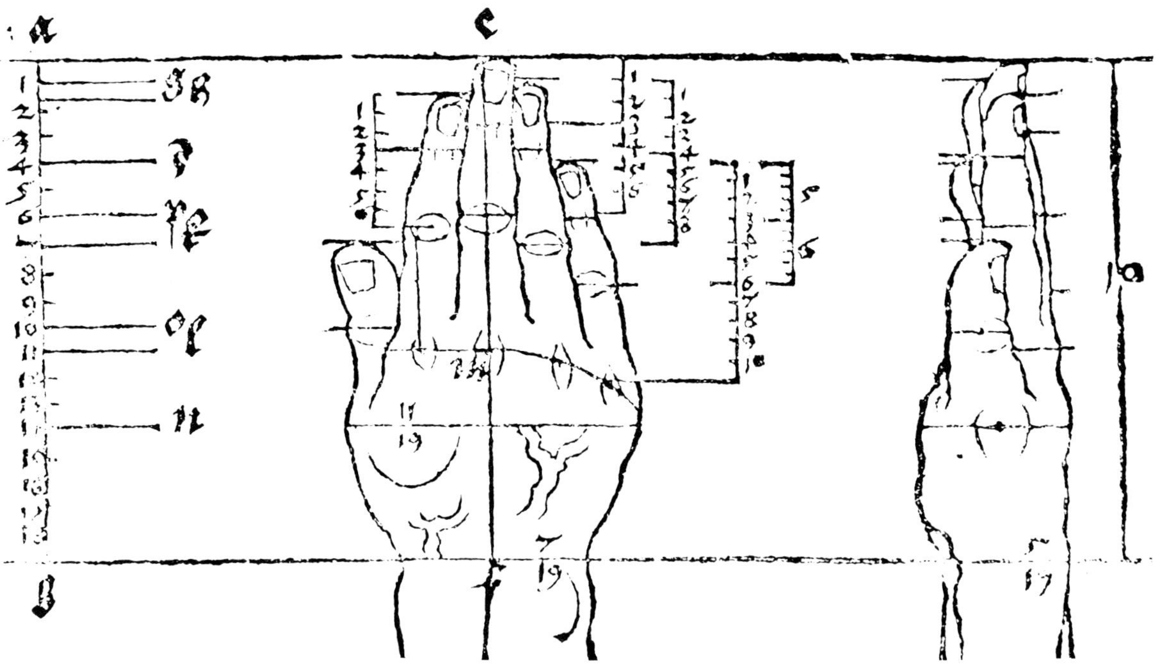

▲ *Dessins et étude des proportions de mains, d'A. Dürer, collection particulière (Archives Snark, ph Edimédia)*

rapidement à l'action. Avec elle, il est préférable de s'expliquer vite. Sommaire dans ses jugements, elle a tendance à se montrer trop crédule.
La main très petite appartient à une personne ayant des difficultés de contacts et si susceptible qu'elle se met facilement en colère.

Etroite

Il s'agit d'une personne étroite d'esprit, égocentrique et souvent égoïste. Elle a du mal à fournir un effort physique ou un travail de longue haleine et manque de confiance en elle. Mal à l'aise en société, elle préfère souvent vivre seule. Cette main est celle d'un casanier.

Large

Contrairement à la main étroite, une large paume révèle un tempérament généreux, extraverti, sociable et d'un esprit ouvert. Cette main s'intéresse aux nouvelles idées et est indulgente. Prompte à l'action, elle est instinctive et a une grande confiance en elle. Entreprenante et travailleuse, elle mettra tout en œuvre pour mener à bien ses entreprises. Mais son franc-parler pourra lui jouer des tours.

TEXTURE DE LA PEAU

Une peau très fine appartient à une personne sensible à son environnement et émotive. Plus elle s'épaissit, moins vive sera la sensibilité et plus fortes seront les réactions physiques. En bref, il s'agit d'une personne qui a « le cuir épais ».
La texture de la peau modifie l'interprétation de la forme des mains. Avec une peau fine, une main carrée se tournera plutôt vers un travail intellectuel alors qu'avec une peau plus épaisse elle préférera la vie et les travaux de plein air.

Très fine

Quand un homme a la peau fine et soyeuse, il est sensible, impressionnable et imaginatif. Ses goûts esthétiques sont raffinés. Indolent, il a pourtant l'esprit vif et il est très observateur. Il s'intéresse à l'art et à la culture. Grand amateur de luxe et de confort, il sait tirer parti de ses connaissances intellectuelles. Hélas, quand il est déprimé, il se laisse aller au farniente et aux excès.
Chez une femme, la peau fine indique de l'habileté, de l'astuce et l'amour des plaisirs.
Ce sens esthétique inné devrait les pousser tous les deux vers des carrières où ils peuvent l'exprimer.

▲ *Autoportrait d'Albrecht Dürer à 22 ans (1493). Collection Lehman, New York. (Ph Giraudon)*

Moyennement épaisse

Elle indique une excellente harmonie entre le psychique et le physique, ce qui permet l'établissement de bonnes relations, une activité physique et mentale équilibrée, de la fermeté et de l'efficacité. Lorsque la peau est ferme et soyeuse au toucher, il s'agit d'une personne plus intellectuelle. Les secteurs culturels lui conviennent à merveille et elle s'y montrera brillante et compétente.

Epaisse et rugueuse

Quand la peau est épaisse et rugueuse, il s'agit d'une personne très robuste qui préfère la vie de plein air à celle de la ville. Sortant par tous les temps, elle possède une excellente santé qu'elle a tendance à malmener, car elle n'est jamais malade. Elle manque souvent de tact et de sensibilité.

COULEUR

Les teintes de la main décrites ci-dessous ne concernent que les personnes ayant la peau dite blanche.

Blanche

Elle révèle un manque de volonté et de fermeté de caractère, une nature plutôt indolente qui aime les plaisirs matériels et corporels et cherche à les satisfaire.
Une peau très pâle est signe d'anxiété et d'anémie. Un blanc bleuté dénote des problèmes de circulation du sang.

Rose clair

Elle a les mêmes caractéristiques que celles de la main blanche, mais elle possède une meilleure santé. Elle est bienveillante et a bon cœur.

Rose vif

C'est la main d'une personne active, confiante dans l'avenir et ayant une excellente santé. Instinctive et impulsive, elle fait preuve d'audace et de ténacité mais peut se montrer impatiente.
Quand le mont de la Lune est d'un rose plus vif, il s'agit d'une personne qui a des pouvoirs médiumniques. Ceci se remarque plus particulièrement pendant qu'elle exerce ce talent.

Très rouge

C'est un signe de mauvaise santé, d'hypertension sanguine, de diabète, de goutte ou de maladie cardiaque.
La main très rouge se met facilement en colère et se montre asociale.

Jaune

Elle est rare. C'est un signe de patience et de pondération.
Cette personne réfléchit avant d'agir. Elle dénote une extrême finesse, une grande impressionnabilité et une tendance au pessimisme.
Elle peut aussi être le signe de dérangements du foie, d'une hépatite ou d'une jaunisse.

Tachetée

Mauvaise circulation du sang.
Les taches blanches sur les mains dénotent des problèmes de circulation du sang qui peuvent d'ailleurs n'être que momentanés.

TEMPERATURE ET HUMIDITE

Il est difficile de conclure sur la température ou l'humidité d'une main sans bien connaître la personne. En effet, elles peuvent n'être que momentanées. Bien souvent le sujet lui-même ne s'en rend pas compte. Il est préférable de les vérifier en début et fin de séance. L'humidité des mains peut être provoquée par une insomnie passagère. Par ailleurs, la main est toujours plus froide pendant la digestion d'un repas.

Froide

Contrairement à ce que dit le proverbe, la main froide n'a pas le cœur chaud. Réservée, elle manque souvent d'ardeurs sensuelles.
Elle dénote aussi une mauvaise circulation, en particulier quand les ongles sont bleutés.
Quand la main est humide et froide, cela peut être un signe de nervosité et d'anxiété. Vérifier si c'est un état permanent.

Chaude

Elle révèle une personne d'une nature chaleureuse, extravertie et ayant une bonne sensualité.

Humide

C'est un signe de grande émotivité. A la moindre émotion la main s'humidifie comme le témoignent les points blancs apparaissant sur certaines empreintes et qui peuvent n'être que momentanés.

Sèche

Il s'agit d'un tempérament plus nerveux.
Squameuse ou râpeuse, elle est le signe d'une faible activité de la thyroïde.

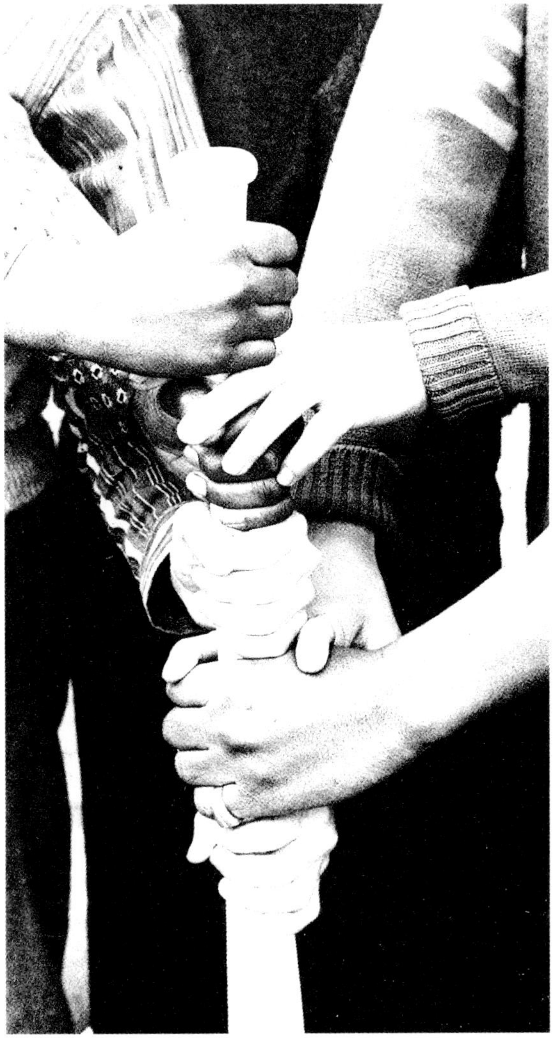

▲ *Mains. (Ph C. Manos-Magnum)*

1. Noël Vashide, *Essai sur la psychologie de la main,* Paris, Rivière, 1905.

TRAITS PHYSIQUES
ET CORRESPONDANCES PSYCHOLOGIQUES

Consistance

Maigre	Faible vitalité
Maigre et raide	Faible vitalité, entêté, manque de chaleur
Flasque	Indolence
Flasque et épaisse	Grande sensualité, excès de poids, indolence
Molle	Intellectuel, imaginatif
Molle et épaisse	Excès sensuels, intellectuel, imaginatif
Molle et plate	Faible sexualité
Elastique	Energie vitale, activité, créativité
Elastique et épaisse	Chaleur et bonne sexualité, sympathique, énergie vitale
Ferme	Active, énergique, réaliste, stable
Ferme et épaisse	Chaleur, équilibre, bonne sexualité, active, réaliste
Dure et rugueuse	Vigueur, entêtement, coléreux
Dure et épaisse	Matérialiste, agressivité, égoïsme, vigueur, entêtement
Creuse	Hérédité et/ou faible calcification

Souplesse

Très raide	Rigide, méfiant, travailleur, responsable, difficulté d'adaptation, renfermé, stable
Raide	Mêmes caractéristiques mais plus énergique, esprit ouvert, fiable
Moyennement souple	Adaptation, actif, ouverture d'esprit, mobilité, intuition, compréhension
Souple et pouce flexible	Générosité
Très souple	Influençable, papillon, dépensier
Très souple et pouce flexible	Généreux, spontané, distrayant, volage

Taille

Parfaite	Equilibre physique et psychique, réalisme
Longue	Sens des détails, approfondissement, analyse, recherche, réflexion
Très longue	Se noie dans les détails

Petite	Vision globale, impulsivité, crédulité
Très petite	Difficulté de contacts, susceptibilité, soupe au lait
Etroite	Etroitesse d'esprit, égoïsme, fragilité, solitaire
Large	Généreux, sociable, extraverti, instinctif, travailleur

Texture de la peau

Très fine	Sensibilité, imaginatif, raffiné, observateur, sens esthétique, velléitaire
Epaisseur moyenne	Equilibre, fermeté, efficacité
Plus soyeuse	Tendances plus intellectuelles
Epaisse, rugueuse	Robuste, excellente santé, manque de sensibilité

Couleur

Blanche	Indolence, manque de caractère et d'énergie, fragilité
Rose clair	Faible volonté, bonne santé, bienveillance
Rose vif	Actif, impulsif, bonne santé, optimiste, audace, ténacité
Mont de la Lune rose vif	Pouvoirs médiumniques
Très rouge	Hypertension sanguine, irritabilité, asociale
Jaune	Patience, pondération, finesse, pessimisme, impressionnable

Température et humidité

Froide	Réservé
Froide et humide	Nervosité, anxiété
Chaude	Chaleureux, extraverti, bonne sensualité
Humide	Emotivité
Sèche	Nervosité
Sèche et squameuse	Faible
Sèche ou râpeuse	Faible activité de la thyroïde

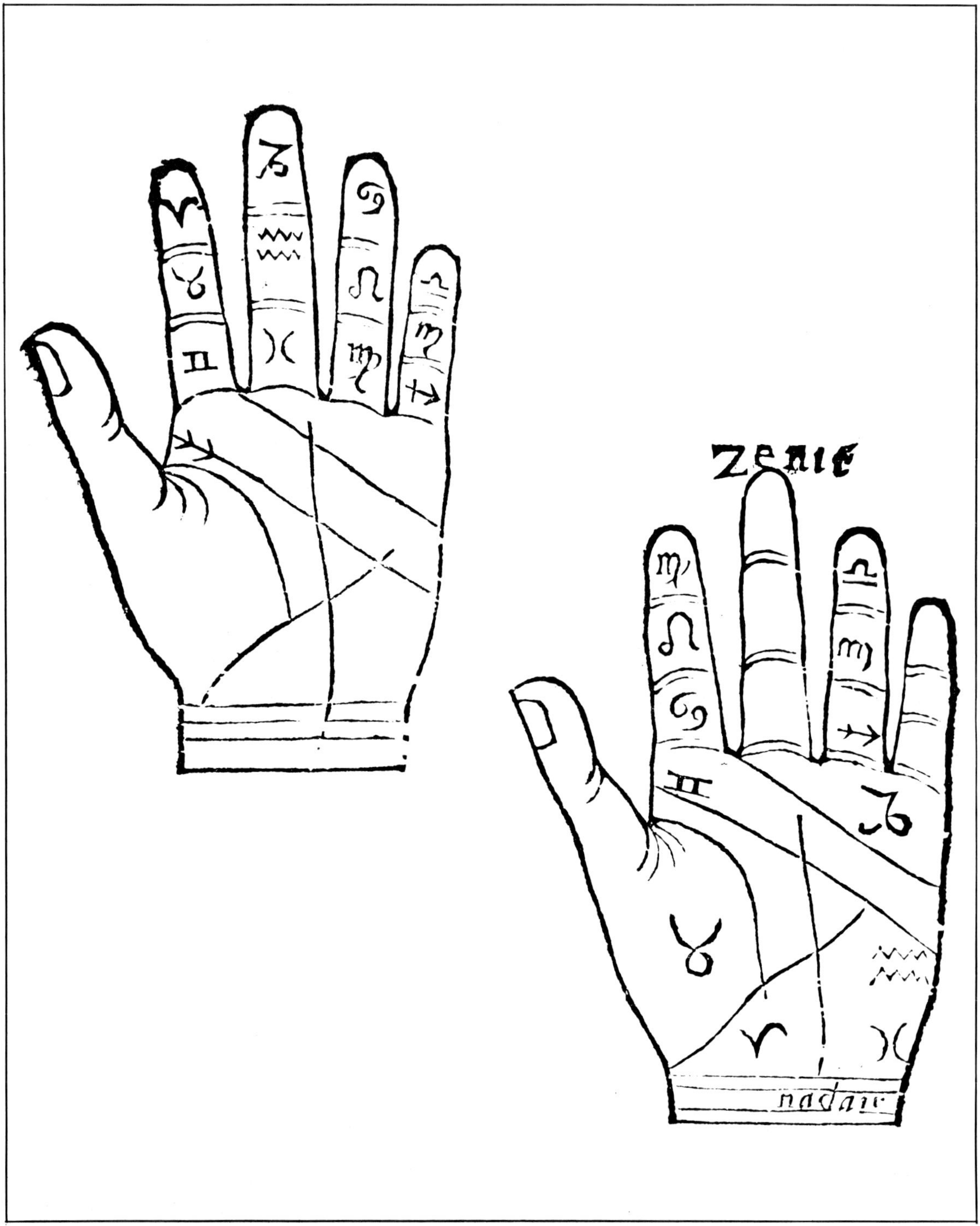

▲ *Page d'un ouvrage de Jean Belot,* Instruction familière et très facile pour apprendre les sciences de chiromancie, *Paris, 1619-1624. (Ph Bibliothèque nationale, Paris)*

LES DOIGTS

Les doigts se libèrent de la paume comme les branches d'un arbre s'élançant vers le ciel. Leur insertion sur la paume, leur écartement, leur forme racontent leur histoire.

Dans la chirologie hindoue, le pouce, symbole d'énergie et de volonté, est si important que les chirologues se contentent de son seul examen. D'ailleurs, la tradition religieuse hindoue voit dans l'empreinte du pouce la marque du karma.

La position des doigts est très révélatrice. S'ils s'inclinent tous vers l'un d'eux, l'influence du mont que ce doigt commande sera prépondérante. Par exemple, les doigts se dirigeant tous vers l'index indiquent une nature jupitérienne, donc une personne ayant une autorité naturelle, qui, suivant la force du pouce et de la ligne de tête, pourra avoir un caractère de meneur ou une tendance à l'autoritarisme pouvant aller jusqu'à la tyrannie.

Avant d'aborder chacun des doigts en détail, examinons l'attache des doigts sur la paume. Elle dessine une ligne qu'on appelle arc, comme si la paume était cathédrale, l'attache des doigts, la voûte et les doigts, les clochers et les clochetons.

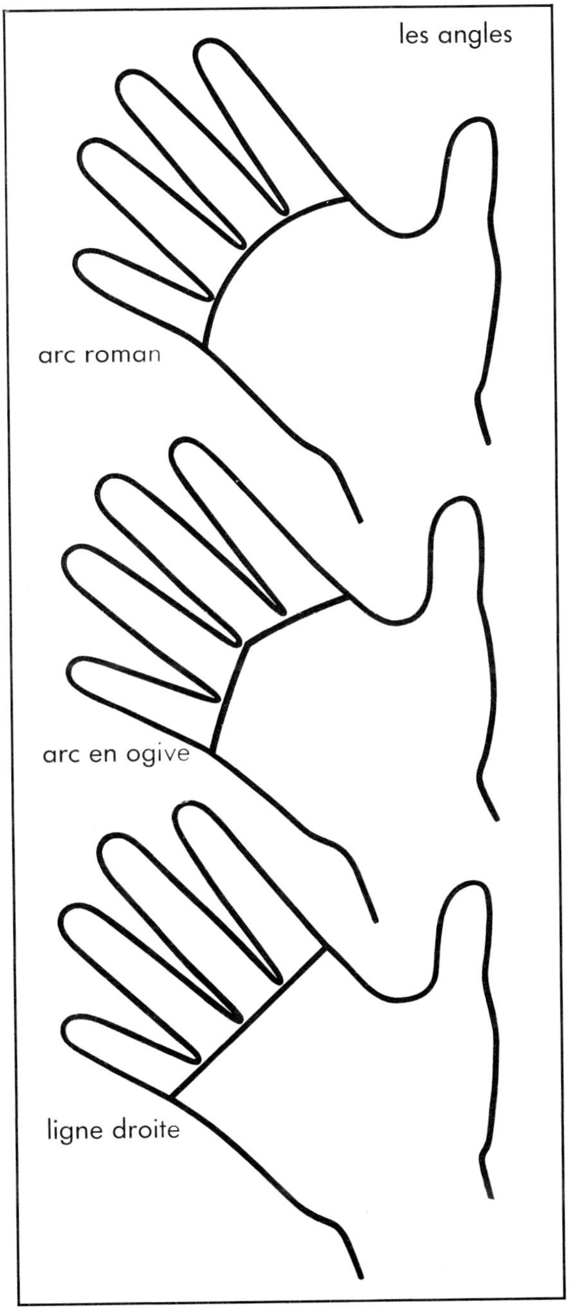

LES CARACTERISTIQUES

Les arcs

L'implantation des doigts qu'on rencontre le plus fréquemment est l'arc roman. C'est un signe d'équilibre.

Quand l'index et l'auriculaire sont bas et forment un arc en ogive, cela indique un manque de confiance en soi. L'index bas révèle un complexe d'infériorité, et l'auriculaire bas dénote un doute de soi, aggravé par un sentiment d'insécurité.

La ligne droite, en revanche, montre qu'on se fie à son propre jugement, qu'on a de l'audace et du « punch ».

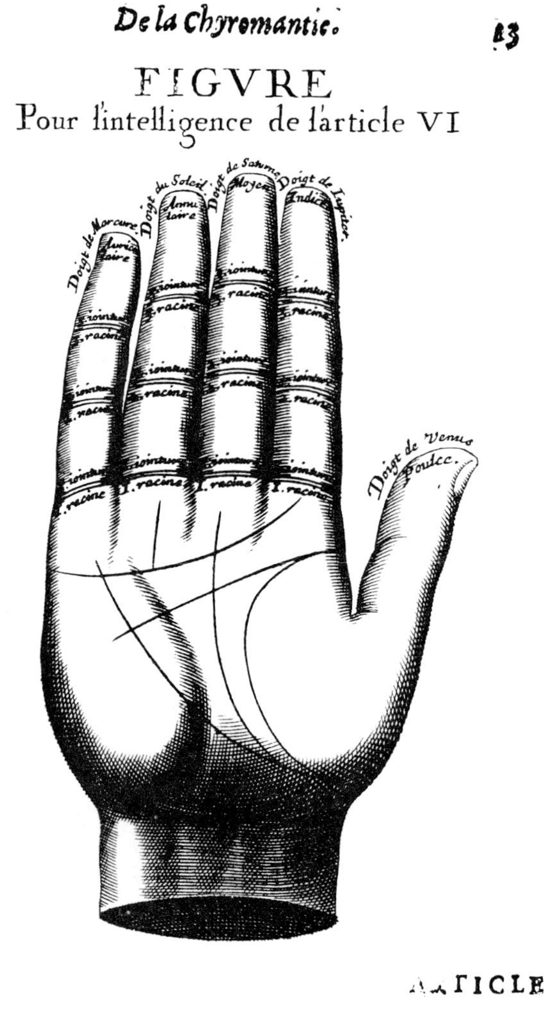

▲ *Une planche extraite de* La Chiromancie naturelle *de Ronphile, Paris, 1655. (Ph Bibiothèque nationale, Paris)*

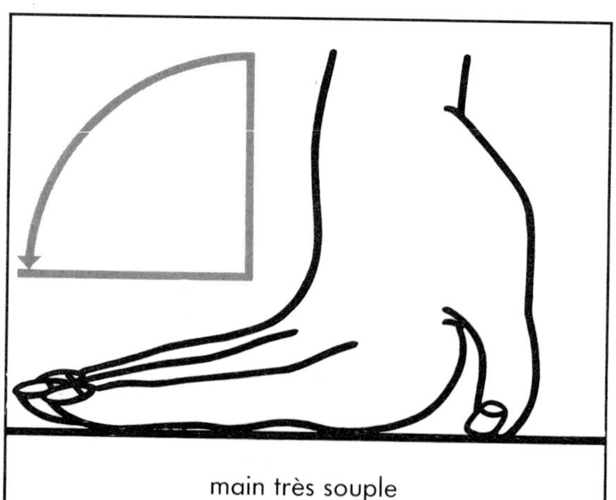

Position des doigts

Les doigts ont une position préférée au repos : repliés ou ouverts. Repliés sur la paume, ils traduisent une nature introvertie, qui a le goût du secret, se méfie des autres et manque souvent de confiance en soi. A l'opposé, la main ouverte vers l'extérieur montre une personne extravertie et généreuse, aimant les contacts humains.

Souplesse

Nous en avons déjà parlé au sujet de la paume. Rappelons que la raideur est un signe de rigidité d'esprit mais aussi de fiabilité.
Plus les doigts se plient vers l'arrière et plus la main dénote un excellent sens de l'adaptation. Lorsque les doigts se plient au niveau de la paume, c'est le signe qu'on peut se refaire un foyer dans n'importe quel coin du monde — une précieuse qualité pour ceux qui vont de poste en poste à l'étranger.
Quand ils plient au niveau de la phalange onglée, cela indique une faculté créative et de l'instinct pour les idées nouvelles. Sur l'auriculaire en particulier, cela dénote un talent d'écriture. Lorsque les phalanges se plient toutes, Mir Bashir[1] appelle cela le signe du bavard : conteur intarissable, il sait tout sur tous et le raconte à qui veut l'entendre. Mieux vaut ne pas faire les frais de son histoire, car sa langue est acérée. Mais on ne lui en tient pas rancune.
Une phalange du milieu qui se plie est un signe de bon sens et de réalisme.

Taille

Ce sujet a déjà été traité au chapitre précédent. Les doigts se jugent d'après la paume. Courts, ils sont ceux d'une personne rapide, ayant une vision globale de l'existence. Longs, ils appartiennent à quelqu'un qui décortique tout et a le sens du détail qu'il enregistre avec précision, qui se perd même dans les détails, lorsque les doigts sont très longs.

Jointures

Lisses, elles sont à l'image de l'impulsivité de la jeunesse, noueuses, elles reflètent la sagesse qu'on acquiert en vieillissant. D'ailleurs, les jointures deviennent plus noueuses avec l'âge.
Des doigts lisses dénotent de la rapidité d'esprit et de l'intuition. Mais il peut s'agir d'une personne

qui se laisse aller à sa première impression et qui, ayant tendance à juger d'emblée, a souvent un point de vue superficiel parce que trop rapide.
Des jointures noueuses montrent un esprit réfléchi, qui prend ses décisions après mûre réflexion et s'attaque à l'ouvrage avec ordre et méthode (voir Main concentrée, page 86).

Epaisseur

Les doigts minces appartiennent plutôt aux intellectuels. Plus ils épaississent, plus ils révèlent une nature sensuelle.

Phalanges

La phalange onglée, la plus haute, appelée phalangette, reflète à juste titre le mental à son niveau le plus élevé. La phalangine, celle du milieu, unit les facultés mentales et la notion du matériel, elle symbolise le sens pratique et l'action. Celle qui touche la paume, la seule à s'appeler phalange, symbolise la terre et le sens du matériel.
On déterminera sur chacun des doigts quelle est la phalange la plus longue. D'habitude, c'est la même pour tous les doigts, ce qui donne à la main une qualité matérielle, pratique ou mentale. Mais certains doigts peuvent se singulariser. A vous de les détecter.

Extrémités

La force vitale pénètre dans les doigts par leur extrémité et le chemin qu'elle y trace détermine la forme des doigts et le caractère.
Les extrémités peuvent être carrées, coniques, pointues/psychiques, spatulées ou rondes.

Carrées : chemin lent. Sûreté de jugement. Appréciation exacte des choses, réflexion, équilibre, sens inné de la justice.

Coniques : chemin naturel. Sens artistique. Réceptivité vis-à-vis du monde extérieur et sens de l'environnement, sensibilité, instabilité, impulsivité, instinct.

Pointues/psychiques : chemin rapide. Grande sensibilité au monde extérieur, idées provenant de l'intuition, sensibilité. Brillant causeur sachant manier les idées. Rêveur. Médium.

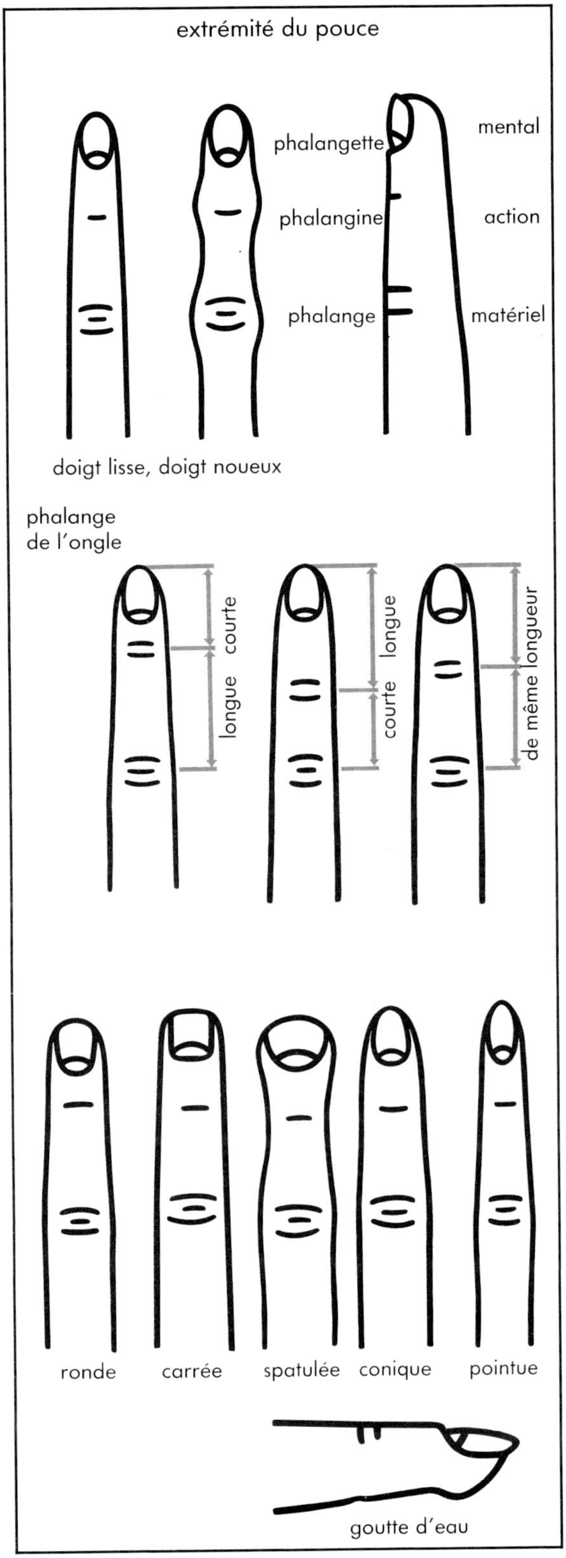

Spatulées : chemin intense. Le renflement de chaque côté de l'ongle augmente l'intensité de la force vitale et décuple l'énergie, l'activité, le réalisme, la confiance en soi et l'impulsivité.

Rondes : équilibre. Compromis entre pointues et carrées. Réceptivité intellectuelle, sûreté de jugement, sens de l'adaptation, solidité émotionnelle mais faculté mentale du type carré.

La goutte d'eau : cette appellation intrigue toujours les amateurs de chirologie. Il s'agit du coussinet formant un renflement au bout du doigt. C'est le signe d'une sensibilité tactile très développée. On la rencontre chez les musiciens, mais elle peut aussi indiquer une sensibilité au grain des étoffes, au bois, au papier ou encore à la forme des objets d'art. La légende veut que ces doigts ne cassent rien et ne laissent jamais rien tomber.

▼ *Extraits de* La Chiromance *de Patricio Tricasso da Cerasari, dit Tricasse, traduction française (s.d.) de l'ouvrage italien paru à Venise en 1524. (Ph Bibliothèque nationale, Paris)*

SIGNIFICATION

Avant d'aborder la signification de chacun des doigts, il faut replacer la main dans le cosmos et comprendre sa parenté avec l'astrologie. Chirologie et astrologie sont fondées sur les théories du microcosme et du macrocosme, fruit d'un platonisme bien plus ancien que Platon lui-même. L'homme, petit monde en réduction, est à l'image de l'univers tout entier, les mêmes lois et règles les régissent, ils forment un tout. « La connaissance de l'homme permet d'acquérir celle des étoiles et des atomes[2] », dit Gettings. D'où le célèbre précepte « Connais-toi toi-même », inscrit sur le fronton du temple de Delphes.

CHIROMANCE

Mars gouuerne le triangle, d'où l'ō iuge des effects & exercices martiaux, & de la disposition & force du corps. Ainsi sont aßises les Planettes : mais il ne faut pas penser, que tels effects se trouuent tant seulement és lieux seuls, où se trouuēt les Planettes : car nous les auons seulement notez, pour leurs particuliers & propres lieux, comme monstre la figure, qui s'ensuit.

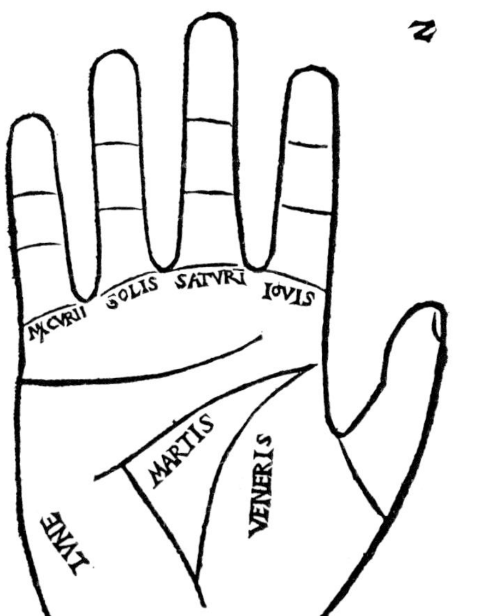

DE TRICASSE. 7

DES SIGNES DES PLANETTES.
Chapitre III.

CHacune Planette a ses signes ou marques particulieres, qui se trouuent außi au lieu particulier de chacune. Et par telles marques & signes l'on cognoist les choses, qui sont attribuees ou denieés à telles Planettes, selon ce qu'on les trouue en leurs lieux, comme ils sont monstrez presentement l'vn apres l'autre.

Qui a tels signes au lieu de Iupiter, doit estre riche, mais mal'heureux.

Qui en a semblables en Saturne, est iugé homme auaricieux, & qui amasse force deniers.

Les pareils au lieu du soleil, signifient homme beneuole, mais qui se courouce aisement, & qui est fascheux.

Au lieu de Mercure, ceux cy monstrent l'homme, qui les a, souspçonneux, scrupuleux, cault & fin.

Ceux de la Lune, en son lieu, declarent douleurs de coliques, & mal de reins.

Mars, auecques les siens en leur aßiette, signifie celuy qui les a, bateur de ses parents, vsurpateur, & dißipateur de son patrimoine : & brief ennemy de vertu.

Mythologie et symbolisme

La différence essentielle entre la chirologie et l'astrologie est que ces deux sciences se dirigent dans le sens inverse l'une de l'autre. Alors que l'astrologie part des étoiles pour aller vers l'homme, la chirologie part de l'homme (microcosme) et de ses mains pour appréhender le cosmos (macrocosme). Voilà pourquoi les doigts et les monts (à l'exception du mont de la Lune) sont baptisés des noms des dieux de la mythologie, qui leur donnent l'image de l'Olympe et des planètes de l'univers et leur confèrent à chacun un sens mythique spécifique mais formant un tout.

Le petit monde de la main donne la possibilité de connaître l'homme, ce qui permet à celui-ci de se lancer à la découverte de l'univers.

Les noms attribués à chacun des doigts ne sont pas le fruit du hasard. Ils sont lourds de sens, puisqu'ils doivent, à eux tous, donner une représentation du grand monde. Leur signification serait moindre si chaque doigt n'avait que le sens suivant : l'index, celui qui indique, le médius, celui du milieu, l'annulaire, le porteur d'anneau, l'auriculaire, si petit qu'il peut entrer dans l'oreille. Quant aux monts, vouloir les appeler éminence thénar et hypothénar au lieu de mont de Vénus et mont de la Lune ne parle pas à l'imagination.

Le pouce est le seul à garder son nom. Il est la clé et le verrou de la main, symbole de la vie et de l'énergie déployée. Sa base, tout naturellement, montrera la puissance vitale, d'où son appellation de mont de Vénus, bordé par la ligne de vie : Vénus, symbole du désir de vivre, de l'amour, de la sensualité et de la passion.

A l'opposé de Vénus active se trouve la Lune passive, planète de la nuit à l'éclat argenté, notre mémoire subconsciente qui enregistre nos impulsions et nos instincts et les retraduira en imagination et en intuition. Elle symbolise l'eau, les voyages, les arts.

Mars, situé des deux côtés de la paume, montre la combativité : si le renflement est en haut du pouce, sous la ligne de vie, cette combativité sera plus active et même agressive ; s'il est situé entre les lignes de cœur et de tête, sur le tranchant de la main, elle sera force de caractère. Le milieu de la main, où se joue le combat de la vie, s'appelle à juste titre la plaine de Mars.

Quant aux doigts, ils sont menés par Jupiter, le maître des dieux, l'index, comme il se doit. Saturne, le médius, est le doigt du milieu, celui de l'harmonie vers lequel monte le destin. Le Soleil, ou Apollon, donne à l'annulaire le sens des forces créatives intuitives. Mercure, l'auriculaire, révèle la qualité de nos relations, qu'elles soient sexuelles ou sociales. Il montre aussi les facultés d'expression, la compréhension du commerce et des finances et celle des sciences.

Le pouce et l'index révèlent notre activité consciente alors que l'annulaire et l'auriculaire montrent la personnalité intériorisée. Le médius établit la transition entre ces deux mondes.

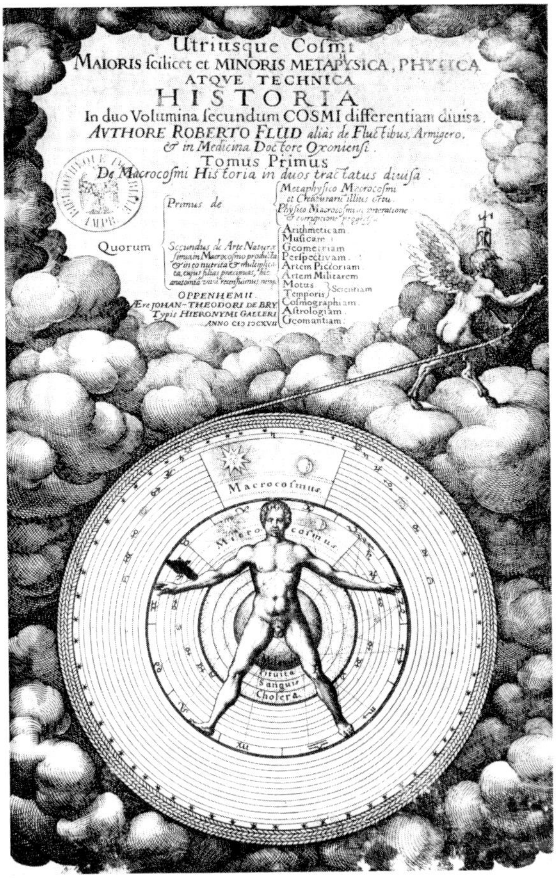

▲ *Frontispice de la* Cosmographie *de Robert Fludd médecin et théosophe anglais (1574-1637). Bibliothèque nationale, Paris. (Ph Collection Viollet)*

▲ *Frontispice du livre de Praetorius :* Ludicrum Chiromanticum, *paru à Iéna en 1661. (Ph Bibliothèque nationale, Paris).*

LE POUCE, OU VENUS

Energie vitale et volonté

Nous avons déjà noté l'importance qu'avait, dans la chirologie hindoue, l'examen du pouce dont l'empreinte révèle la marque sacrée du karma (voir dermatoglyphes palmaires, page 148).
En Chine, depuis des temps très anciens, ceux qui ne savaient pas écrire apposaient leur pouce gauche au bas d'un document en guise de signature. D'après Benham[3], les Chinois interprètent la personnalité sur la première phalange du pouce et les gitanes prédisent l'avenir en s'appuyant principalement sur le pouce.
Le pouce fera l'objet d'un examen approfondi. Il est en effet le maître de la main. Il peut la verrouiller ou l'ouvrir. Il montre la manière dont chacun de nous mène sa destinée. Il surgit du mont de Vénus, qui symbolise le goût de la vie et le désir. Vivre, c'est vouloir agir. La deuxième phalange représente la raison et la phalange onglée, la volonté.
Le pouce unit donc réflexion et action, il révèle la force de la personnalité, la capacité de réalisation et la puissance du moi, sur un plan aussi bien vital que spirituel.

Taille

Pour être de longueur « normale », le pouce doit atteindre le milieu de la dernière phalange de l'index. Mais une attache haute ou basse sur la paume peut fausser cette appréciation.
Pour trancher, disons qu'un pouce long dépasse le milieu de la phalange de base de l'index et que sa phalange onglée est d'un quart supérieure à sa deuxième phalange. C'est le signe d'une énergie abondante et d'une forte personnalité. Voltaire, Newton et Leibnitz avaient, paraît-il, de longs pouces. Un pouce court par rapport au reste de la main indique un manque de confiance en soi et de la difficulté à mener à bien sa tâche.
Anormalement court et placé haut dans la main, de telle sorte qu'il ressemble à celui d'un enfant, il dénote un désordre mental nécessitant une thérapie.

Attache

Quand l'attache du pouce est basse, l'humanité, la générosité, la sympathie sont grandes. Si le pouce est long, la personnalité sera encore plus forte. Une attache haute provenant de la partie supérieure du mont de Vénus montre une pensée indépendante qui jaillit du moi profond ; très haute, elle est un signe d'infantilisme.

Position

L'écartement « normal » du pouce par rapport au reste de la main est un angle de 45° environ avec l'index ; cela montre un bon équilibre et de l'énergie. Un pouce « vivant » se tient loin des autres doigts. Il bouge et montre sa capacité d'adaptation à l'existence.
Plus le pouce se tient collé à l'index et plus il s'agit d'une personne inhibée par manque de confiance en soi, d'où du pessimisme et de l'égocentrisme. Le pouce se libérera une fois ces problèmes réglés.
Un pouce collé à l'index ou caché sous les doigts révèle un état de tension qui peut aller d'un état émotionnel provoqué par une fatigue ou une timidité momentanées ou encore une insatisfaction chronique.
D'après Beryl B. Hutchinson[4], lorsque de surcroît le mont de Jupiter est strié de lignes issues du début de la ligne de vie, ce bloquage provient de la petite enfance.
Donc, un angle large indique à coup sûr une forte personnalité, lancée dans l'action et prête à prendre des risques pour réaliser ses idées, qui ne manquent pas d'originalité. Lorsque l'ouverture s'élargit jusqu'à 90 °, ce qui est rare, il s'agit d'un meneur, défenseur d'une cause, ou d'un réformateur qui connaîtra la célébrité.

▲ *Les vignettes des pages 109, 114, 116, 117 et 118 représentent les lames du tarot dit de Mantegna. (Ph Bibliothèque nationale, Paris)*

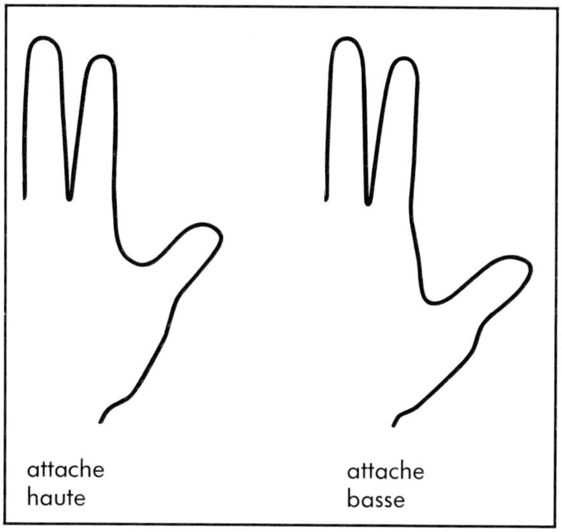
attache haute
attache basse

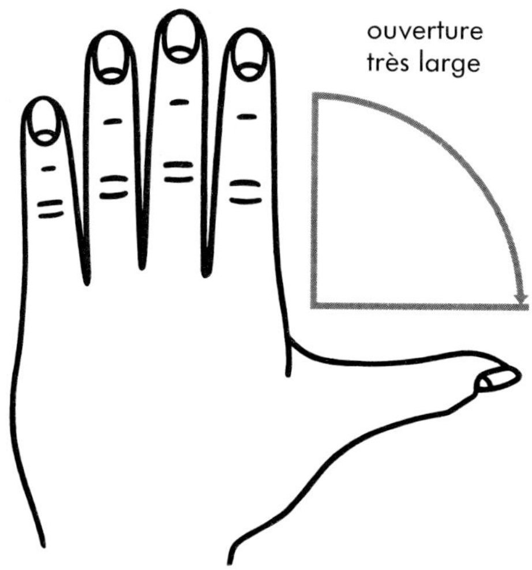
ouverture très large

pouce caché

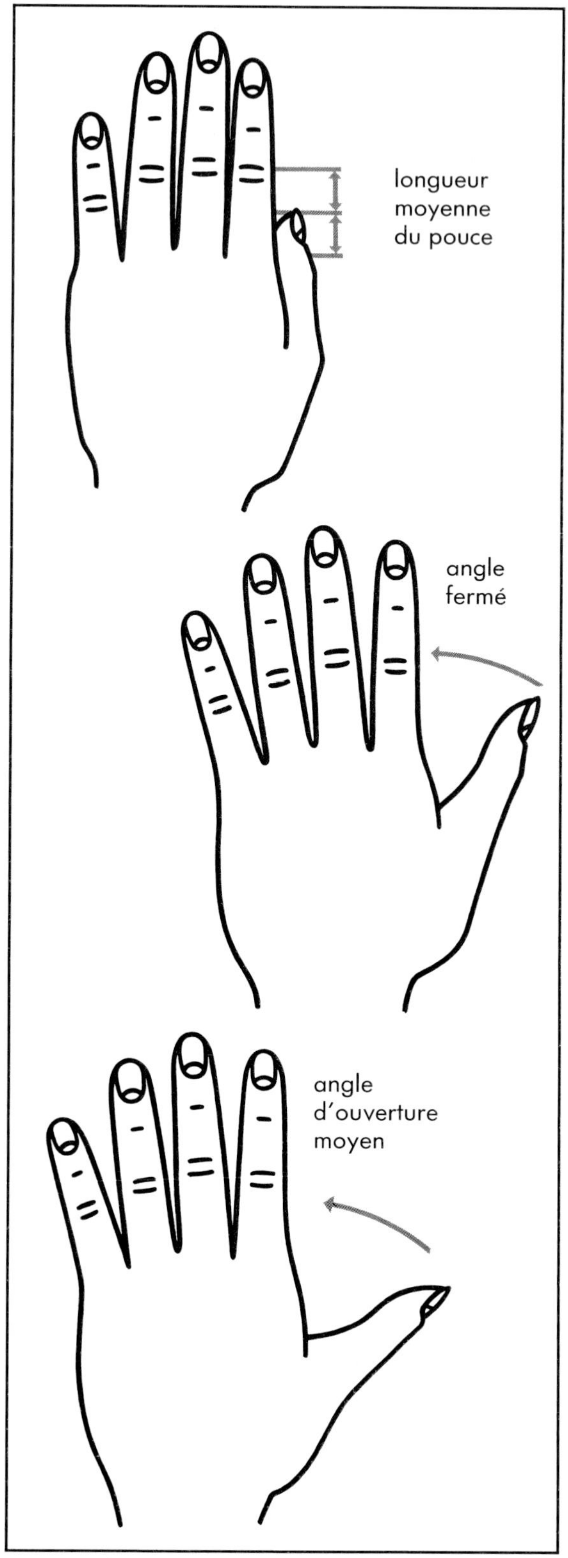
longueur moyenne du pouce
angle fermé
angle d'ouverture moyen

86 *La Chiromance*

Quand on voit quelqu'un qui en cheminant tient les mains fermées, mouvant les bras, c'eſt ſigne qu'il eſt impetueux & penſe à diverſes choſes, tant qu'il s'oublie quelquefois de ſa propre vie.

◀ *Extrait de* la Chiromance, la Physiognomonie naturelle, *de Coclès, Rouen, 1698. (Ph Bibliothèque nationale, Paris)*

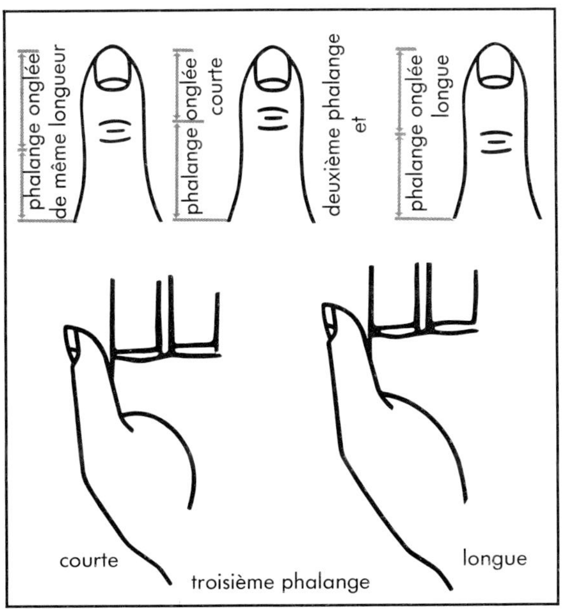

Phalanges

Des phalanges de la même longueur sont un signe d'harmonie et de capacité à exercer un poste d'autorité sans crainte de ses lourdes responsabilités. On a affaire à une personne qui n'agit qu'après avoir bien réfléchi.

Phalange onglée : longue et bien formée, elle garantit la réussite, car elle dénote une personnalité sachant traduire immédiatement sa pensée en action et possédant une grande puissance de travail.

Deuxième phalange : plus longue que la phalange onglée, elle révèle une excellente faculté de raisonnement. C'est celle d'un brillant causeur qui peut passer la nuit à peser le pour et le contre ; s'il n'y prend garde, la parole lui suffira (particulièrement si cette phalange est plus épaisse). C'est typiquement la personne à idées ou l'analyste qui voit les deux côtés d'un problème mais ne sait pas trancher ; il formera toutefois une excellente équipe avec un homme d'action.
Une deuxième phalange courte montre une personne qui agit d'instinct.

Troisième phalange : formée par le mont de Vénus, elle symbolise donc l'amour.
Longue et bien renflée, elle révèle une sensualité bien contrôlée. Courte et épaisse, elle traduit un tempérament plus primitif, qui ne se contrôle pas (voir Mont de Vénus, page 127).

Forme

Quand un pouce semble avoir la taille fine au niveau de la deuxième phalange, le raisonnement en sort affiné. Pour convaincre, le sujet emploiera du tact et de la diplomatie. Mais avec une robuste phalange onglée, il sera sujet à des impulsions rapides et son énergie sera inégale. Les écrivains en proie à de brusques accès d'inspiration alternant avec des temps morts ont souvent ce type de pouce. Un pouce droit est celui de quelqu'un qui n'utilisera que la force de l'argument et de la raison. Si le pouce est droit et épais, son raisonnement lui paraît si évident qu'il ne trouve pas utile de l'expliquer. Mince et plat sur le côté, il dénote de la tension nerveuse.

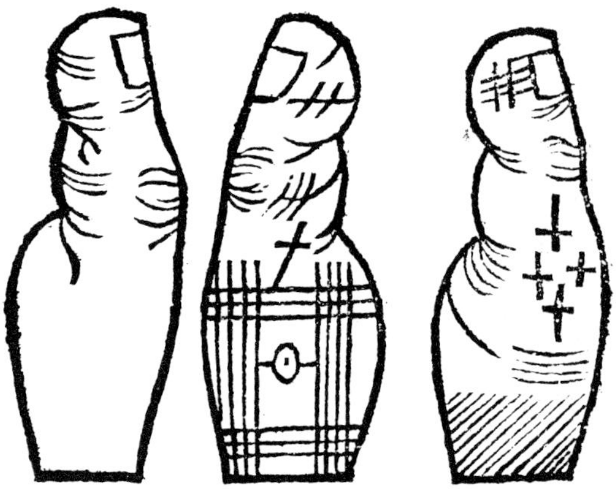

▲ *Lignes et signes du pouce,* Chiromanciæ, *Jean d'Indagine, Paris, 1543. (Archives Snark, ph Edimédia)*

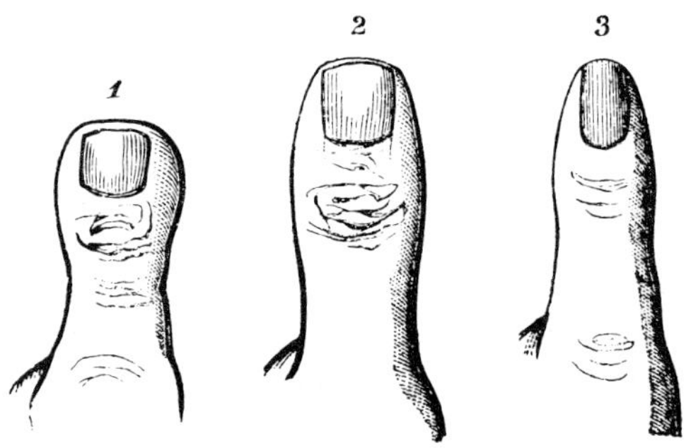

1. Pouce philosophique.
2. Pouce industrielle.
3. Pouce psychique.

Voici une phalange onglée de première longueur, associée à une très-petite seconde phalange.

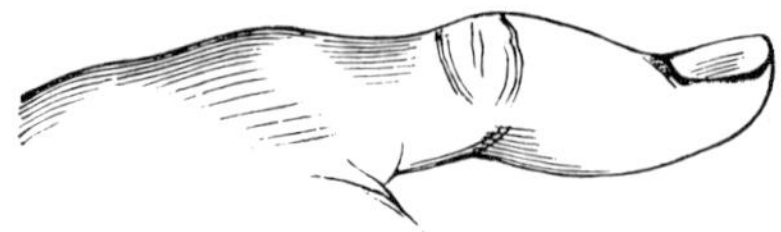

Ici les dimensions des phalanges sont à peu près égales.

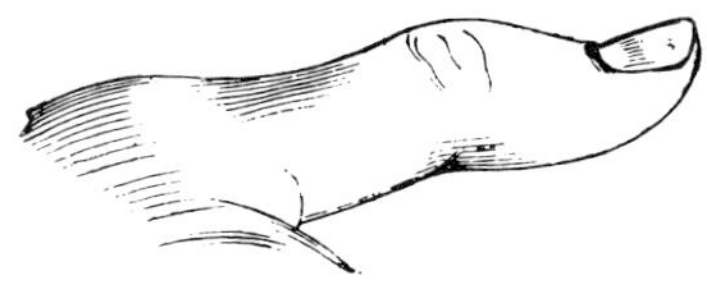

La seconde phalange s'agrandit ici aux dépens de la phalange onglée.

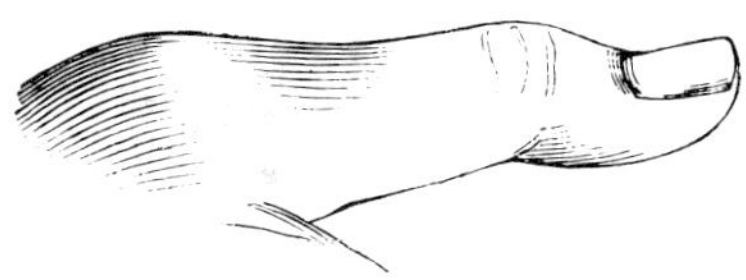

Enfin, dans la figure ci-après, la phalange onglée est arrivée à sa plus petite dimension.

▲ *Extrait de l'*Almanach de la main, année 1867, *de A.-A. Desbarolles. (Ph Bibliothèque nationale, Paris)*

◄ *Formes des doigts,* L'Avenir dévoilé, *Adèle Moreau, Paris, 1869. (Ph Bibliothèque nationale, Paris)*

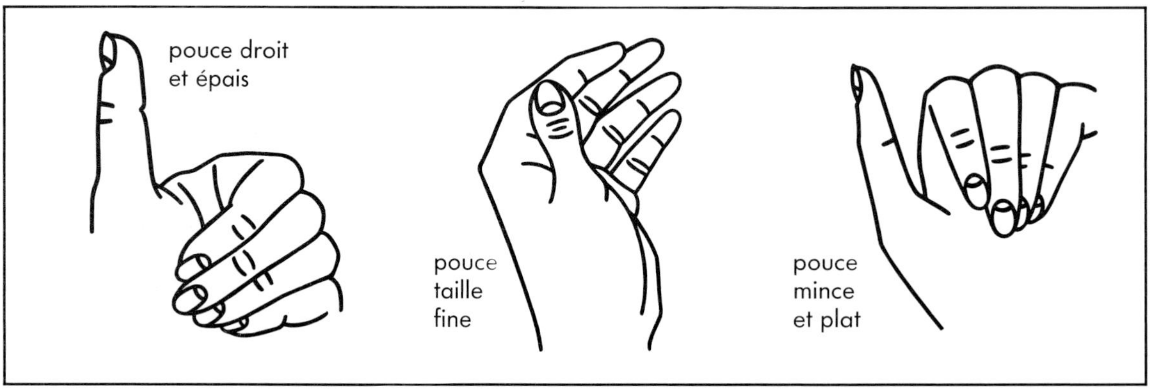

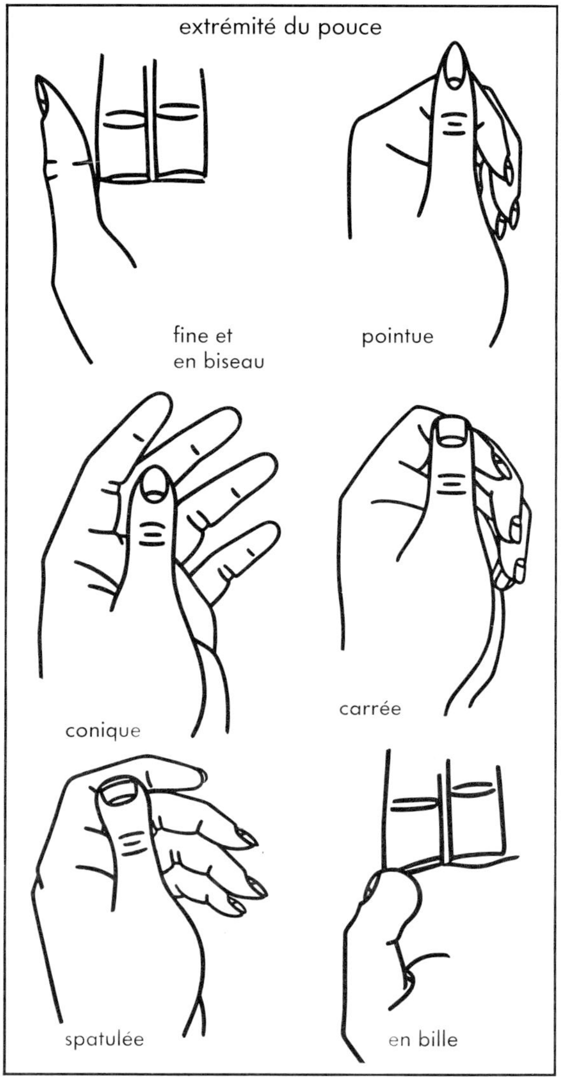

Extrémité

Fine et en biseau sur le côté, avec une longue phalange onglée : le sujet arrive toujours à ses fins. Talents de diplomate.

Pointue : énergie vite épuisée. Partage entre désir d'agir et de remettre à plus tard.

Conique : tendance à se disperser. Manque de ténacité. Lorsque la phalange onglée est courte : impulsivité renforcée, émotif, susceptible, versatile.

Carrée : capacité d'organisation et d'exécution des projets. Constance et persévérance, endurance. Bon ami.

Spatulée : personne dynamique et hyperactive, pleine de vitalité. Surnommé aussi le « pouce du potier » lorsqu'il est particulièrement large et renflé, car il indique une grande sensibilité au toucher. Avec des bosses de chaque côté de l'ongle, on l'appelle « pouce de la ténacité » — ne pas confondre avec le « pouce de l'entêtement », renflé au-dessous de l'ongle.

En bille (extrémité charnue et renflée comme un bulbe ou une massue) : une personne de nature fruste ayant ce type de pouce sera sujette à des accès de violence incontrôlable. C'est pourquoi on le nomme le « pouce de l'assassin ». Dans ses *Mémoires*, Vidocq, le célèbre chef de la Sûreté de Foucher, raconte avoir arrêté Dumolard, l'assassin d'innombrables servantes à Lyon, à cause des soupçons qu'avait éveillés en lui son pouce en bille. Souvent héréditaire, ce pouce indique une tendance à l'infantilisme et à la régression. Dürer, dans son autoportrait du Louvre, a le pouce en massue.

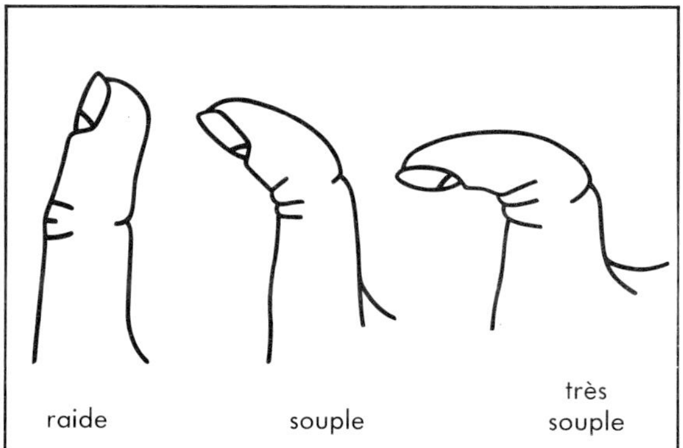

Souplesse

Un pouce raide montre une attitude rigide, stable et fiable. Cette personne a une grande capacité de travail, mais elle n'est pas aimée parce qu'elle est très réservée.

Normal, il est signe de bon sens, d'ouverture d'esprit et d'une bonne faculté d'adaptation.

Souple, le pouce révèle de la diplomatie, une facilité de contact qui font des êtres doués pour les relations publiques.

Très souple, il traduit l'extrême générosité, allant jusqu'à la prodigalité et au manque de volonté.

Une phalange onglée naturellement tournée vers l'arrière est le signe d'une volonté de fer.

L'INDEX, OU JUPITER

Pouvoir et ambition

C'est le doigt qu'on pointe. Il montre l'affirmation extériorisée de la personnalité vis-à-vis du monde. Il symbolise l'autorité, l'ambition, le désir de réussir, le sens de l'adaptation et aussi la spiritualité. Tenir compte du pouce pour bien l'évaluer. Un pouce faible empêchera d'atteindre les buts souhaités.
L'index se présente différemment suivant les types de main. Terre, il s'inclinera vers Saturne. Air, il sera bien droit. Feu, il sera très long pour pouvoir satisfaire son besoin de réussite. Eau, il sera plus court et moins affirmé.

Taille

Sa longueur normale doit être égale à celle du Soleil et un peu plus petite que celle de Saturne.
S'il est égal ou qu'il dépasse même d'un millimètre la base de l'ongle de Saturne, le sujet a une excellente possibilité d'atteindre les buts fixés. Il occupe ou occupera une position importante. Avec un pouce vigoureux, cet index est celui des personnes exerçant des postes de responsabilité.
Très long (plus long que Saturne), l'index révèle une personne ambitieuse, d'une grande habileté, qui s'emparera du pouvoir à n'importe quel prix. Elle a un grand besoin de conquête. Orgueilleuse et autoritaire, elle est souvent égoïste et pleine de fatuité. Mais, avec des lignes de tête et de vie séparées, elle possède une vraie capacité de meneur. En revanche, les lignes unies avec un index long montrent la peur d'être contrôlé.
L'index court dénote un complexe d'infériorité et de la susceptibilité, spécialement quand les lignes de vitalité et de tête sont unies. Lorsque ce genre d'index s'ajoute à un mont de Jupiter élevé et un

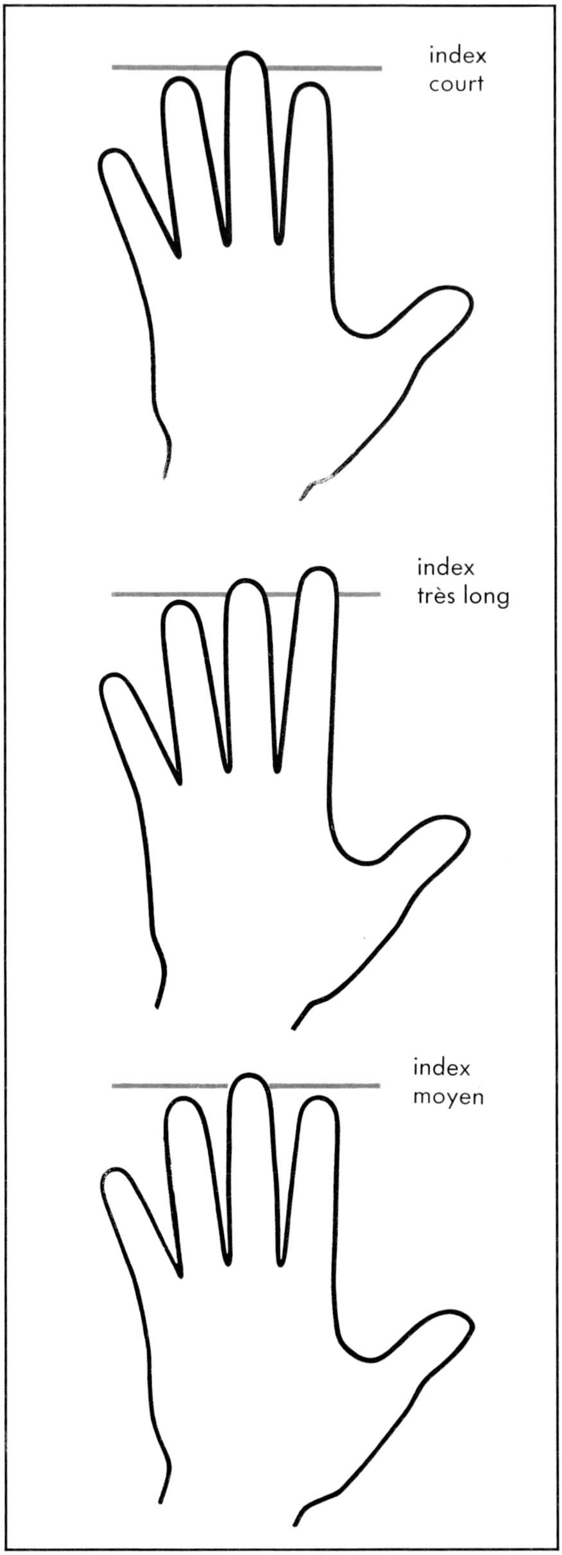

▼ *Formes des doigts,* L'Avenir dévoilé, *Adèle Moreau, Paris, 1869. (Ph Bibliothèque nationale, Paris)*

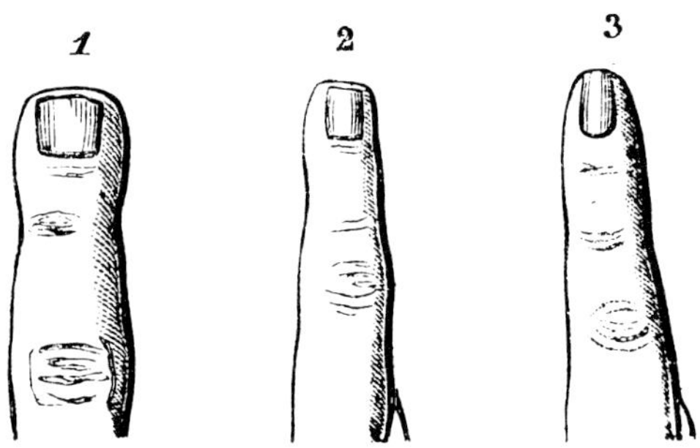

auriculaire placé bas dans la main, il est le signe du vantard manquant de confiance en lui. Evidemment, cette appréciation dépend de l'ensemble de la main.

Position et extrémité

Un index bien droit indique de l'assurance, de l'ouverture d'esprit, une bonne appréciation du monde extérieur et de la générosité.
Si la première phalange de Jupiter penche vers Saturne, il s'agit d'une personnalité réservée et méfiante, qui peut être possessive et jalouse lorsque la torsion du doigt est très accentuée.

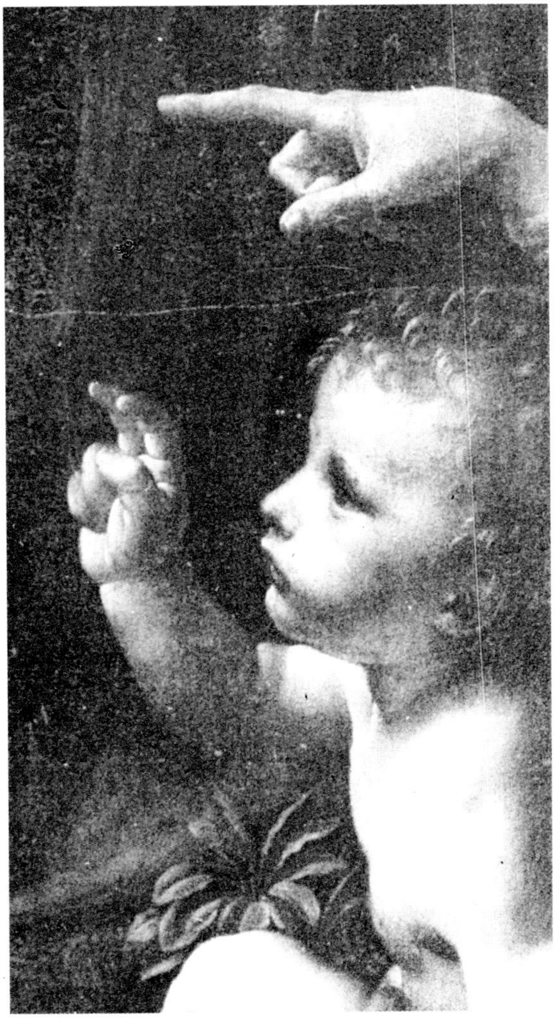

▲ La Vierge aux rochers. *Détail, l'enfant. Peinture de Léonard de Vinci, peintre et savant italien (1452-1519). Musée du Louvre, Paris. (Ph Bulloz)*

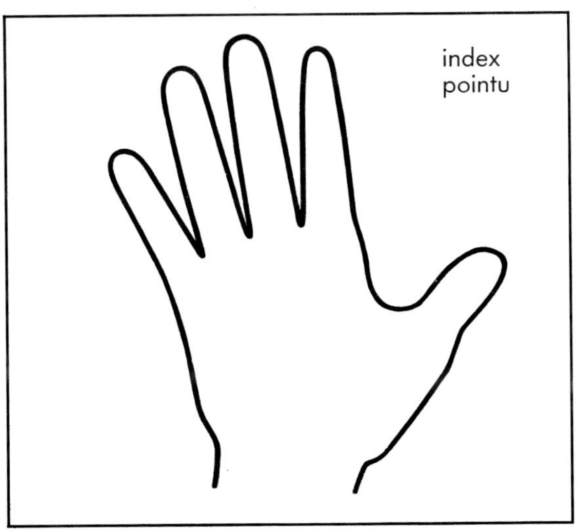

Lorsque le doigt entier est penché, cela montre le goût d'acquérir du bien.
Très indépendant des autres, il exprime un grand sens de l'autorité.
Quand l'extrémité est pointue, l'intuition est grande et c'est aussi un signe d'inspiration religieuse. Dotée d'un index long, cette personne peut devenir un chef spirituel ou religieux. Si son index est droit et lisse, elle sera attirée par le mysticisme. S'il est noueux, elle préférera une religion plus philosophique.

LE MEDIUS, OU SATURNE

Le destin

Chassé de l'Olympe par Jupiter, Saturne s'installa dans le Latium où il enseigna aux hommes l'agriculture et y établit la paix et l'abondance. Les poètes appelèrent cette époque l'Age d'Or. Saturne représente le moi profond en relation avec son milieu, ses biens, ses activités et ses responsabilités. C'est le doigt de l'équilibre et de l'harmonie, à cheval entre le monde conscient et le monde inconscient. Trop long, court ou tordu, il montrera donc un déséquilibre. Il est lié à la recherche de la vérité, à l'introspection et à la concentration, au goût des sciences humaines inexplorées, à la solitude et il a aussi l'amour de la terre. Son sens de la préservation en fait le guide et le pourvoyeur.

Taille

Très long par rapport aux autres doigts, il montre une personne asociale, vivant dans l'isolement.
Petit, il appartient aux intuitifs aimant les émotions fortes et menant une vie de bohème, les artistes, les journalistes, les écrivains, les musiciens...
Un médius prédominant et un annulaire presque égal dénotent une personne qui prend des risques mais réussit.
Quand ces deux doigts sont de même longueur, ils révèlent un joueur qui prend des risques sans se soucier des conséquences.

Phalanges

Si un enfant a une phalange de base longue, conseillez-lui un métier en relation avec la terre, la nature, les bois.
Une longue phalange onglée indique, elle, un pouvoir d'abstraction.

Position

Quand Saturne est droit, c'est un signe d'équilibre entre volonté et émotion et de bonne insertion dans la société.
Si Saturne penche vers Jupiter, il s'agit d'une personne spontanée, qui recherche la compagnie d'autrui.
Mais, lorsque Saturne penche vers le Soleil, le sujet a besoin de solitude, ses relations affectives en bénéficieront. Une torsion très prononcée indique une tendance à la mélancolie.
Les doigts tous tournés vers Saturne annoncent une nature introvertie.

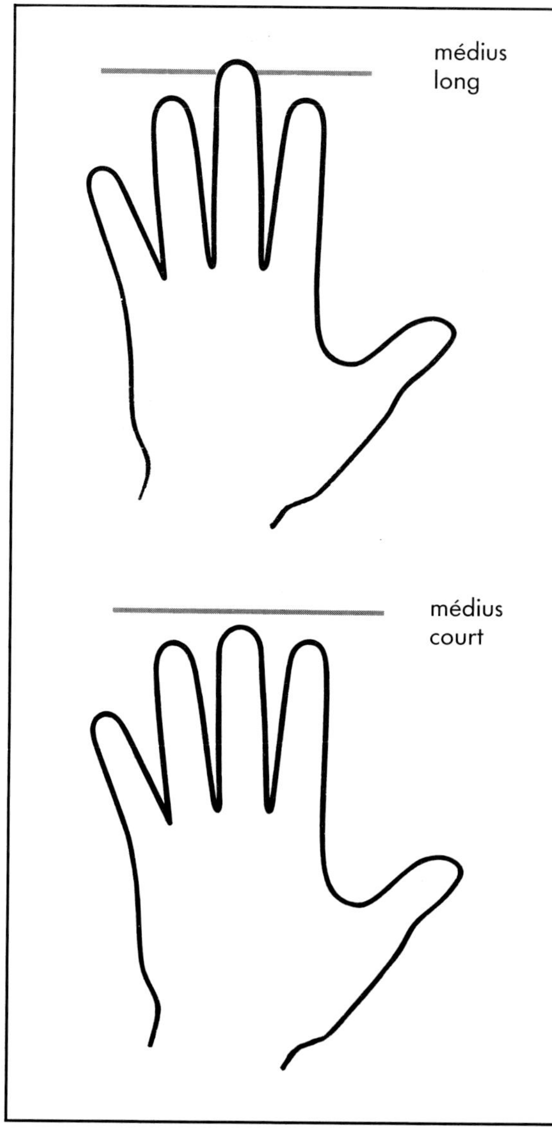

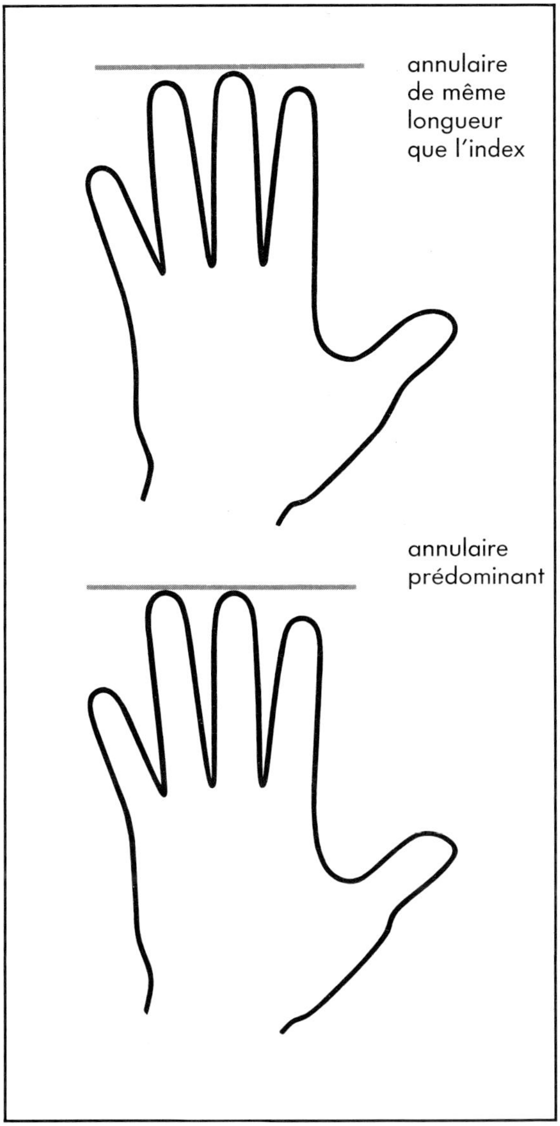

Un large espace entre Saturne et le Soleil dénote un esprit original. Cette personne ne se laisse pas influencer par les opinions d'autrui ou les événements ; elle réussit à mettre ses idées en pratique lorsque ses lignes de tête et de vie sont séparées.

L'ANNULAIRE, OU SOLEIL

Art, bonheur et réalisation de l'idéal

Indiquant comme Mercure notre intériorité, ce doigt situé au-dessus du mont du Soleil ou mont d'Apollon, le dieu de la Lumière et des Arts, montre l'idée que le sujet a du bonheur, ses dons artistiques, son sens de la beauté, la qualité de sa vie affective et émotionnelle et son idéal.
Bien fait et droit, il dénote la recherche de la célébrité, la réalisation de son idéal et un sens inné de la beauté.

Taille

Sa longueur idéale, signe d'un bon équilibre et de bienveillance, est d'être plus court que Saturne, plus long que Mercure et de même taille que Jupiter.
Très long, il révèle une personne préoccupée par son monde intérieur, ce qui peut la conduire à des troubles émotionnels et à l'introversion, particulièrement lorsque Jupiter est court, ce qui était le cas de Napoléon (voir page 44).
Mais cela dénote aussi une nature artiste et sensible, soucieuse de la réalisation de ses aspirations intérieures (comme les mains Feu intuitives).
Long et épais, il est une marque de sensualité artistique.
Court, il traduit des difficultés émotionnelles, de l'individualisme et une mauvaise adaptation dans la société.
Très mince, il indique de l'idéalisme et une grande sensibilité artistique.
Long et mince, c'est de l'esthétisme théorique, de l'art scientifique, surtout si les phalanges sont noueuses.
Long, mince et comme inutilisé, particulièrement lorsque le pouce est fort, il montre un talent artistique inexploité, qu'il sera fructueux d'exercer au moins comme passe-temps.

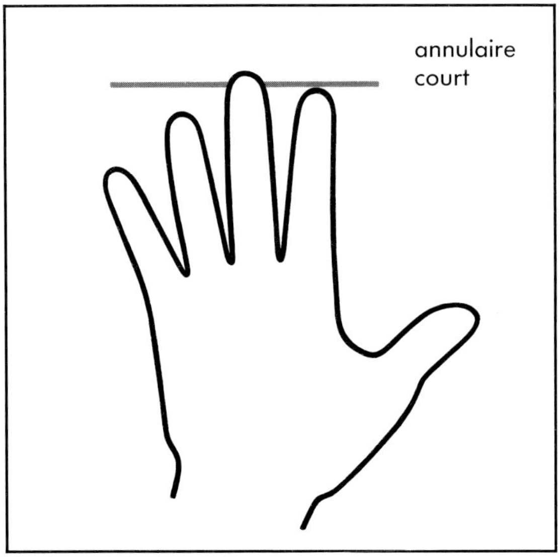

Position

Quand le Soleil penche vers Saturne, on a affaire à une personne qui idéalise les autres et est souvent déçue par la réalité, qu'elle trouve dure à supporter. Mais lorsque les deux doigts se chevauchent, cela dénote de l'anxiété.
Le Soleil écarté de Saturne et de Mercure montre une personnalité indépendante qui tient peu compte des conventions.
Collé à Saturne, il est signe de conformisme et de problèmes affectifs.

Extrémité

Un annulaire spatulé appartient à une personne habile de ses mains, ou qui a le sens du mouvement et des gestes : peintres, écrivains, danseurs, chorégraphes.
L'annulaire conique est l'extrémité la plus artistique.
Un annulaire carré montre, selon la tradition, qu'on a le compas dans l'œil ! En fait, il donne un esprit méthodique et la faculté de réaliser ses aptitudes artistiques et son bonheur.
Pointu, il appartient à un idéaliste de l'art : un rêveur, un poète.

L'AURICULAIRE, OU MERCURE

Eloquence, communication, équilibre psychique

Il est à l'image de Mercure, fils de Jupiter, dieu de l'Eloquence, du Commerce, des Voleurs, des Voyageurs et le messager des dieux. C'est donc le doigt de la communication et de l'adaptation. Il montre aussi la réceptivité mentale, la sensibilité, l'intuition et l'équilibre sexuel et social.
Idéalement, il devrait atteindre la jointure de la phalange onglée du Soleil et s'insérer à la paume d'un tiers plus bas que la longueur de la dernière phalange ; c'est le signe de la rapidité d'esprit.

Attache

Rappelons qu'une insertion très basse sur la paume trahit un manque de confiance en soi et de l'insécurité, qui conduit souvent à l'autoritarisme et à une extrême susceptibilité. L'idée de commettre une erreur ou d'être critiqué est intolérable. Cette particularité peut être héréditaire. Les enfants qui l'ont doivent être vivement encouragés.
Une insertion haute appartient à quelqu'un de sûr de lui, persuadé que tout le monde partage ses opinions.

Taille

Un doigt de Mercure long se voit chez ceux qui ont des dons pour la communication. Dotés d'une bonne intuition et d'une excellente aisance sociale et sexuelle, ils ont une compréhension des autres qui les rend éloquents pour défendre ce qui leur tient à cœur, qu'ils s'expriment par la parole, l'écriture, le chant, etc.
Un Mercure moyen, c'est-à-dire arrivant à la hauteur de la première phalange onglée, montre de la

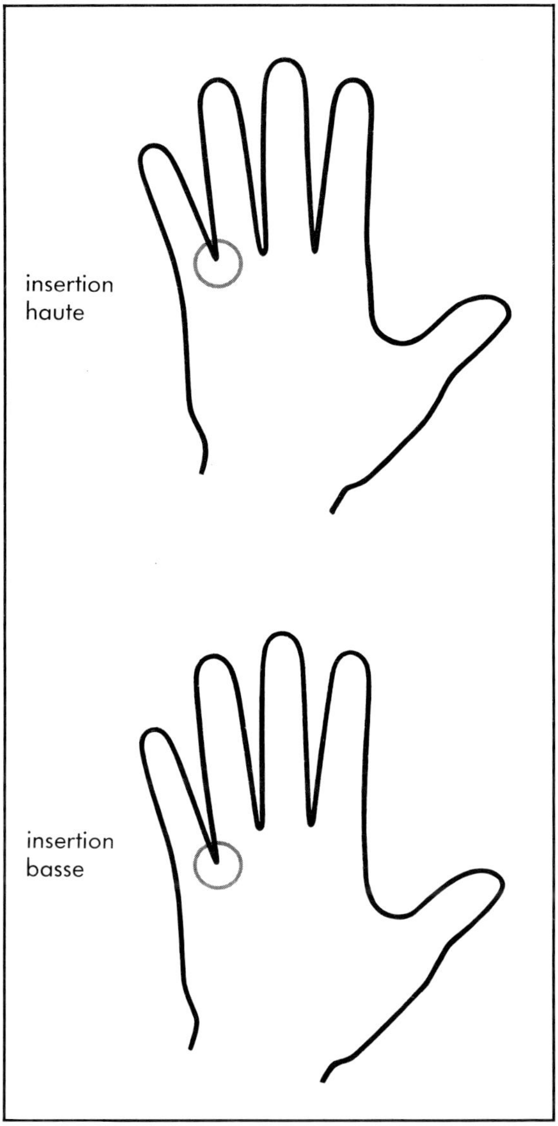

vivacité d'esprit, de l'humour, une bonne réceptivité mentale et le sens de l'adaptation. Avec une extrémité pointue, cette vivacité tourne à l'espièglerie. Très petit, il dénote des difficultés sexuelles et sociales.

Position

Un Mercure droit est un signe d'harmonie avec soi-même et de bon équilibre psychique.
Une légère inclinaison vers le Soleil indique de la diplomatie et de la perspicacité. D'après Beryl B. Hutchinson[5], une inclinaison plus prononcée montrerait qu'on choisit de se dévouer aux autres. Mais une courbure très accentuée vers la paume indique une déviation du subconscient, prédisposant au mensonge et au désir de manipuler les autres.
Un auriculaire bien séparé et droit montre de l'indépendance d'esprit, de l'originalité et la faculté de mener à bien sa tâche. Mais cela peut aussi indiquer des difficultés relationnelles, sexuelles ou sociales. Si le mont de Vénus est élevé et l'anneau de Vénus profond et brisé, cela révèle une trop grande préoccupation sexuelle.

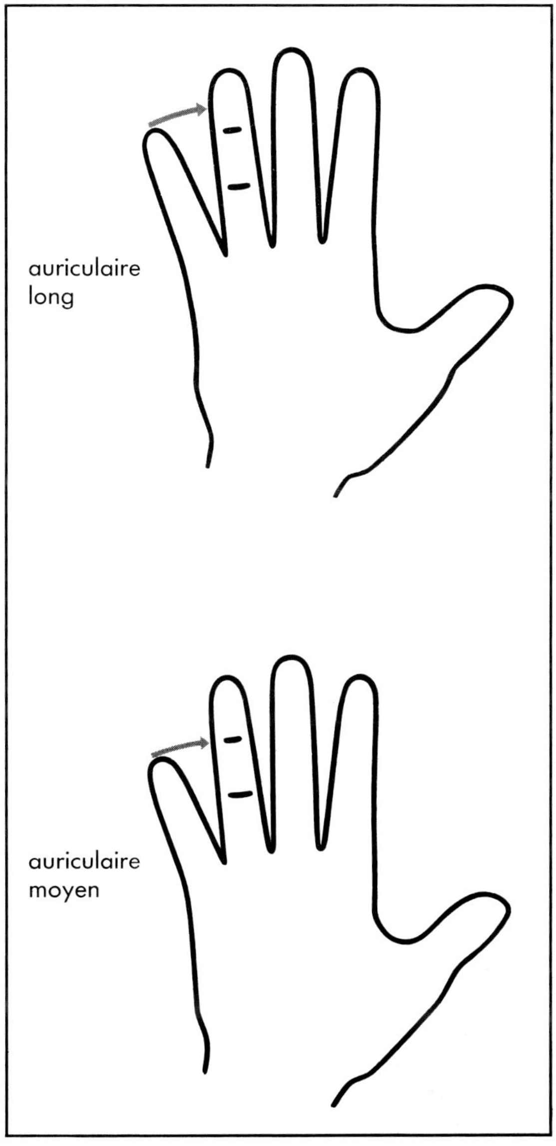

Extrémité

Pointue, elle dénote une grande rapidité d'esprit et de l'éloquence.
Conique, elle montre le sens artistique qui, s'il est cultivé, mènera au succès, et l'humour.
Carrée, elle est signe de raison et de logique (médecins, professeurs, hommes d'affaires).
Spatulée, elle révèle l'aptitude aux gestes, à l'animation, aux mouvements (acteurs, danseurs, mimes, métiers fondés sur l'habileté manuelle).

Jointures

Lorsque les jointures sont noueuses, le sujet a de grands talents d'organisateur.

▼ *Une page de* Chiromancie et Physiognomonie, *de Jean d'Indagine, Paris, 1662. (Ph Bibliothèque nationale, Paris)*

124 LA CHIROMANCE

Du doigt de Mercure.

Le plus petit doigt eſt delegué à Mercure, & auec cela on entend briefuement les Mercurialiſtes auoir certaines lignes par leſquelles ils peuuent eſtre conneus, comme tu verras cy-apres. Or quelques-vnes denotent les benefices ou offices, les autres triſteſſe, melancolie & angoiſſes.

LES ONGLES

D'après Henri Mangin, grand spécialiste des ongles, la formation de ceux-ci est liée au système endocrinien et ils reflètent l'état de santé et le tempérament qui en découle.

Couleur

L'ongle parfait est lisse, brillant rosé et s'harmonise avec la peau du doigt (chez les Africains, il doit être de la même couleur que la paume). La lunule — le croissant blanc à la base de l'ongle — est bien dessinée et d'un blanc laiteux.
Un ongle d'un rouge vif indique une personne à sang chaud et ayant une sexualité essentiellement physique.
L'ongle rosé est signe d'harmonie entre sentiments et attirance physique.
Une personne ayant les ongles blancs (ou bleutés) est froide et met du temps à se réchauffer. Elle manque de vitalité.

Forme

Noisette allongée (long, à l'extrémité arrondie) : imaginatif, émotif, aimant les autres, franc, agréable à vivre. Semble s'économiser, mais fait montre de vigueur à bon escient. Générosité.

Noyau de datte (long et étroit) : signe de fragilité et de mauvaise santé (troubles du système glandulaire, mauvaise circulation artérielle), pouvant créer un état névrotique.

Amande (oblong) : nature sensible, dévouée, généreuse, noble, distinguée, raffinée. Caractère aimable. Sens esthétique.

Carré : personne calme, pondérée. Avec l'ongle blanc, nature se contrôlant tellement qu'elle peut s'en rendre malade. Quand l'ongle ressemble à un petit carré noyé dans la chair, c'est un signe de mesquinerie, de refoulement sexuel et de jalousie.

Large : bonne santé et force musculaire. Energie, grand travailleur. Dominateur et querelleur. Optimiste.

Court et rond : nature critique, sceptique, aimant la discussion. Méfiant. Tempérament vif, prompt à l'emportement, langue acérée. Grand travailleur,

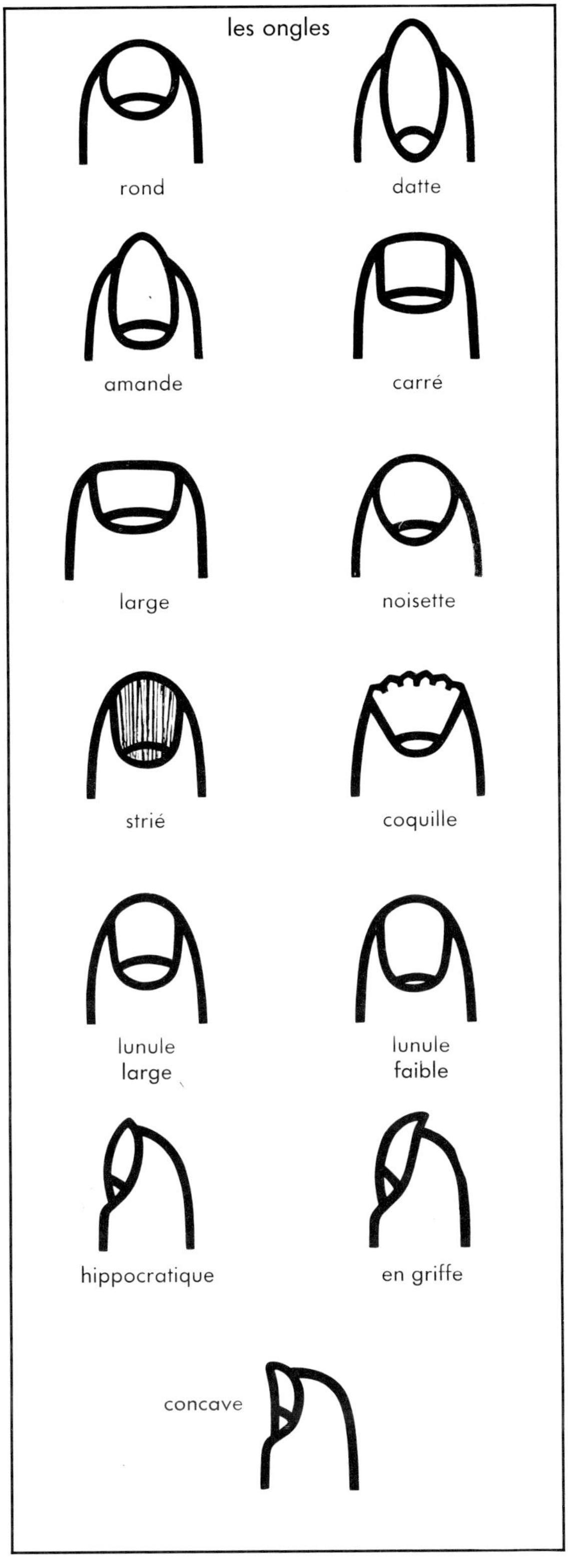

énergie. Ils font d'excellents critiques, journalistes, juristes, avocats.

Griffe (très bombé) : égocentrique, possessif. Personne ayant un charme pervers ! Ces traits sont renforcés lorsque l'ongle est d'une teinte plus foncée que la peau.

Particularités

Friables, cassants, striés : ils sont indice de surmenage, de manque de sommeil et de tension nerveuse, qui peuvent n'être que momentanés. L'ongle adopte parfois une forme en coquille striée, signe d'un grand stress, mais il ne faut pas oublier que cela peut être provoqué par l'âge.

Lunules : elles doivent être d'un blanc laiteux et bien dessinées. Quand elles sont absentes ou faibles, cela indique une tension basse, une mauvaise circulation. Larges, elles dénotent un rythme cardiaque trop rapide, de la nervosité, de l'excitabilité. Lorsque la demi-lune est bien formée et d'un blanc laiteux, c'est le signe d'une bonne santé.

Taches blanches : elles trahissent un manque de calcium.

Courbure

L'ongle doit être légèrement arrondi à l'extrémité. Quand il est extrêmement bombé (convexe), on l'appelle l'« ongle hippocratique », en souvenir du célèbre médecin grec qui l'associa à la consomption, la tuberculose et la phtisie. Actuellement, on considère qu'il indique une maladie ou une faiblesse des voies respiratoires (bronchite ou angine chroniques).

Henri Mangin associe l'ongle d'aspect creusé (concave) à l'alcoolisme, mais c'est plutôt la marque d'une déficience minérale de l'organisme.

1. Mir Bashir, *The Art of Hand Analysis,* Londres, Frederik Muller, 1984, p. 30.
2. Fred Gettings, *Le Livre de la main,* Paris, Les Deux Coqs d'or, 1969.
3. William G. Benham, *Laws of Scientific Hand Reading,* Londres, Putnam and Co, 1946.
4. Beryl B. Hutchinson, *La Main, reflet du destin,* Paris, Payot, 1978.
5. Beryl B. Hutchinson, *op. cit.*

les monts

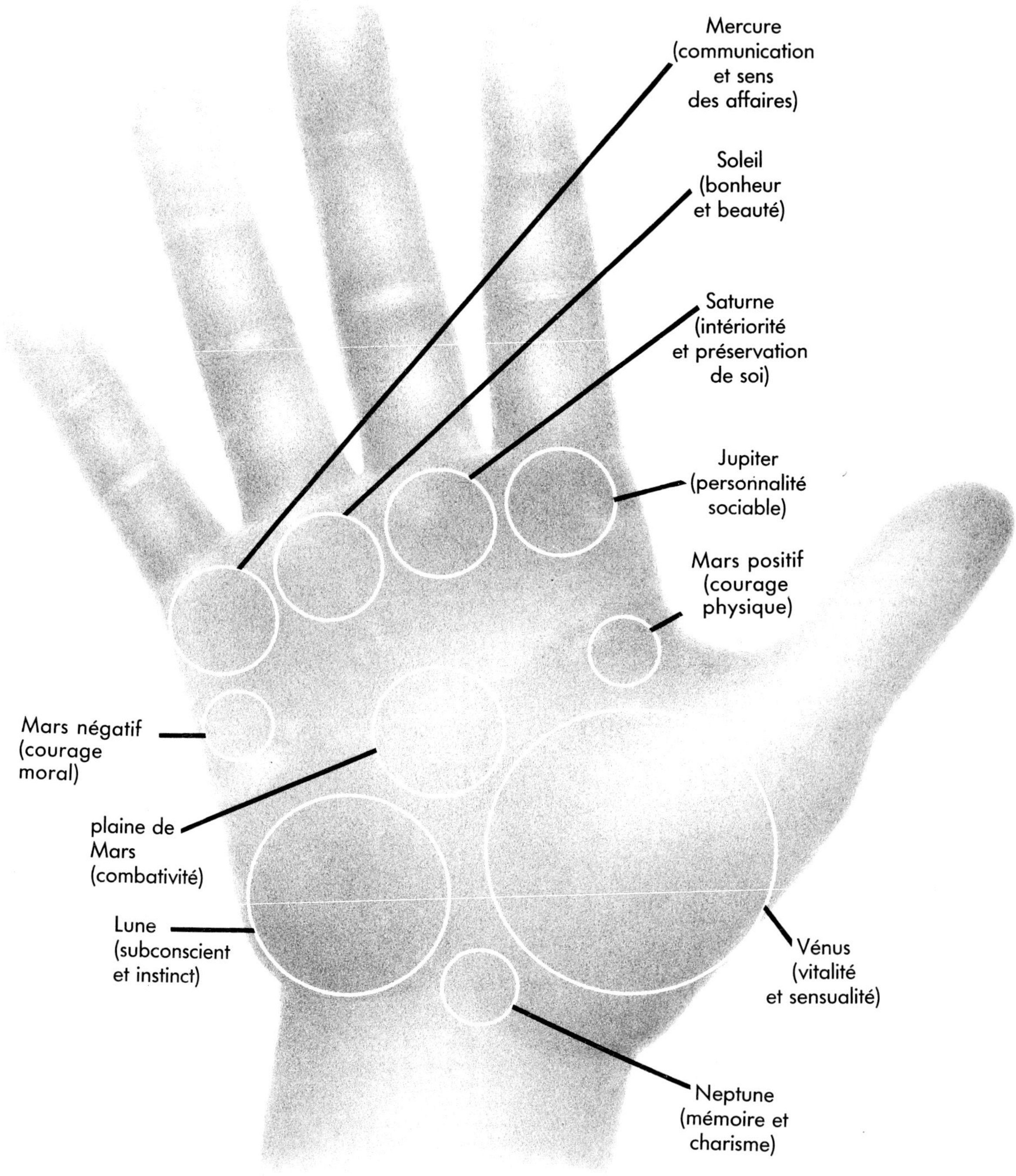
Mercure (communication et sens des affaires)
Soleil (bonheur et beauté)
Saturne (intériorité et préservation de soi)
Jupiter (personnalité sociable)
Mars positif (courage physique)
Mars négatif (courage moral)
plaine de Mars (combativité)
Lune (subconscient et instinct)
Vénus (vitalité et sensualité)
Neptune (mémoire et charisme)

LES MONTS

La paume de la main ressemble à une carte de géographie en relief. Elle a ses creux, les plaines, ses hauteurs, les monts, et ses fleuves tracés par les lignes qui la sillonnent.
Nous avons vu que chaque doigt possède un nom de planète qui provient des mythologies grecques et romaines.
Le renflement situé au-dessous de chacun d'eux s'appelle mont. L'interprétation des monts est intimement liée à celle des doigts. Il faut donc les étudier ensemble (voir page 103).
La troisième phalange du pouce est le mont de Vénus, symbole d'amour, de sensualité et de passion.
A l'index correspond le mont de Jupiter : l'ambition, la puissance, la domination. Au médius, le mont de Saturne : le destin, la concentration, la religion. A l'annulaire, le mont du Soleil : l'art, le bonheur et le succès. A l'auriculaire, le mont de Mercure : l'éloquence, l'intelligence, le commerce, les sciences.
A ces cinq monts correspondant aux doigts, il faut ajouter le mont de la Lune, notre mémoire subconsciente, situé à l'opposé de Vénus et Mars, symbole du courage et de l'humeur guerrière, qui se décompose en deux monts et une plaine : Mars positif, à la base du pouce, entre Vénus et Jupiter ; Mars négatif, sous le mont de Mercure, entre les lignes de cœur et de tête ; la plaine de Mars est le creux qui se trouve sous Saturne au centre de la main, où habituellement monte la ligne de destin. A la base de Mars, entre les monts de la Lune et de Vénus, se place la vallée de Neptune.

De la Chyromantie. 55

TABLE.
De la nature & des effets principaux des Planetes.

Sous ♄ Qui eſt malin & l'infortune maieure.	Sont les Moines, les Hermites, les Corroyeurs, les Sauetiers, les Poitiers, & tous les arts melancoliques. Les Laboureurs, les Auares, & tous les ouurages & offices ſordides, comme encore les Maçons.
Sous ♃ Qui eſt benin & la fortune maieure.	Sont les Princes, les Eccleſiaſtiques, les Preſtres, les Iuriſconſultes, les Senateurs, les Cardinaux, les Richeſſes, les Loix, les Benefices, la Politique, & la gloire.
Sous ♂ Qui eſt malin & l'infortune mineure.	Sont les Chyrurgiens, les Medecins, les Soldats, les Canonniers, les Serruriers, les Mareſchaux, les Audacieux, les Seditieux, les Voleurs, les Tyrans, & regulierement tous les Coleriques. Les grands Exploits, tous les meſtiers à fer, & la Chymie.
Sous ☉ Qui eſt doux bien faiſant, & fortuné.	Sont les Barons, les Princes, les Marquis, les Magiſtrats, les Eſprits nobles & releuez, les Ambitieux, l'Or, la Magnanimité, l'Honneur & la Splendeur.
Sous ♀ Qui eſt bié faiſante & la fortune mineure.	Sont les Chantres, les Ioüeurs d'Inſtrumens, les Poëtes, les Sauteurs, les Femmes de ioye, les Peintres, les Cuiſiniers, les Hommes ſanguins, l'Amour, l'Humanité, la Muſique, le Luxe, la Laſciueté & toutes les autres choſes voluptueuſes.
Sous ☿ Qui eſt indifferent & n'eſt de ſoy ni bon ni mauuais.	Sont les Mathematiciens, les Philoſophes, les Eſcriuains, les Monnoyeurs, les Imprimeurs, les Libraires, les Rethoriciens, les Marchands, les Sculpteurs, les Voyages, les Inuentions de nouueautez.
Sous ☾ Qui eſt quelque peu fortunée & fauorable.	Sont les Chaſſeurs, les Peſcheurs, les Courriers, les Cochers, les Matelots, & generalement tous les gens de Riuiere & de Marine, les Maladies & Infirmitez humides, auſſi bien que les Reines & les Veufues.

D 4 l'ay

▲ La Chiromancie naturelle, *traduction française d'après l'ouvrage de Ronphile, Paris, 1655. (Ph Bibliothèque nationale, Paris)*

ZONES CONSCIENTES ET SUBCONSCIENTES

Pour mieux comprendre l'interprétation de la paume, tracez depuis le poignet deux lignes verticales imaginaires : l'une entre l'index et le médius et l'autre entre le médius et l'annulaire.

Zone active et zone passive

La première division, appelée active consciente (index et pouce compris), détermine l'affirmation quotidienne du moi.
La partie comprenant l'annulaire et l'auriculaire, appelée passive subconsciente, montre notre créativité, nos aspects émotionnels et instinctifs.

La zone du milieu est le point de rencontre de ces deux tendances. C'est là que s'inscrit habituellement la ligne de destin, qui nous informe de notre évolution sur le plan professionnel et de notre intégration dans la société.

Zone émotionnelle et zone instinctive

Traçons maintenant deux lignes horizontales, l'une partant de l'extrémité du pouce et l'autre de sa base. La partie haute est la zone émotionnelle consciente et montre notre relation avec le monde qui nous entoure, que ce soit notre expression émotionnelle et affective (ligne de cœur), l'ambition ou la domination (Jupiter), la création artistique et le succès (destin, Soleil), notre sens des affaires (Mercure). La partie basse s'appelle la zone instinctive subconsciente et montre nos motivations profondes telles que l'intuition, l'imagination, la sexualité et nos désirs cachés.

La zone du milieu agit comme un filtre qui unit pensées, sentiments et sensations et les transforment en actions. Elle raconte nos aspirations, nos facultés intellectuelles et les forces instinctives et physiques qui nous poussent à agir.

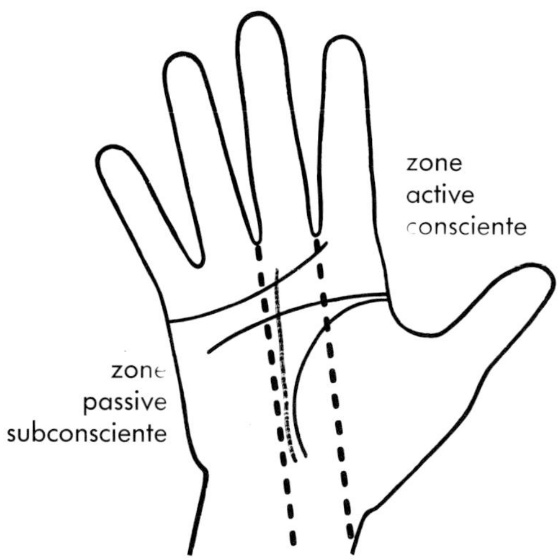

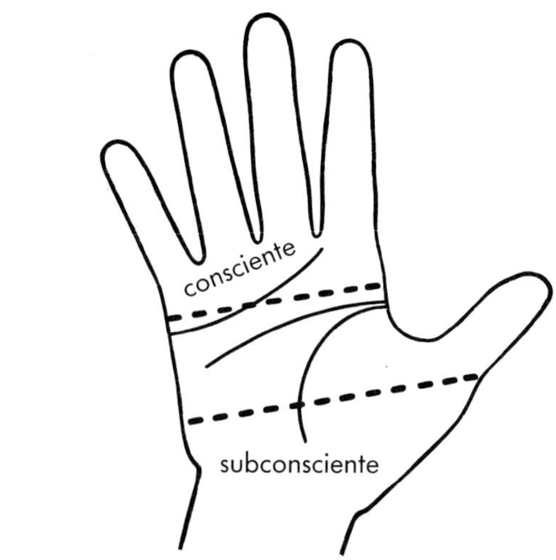

zones émotionnelle consciente et instinctive subconsciente

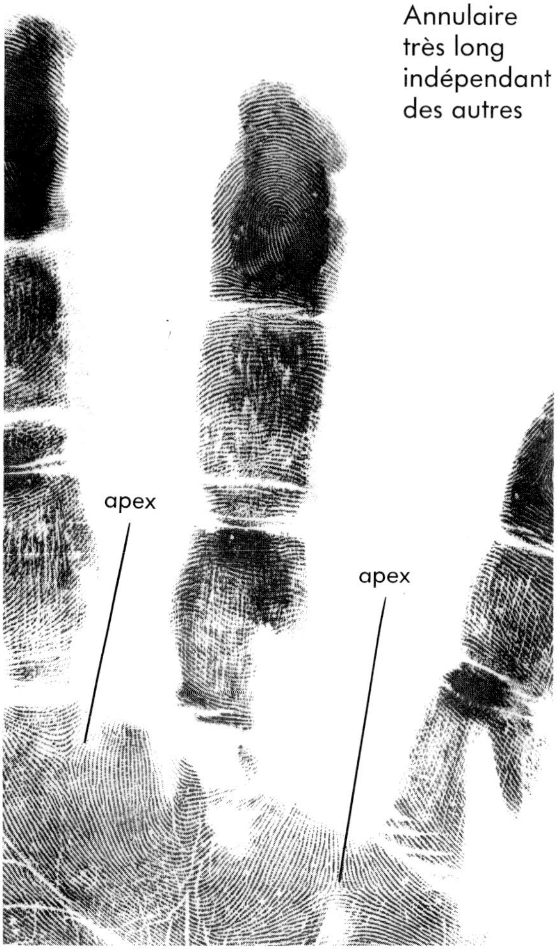

▲ *Personnalité désireuse de réaliser ses aspirations intérieures et peu soucieuse des conventions.*

L'APEX, CENTRE DU MONT

Pour que le mont ait toute sa signification, son renflement doit être bien formé et, pour les monts correspondant aux doigts, situé sous le doigt dont il prend le nom. Regardez à la loupe le dessin des sillons cutanés qui s'y trouvent. Leur point de rencontre détermine le centre du mont : il s'appelle l'apex.

Lorsque l'apex penche d'un côté, les caractéristiques du mont qu'il touche l'influenceront. Par exemple, Jupiter penché vers Saturne indique que l'autorité sera empreinte de sagesse, de réflexion et de moralité et ne manquera pas de sens pratique. Quand tous les monts sont bien formés, cela confère à la personne une grande capacité pour réussir sa vie. Mais il existe des monts plats et creux ou des monts très épais et durs.

LES SIGNES

Des signes peuvent apparaître sur la paume. Pour être pris en compte, ils doivent être bien nets. Suivant leur position, leur signification sera la chance ou la malchance. Nous les reverrons en détail sur chaque mont et chaque ligne. Mais voici quelques généralités qui faciliteront la compréhension. Face à un réseau linéaire très compliqué, il est préférable d'être prudent et de regarder la main à deux fois.

L'étoile

Une main remplie d'étoiles aura une vie bien remplie et très excitante. L'étoile apporte bonheur, richesse, célébrité, réussite. Cependant, sa présence sur les monts de Saturne, de la Lune et sur les lignes de vie, de tête et de destin est mauvais signe.

Le carré ou le rectangle

Ce sont des signes de protection. Ainsi, un carré ou un rectangle entourant une coupure sur la ligne de vie transformera une maladie grave en malaise.

Le triangle

C'est un signe de capacité, de succès, de chance et, sur le Soleil, de fortune. Sur Mercure, il apporte finesse et subtilité. Mais sur Vénus il montre de l'intérêt en amour (mariage d'argent).

La croix

A un degré moindre, elle a les mêmes effets de succès, de réussite et de bonheur que l'étoile, en particulier sur Jupiter. Mais elle est néfaste sur Saturne et sur les lignes de vie, de tête et de destin.

La grille

Faite de petites lignes entrecroisées, elle annonce des difficultés et des obstacles. Sa présence sur un mont renforce les tendances négatives. Par exemple, sur Saturne, appelé aussi mont de la mélancolie, elle augmentera les tendances dépressives. Mais, bien souvent, la grille n'est que momentanée.

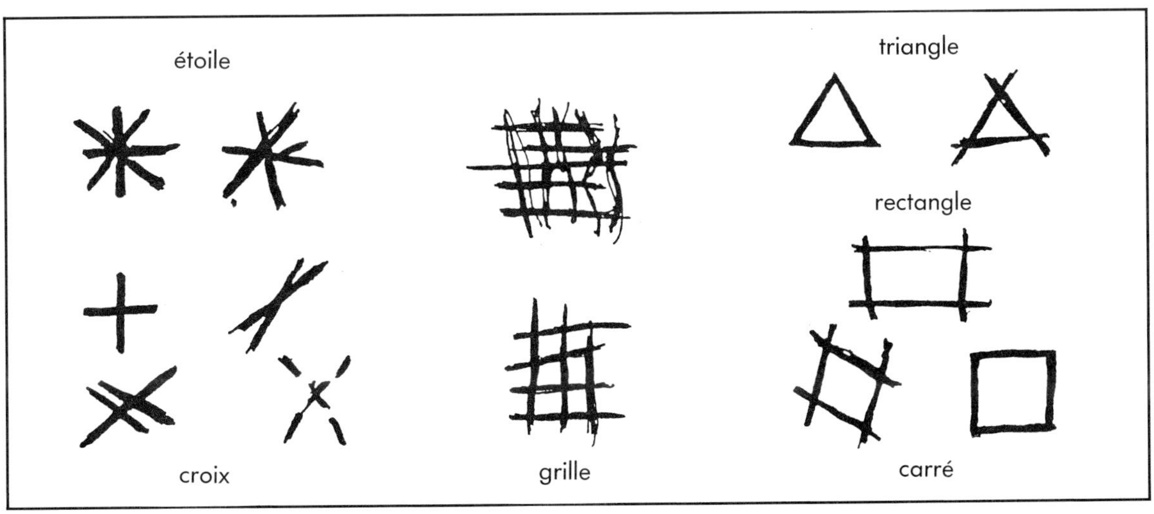

thing, *Pisces* being the second House of *Jupiter*. So much for these three Sacred Letters, but if the *P.* which we attribute in *Geomancy* to *Puella* and *Populus* be in those places, it will be quite contrary, for it is altogether evil: the form of it is before. The *R.* of *Rubeus* is also ill, and portends no good, if it be not on somewhat appertaining to *Mars*. The Letters of *Pisces*.

F. and *M.* of *Fortuna Major*, are every where good; on the contrary, those of *Fortuna Minor* are every where ill, whether it be as to Love, Honours, Riches, &c. In like manner the *C.* of *Cauda Draconis*, as well in *Chiromancy* as *Geomancy* contradicts all, and is inimical and prejudicial to all things, which let it be observed for confusion of the significations of our Letters. The Letters of *Fortuna Major* and *Minor*.

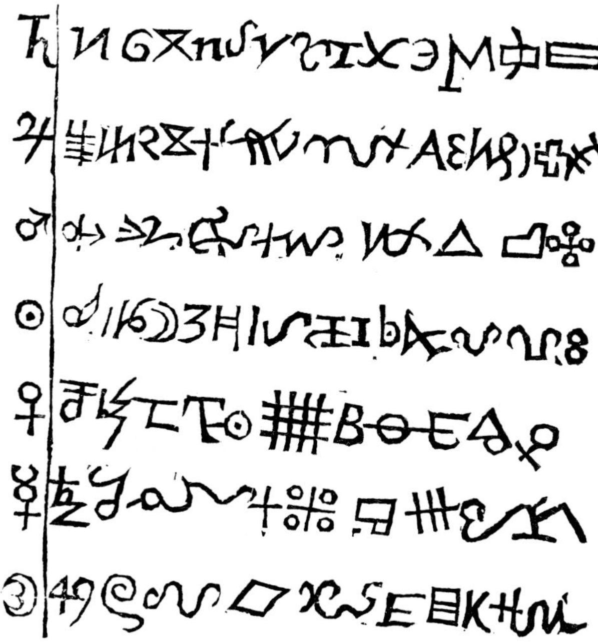

For farther Illustration, observe the Characters of the Planets, and the Divine Letters with their Significations as follow.

▲ Physiognomy, Chiromancy and Metoscopy *de Richard Saunders (1613-1683?) paru à Londres en 1653. Dans la chiromancie traditionnelle, les signes observés sur les paumes de la main et qui ressemblaient aux symboles planétaires ou astrologiques avaient une signification particulière. (Ph Bibliothèque nationale, Paris)*

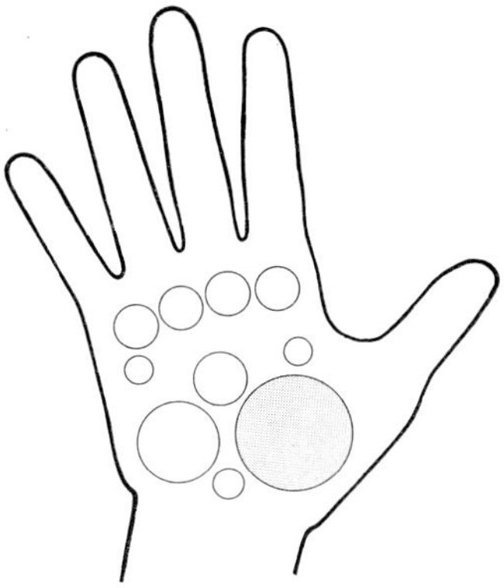

LE MONT DE VENUS
Vitalité et sensualité

Situé à la base du pouce, ce mont va jusqu'à la ligne de vie. Comme la déesse dont il porte le nom, il symbolise l'amour sous son aspect sexuel, la sensualité et le sens de la beauté. Le pouce et la ligne de vie lui confèrent l'énergie vitale, la joie de vivre, le sens de l'amitié et de la famille, du goût pour la musique et l'exactitude. (Voir Formes de la main, page 77).

Importance et emplacement

Rond et bien développé, occupant le tiers de la paume et dessinant un bel arc, il annonce une personnalité bienveillante, enthousiaste et chaleureuse, pleine de vitalité, généreuse et qui inspire une sympathie immédiate. Sachant aimer et se faire aimer, cette personne fera un excellent conjoint, amant et parent.

Très large et s'élevant directement de la ligne de vie, il indique de la passion physique et de grands besoins sexuels.

Quand le mont est large et dur, l'agressivité et la possessivité sexuelles s'intensifient et peuvent pousser à la brutalité et à la cruauté, spécialement si le mont est quadrillé de lignes profondes et s'il est plus rouge que le reste de la paume.

Un mont petit et mou indique un manque de vitalité et d'envie sexuelle, qui peut d'ailleurs être causé par une mauvaise santé. L'amour que ressentira cette personne sera plus sentimental ou spirituel que sexuel.

Quand le mont de Vénus se déplace vers la base du pouce, le sujet se laisse emporter par ses émotions.

Lignes

Des raies légères parallèles à la ligne de vie exaltent les qualités du mont. Quand elles sont profondes et qu'elles partent de la ligne de vie, la tradition considère qu'elles indiquent le nombre d'attachements amoureux. Voilà pourquoi on les appelle lignes de l'être cher. Ne pas confondre avec la double ligne de vie, ou ligne de Mars, ou encore ligne de l'ange gardien, qui protège et renforce la ligne de vie (voir Ligne de vie, page 172).

De petites lignes traversant le pouce vers le haut et se dirigeant vers la ligne de vie sont signes d'amours sans lendemain et dénotent un tempérament volage.

Le mont peut être quadrillé de lignes. Quand les carreaux sont larges et légers, l'intellect et l'imagination stimulent la sexualité, qui devient plus érotique. Sur un mont simple, la stimulation est surtout physique. Avec un quadrillage profond, la sexualité est perpétuellement en éveil.

Lignes d'influence et de modification

Parfois, des lignes partent de Vénus. On les appelle les lignes de modification ou d'influence. Les lignes courbes se fondant dans la ligne de destin ou la ligne solaire sont toujours bénéfiques. Mais lorsqu'elles sont droites ou qu'elles coupent les lignes de destin et solaire, leur influence est défavorable. Il faut évidemment ne retenir que celles qui sont profondément inscrites, et pas les petites lignes fines.

Lorsqu'une ligne part de la base du pouce et barre le mont vers la ligne de vie, cela montre un grand attachement à la famille (père, mère...) qui a pesé lourdement sur le sujet. Quand cette ligne touche la ligne de vie, la famille continuera à jouer un rôle important, et cette influence sera encore plus forte si elle touche la ligne de destin.

Dans certains cas, cette ligne peut se terminer par une croix sur la ligne de tête. C'est le signe d'un

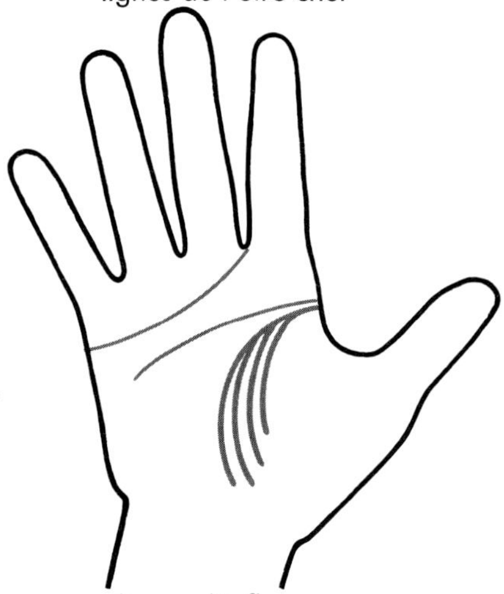

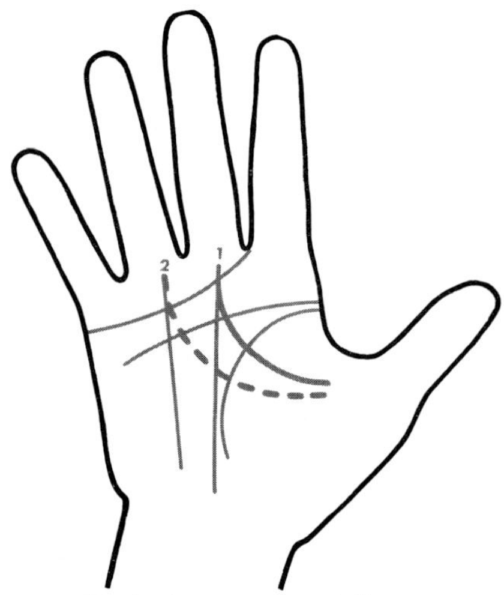

grand chagrin ou de la perte d'un être cher, qui provoquera une dépression ou une diminution momentanée des facultés mentales. On l'appelle la ligne de veuvage. Son apparition peut aussi être provoquée par une séparation ou un divorce.
Une ligne descendant du pouce jusqu'au bas du mont est signe de loyalisme à un clan.
Une ligne partant du mont de Vénus et rejoignant la ligne de cœur montre une interférence étrangère dans la vie affective du sujet.
Une ligne remontant du mont de Vénus vers Jupiter confirme la réalisation des ambitions.
Finissant sur le mont de Saturne ou touchant la ligne solaire, une ligne venant de Vénus annonce renommée et richesse grâce au soutien de personnes influentes, famille ou amis. Mais si elle coupe la ligne solaire, ces mêmes personnes l'empêcheront de se réaliser.
Une ligne de Vénus terminant sous Mercure est signe de succès sur le plan commercial et scientifique.
Une ligne terminant sur le mont de la Lune annonce un voyage d'amour à l'étranger.
L'anneau tressé à la base du pouce s'appelle l'anneau de famille. Bien torsadé, il montre le souci de la famille et des obligations envers elle. S'il est faible ou inexistant, ce souci est lui aussi faible.

Signes

Les signes sur le mont de Vénus ne sont valables que lorsqu'ils sont clairs et nettement inscrits.

Une seule étoile au centre du mont de Vénus annonce bonheur et amour.

Une croix annonce un unique amour.

Une étoile sous le pouce augure réussite et fortune.

Le carré protège contre les peines de cœur. On le trouve sur les mains des célibataires endurcis ou de personnes qui ont tellement souffert qu'elles se sont cuirassées.

Le triangle indique une personne faisant intervenir le calcul en amour.

L'île est un signe de défaillance morale et physique.

Les trous ou **points** révèlent des accidents ou des maladies sans gravité.

lignes d'influences

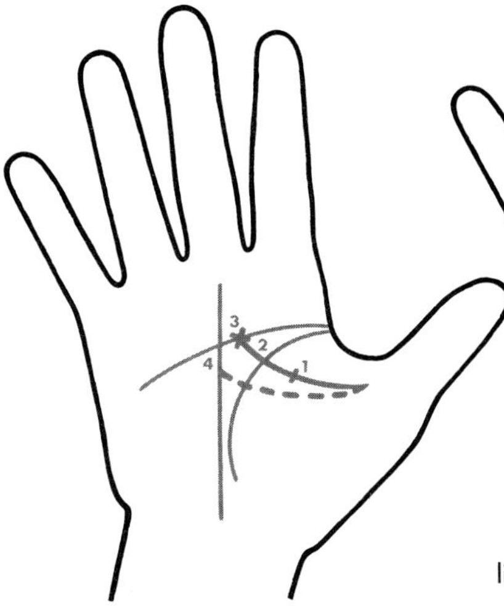

lignes de famille
1. attachement à la famille
2. influence familiale
3. veuvage
4. forte influence familiale

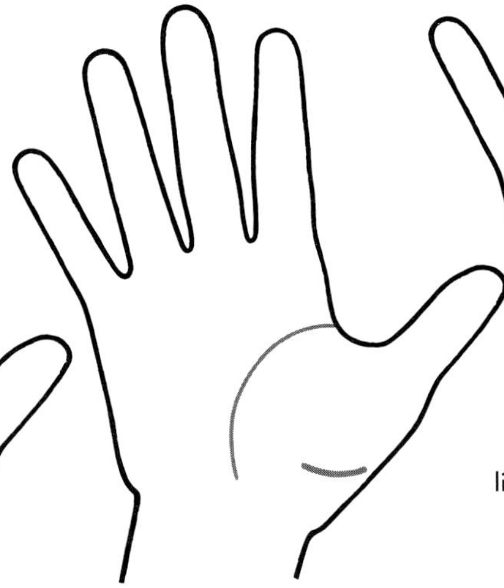

ligne de loyalisme à un clan

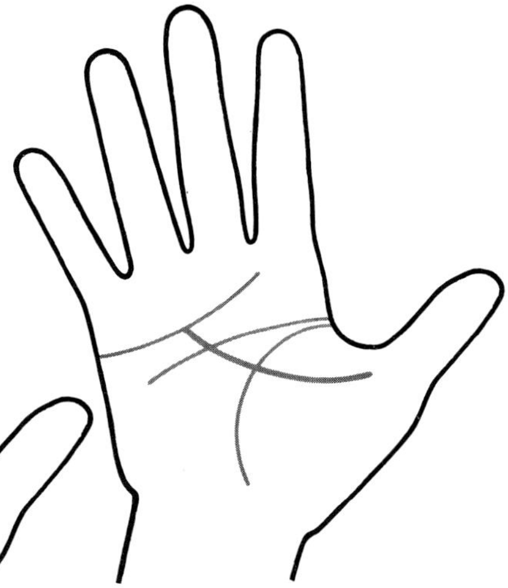

ligne d'interférence affective

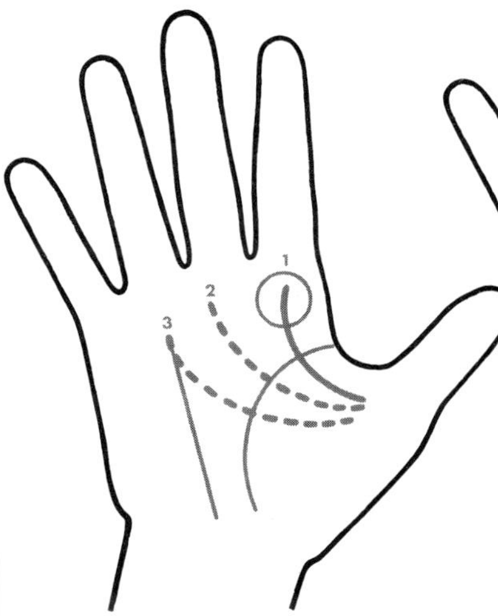

1. réalisation des ambitions
2. 3. lignes de richesse, de renommée

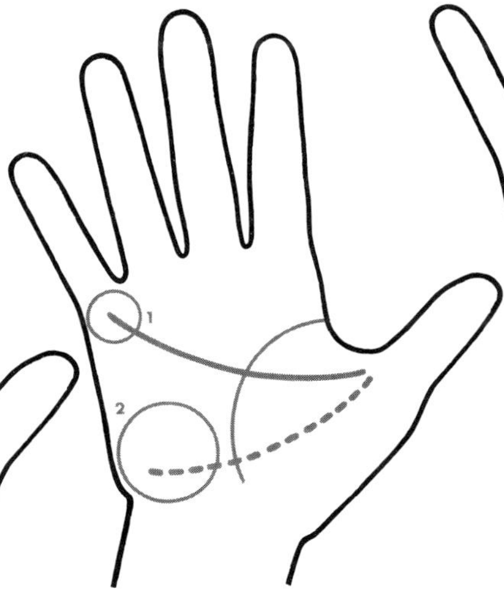

1. succès commercial ou scientifique 2. voyage d'amour à l'étranger

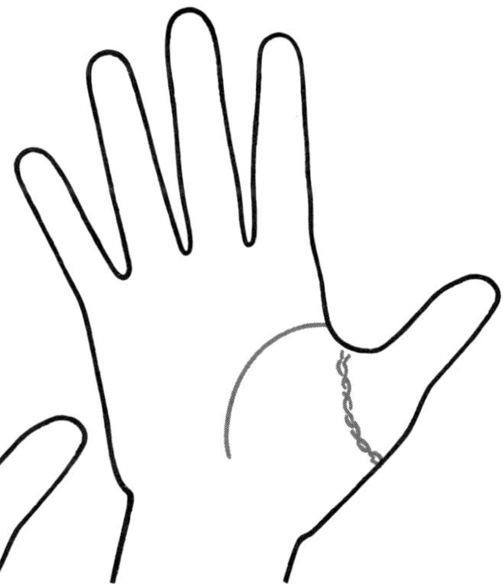

anneau de famille

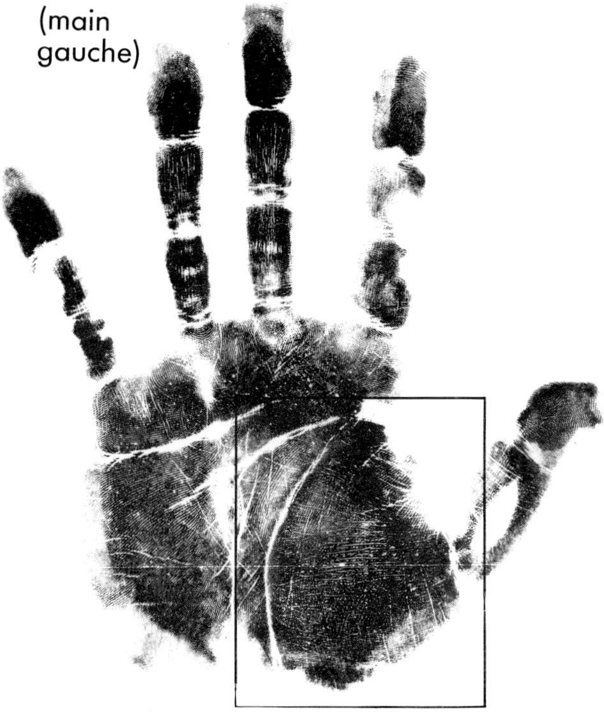

▲ Mont de Vénus

Voici l'exemple d'un beau mont de Vénus bien arrondi, bordé par une belle ligne de vitalité, signe d'une personnalité bienveillante, enthousiaste, chaleureuse, sachant aimer et se faire aimer.

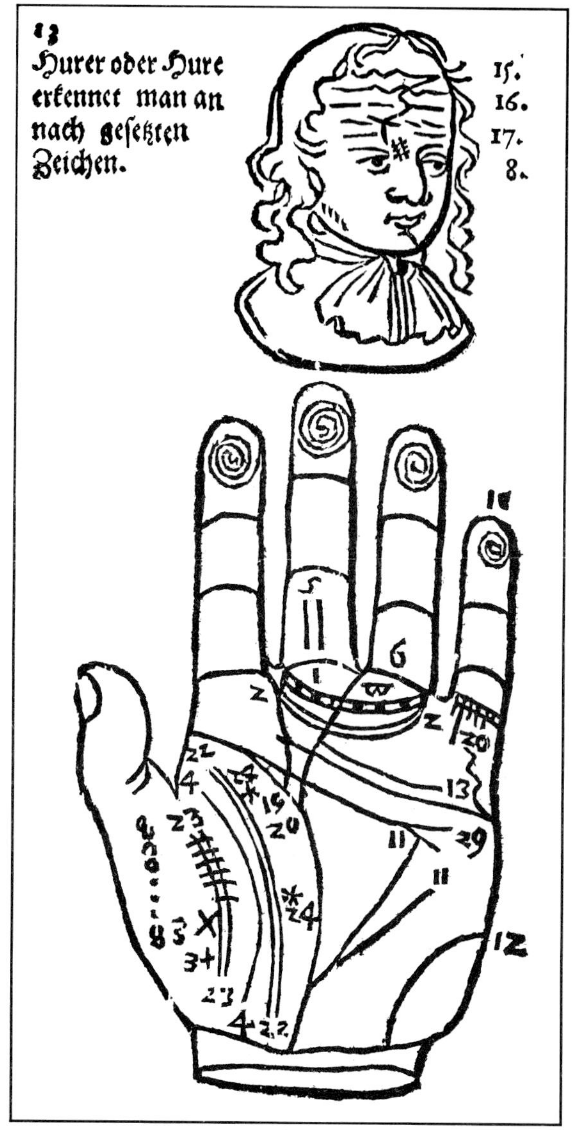

▲ *Extrait de* Chiromantia Harmonica, *d'Höping, Iéna, 1674. C'est dans cet ouvrage qu'il est fait mention pour la première fois des empreintes digitales. (Ph Bibliothèque nationale, Paris)*

▶ *Une planche des* Principes de la chyromance, *tirée des* Œuvres mathématiques *de Jean Taisnier, Paris 1677. (Ph Bibliothèque nationale, Paris)*

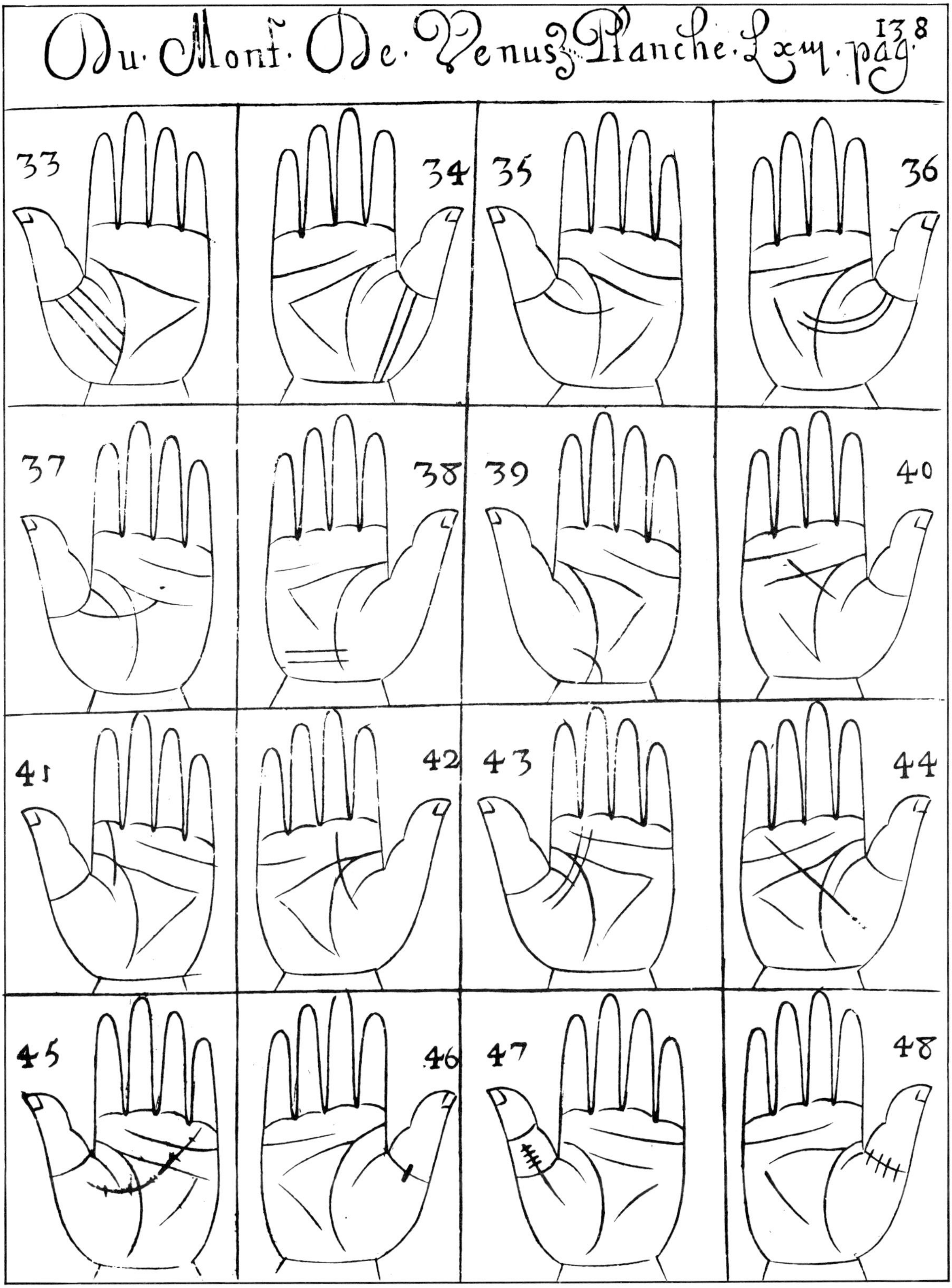
Du · Mont · de · Venus · Planche · Lxiij · pag · 138
33
34
35
36
37
38
39
40
41
42
43
44
45
46
47
48

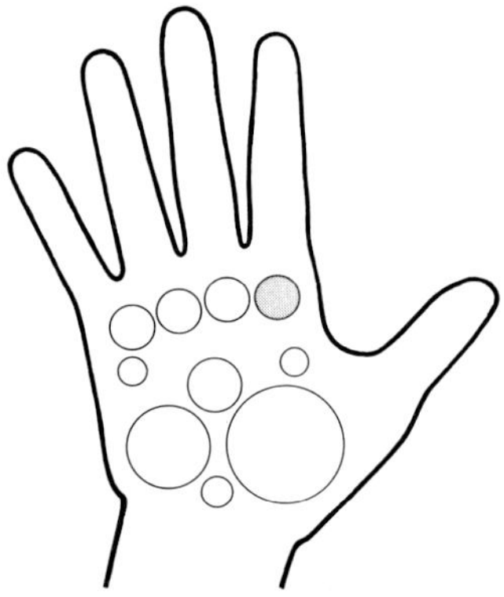

LE MONT DE JUPITER
La personnalité sociale

De même que l'index qu'il prolonge, ce mont a pris le nom de Jupiter, le maître des dieux et de l'Olympe. Il reflète les réactions conscientes de notre personnalité à l'égard du monde extérieur et montre donc l'affirmation de soi, l'autorité, l'ambition, la faculté de se réaliser, l'ascension sociale, l'inspiration religieuse, la générosité, le charisme et la magnanimité.

Importance et emplacement

Quand il est situé dans le prolongement de l'index, que l'apex est au milieu du mont et qu'il est harmonieux, il s'agit d'une forte personnalité qui a aussi le sens de l'honneur et de l'altruisme.
Quand il est très élevé, dur et haut placé, l'ambition et l'orgueil sont prépondérants et l'égocentrisme teinté d'autoritarisme isole le sujet. Mais, avec de bonnes lignes de tête et de cœur, l'autorité s'exercera d'une manière plus bénéfique et généreuse.
Si le centre du mont, l'apex, se rapproche du début des lignes de tête et de vie, la personne s'affirmera dans un métier qui sera en rapport direct avec la communauté.
Lorsque le mont de Jupiter se rapproche du médius, Saturne lui confère une autorité pratique qui ne s'exercera qu'après mûre réflexion.
S'il tend vers le bord extérieur de la main, le sujet est attiré par l'aventure et oublie facilement ses responsabilités.
Un mont plat traduit la difficulté à s'affirmer, d'où malaise en société, sans pourtant empêcher de saisir les opportunités qui se présenteront.

Signes

L'anneau de Salomon est un cercle qui entoure l'index à sa base. Il peut être continu, coupé ou hachuré. Il ne prend sa pleine valeur de sagesse que lorsqu'il est continu. Très rare, il indique alors un sens de l'initiation inné et l'aptitude à comprendre les êtres et les choses. La personne qui a cet anneau est attirée par le mysticisme et s'intéresse souvent à l'occultisme ou aux religions qui sortent des sentiers battus. La tradition veut que ce soit le signe du chirologue averti ayant un don de divination. Lorsqu'un carré s'appuie sur l'anneau, la personne saura transmettre son savoir. Si c'est un triangle qui forme une partie de l'anneau, on a affaire à une personne diplomate. (Vérifiez si le pouce est en biseau, ce qui renforce ce talent : cette personne arrivera toujours à ses fins.)

Le carré garde la même signification que lorsqu'il est collé à l'anneau de Salomon, c'est-à-dire la faculté de transmettre son savoir.

La croix, d'après la tradition, annonce un mariage d'amour lorsqu'elle se trouve sur le mont de Jupiter. Si elle n'est pas nette, le mariage ne se fera pas à cause d'ingérences étrangères. Une croix barrée dans sa partie inférieure montre une personne très aimée de son entourage.

L'étoile est signe d'une célébrité soudaine et inattendue dans l'activité exercée par le sujet. Je l'appelle le signe de la star, tellement la réussite sociale est alors tapageuse. Hélas, la fortune ne l'accompagne pas toujours.

La grille indique que le sujet traverse une période critique qui l'empêche de réaliser ses ambitions. D'où une grande tension nerveuse et un souci du qu'en-dira-t-on. Le signe disparaîtra avec les difficultés qui en sont la cause.

Le triangle annonce aussi la réussite, mais à la force

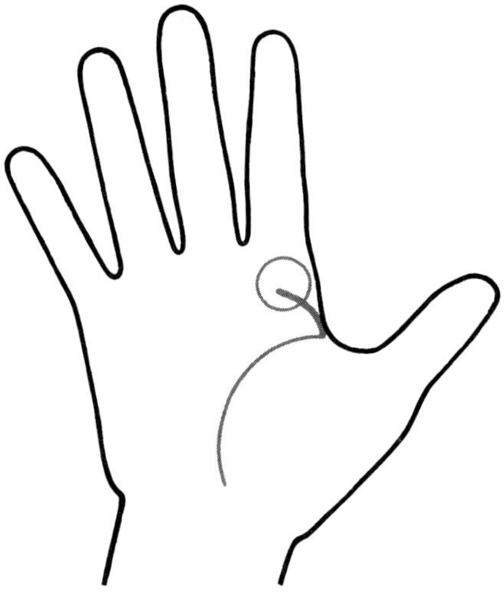

ligne de sympathie

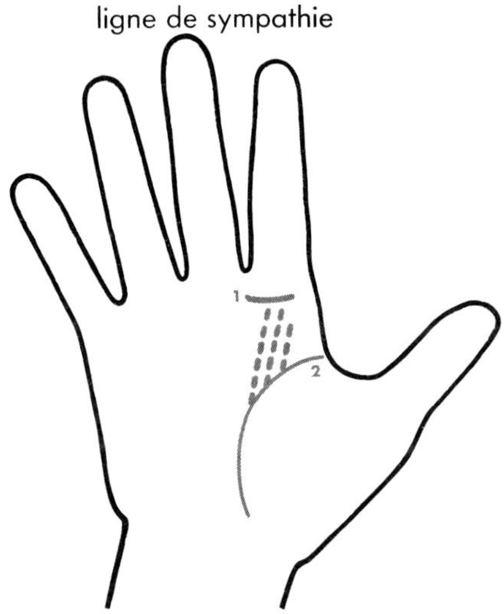

1. anneau de Salomon
2. lignes de réussite

du poignet ; il montre un talent de diplomate et un intérêt pour la société, spécialement lorsqu'il est accompagné de l'anneau de Salomon.

Lignes

Des lignes partant de la ligne de vie et grimpant sur Jupiter prédisent la réussite et la fortune.
La ligne de sympathie est une ligne droite qui part de la ligne de vie et traverse Jupiter en oblique. Comme son nom l'indique, celui qui en est doté est toujours prêt à écouter les autres et à les soutenir, car les problèmes qu'il a eus dans son enfance l'aident à les comprendre.

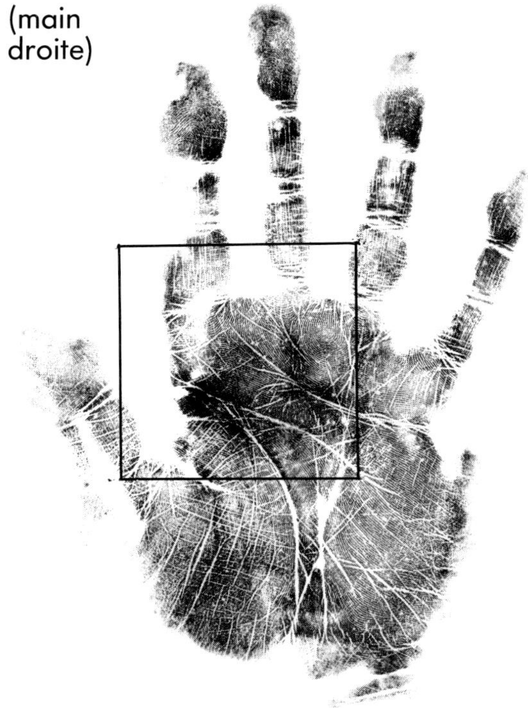

▲Mont de Jupiter

Il reflète la personnalité sociale. Celui-ci est orné de lignes dont l'une montant de la ligne de vie confirme le désir de réussir. Noter aussi sur l'empreinte ci-dessous, l'anneau de Salomon et la ligne de sympathie.

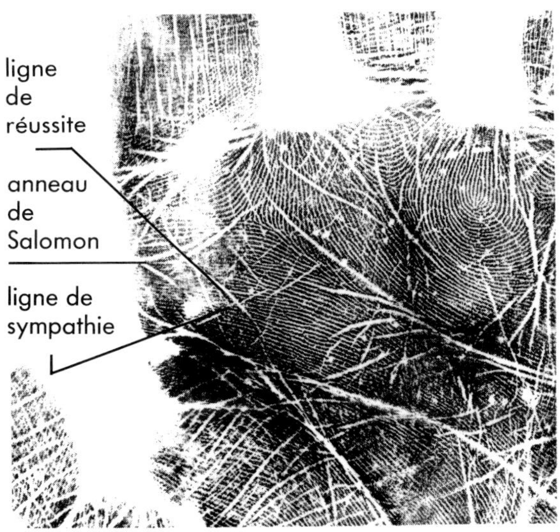

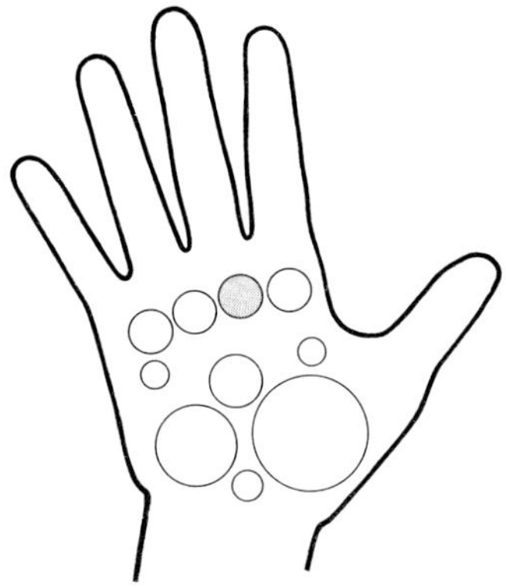

LE MONT DE SATURNE
Intériorité et préservation de soi

Dominé par le médius, le mont de Saturne a la même signification symbolique que lui. Il révèle le moi profond intériorisé, c'est-à-dire l'introspection, la responsabilité, le sens de la préservation, la recherche de la vérité, une harmonie intérieure. Son aspect négatif peut pousser à la solitude et à la misanthropie. Ne l'appelle-t-on pas le mont de la mélancolie ? Il ne faut pas oublier que la ligne de destin (appelée aussi saturnienne) s'élève vers ce mont.

Importance et emplacement

Son centre, l'apex, est habituellement plus élevé que celui des autres monts, mais il est rarement très développé.

Quant il est « normal » et situé au centre du mont, le goût de l'indépendance et de la solitude s'équilibre avec le besoin de vivre en société. Cette personne sera fidèle, constante, prudente et s'intéressera aux idées nouvelles.

Lorsqu'il est très développé, ses caractéristiques, poussées à l'extrême, seront négatives. La prudence devient méfiance et enfermement. L'introspection se transforme en analyse permanente et en nombrilisme. La personnalité devient taciturne, rigide et sur la défensive. Lorsque les doigts sont noueux, le saturnien préfère travailler seul dans la recherche, l'équilibre, les études religieuses et philosophiques.

Un mont de Saturne se penchant vers Jupiter dénote le sens de l'honneur et une grande confiance en soi. S'il se rapproche du Soleil, Saturne s'en trouve ensoleillé et hérite de son sens esthétique. Proche de la ligne de cœur, il montre la froideur.

Lignes et signes

Toute ligne verticale ascendante est bénéfique. Elle annonce le bonheur, la réussite et une fin de vie heureuse et pourvue.

Les lignes horizontales (qu'il ne faut pas confondre avec l'anneau de Vénus) trahissent des difficultés, qui seront plus pénibles si elles forment une grille.

Ces lignes ne sont souvent que momentanées.

La croix bien marquée annonce le mysticisme ou la superstition suivant le reste de la main. Située à la fin de la ligne de destin (ne pas la confondre avec ses ramifications), elle prédit, selon la tradition, une mort violente ; on l'appelle le signe de l'échafaud. Hitler l'aurait eu.

L'étoile terminant la ligne de destin a la même signification.

Le triangle montre un talent naturel pour les sciences et la recherche.

Le carré protégera des mauvais coups du sort.

L'anneau de Saturne, un cercle entourant la base du médius, est rarement permanent. Sa présence indique un blocage empêchant d'atteindre le succès, dont il faudra trouver la raison.

La ceinture de Vénus (qui affecte aussi bien Saturne que le Soleil) sera étudiée avec les lignes de la main.

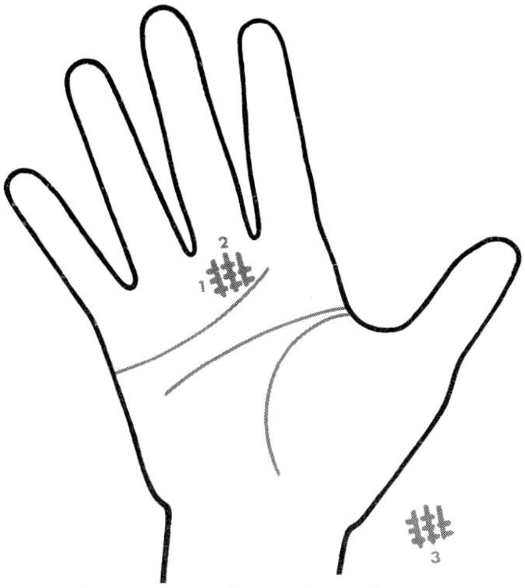

1. ligne ascendante bénéfique
2. ligne horizontale de difficulté
3. grille

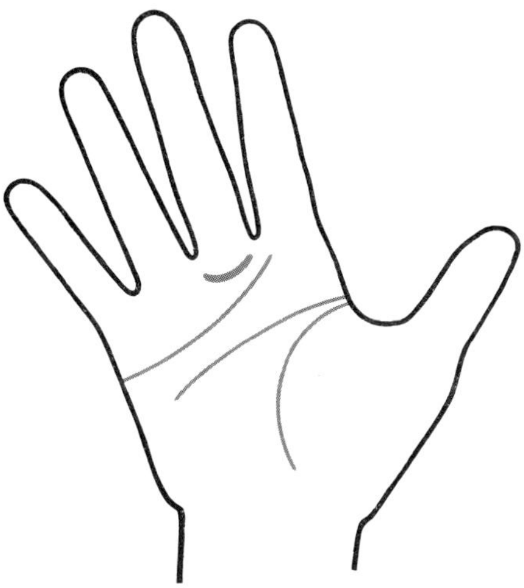

anneau de Saturne

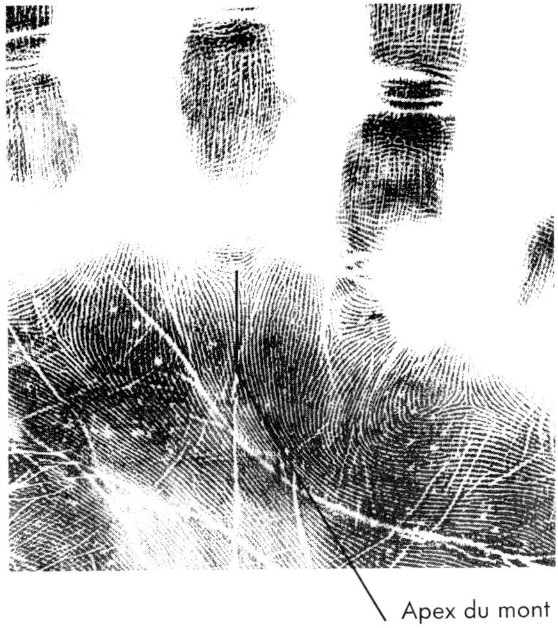

▲ Mont de Saturne

Il reflète l'intériorité et le sens de la préservation. Quand la ligne de destin, autrefois appelée saturnienne, atteint l'apex du mont, il s'agit d'une personne très carriériste et qui croit à la fatalité.

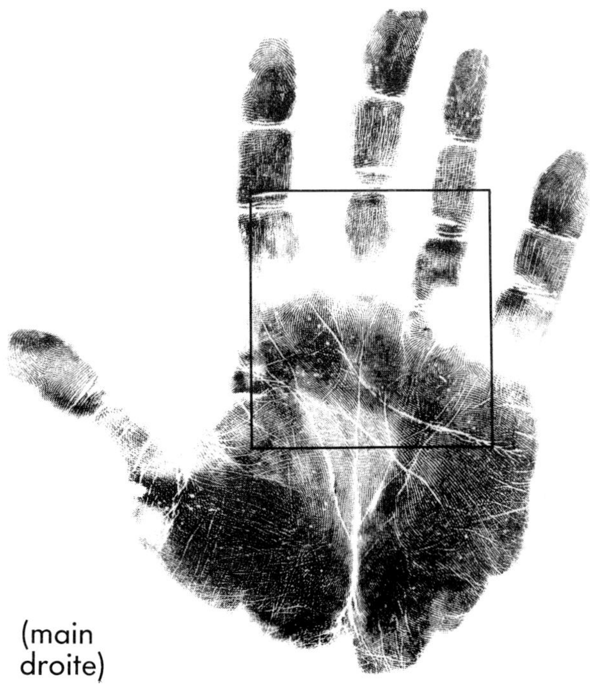

(main droite)

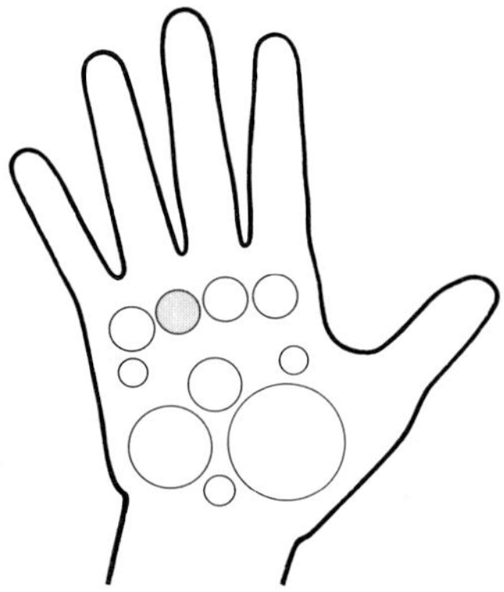

LE MONT DU SOLEIL

Bonheur et beauté

Le mont situé sous l'annulaire s'appelle aussi Apollon et Phébus. Unissant le moi extériorisé (Jupiter) et le moi intériorisé (Saturne), il est le mont de l'esthétique, de la réalisation artistique, de l'idéal, du bonheur de vivre et de la célébrité.

Importance et emplacement

Il est souvent peu renflé et s'incline vers l'un de ses voisins. Quand il penche vers Saturne, cela montre l'amour des enfants. S'il se tourne vers Mercure, le sujet aime la société. Lorsqu'il se déplace vers la ligne de cœur, il révèle un manque de sérieux qui peut conduire à l'irresponsabilité.
Bien marqué, il révèle des capacités artistiques, un grand sens esthétique et une créativité qui s'exprimera dans tous les domaines concernant l'art de vivre : art, musique, cuisine, théâtre, écriture, dessin, habillement, décoration, etc.
S'il est très saillant, ce bonheur de vivre se muera en poursuite effrénée du plaisir, de la gloire et de la richesse. L'amour de la beauté deviendra passion pour l'apparence, la vanité et la fatuité.

Lignes et signes

La présence de la ligne du Soleil (voir p. 197) sur ce mont lui donne sa pleine signification de chance, de bonheur et de réussite.

La croix est signe de difficultés d'argent et de torts à la réputation du sujet. Mais, si la ligne solaire remonte plus haut que la croix, ces problèmes s'arrangeront.

Le carré joue toujours son rôle de protection et annule les signes maléfiques.

La grille dénote une recherche frénétique de publicité.

Le triangle annonce prospérité et bonne fortune, sans que le sujet en ait la tête tournée. C'est un excellent signe pour tous ceux qui deviennent des personnages publics poursuivis par les médias !

L'étoile signifie ascension sociale, richesse et prestige grâce aux talents artistiques de la personne qui bénéficiera, en outre, de l'aide de gens importants.

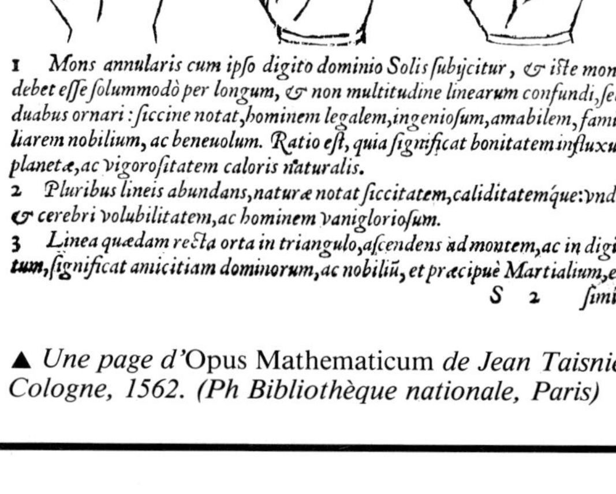

DE MONTE ANNVLARIS SIVE medici, ipſiuſque ſignis & digito, Caput XXIII.

1 Mons annularis cum ipſo digito dominio Solis ſubijcitur, & iſte mons debet eſſe ſolummodò per longum, & non multitudine linearum confundi, ſed duabus ornari : ſiccine notat, hominem legalem, ingenioſum, amabilem, familiarem nobilium, ac beneuolum. Ratio eſt, quia ſignificat bonitatem influxus planetæ, ac vigoroſitatem caloris naturalis.

2 Pluribus lineis abundans, naturæ notat ſiccitatem, caliditatemque: vnde & cerebri volubilitatem, ac hominem vanglorioſum.

3 Linea quædam recta orta in triangulo, aſcendens ad montem, ac in digitum, ſignificat amicitiam dominorum, ac nobiliũ, et præcipuè Martialium, et

S 2 ſimi-

▲ *Une page d'*Opus Mathematicum *de Jean Taisnier, Cologne, 1562. (Ph Bibliothèque nationale, Paris)*

▼ *Planche sur le mont du soleil des* Principes de la Chyromance, *tirée des* Œuvres mathématiques *de Jean Taisnier, Paris 1677. (Ph Bibliothèque nationale, Paris)*

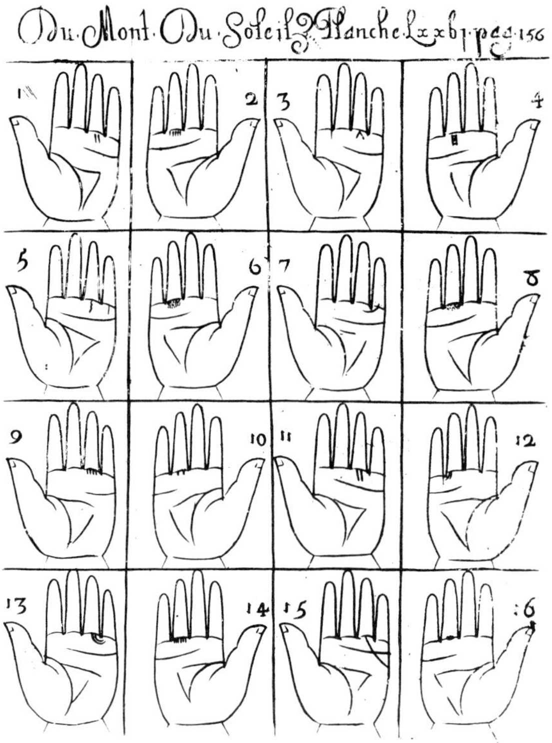

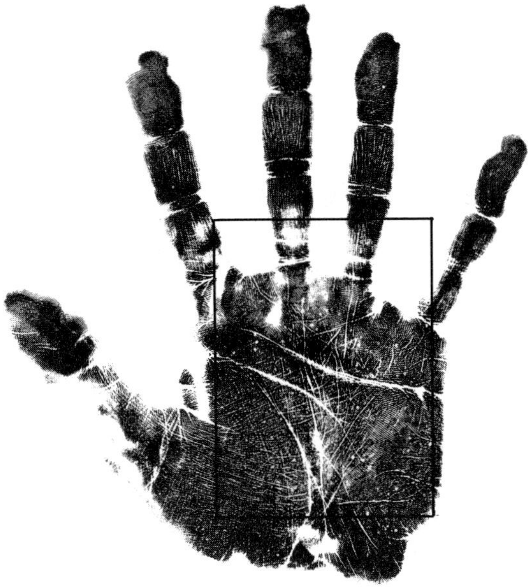

▲ Mont du Soleil

Plutôt creux que mont, il symbolise l'harmonie entre le moi extériorisé (Jupiter) et le moi intériorisé (Saturne) que la présence d'une ligne de Soleil confirme comme on le voit ici.

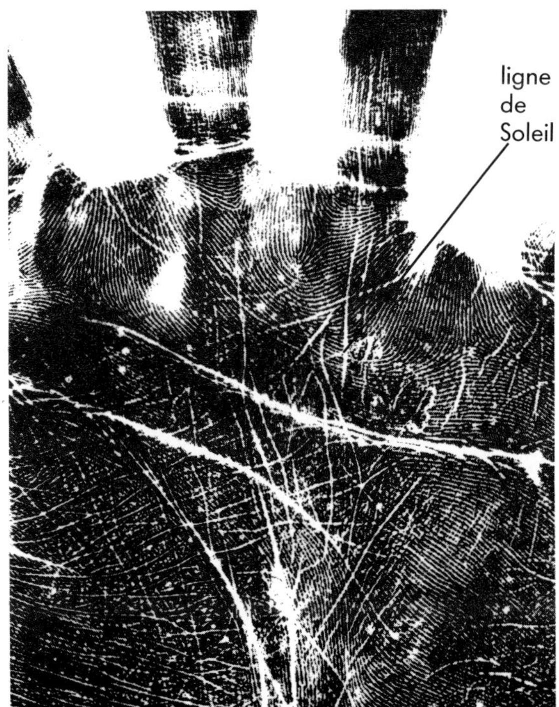

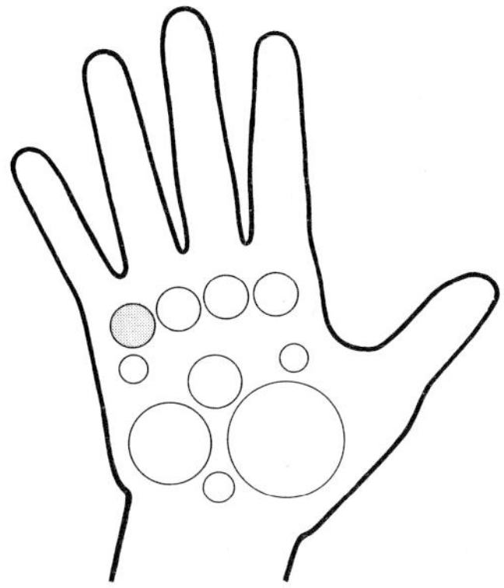

LE MONT DE MERCURE
Communication et sens des affaires

Ce mont est à l'image de Mercure, dieu de l'Eloquence, du Commerce, des Voleurs, de la Médecine et des Sciences et messager des dieux. Il représente donc la communication, l'expression parlée ou écrite. Il symbolise aussi la sagesse, la rapidité d'esprit et une appréciation exacte d'autrui. Ne pas oublier que la ligne d'intuition, qui est très rare, remonte du mont de la Lune vers Mercure. Voilà pourquoi on l'appelle la mercurienne (voir page 203). Ce mont prend sa pleine signification avec un auriculaire long, dont l'attache est au même niveau que celle de l'annulaire.

Importance et emplacement

Bien développé, et spécialement avec un auriculaire long, il montre des talents pour le commerce et la communication orale et écrite : journalisme, relations publiques et métiers du voyage. Rapides et astucieuses, ces personnes amèneront les autres à adopter leurs idées sans en avoir l'air. Elles aiment les contacts, voient énormément de gens et adorent le changement.

Excessivement développé, le mont de Mercure montre un goût immodéré pour l'argent. Ces gens iront jusqu'à mentir et voler pour arriver à leurs fins, surtout si le petit doigt est tordu vers la paume.

Plat et avec un auriculaire très court à l'attache basse, il indique un naïf facile à berner et qui a du mal à s'exprimer.

Quand l'apex est situé bien dans l'axe de l'auriculaire et que ce dernier est long, cela révèle une personne possédant un talent d'orateur et le don de convaincre.

Lorsque le mont de Mercure s'incline vers le Soleil, il annonce une personne qui regarde ses problèmes avec humour et optimisme.

Déplacé vers le tranchant de la main, il est signe de courage et de sens des responsabilités.

Un apex vers la ligne de cœur annonce du bon cœur et une personne prompte à aider autrui.

Lignes et signes

Les lignes verticales dénotent une grande intuition, en particulier sur le plan médical. C'est pourquoi on les appelle les stigmates du guérisseur, les lignes du bon samaritain et le signe du médecin. Ces lignes peuvent être simples ou coupées par une oblique venant du tranchant de la main. Elles annoncent une compréhension des autres et un don naturel pour guérir.

Quand la ligne de santé (voir page 203) forme l'une des barres du stigmate, ce don se double d'une bonne intuition et d'un diagnostic sûr.

Si la ligne du Soleil ou une ramification forme l'une des verticales, la personne connaîtra une grande réussite dans l'art de guérir, médecine ou autre.

Si la ligne d'intuition forme l'un des stigmates, ce qui est très rare, le diagnostic sera infaillible ! Si vous voyez ce signe dans la main d'un enfant, recommandez-lui une carrière médicale. Présent dans une seule main (la gauche pour les droitiers), ce don est hérité d'un parent.

Les lignes sur le tranchant de la main et les lignes descendant de l'auriculaire au-dessus de la ligne de cœur sont appelées lignes de mariage et des enfants (voir page 185).

Le carré permet de dominer le surmenage et la tension nerveuse.

La croix annonce la malhonnêteté.

L'étoile développe le goût des études et de la recherche.

La grille indiquerait une tendance à la malhonnêteté.

Le triangle confirme les capacités mentales et renforce la ligne de tête. Le sens inné des contacts facilitera les relations amicales et professionnelles.

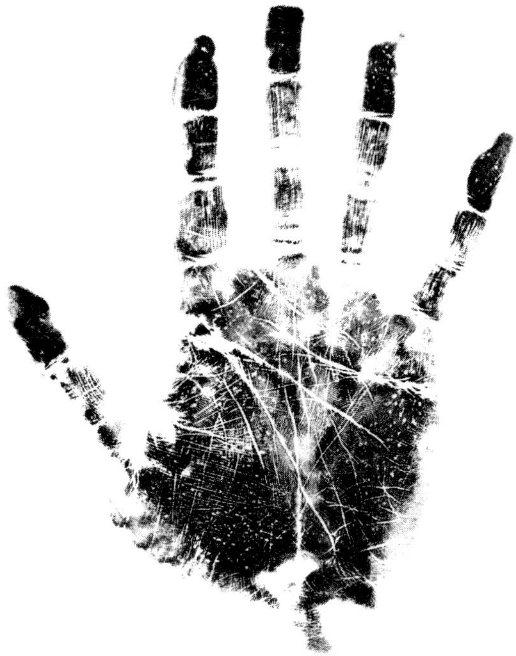

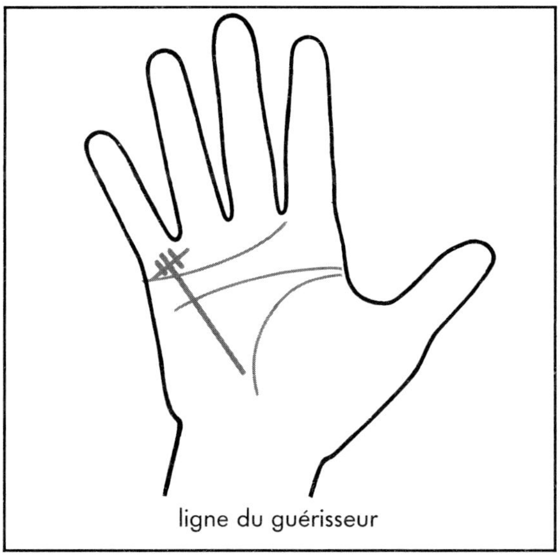

▲ Mont de Mercure

Tel le dieu Mercure, il représente la communication, l'expression parlée et écrite, le sens du commerce et l'intuition, comme le préciseront les mercuriennes, les lignes qui l'habitent. Sur l'empreinte ci-dessous, notez les lignes du guérisseur.

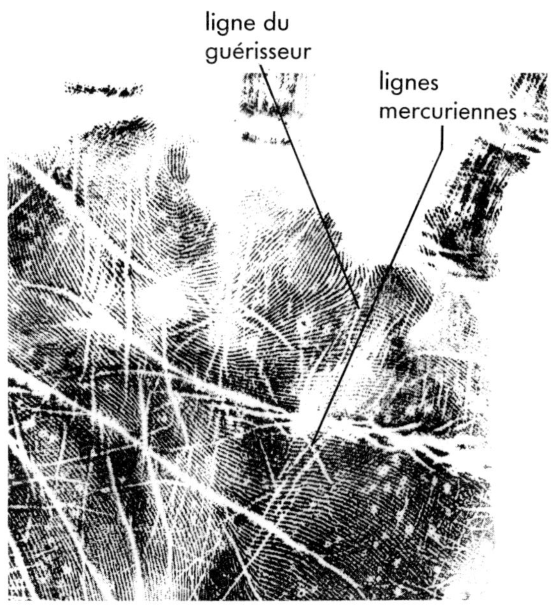

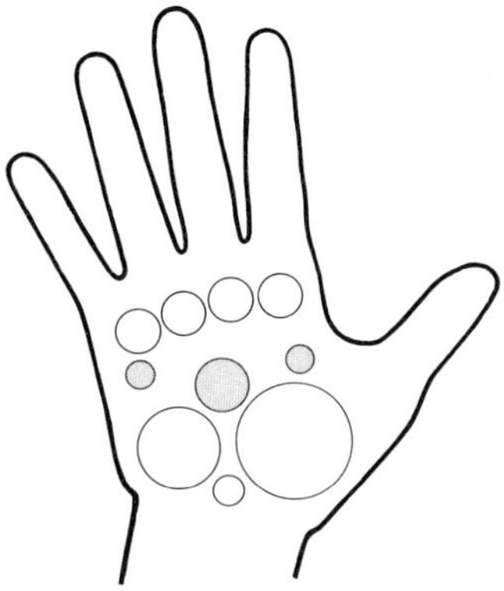

MARS, SES MONTS ET SA PLAINE

La combativité

Mars se décompose en deux monts de part et d'autre de la main.

Mars positif

Il se trouve à la base de l'index, entre la ligne de vie et le mont de Vénus. Il est qualifié de positif parce que toute la partie de la paume qui comprend le pouce jusqu'à la ligne de destin est appelée positive.

Bien développé, il indique le courage physique, du sang-froid, de l'énergie et de la résolution, avec le sens du danger. Mais lorsqu'il est trop important, c'est le signe d'un casse-cou qui se lance dans des aventures périlleuses sans en évaluer les risques, et aussi d'un être impulsif, capable de violence et très sensuel.

Un mont plat ne veut pas dire qu'on soit lâche. Le courage peut être moral, et c'est l'examen de Mars négatif qui le confirmera.

▼ Mars, ses monts et sa plaine

Mars positif (A) signifie le courage physique alors que Mars négatif (B) symbolise le courage moral. Au centre, la plaine de Mars (C) montre la combativité qu'on déploie dans la vie.

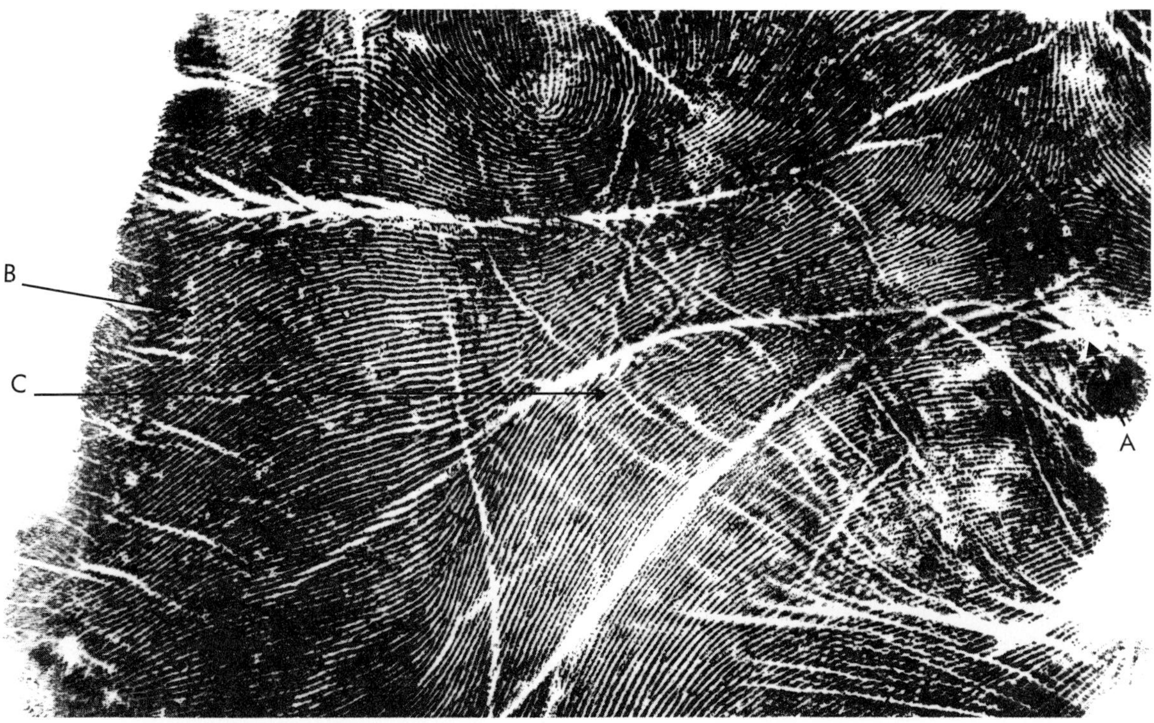

Lorsque Mars positif se déplace vers Jupiter, l'amour-propre et la dignité provoqueront le courage. Près du mont de Vénus, il annonce que le courage sera suscité par l'affection et l'amour des siens et contre le pouce, par la volonté. Lorsque Mars se déplace vers le milieu de la paume, le sujet adore vivre dangereusement.

La croix et la grille annoncent une mort subite.

Le carré protège des dangers.

Le triangle, lui, promet distinctions et avancement grâce au courage physique : un rang plus élevé pour un militaire ou la notoriété pour un cascadeur.

Mars négatif

Il se trouve sous l'auriculaire entre la ligne de cœur et la ligne de tête, sur la partie dite négative de la main. Il indique du courage moral, de la force d'âme et l'aptitude à faire face à l'adversité. Excessivement développé, il annonce un caractère coléreux et une sexualité débordante.

Le carré renforce les qualités du mont et montre la faculté de dominer les dangers physiques.

La croix indique une possibilité de danger et invite à se tenir sur ses gardes.

La plaine de Mars

C'est la dépression qui se trouve au centre de la paume. Plus elle est ferme et plus la personnalité est forte. Si, lorsqu'on appuie dessus, elle donne l'impression d'un manque de consistance, c'est l'indication d'un caractère faible et influençable.

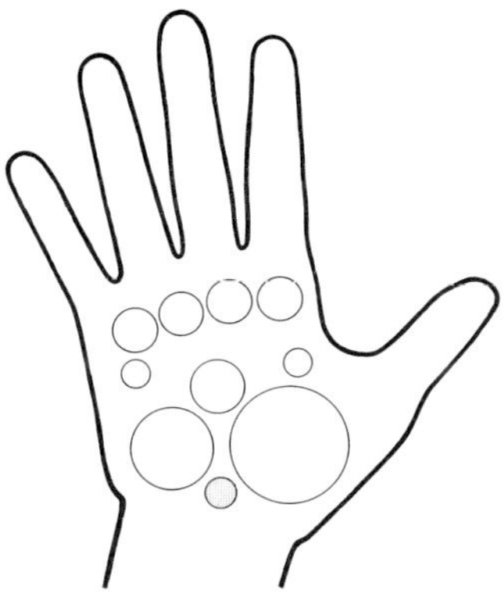

LA VALLEE DE NEPTUNE
Mémoire et charisme

C'est le creux qui existe entre le mont de Vénus et le mont de la Lune, au-dessus du poignet. Quand l'apex y dessine un triangle, c'est le signe d'une vive mémoire des sensations, celle de l'écrivain se rappelant son enfance, par exemple.
Une vallée bien marquée montre du charisme et un grand pouvoir de persuasion. Vérifiez sur Mercure les signes qui le confirment (stigmates du guérisseur, auriculaire long, mont de Mercure situé bien au milieu) ainsi que la longueur de Jupiter.

La croix du sauvetage, entre les lignes de vie et de destin, indique, si elle est bien marquée, qu'on sauvera quelqu'un : avant 30 ans, si elle n'existe que dans la main gauche (pour les droitiers) et plus tard, si elle apparaît sur la main droite.

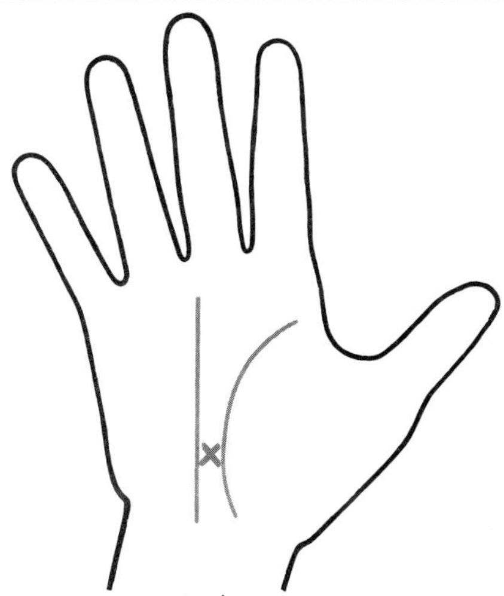

croix de sauvetage

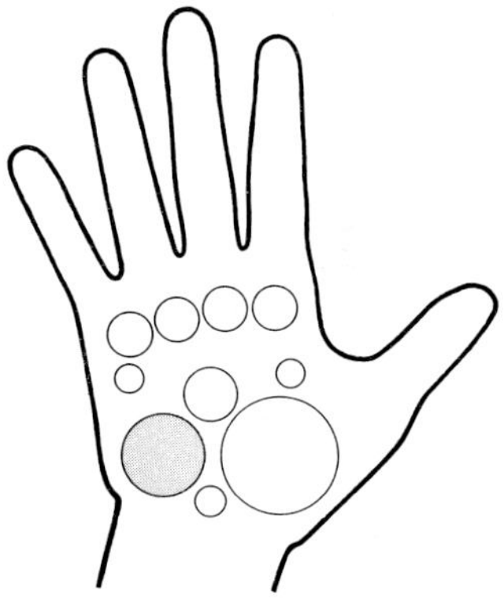

LE MONT DE LA LUNE
Subconscient et instinct

Situé à l'opposé de Vénus, au-dessus du poignet, ce mont est l'élément passif réceptif et émotionnel de notre personnalité. Il est notre mémoire subconsciente et enregistre nos impulsions, nos instincts, notre imagination et notre intuition. C'est aussi le mont des voyages, de la nature, de la poésie, de la musique, des artistes, des mystiques et, lorsque sa couleur est plus vive que celle du reste de la main, celui des médiums.

Importance et emplacement

S'il est normal, l'imagination est tempérée par le réalisme.

Bien développé et arrondi, il indique une vive imagination et une grande sensibilité, le sens de la beauté sous toutes ses formes et des talents artistiques. Le mysticisme attire et l'intuition est grande.

Dur et en saillie, il atteste une grande imagination qui se traduira dans la création artistique (écrivains, compositeurs, poètes).

Lorsque le mont est anormalement large, l'imagination est débordante et changeante. Le caractère peut donc manquer de constance et de fermeté.

Large et mou, il dénote une susceptibilité très vive. D'un naturel triste, cette personne se réfugie dans les rêves.

Plat, il est signe de manque de sympathie, de générosité et de vie monotone.

Quand le mont de la Lune est proche de Mars négatif, les dons créatifs sont décuplés et s'exercent sans perdre le sens des réalités.

S'il s'appuie sur le poignet et prend une forme oblongue, l'imagination est très grande et la personne possède un talent inné pour les pouvoirs occultes.

Déplacé vers le centre de la paume, il indique que tout sera mis en œuvre pour réaliser les talents imaginatifs.

Lignes et signes

Un mont clair ayant très peu de lignes appartient à une personne qui sait ce qu'elle veut et qui a de la suite dans les idées.

Plus il est rayé de fines lignes, plus vives sont l'imagination et l'intuition.

Les lignes nettes et profondes qui partent du tranchant de la main et s'enfoncent dans le mont de la Lune indiquent les voyages.

Une ligne horizontale et nette annoncera un voyage de loisirs lointain.

Horizontale et remontant en arc de cercle vers le haut du mont, ce voyage aura un but précis et sera une réussite.

Lorsque la ligne descend vers le poignet, ce n'est jamais bon signe.

Si elle démarre à l'horizontale et va toucher la ligne de destin, elle annonce une rencontre en voyage, qui aura de l'influence sur la vie du sujet.

Il arrive qu'on trouve plusieurs lignes traversant le mont de la Lune. Ce sont les mercuriennes. Suivant leur tracé, elles s'appelleront ligne de santé, ligne d'intuition, ligne d'affaires et ligne lascive ou voie lactée (voir pages 188, 203, 206).

Une île sur le mont de la Lune est un signe de clairvoyance.

Une grille montre de la tension nerveuse et une tendance à la mélancolie. Elle peut bien sûr n'être que momentanée.

Un triangle assure le succès et la renommée.

Une étoile et une croix terminant la ligne de tête annoncent une certaine fragilité mentale. Examinez la ligne de tête. Une étoile et une croix sur le mont de la Lune avertiraient d'un risque d'accident pendant un voyage, spécialement par l'eau.

Le carré protège son possesseur des dangers du voyage.

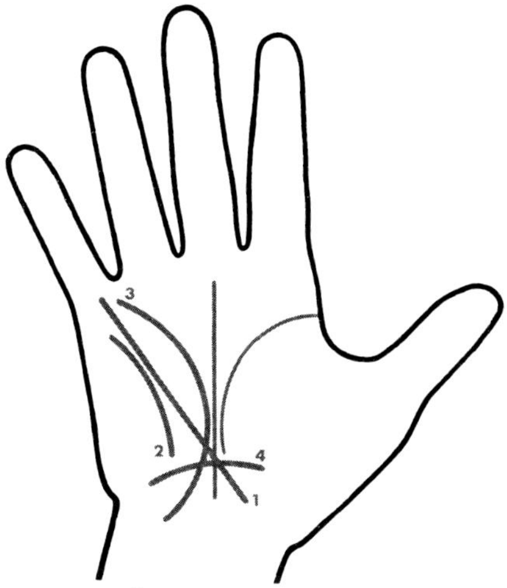

lignes mercuriennes
1. ligne de santé
2. ligne d'intuition
3. ligne d'affaires
4. ligne lascive ou voie lactée

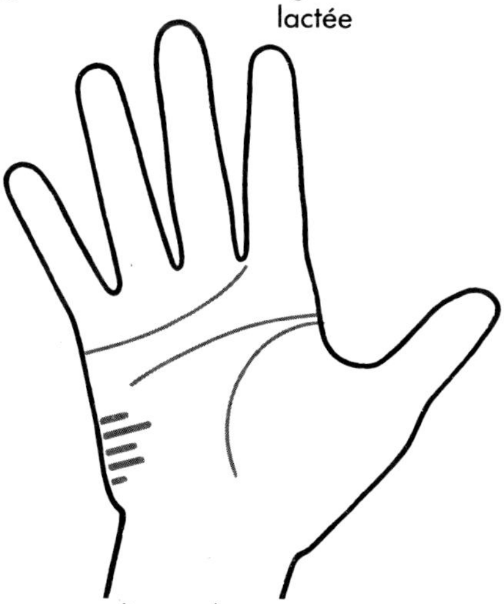

lignes de voyages

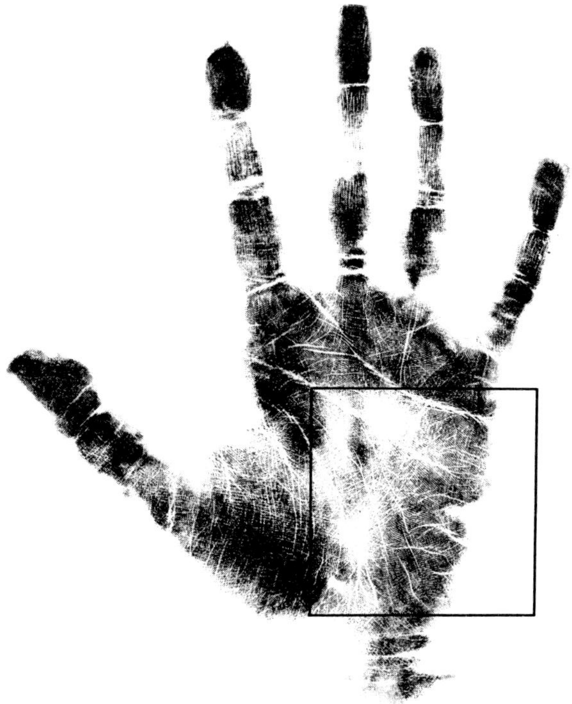

▲ Mont de la Lune

Il est notre mémoire subconsciente et enregistre nos impulsions et nos instincts. Il montre aussi l'imagination et l'intuition qui seront encore plus vives s'il est rayé de lignes.

LES DERMATOGLYPHES DIGITAUX ET PALMAIRES

Les sillons cutanés des doigts, appelés dermatoglyphes, sont déjà formés chez un fœtus de dix-huit semaines. Contrairement aux lignes de la paume, ils ne changeront pas jusqu'à la mort. Voilà pourquoi les empreintes digitales ont été utilisées comme moyen d'identification en Chine dès 700 ap. J.-C., et même avant, comme l'attestent les empreintes trouvées sur des monuments très anciens.

Des criminels voulant échapper à la police ont réussi à effacer à l'acide leurs empreintes digitales et à faire greffer une nouvelle peau, mais leur deuxième phalange les a trahis.

On ne peut effacer les dermatoglyphes digitaux, mais leur motif de base peut se compliquer à force de travail et d'exercices musculaires du bout des doigts. Cela est particulièrement vrai pour les pianistes.

UN MOYEN D'IDENTIFICATION

En Europe, le grand spécialiste des dermatoglyphes, le médecin tchèque Jan Purkyne (1787-1869) fut le premier à étudier les motifs distincts de la main sous l'angle génétique et médical. Sa classification fait encore autorité.

Au début du siècle, sir Francis Galton (1822-1911) découvre que les motifs digitaux ne changent pas et il les classe en boucles, volutes et arcs. A la même époque, à Paris, Alphonse Bertillon (1853-1914) met au point sa méthode anthropométrique reposant sur la description du corps humain (mesures, photographies, empreintes digitales) et permettant l'identification des criminels.

Quant à la dactylomancie, l'interprétation des dermatoglyphes, bien qu'elle soit une science très ancienne au Japon et en Chine, ce n'est que dans les années quarante que Noël Jaquin, célèbre chirologue anglais, fait le rapprochement entre le caractère et les motifs des empreintes digitales. On trouvera plus d'informations sur ces questions dans l'ouvrage de Beryl B. Hutchinson, *La Main, reflet du destin* (Payot, 1978), dont je me suis principalement inspirée, en particulier dans le chapitre II, « Dessins digitaux ».

Rappelons que, dans les religions croyant à la métempsycose, le motif digital du pouce est la marque du karma, c'est-à-dire l'âme des vies antérieures que nous réincarnons, ce qui renforce encore la signification du pouce, symbole d'énergie et de volonté.

Pour interpréter les dermatoglyphes, il faut examiner les doigts des deux mains et demander si la personne est droitière ou gauchère. Les remarques suivantes concernent les droitiers ; les inverser pour un gaucher.

◄ *Empreinte digitale. Boucle et arc. (Ph Corson-Fotogram)*

TYPES DIGITAUX FONDAMENTAUX

Le type le plus commun est la boucle, qui montre le goût de vivre en société. A l'inverse, la volute appartient à l'individualiste. L'arc simple a l'esprit pratique et on peut lui faire confiance. L'arc en forme de tente donne des conseils, mais a du mal à agir lui-même.

Plus le motif est haut sur le bout du doigt et plus le monde intellectuel prime. Bas, il sera plus matériel. Au milieu, il montre un bon équilibre.

Boucles

Il existe deux types de boucles :

- la boucle ulnaire, la plus habituelle, tournée vers le tranchant de la main, indique une personne menée par les événements et les impulsions de la vie ;
- la boucle radiale, beaucoup plus rare, semble issue du pouce ; elle dénote un sujet agissant quand il l'a décidé et au mieux de ses intérêts.

boucle radiale

boucle ulnaire

▲ *Service d'identité de la police. (Ph. Collection Viollet)*

double boucle

volute et deltas

volute en coquillage

boucle et arc

arc simple

arc de tente

petite double boucle

boucle avec œil de paon

Les personnes ayant des boucles sont très sociables. Elles ont besoin de la société. Elles aiment le travail en équipe et débordent d'activité. S'intéressant aux idées neuves, elles s'adaptent aisément, mais elles sont impulsives, leurs réactions sont affectives et émotives.
Une volute ou un arc sur le pouce ou l'index renforceront la personnalité. Par exemple, une boucle sur l'index gauche et des signes tels qu'une volute ou un arc sur l'index droit développent l'agilité d'esprit et le sens de l'improvisation. Même chose pour les pouces.
Boucles sur les pouces et volutes sur les autres doigts sont l'expression de l'individualisme au sein d'une équipe.

Volutes

C'est le motif qu'on retrouve le plus souvent sur l'annulaire, l'index et le pouce. Il en existe deux types :

- concentrique avec deux deltas, signe d'individualisme s'exprimant dans l'action ;
- en coquillage, signe d'individualisme plus introverti ; besoin de solitude.

Les doigts à volutes prennent leur temps pour se faire une opinion, mais l'action est extrêmement rapide. Ils doivent prendre garde que leur individualisme ne les enferme pas dans une tour d'ivoire.

Sur l'index

Une volute sur l'index droit montre le désir de réussir par soi-même. Mais avec une boucle sur l'index gauche, la détermination sera moindre ; le sujet sera trop accommodant dans ses choix.
Boucle sur l'index droit et volute sur l'index gauche : aptitude à remplir n'importe quelle fonction professionnelle, mais en se gardant son domaine réservé.
Volute sur les deux index : le sujet se sentira « appelé » à aider la communauté dans l'exercice de son métier.
Volute haute : signe plus intellectuel (exemple, écrivain).
Volute basse : signe plus matériel (exemple, bâtisseur).

Sur le médius

Idées très personnelles.
Sur les deux : originalité. Personne qui tient à ses idées dur comme fer. Religiosité très originale.
Volute sur l'un et boucle sur l'autre : largeur d'esprit. Capable d'accepter d'autres idées que les siennes.

Sur l'annulaire

Sur un seul : beauté et bonheur.
Sur les deux : originalité en matière de décoration. Style de vie et habillement adaptés à sa propre personnalité, sans souci de l'opinion des autres.

Sur l'auriculaire

Une seule volute et une boucle : sensibilité à la mode, mais goût classique.
Volute et phalange onglée longue : excellente faculté d'élocution. Personne défendant ses idées.

Sur le pouce

Sur tous les doigts et sur le pouce : harmonie de caractère. Décisions lentes, mais inébranlables une fois prises.
Volute sur l'un et boucle sur l'autre : énergie plus faible.

Arcs

Ils montrent une personnalité solide et bonne, à qui l'on peut faire confiance.

Sur l'index

Cela renforce ses caractéristiques : fidélité, force, courage.
Arc sur l'un et volute ou boucle sur l'autre : l'arc renforce le sens pratique de la boucle ou de la volute.
Arcs sur les deux (avec quatre des dix doigts portant l'arc) : difficulté à exprimer ses sentiments.

Sur le médius

Exigence en matière de religion. Recherche d'affaires à remettre sur pied et à réorganiser.

Sur l'annulaire

Application pratique du sens artistique.

Sur l'auriculaire

Caractère réservé.

Sur le pouce

Avec une robuste phalange onglée, l'arc est un signe de volonté et d'efficacité. Personne qui va droit au but.
Lorsque l'arc comporte les débuts d'une boucle (appelés vestiges), on le classe dans les boucles.

Boucle double ou entrelacée

Habituellement classée dans les volutes parce qu'elle possède deux deltas, on trouve ce type de boucle sur les pouces, les index, les annulaires. Il en existe deux formes :

- une petite courbure en S bien précise, qui montre une nature plutôt réservée ;
- deux boucles larges qui s'entrecroisent, signe d'une personnalité extravertie.

Contrairement à l'individualisme actif de la volute, elle dévoile un conflit intérieur. La personne est capable d'envisager un problème sous tous ses aspects, mais elle n'arrive pas à fixer son choix, par manque de confiance en soi. Elle veut tellement bien faire qu'elle n'agit pas. C'est le signe du perfectionniste.
Lorsqu'il n'y en a qu'une ou deux sur les dix doigts, en particulier sur l'index, le sens des responsabilités est plus vif, ainsi que le goût du travail bien fait. Mais sur le pouce, la double boucle renforce l'irrésolution. Cette personne a un mal terrible à prendre une décision et à s'y tenir. L'anneau de Vénus augmente encore cette disposition.

Boucle simple sur un pouce et double sur l'autre : décision rapide mais interrogation après coup. Si la main est forte, on se tiendra à cette solution et on en tirera le meilleur parti.
Boucle double et volute : irrésolution accentuée.
Lorsqu'il existe une boucle double sur l'index ou le pouce et sur l'annulaire, l'irrésolution se fait sentir également sur le plan affectif et émotif.
Elle est rare sur le médius ; elle montre un conflit entre les tendances spirituelles et matérielles.

Arc en forme de tente

Il ressemble à un arc raidi et apparaît surtout sur l'index. C'est le signe du penseur, sujet à l'enthousiasme.
Sur l'index, le sujet sera prompt à l'emballement.
Sur un pouce rigide, cet enthousiasme se maintiendra.
Sur un pouce flexible, les enthousiasmes seront successifs et multiples.
Sur le médius, il révèle un adepte fervent des doctrines religieuses ou politiques.
Sur l'annulaire, il est signe de passion musicale.

Motifs composés

La plupart d'entre eux ont été identifiés par Purkyne.
Si le noyau central d'une boucle se dégage nettement, cela renforce les qualités de jugement et de discernement.
Lorsque le centre ressemble à un œil humain, les facultés d'observation seront excellentes. Dans la tradition hindoue, ce motif est appelé œil de paon. Sur l'annulaire, il protège du danger.

DERMATOGLYPHES PALMAIRES

Dans la continuation de la pliure d'un doigt, sur les monts, se trouvent éparpillés des dermatoglyphes aux motifs spécifiques à l'intérieur de la main. Pour les repérer, munissez-vous d'une bonne loupe. Chacun a sa signification.

Le roi

C'est une petite boucle qui s'inscrit entre Jupiter et Saturne. En Inde, on l'appelle le signe du Rajah. Il indiquerait qu'on a du sang royal. De nos jours, les trônes se faisant rares, il s'agira d'une personne qui réussit à maintenir son rang. Ou encore de quelqu'un qui occupe un poste d'une grande importance.

Le sens des autres

Cette boucle descend sur la paume entre l'annulaire et le médius. Peut-être est-ce une alliance entre le sens du bonheur qu'apporte le Soleil et le besoin d'approfondissement de Saturne, qui pousse le sujet à avoir besoin de consacrer son temps à la communauté ?

Humour et vanité

Une boucle entre l'annulaire et l'auriculaire montre la faculté de voir la vie avec humour et d'en rire. C'est une marque d'optimisme. Ce sens humoristique peut faire passer son propriétaire pour un farceur, mais il l'aide à dominer ses problèmes.
Si cette boucle penche vers l'annulaire, l'humour est faussé par la vanité. Cette personne rit des autres mais n'accepte pas qu'on rie d'elle.

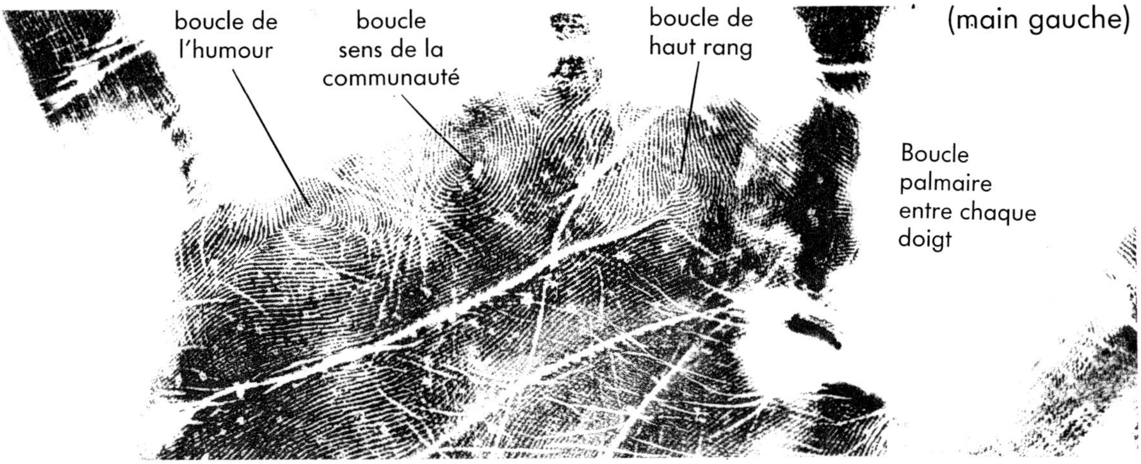

▲ *Celle située entre l'index et le médius indique que cette personne exerce un poste important. La suivante donne le sens de la communauté. La dernière est signe d'optimisme et d'humour.*

Le courage

Cette boucle est située sur le mont de Mars positif, qui symbolise le courage. Elle renforce le mont et annonce le culte de l'héroïsme. Lorsque la boucle se dirige vers l'anneau de famille, le courage s'exercera pour protéger la famille.

La musique

Ces trois boucles se trouvent sur le mont de Vénus et annoncent toutes l'amour de la musique. L'une part du poignet et remonte vers le mont : c'est le goût de la musique en général. L'autre, en forme de haricot strié, montre la sensibilité pour les instruments à cordes. La boucle partant du bas du mont de Vénus vers l'angle d'évaluation du temps annonce de l'oreille pour les cuivres.

La réussite

Un œil de paon (voir p. 146) sur le mont de Vénus annonce une existence pleinement réussite.

Le sixième sens

Cette boucle prend son départ sur le mont de Jupiter ou au-dessous de la ligne de tête et descend soit sur Mars négatif, soit sur le mont de la Lune. Son possesseur a un don psychique précieux pour guérir, soulager ou exercer la radiesthésie. Ce don peut aussi prévenir des dangers et s'exercer comme un sixième sens.

Le sens de la nature

Une boucle sortant du milieu du tranchant de la main et montant sur la Lune dénote un sens aigu de la nature, qui peut se traduire par une passion pour le jardinage, ou encore par un talent de sourcier.

L'inspiration

Une boucle qui prend sa source sur Neptune et monte vers la Lune est signe d'inspiration continue. Elle est rarissime.

Les contacts humains

Une boucle venant de la plaine de Mars sous le médius et descendant vers Neptune annonce un don inné pour les contacts humains. Cette boucle est, elle aussi, rarissime.

Volutes, boucles doubles et arcs

Comme nous l'avons expliqué pour les dermatoglyphes digitaux, la volute est signe d'individualisme. Quand elle apparaît sur un mont, elle en adopte les attributs spécifiques. Il en est de même pour l'arc en forme de tente, le signe de l'enthousiasme. Quant à la boucle entrelacée, elle signale une difficulté d'action provenant d'un manque de confiance en soi et d'une tendance au perfectionnisme.

---

1. Voir Beryl B. Hutchinson, *La Main, reflet du destin,* Paris, Payot, 1978, chapitre 5.

LES DOIGTS ET LES MONTS MYTHOLOGIE ET SIGNIFICATION

Vénus	Le pouce et le mont	Déesse de l'Amour.	Energie vitale active, volonté, réflexion et raison, tact et diplomatie, amour, sensualité, passion, violence, désir de vivre.
Jupiter	L'index et le mont	Père et maître des dieux. Dieu du Ciel et de la Terre, du Jour, du Temps, de la Foudre et du Tonnerre.	Pouvoir, ambition, domination, expression du moi dans le monde extérieur, désir de réussir, religiosité, sens de l'adaptation.
Saturne	Le médius et le mont	Dieu de la Paix, de l'Abondance et de l'Agriculture.	Arbitre entre le moi et le Ça, destin, équilibre, harmonie, spiritualité.
Soleil	L'annulaire et le mont	Apollon, dieu de la Lumière, des Arts et de la Divination conduisant le char du Soleil.	Art, bonheur, réalisation de son idéal, créativité, vie affective et émotionnelle, divination.
Mercure	L'auriculaire et le mont	Dieu de l'Eloquence, du Commerce, des Voleurs, des Voyageurs et messager des dieux.	Comportement sexuel et relations parentales. Capacités vocales, éloquence. Communication, adaptation, réceptivité mentale, équilibre psychique, sensibilité. Honnêteté, goût pour l'étude et l'enseignement. Intuition.
La Lune	Mont opposé au pouce	Mère des âmes et à leur image. Croissant : Diane, lien entre esprit et matière, ciel et terre. Pleine : destin des âmes sur terre. Noire : Hécate, l'âme au séjour des morts.	Mémoire subsconsciente enregistrant impulsions, instincts, imagination et intuition. Mont des voyages, nature, poésie, musique. Artistes, mystiques, médiums.
Mars	Positif, entre pouce et ligne de vie	Dieu de la Guerre (violence, combats), des Travaux des champs et des Bœufs (énergie terrestre), protecteur de Rome. Le loup : son symbole (férocité et cruauté).	Positif : courage physique, sang-froid, énergie, goût du risque, impulsivité, violence, sensualité.

Mars	Négatif, sous ligne de cœur Plaine : au centre de la paume		Normal : courage moral, force d'âme. Excessif : coléreux et obsession sexuelle. C'est là que se jouent les combats de la vie. Fermeté ou faiblesse de la personnalité.
Neptune	Vallée, en bas de la paume entre destin et vie	Fils de Saturne, frère de Jupiter et de Pluton. Dieu de la Mer. Résidait dans les Abîmes, le fond des océans, où il tenait enfermés les monstres marins qui traînaient son char sur les flots (eau et monstres : l'inconscient et ses dangers).	Mémoire, communication avec l'enfance, charisme, persuasion, croix du sauvetage.

▼ *La roue perpétuelle pour pronostiquer les années fertiles et stériles, tirée d'un manuscrit de Nostradamus, astrologue et médecin français (1503-1566). Gravure d'Antoine de Far (vers 1640). Bibliothèque nationale, Paris. (Ph Collection Viollet)*

独立之相
芸能
鑑定
金野成吉
川口市青木町五
胃腸病の相
芸術の相
技術
守本尊
不動明王
大日如来

LA CHIROMANCIE : LES LIGNES DE LA MAIN

« Pour quelqu'un d'attentif, tout est écrit, tout peut être signe. Il s'agit de savoir lire. Pour cela, il serait bien nécessaire d'apprendre à l'homme l'art de voir. »

Carl C. Jung
Psychologie et alchimie

◀ *Affiche exposant la lecture des lignes de la main, dans la banlieue de Tokyo, Japon, 1983. (Ph R. Kalvar-Magnum)*

Comme les cours d'eau, les lignes dessinent sur la paume fleuves, rivières et ruisselets. Leur parcours et leur intensité montrent notre façon d'aborder le monde, la route que nous avons prise, celle sur laquelle nous nous trouvons et, si l'on projette nos tendances psychologiques actuelles dans l'avenir, la voie vers laquelle nous nous dirigeons. Mais contrairement à la forme des mains qui change rarement, les lignes fluctuent. Les relations privilégiées que la paume et le réseau papillaire entretiennent avec le cerveau laissent supposer que les lignes reflètent notre état mental du moment. Bien qu'elle n'ait pas encore été prouvée scientifiquement, cette présomption est passionnante car elle permet d'établir un contact avec nous-même et, grâce à des empreintes espacées dans le temps, de se rendre compte des étapes parcourues.
N'est-il pas enthousiasmant de savoir que la première trace esquissée sur la paume du fœtus humain est la ligne de vie ? En cas de coma profond, les lignes s'estompent ; elles ne se reprécisent que lorsque la conscience revient. Autre fait étrange, elles commencent à se brouiller quand l'état de santé est mauvais. Deux jours après la mort, elles se brouillent et deviennent illisibles.
Les trois lignes principales (vie, tête, cœur), qui forment les bases mêmes de notre personnalité, changent moins que les lignes secondaires (destin, Soleil, mercuriennes, anneau de Vénus, etc.), plus étroitement liées à la sensibilité nerveuse et émotionnelle du présent. Nous ne sommes pas prédestinés. Une nouvelle direction de vie, une période de tension, notre façon d'enregistrer les événements dans le subconscient, l'état de santé changeront le tracé des lignes. Ces modifications révèlent notre liberté d'action, à nous d'y être attentifs et de nous en servir pour faire le point.
William G. Benham[1], médecin et chercheur américain du début du siècle, considérait chacune des lignes comme une « carte de vie » représentative du passé, du présent et de l'avenir. Il affirmait que lire dans les mains n'est pas plus compliqué que lire un livre une fois qu'on en a appris le langage.

LIGNES ET FORMES

Les lignes ne peuvent s'interpréter que comme un tout inséparable de la forme des mains. Un réseau linéaire correspondant au type de la main donne une personnalité plus harmonieuse (voir tableau ci-après). Lorsqu'il diffère, la personnalité s'éclaire d'une nouvelle facette. Trouvant leur équilibre dans l'action, les mains réalistes ont des lignes horizontales plus simples et moins nombreuses que les intuitives et les sensitives, dont les lignes fines et courbes témoignent de la finesse de perception et de l'extrême sensibilité. Les mains intellectuelles se situent entre les deux. Un réseau linéaire harmonieux affine la personnalité et avive l'intelligence comme le confirme un tracé net, fin et profond. Alors que peu de lignes au tracé large montre une nature plus physique et pratique, et que des lignes en toile d'araignée dénotent une sensibilité et une imagination si vives qu'elles fragilisent.

MAIN DROITE, MAIN GAUCHE : LES DIFFERENCES

Léonard de Vinci était ambidextre, paraît-il ; il dessinait de la main gauche et peignait avec la droite. Selon la théorie qui veut que la moitié dominante du cerveau contrôle la partie du corps qui lui est opposée, sa main gauche, dirigée par l'hémisphère droit du cortex — siège de l'imagination, du subconscient et des émotions instinctives — lui permettait de faire surgir les formes qu'il animait de couleurs avec la main droite, reliée à l'hémisphère gauche — siège de la connaissance, de la logique et de la rationalisation.
Il faudra donc retenir la main la plus active (la droite pour les droitiers) comme celle de la réalisation et des transformations, et la plus passive comme celle de l'inconscient et de l'hérédité. L'intérêt est de comparer les lignes de chacune d'elles et de les lire ensemble en tenant compte de leurs différences (voir Interprétation, page 54).

1. William G. Benham, *Laws of Scientific Hand Reading,* Londres, Putman and Co, 1946.

TERRE/ LES REALISTES

Main pratique simple

Paume large et massive, doigts carrés robustes et courts, ongles carrés et courts.

Trois lignes principales horizontales, larges et profondes, en particulier la ligne de vie.

Main pratique créative

Mêmes caractéristiques que la précédente, mais paume plus fine, lignes plus nombreuses, pouce plus petit et auriculaire parfois tordu.

Main pratique combative

Mêmes caractéristiques que la première, mais paume très musclée, à la forme rectangulaire large, pouce en bille, courbe d'énergie très renflée au niveau du mont de Mars.

Lignes droites moins profondes, plus fournies ; ligne simienne.

FEU/ LES ACTIVES

Main responsable

Grande paume rectangulaire charnue, doigts longs et robustes, ongles rectangulaires.

Lignes droites plus nombreuses et plus fines que la Terre ; lignes sur Jupiter et parfois sur Vénus et la Lune ; dessin clair et simple.

Main intuitive

Paume ovale, doigts plus courts, agiles, fuselés, ongles en amande.

Lignes nombreuses et légèrement descendantes ; réseau complexe mais clair ; lignes du Soleil, mercuriennes et simienne.

AIR/ LES INTELLECTUELLES

Main sociable

Paume rectangulaire ressemblant à une Terre allégée, doigts plus longs, ongles rectangulaires.

Lignes nombreuses, vigoureuses et claires, comme une Terre affinée par les lignes secondaires.

Main concentrée

Paume de même forme mais plus maigre, doigts encore plus longs et noueux, ongles rectangulaires longs.

Lignes plus nombreuses, fines et profondes.

EAU/ LES SENSITIVES

Main sensorielle

Paume étroite, petite, arrondie, potelée, doigts courts, ongles en noisette allongée.

Lignes courbes, nombreuses et fines dans toutes les directions, particulièrement sur Vénus.

Main réceptive

Paume longue, mince, doigts effilés, ongles en amande étirée.

Lignes très nombreuses et fines, se courbant et se concentrant vers et sur la Lune.

les lignes

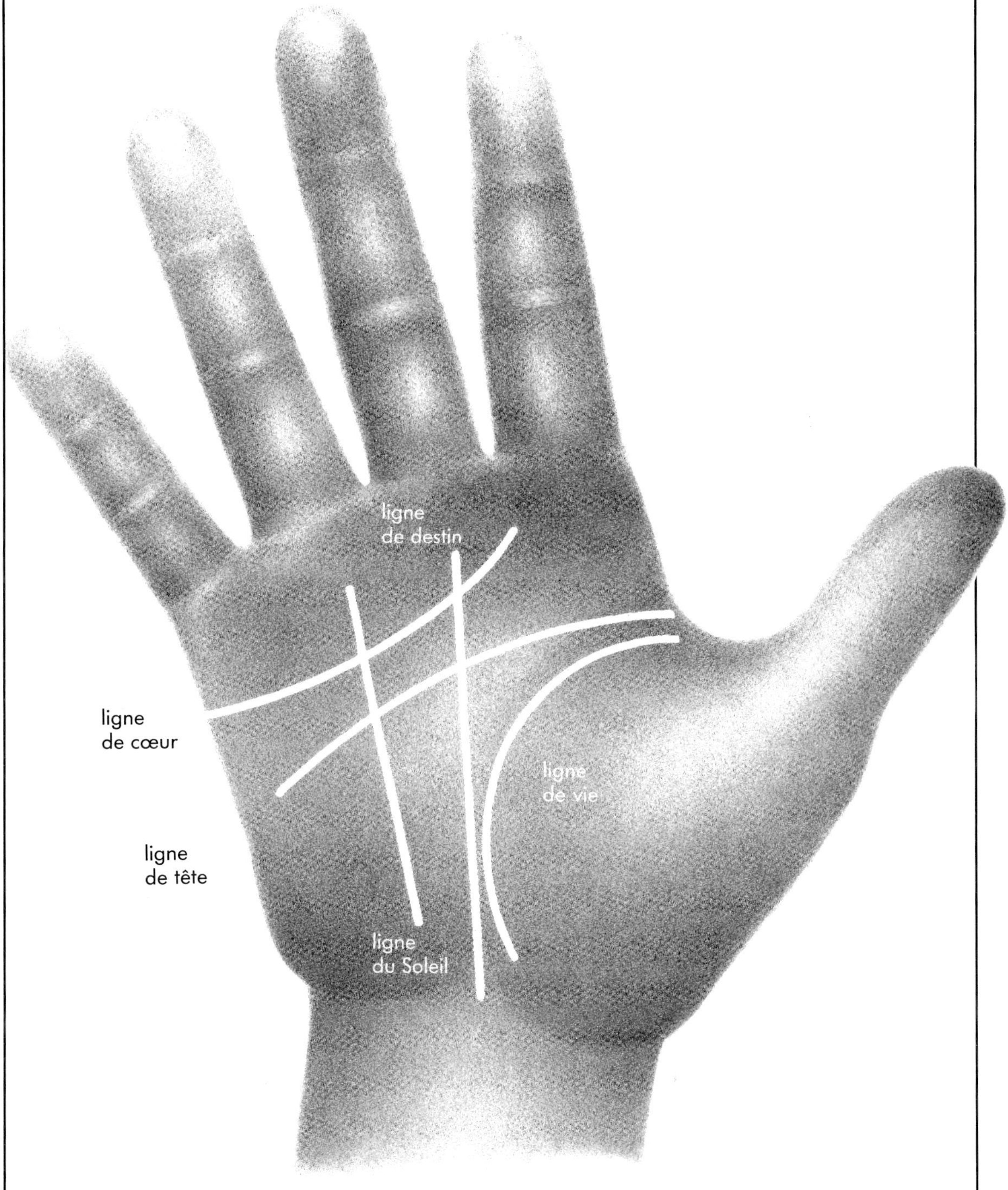

ligne
de destin
ligne
de cœur
ligne
de vie
ligne
de tête
ligne
du Soleil

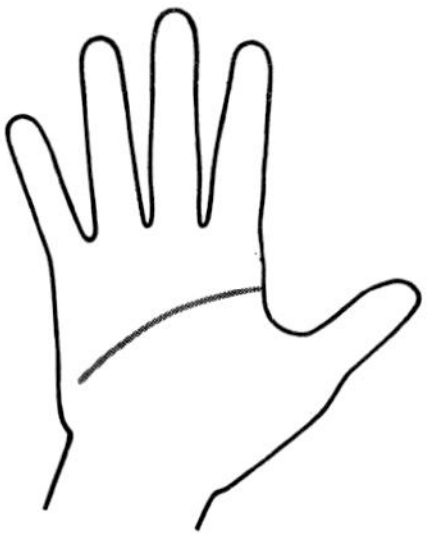

LA LIGNE DE TÊTE

La ligne de tête est la boussole de la personnalité. Elle indique la nature de l'intelligence et les moyens de défense pour mener l'existence. Elle est donc plus pratique qu'idéale.
Pour les droitiers (l'inverse pour les gauchers), la ligne de tête gauche montre les qualités mentales dont nous avons hérité, et celle de la main droite, comment nous les avons développées.
Si la ligne est bien dessinée dans la main gauche et faible dans la main droite, le sujet manque de volonté. Dans le cas inverse, sa personnalité s'est affirmée.
Quand les lignes sont semblables, il n'a pas changé. Une ligne plus courte dans la main droite trahit un manque d'initiative et d'ambition.

APPARENCE ET LONGUEUR

La meilleure ligne est celle qui est nette, mince, profonde et qui dépasse l'annulaire. Elle annonce une vive intelligence. Une ligne plus longue mais légèrement inscrite sera moins bonne et indiquera une attitude velléitaire. Epaisse ou large, elle atteste la vigueur physique mais aussi la crédulité, d'où une tendance à se laisser dominer.
Une ligne de tête est dite courte lorsqu'elle ne dépasse pas le médius. Elle indique que le sujet n'utilise pas ses facultés mentales pour diriger sa vie. Mais cela ne veut pas dire qu'il est idiot ! Les mains réalistes ont souvent une ligne de tête courte et droite, cependant leur réalisme et leur pragmatisme leur permettent de tirer un maximum de leur intelligence.

TRACE

La ligne de tête montre la mentalité.
Droite et traversant la paume, elle traduit une personne franche, ayant les pieds sur terre.
Plus elle est longue et plus développés seront le sens des affaires, les qualités d'organisateur, la mémoire et la détermination. La tradition hindoue veut qu'une ligne de tête allant jusqu'au tranchant de la main annonce la réussite grâce à une vive intelligence.
Lorsqu'elle s'incline en pente douce vers le mont de la Lune, la nature est imaginative.
Plus la ligne est longue, mais s'arrêtant sur le haut du mont de la Lune, plus la créativité et les capacités artistiques sont vives, qu'elles s'exercent par l'écriture ou sur d'autres plans.
Mais quand elle plonge très bas en une ligne courbe sur le mont de la Lune, l'imagination excessive est difficile à maîtriser. Cette personne ne peut travailler que lorsqu'elle est inspirée. La mélancolie, la tendance à la dépression et les sautes d'humeur la perturbent.
Quand la ligne de tête suit la ligne de vie, l'imagination et le don d'observation sont décuplés. Excellent signe pour un écrivain.
Une ligne de tête qui remonte vers Mercure indique le sens de l'argent et des affaires et une tendance à être intéressé.

ORIGINE

Le départ de la ligne de tête est très révélateur. Habituellement, elle commence sous le mont de Jupiter, au-dessus de la ligne de vie, ou elle se confond avec celle-ci.
Le départ lié à la ligne de vie est le plus fréquent. Il indique de la concentration, de la générosité et le souci des autres. En contrepartie, la personne doute de sa propre valeur et ne sait pas se mettre en avant.
Si la ligne de tête sort de la ligne de vie droite et bien tracée, les difficultés de jeunesse seront surmontées grâce à la volonté et la persévérance.
Lorsqu'elle s'incline en pente douce vers le mont de la Lune, le tempérament d'artiste est accru. Si elle est droite, l'imagination sera contrôlée.
Des lignes de tête et de vie liées au-delà de l'index accentuent la vulnérabilité et le manque de confiance en soi.

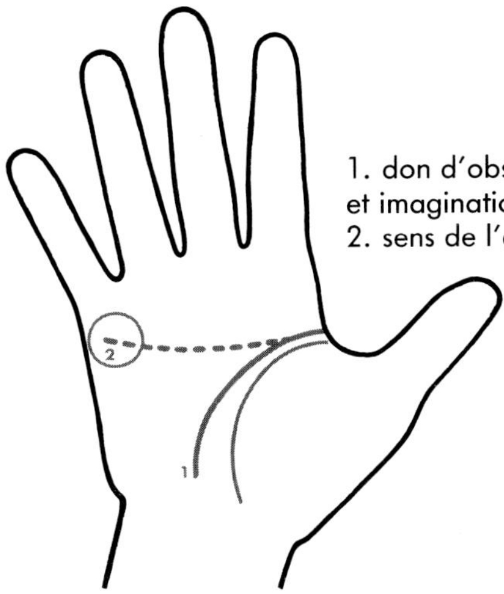

1. don d'observation
et imagination
2. sens de l'argent

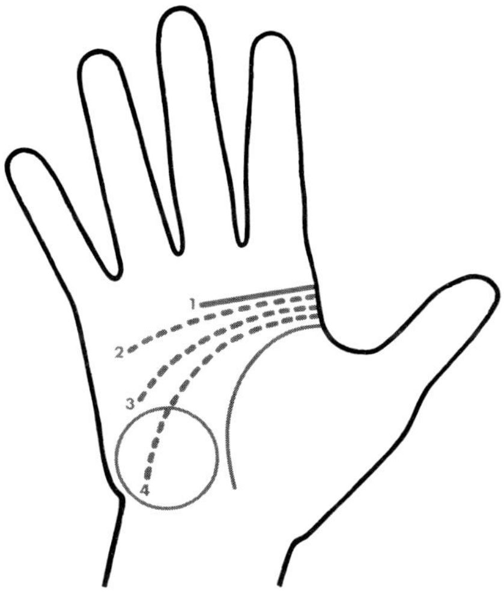

1. réalisme 2. grande intelligence 3. nature imaginative 4. imagination perturbatrice

Le meilleur départ est une ligne de tête séparée de la ligne de vie par un léger écart. Il montre de l'indépendance d'esprit, une réflexion objective. La personne possède un ascendant sur les autres qui favorise l'expression en public, une excellente qualité pour un acteur, un homme politique, un homme de communication. Mais elle a besoin d'un but pour réussir sa vie. Sinon elle traversera l'existence comme un navire sans gouvernail.

Lorsqu'une ligne de tête, séparée de la ligne de vie, remonte doucement vers l'auriculaire, la personne a trouvé sa voie. Si la ligne de tête, se dirige vers le mont de la Lune, elle indique une personnalité brillante et créative, mais qui ne travaille que par à-coups. Plus l'écart s'élargit et plus l'assurance se mue en complexe de supériorité et en besoin de notoriété. Cette personne a beaucoup de courage dans les situations exceptionnelles, mais la vie quotidienne lui convient mal.

Commençant sur le mont de Jupiter et modérément écartée de la ligne de vie, la ligne de tête dénote un esprit brillant possédant toutes les qualités mentales pour réussir. Mais, si elle commence haut sur Jupiter et reste proche de la ligne de cœur,

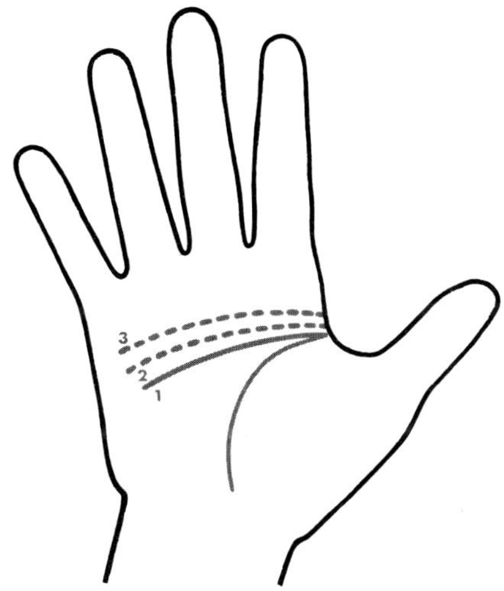

1. générosité et manque de confiance en soi 2. indépendance d'esprit 3. complexe de supériorité

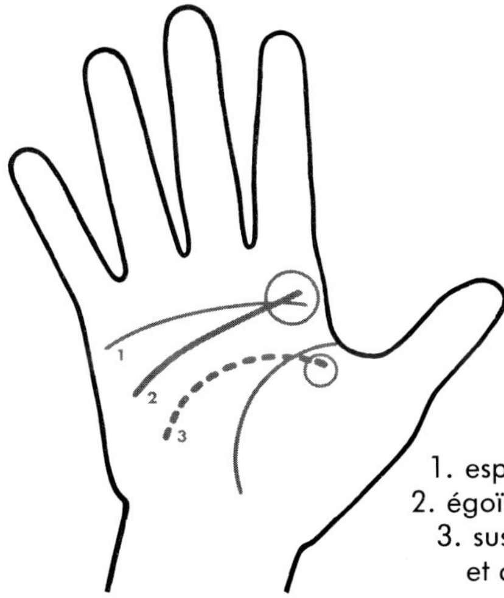

1. esprit brillant
2. égoïsme social
3. susceptibilité
et agressivité

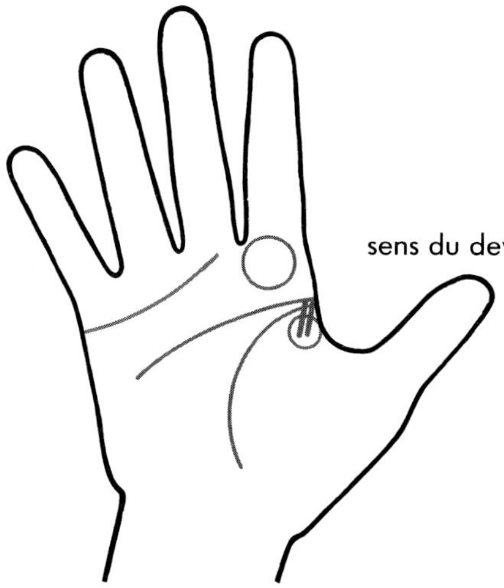

sens du devoir

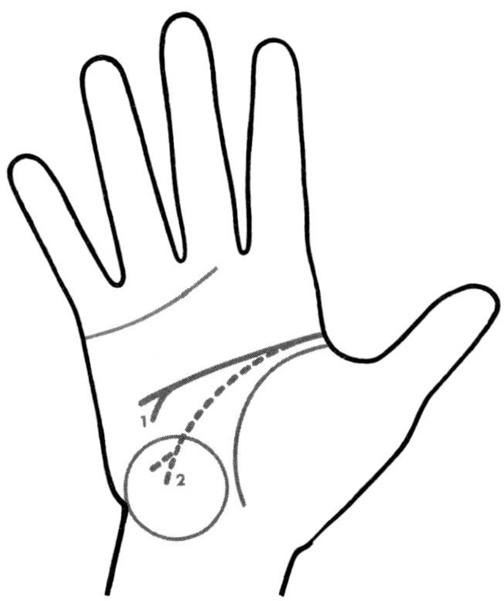

1. nature imaginative, bons sens et esprit critique
2. intuition, personne attirant l'amitié

elle révèle de l'égoïsme et le désir d'arriver socialement et financièrement.

Quand la ligne de tête démarre à l'intérieur de la ligne de vie sur l'explosif mont de Mars positif, cela indique une grande susceptibilité, de la timidité et de l'agressivité. Mais, si la ligne en ressort droite et nette, ces difficultés et ces sautes d'humeur seront dominées.

Lorsqu'une ou plusieurs ramifications (appelées aussi rameaux) descendent sur Mars positif, le consultant a dû faire appel à son courage et à son sens du devoir dans l'enfance.

TERMINAISON

L'endroit où se termine la ligne de tête donne aussi de précieuses indications.

Une terminaison nette dénote une grande faculté de concentration. Floue, elle trahit un sentiment de frustration provenant d'une vocation non réalisée ou d'un métier qui ne satisfait pas les aspirations du sujet. Une ligne droite finissant par une petite fourche dont une branche descend vers le mont de la Lune annonce une nature imaginative ayant du bon sens et un esprit critique.

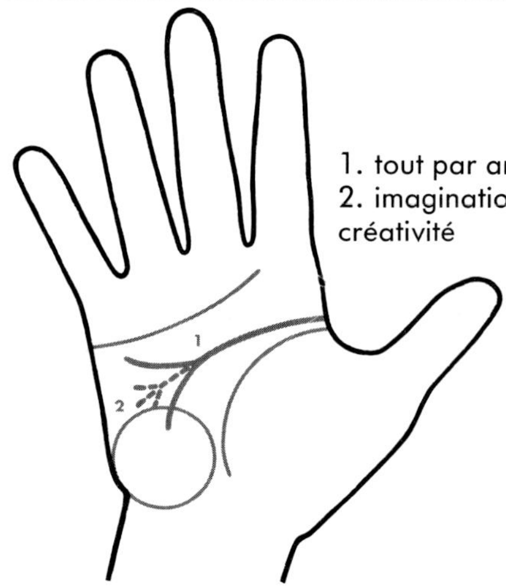

1. tout par amour
2. imagination et créativité

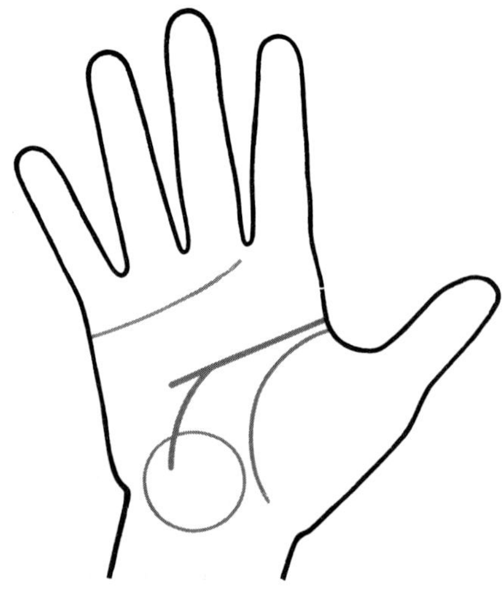

sens artistique
fortune faite

Lorsque la ligne s'incline en pente douce vers la Lune et qu'elle se termine par une petite fourche, les dons d'expression et de compréhension intuitive de la nature humaine sont renforcés ; la personne a beaucoup d'amis.
Si une branche de la fourche remonte vers la ligne de cœur et l'autre descend sur la Lune, la personne donnera tout par amour.
Une fourche à trois petites branches, dont l'une est droite, l'autre se dirige vers l'auriculaire et la troisième vers la Lune, indique une personne ayant le sens des affaires, une bonne intelligence et de l'imagination. Il s'agit d'un créateur qui fera fortune grâce à ses œuvres.
Ne pas confondre avec une ligne droite lançant une ramification vers le mont de la Lune et qui, avec le temps, ne formera plus qu'une seule ligne. Cela arrive aux personnes qui ont utilisé leurs facultés sur un plan pratique et qui, une fois fortune faite, se sont consacrées à des occupations artistiques.
Il arrive aussi qu'une branche rejoigne la ligne de cœur. C'est un signe de concentration, d'ambition et de ténacité renforçant les qualités de la ligne de tête. Ne pas confondre avec la ligne simienne : tête et cœur unis en une seule ligne. Dans une main réaliste, cette ténacité se portera vers la poursuite de la richesse. Dans une main de l'Air, la suprématie à atteindre sera d'abord d'ordre intellectuel.

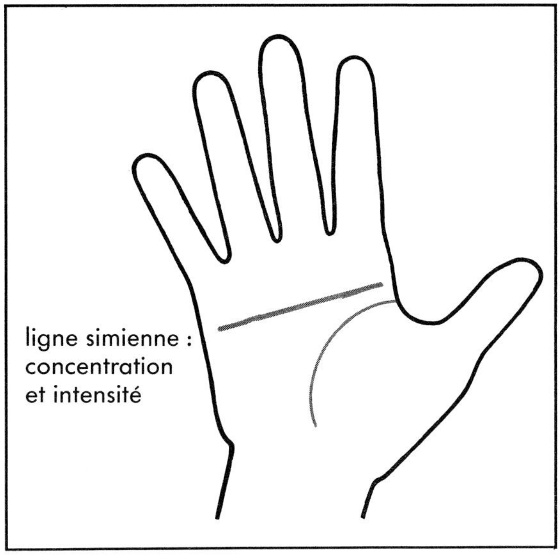

PARTICULARITES

La ligne simienne

Il arrive qu'une seule ligne traverse la paume, la ligne simienne, issue de la fusion des lignes de tête et de cœur. Relativement rare, elle apparaît surtout dans les mains réalistes et intuitives. Elle indique un grand pouvoir de concentration. L'intelligence et l'affectivité sont unies et donnent l'impression d'avoir affaire à une personne en proie à des idées fixes, tant est forte l'intensité qu'elle déploie à poursuivre son but. Mais cette intensité a son revers. La personne se sent souvent incomprise et solitaire. Sa sensibilité et sa susceptibilité sont plus vives.
La ligne simienne est excellente dans la main d'un chercheur scientifique ou de quiconque se consacre à une œuvre qui demandera de la concentration, de la créativité et de l'invention.

Si cette ligne se rapproche du tracé habituel de la ligne de cœur, la personnalité sera plus affective. Si elle prend la place de la ligne de tête, la personnalité sera plus intellectuelle.
La ligne simienne atteint son effet maximal lorsqu'une branche remonte vers le cœur et l'autre descend vers le mont de la Lune ou de l'imagination. Ne pas la confondre avec la ligne de difficulté.
On peut rencontrer une ligne simienne sur une main et pas sur l'autre. Lorsqu'elle apparaît sur la main droite d'une personne droitière, alors que la main gauche comporte des lignes de cœur et de tête indépendantes, mais très souvent réunies par une ramification, l'enfance et l'adolescence ont déterminé cette attitude très concentrée. Il sera intéressant de surveiller l'apparition d'une deuxième ligne, ce qui arrive quand la personne acquiert de la maturité.
Pour conclure, il est préférable d'avoir de bonnes lignes de cœur et de tête, plutôt qu'une ligne simienne qui avive mais aussi fragilise la personnalité.

La double ligne de tête

Elle est aussi rare que la ligne simienne. Claire, elle annonce une dualité mentale qui, grâce à une remarquable intelligence et à des capacités intellectuelles exceptionnelles, donne la possibilité d'exercer brillamment deux activités séparées. D'habitude, l'une d'elles part de la ligne de vie et l'autre de Jupiter ; cela traduit une personnalité qui, tout en étant sensible et modeste, sait s'imposer. Parfois, l'une traverse la main en ligne droite et l'autre descend sur la Lune, indiquant une dualité de caractère : l'un contrôlé par la volonté et l'autre qui lui échappe, comme s'ils agissaient à l'insu l'un de l'autre (Dr Jekyll et Mr Hyde).
Mais une ligne de tête unique est toujours meilleure.

Ramifications et changements de parcours

Une ligne de tête décrivant une courbe indique toujours des moments de tension, qui seront vaincus avec succès si la courbe est nette. Lorsqu'une ramification part de cette courbe, l'effort demandé restera gravé dans la mémoire.

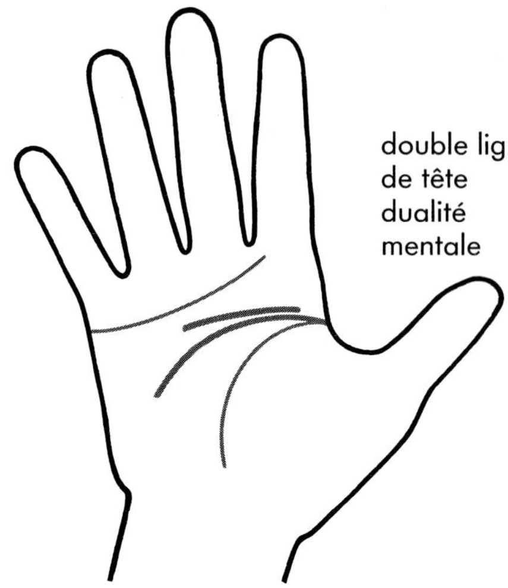

double ligne de tête
dualité
mentale

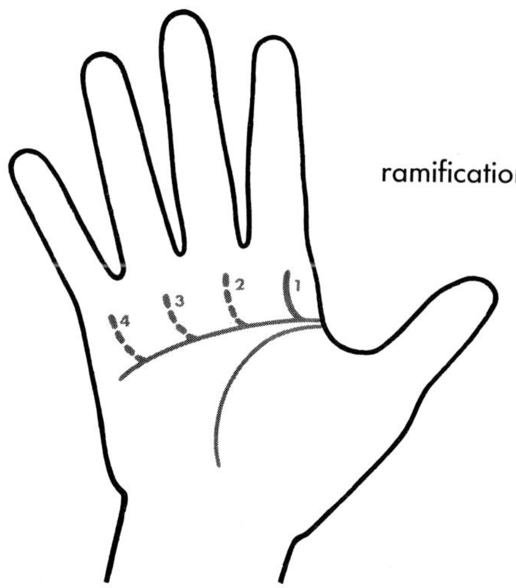

ramifications

1. ambitions satisfaites 2. succès et ténacité
3. célébrité, richesse 4. sens de l'argent

Si une ramification relie la ligne de cœur et la ligne de tête, le sujet traversera une période difficile, qu'il dominera grâce à sa volonté et au contrôle de son affectivité. C'est la ligne de difficulté.
Les ramifications montantes sont toujours bénéfiques. Leur direction montre quels bienfaits elles apporteront. Si c'est vers Jupiter, les ambitions seront satisfaites, à moins que la ligne ne soit coupée. Vers Saturne, succès mais bataille pour y parvenir. Vers le Soleil, célébrité et richesse grâce au talent et à l'habileté du sujet. Vive intelligence et chance lorsque la ramification se dirige entre

l'annulaire et l'auriculaire. Une ramification vers Mercure signifie que la personne est douée pour les affaires et qu'elle a le sens de l'argent. Mais lorsque plusieurs petites ramifications se dirigent vers Mercure, cela montre des soucis financiers momentanés.

tension, d'anxiété et d'angoisse provenant de soi (pour les points) et indépendantes de la volonté (pour les taches).
La grille est signe de perturbation mentale.

Accidents modificateurs de la ligne de tête

Une ligne annelée ou chaînée est le signe d'un stress mental et d'une difficulté à se concentrer. Si les doigts ne possèdent pas de lunules, cela peut indiquer une mauvaise circulation, une tension basse ou encore un manque de sel de potassium (excellent comme régulateur du système nerveux).
Les îles indiquent toujours des préoccupations. Si elles se greffent sur la ligne, leur signification est moindre mais, incorporées à l'intérieur de la ligne, l'effet sera plus durable. Plusieurs îles et une ligne de tête descendante montrent une disposition à la mélancolie et à la dépression. Sous Jupiter, difficulté à se concentrer dans l'enfance et à faire preuve de volonté. Sous Saturne, prédisposition à l'anxiété, aux migraines et aux soucis professionnels. Sous le Soleil, elle indiquerait une faible vue comme la myopie et, sous Mercure, un surmenage intellectuel.
Les barres peuvent n'être que momentanées. Toujours vérifier les deux mains. Elles révèlent aussi un stress mental, une dépression, des migraines et une perte de mémoire.
Les cassures dénotent toujours des moments de dépression grave, des troubles mentaux ou un accident à la tête. Si elles se chevauchent, ces difficultés seront dominées (voir La détection des troubles mentaux, page 56).
Les carrés, signes de protection, donnent l'assurance sur un point ou une cassure que cette période de stress sera dominée. Vérifiez sous quel mont ils apparaissent pour mieux les interpréter.
Une croix bien distincte est toujours le signe de manque de confiance en soi ou d'un accident à la tête. A vérifier sur la ligne de vie. Sur le mont de la Lune, elle est néfaste à l'imagination.
Un triangle sous Mercure confirme et augmente les capacités mentales. Cette personne a une facilité de contact qui l'aidera dans sa vie et sa carrière.
Les points ou les taches révèlent des périodes de

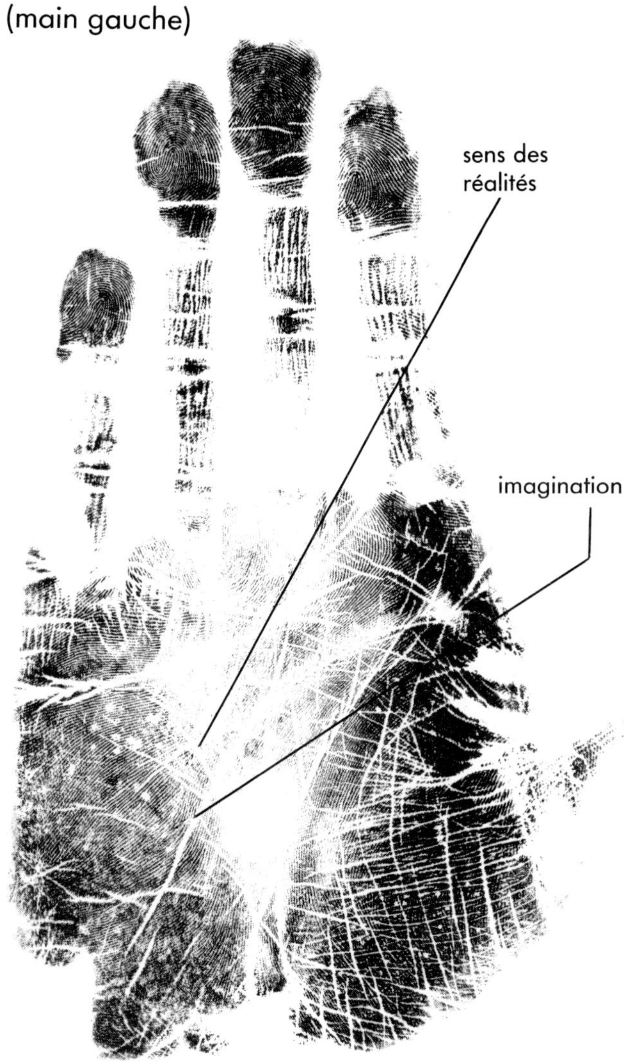

▲ Belle ligne de tête
Suivant la ligne de vie, l'imagination et le don d'observation sont décuplés. Excellent signe pour un écrivain, la branche remontante de l'exemple lui donne le sens des réalités.

(main gauche)

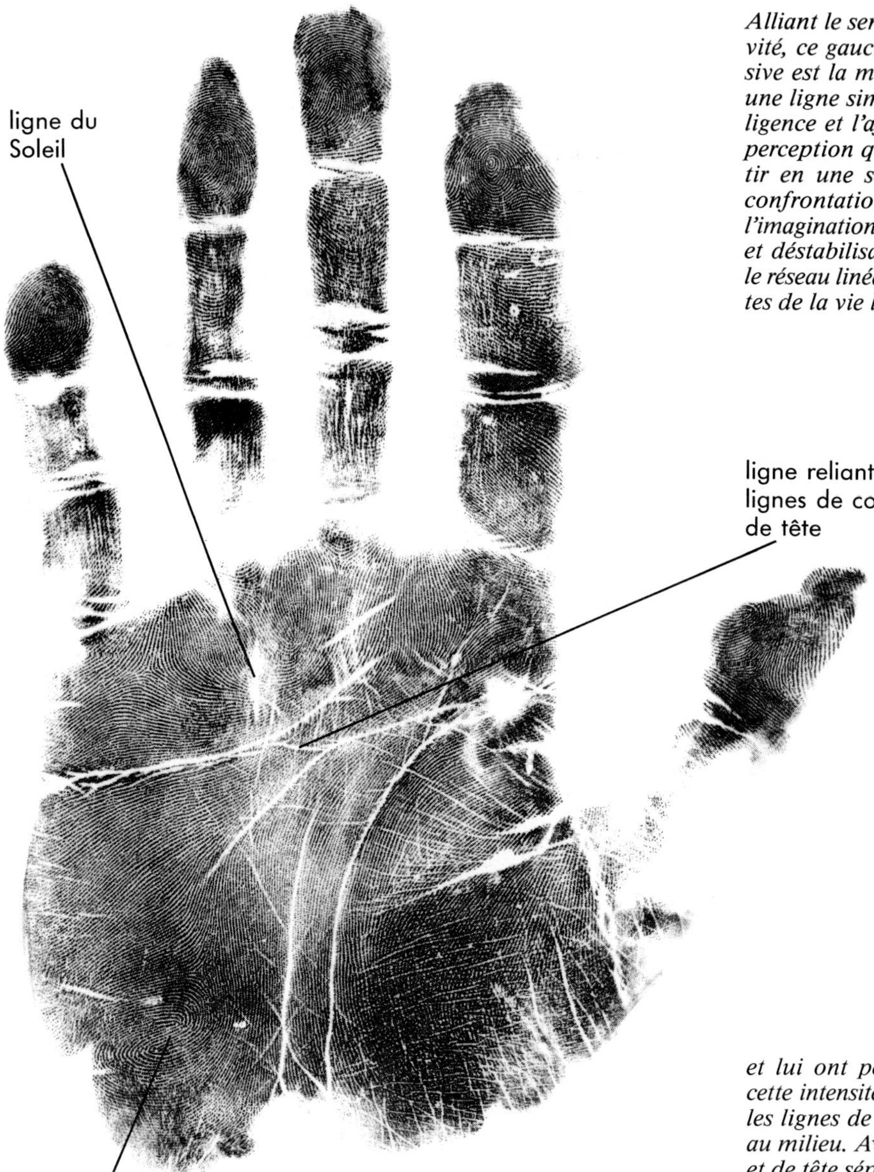

Forme : Terre créative
Lignes : Terre créative
Tempérament : Terre créative

Alliant le sens pratique et la créativité, ce gaucher, dont la main passive est la main droite, est né avec une ligne simienne unissant l'intelligence et l'affectivité en une seule perception qui l'a poussé à s'investir en une seule passion. Mais la confrontation entre l'instinct et l'imagination peut être perturbatrice et déstabilisante comme le montre le réseau linéaire. Par contre, les luttes de la vie l'ont ouvert aux autres et lui ont permis de se libérer de cette intensité obsessionnelle : voyez les lignes de cœur et de tête reliées au milieu. Avoir des lignes de cœur et de tête séparées est toujours plus équilibrant. Le tracé bas sur la paume de la ligne simienne révèle une nature à l'origine plus matérialiste et physique que sentimentale. Cette attitude provoque le besoin de se sécuriser par l'argent : index tourné vers Saturne. Puis par la difficulté à se réaliser professionnellement : les doubles boucles du pouce gauche et du mont de la Lune et la ligne de destin naviguant au gré des événements et s'arrêtant vers la trentaine pour être relayée par une ligne de Soleil en ébauche. La volute sur l'index gauche montre la capacité et un désir de réalisation individualiste mais cette individualité doit s'exercer au sein de la société (boucles digitales à droite et boucle palmaire entre le médius et l'annulaire des deux côtés). Les longueurs des deux annulaires indiquent

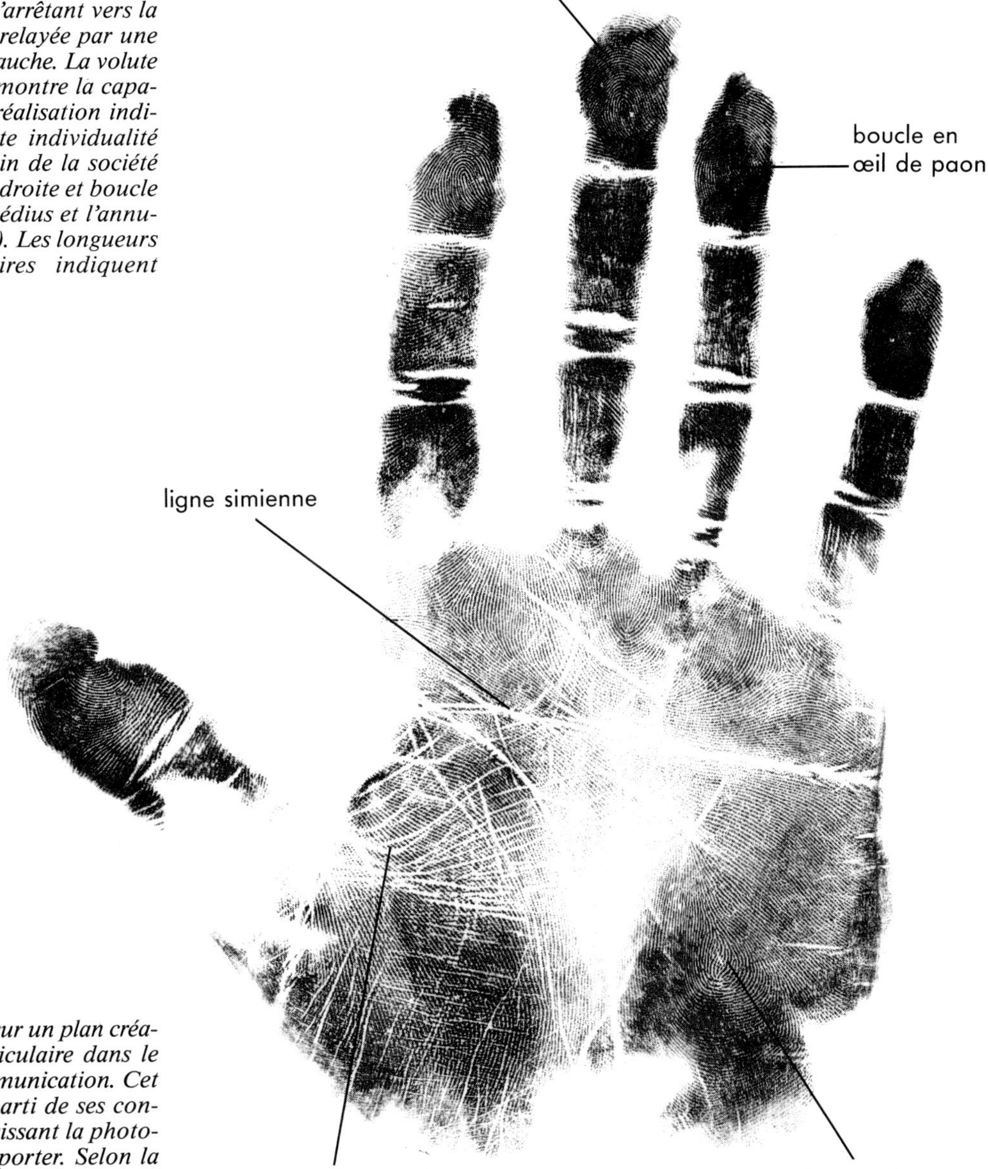

qu'elle doit se faire sur un plan créatif et celle de l'auriculaire dans le domaine de la communication. Cet homme a su tirer parti de ses contradictions en choisissant la photographie où il est reporter. Selon la tradition hindoue, la boucle en œil de paon du doigt du Soleil droit avive son sens d'observation et le protège des dangers, ce que confirme la boucle dite du sixième sens sur le mont de la Lune. Les lignes horizontales à la base du pouce droit montrent une vie sexuelle mouvementée.

Forme : Air
Lignes : Terre
Tempérament : Eau
(main gauche)

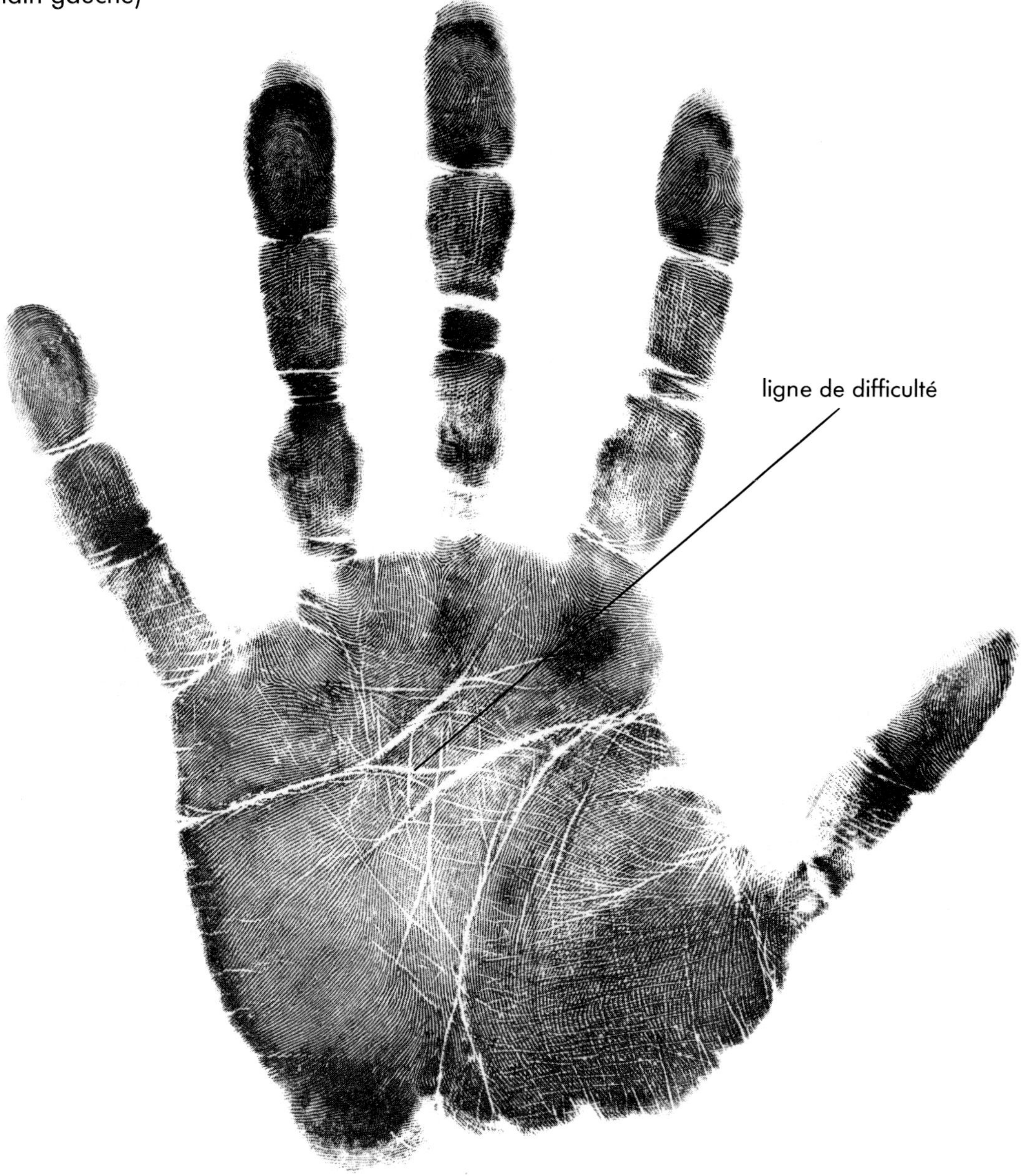

Quand une ramification relie la ligne de cœur et la ligne de tête, le sujet traverse une période difficile qu'il dominera grâce à sa volonté et au contrôle de son affectivité. C'est toujours une période de stress mental. Dans le cas présent, cette période se passe vers la trentaine. Cette personne a en effet divorcé à cette époque-là et, ayant décidé de changer de voie, elle a dû chercher du travail coûte que coûte.

Forme : Eau réceptive
Lignes : Air sociable
Tempérament : Eau
(main gauche)

Lignes ne correspondant pas au type : d'une forme Eau réceptive, ces lignes nettes et claires appartiennent au réseau linéaire Air sociable, ce qui lui permet de dominer sa vive sensibilité pour se réaliser.

Tracé ne correspondant pas au type de main

Ces différences éclairent la personnalité sous un autre angle.
D'habitude droite chez les réalistes, une ligne de tête descendante indique un développement intellectuel supérieur à cette forme de main et une tournure d'esprit inventive et créative, qui tirera parti de son sens pratique pour exercer ses talents.
Une ligne droite dans une main intuitive (où elle est d'habitude d'un tracé long, net et descendant) aidera le sujet à réaliser concrètement ses idées originales et canalisera d'une façon positive son énergie.
Une ligne droite sur une main sensitive donnera le sens pratique dont la personne a grand besoin pour réaliser ses dons et l'aidera à en tirer un bénéfice commercial.
Sur une main intellectuelle concentrée aux doigts noueux, une ligne de tête droite et bien inscrite développera les qualités logiques et pratiques et aidera à mener à bien les recherches entreprises.
La meilleure ligne de tête est droite et longue. Elle contrebalance les tendances velléitaires, aide à se réaliser grâce à une bonne évaluation des situations.

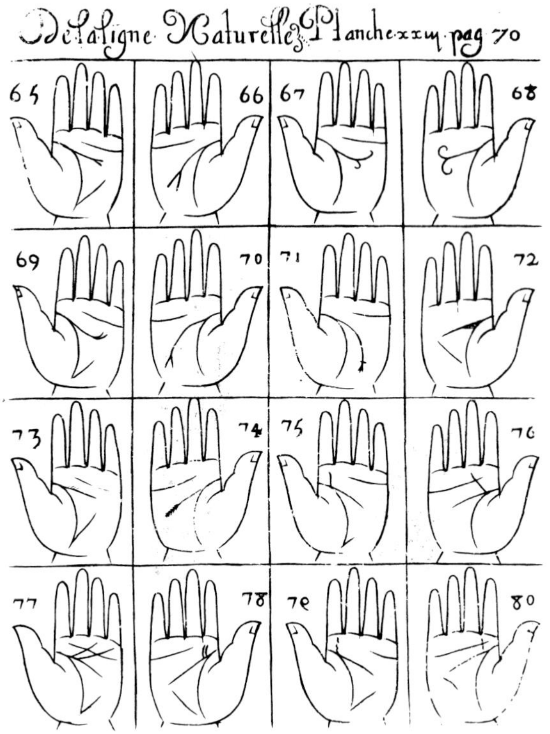

▲ *Planche extraite des* Principes de la chyromance, *tirée des* Œuvres mathématiques *de Jean Taisniers, Paris, 1677. (Ph Bibliothèque nationale, Paris)*

LE TEMPS SUR LA LIGNE DE TETE

Le premier doigt (Jupiter) correspond aux premières années, jusqu'à 21 ans ; le deuxième (Saturne), aux vingt et une années suivantes, soit jusqu'à 42 ans. Sous le Soleil on lira la période de vie allant de 42 ans à 63 ans, et sous Mercure, l'auriculaire, de 63 ans à... 100 ans lorsque la ligne atteint le tranchant !
Pour déterminer la date approximative des événements apparaissant sur la ligne, tracez des verticales partant d'entre chacun des doigts jusqu'à la ligne de tête.
L'âge global de la ligne de tête n'a rien à voir avec la durée de l'existence, mais elle permet d'établir une moyenne avec la ligne de vie et celle du cœur, qui donnera une indication, et seulement une indication, sur la longueur de l'existence au moment de l'interprétation.
N'oubliez jamais que les lignes changent et que nous sommes le facteur déterminant de notre existence.

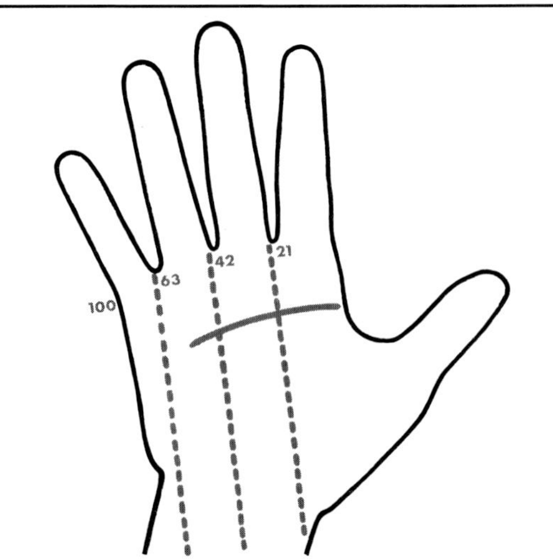

le temps sur la ligne de tête

LA LIGNE DE VIE

Contrairement à la croyance populaire, la ligne de vie n'indique pas la durée de l'existence. Elle est la première à apparaître sur la main *in utero* et elle reflète la vitalité et la conscience que l'on a de cette vitalité. Plus la ligne est nette et forme un grand arc autour du mont de Vénus et meilleurs seront la résistance, la longévité, l'élan vital, la nature chaleureuse et la générosité.
Elle prend naissance sur le bord de la main entre l'index et le pouce et suit un vaisseau sanguin, nommé la grande arcade palmaire, qui descend vers le poignet et alimente le pouce et le reste de la main. Elle est directement reliée au cœur, à l'estomac et aux organes vitaux, d'où son ancienne appellation de ligne vitale. La ligne de vie doit être examinée comme formant un tout avec le pouce et le mont de Vénus.

QUALITE DE LA LIGNE

La meilleure ligne est celle qui est fine, nette et bien marquée. Elle indique de la vigueur, de l'énergie et une excellente résistance physique grâce aux forces nerveuses et à la volonté.
Un tracé faible révèle une santé délicate et un manque de résistance. Un tracé fin et profond trahit une nature nerveuse et anxieuse. Une ligne large formant un grand arc autour du mont de Vénus, mais n'atteignant pas la base du pouce, dénote une force animale et physique, mais moins de résistance que lorsque la ligne de vie est nette et fine.

LONGUEUR

La longueur de la ligne ne détermine pas la durée de la vie, mais la conscience que l'on a de son potentiel vital. Une ligne courte indique donc une résistance physique moindre et le besoin de retrouver sa force vitale après un effort, pour se lancer de nouveau dans l'action. Quand elle est nette et dessine un bel arc, la vitalité sera plus forte que lorsqu'elle est longue et fine.

La ligne idéale est rose pâle, nette, entourant d'un bel arc le mont de Vénus sans atteindre le poignet. C'est le signe d'une excellente énergie vitale.
La ligne très longue et touchant le poignet montre

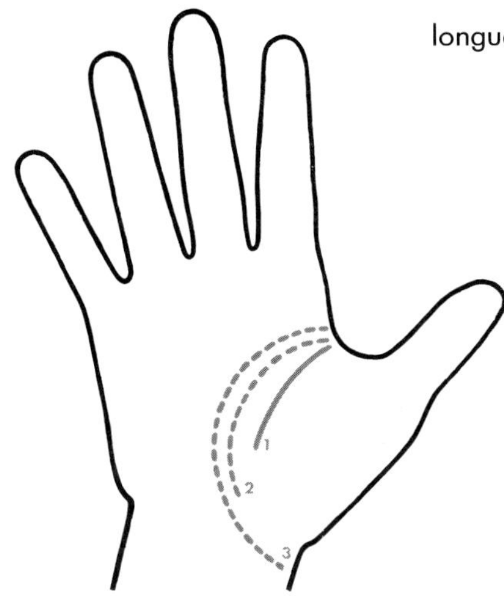

1. vitalité cyclique 2. excellente énergie
3. bonne constitution mais sujet renfermé

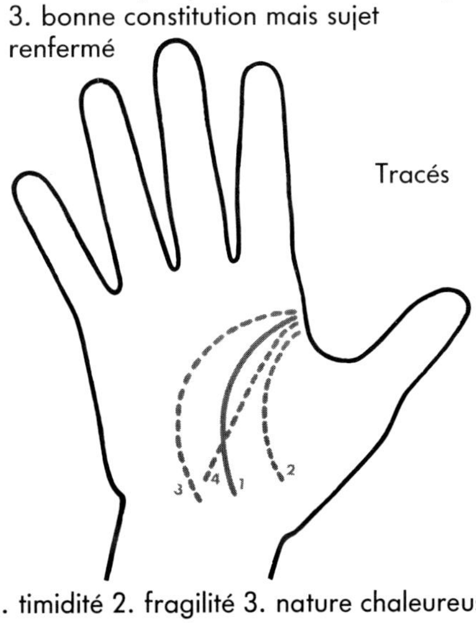

1. timidité 2. fragilité 3. nature chaleureuse
4. tempérament réservé

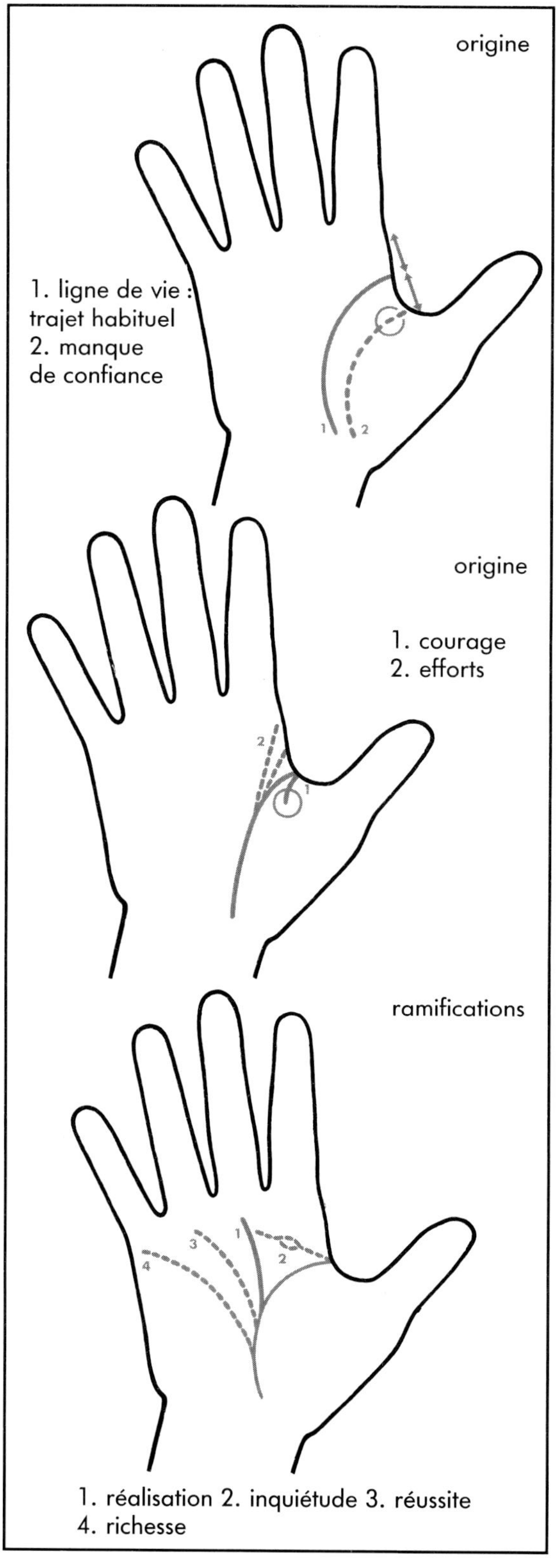

une bonne constitution physique mais une tendance à être renfermé et asocial. On rencontre souvent de très longues lignes de vie au tracé fin et irrégulier. Une ligne moyennement longue et bien dessinée est toujours préférable. Elle annonce une bonne nature, de l'endurance, de la joie de vivre, ce qui fait de son heureux propriétaire un excellent compagnon d'existence.

TRACE

La ligne de vie commence d'habitude sur le tranchant de la main, à égale distance entre l'index et le pouce. Elle descend vers le poignet en décrivant autour du mont de Vénus soit un cercle large, soit un cercle étroit. Un arc moyen dénote un bon équilibre mais un manque de hardiesse.

Plus large est l'arc et ferme le mont de Vénus, plus grands seront la vitalité, la résistance aux maladies et le pouvoir de récupération. Les qualités vénusiennes de chaleur, d'affection et de sympathie s'épanouissent harmonieusement.

Un arc extrêmement large dénote une nature animale, passionnée et très physique.

Un arc étroit montre un faible magnétisme, une nature plus fragile et de la froideur de sentiments. Un mont de Vénus ferme et une bonne ligne de cœur atténueront ces tendances.

Une ligne décrivant une belle courbe annonce une nature amoureuse et romantique, tandis qu'une ligne droite appartient à un tempérament plus froid, ayant une vitalité moindre.

ORIGINE

La ligne de vie commence généralement à mi-chemin entre le pouce et l'index. Elle peut débuter unie à la ligne de tête ou indépendamment d'elle. Elle part parfois du mont de Jupiter, un signe d'ambition et l'assurance de la réussite grâce à l'esprit d'entreprise et au contrôle de soi dont fait preuve ce genre de personne.

Si la ligne commence relativement bas sur Mars positif, la boule de chair au-dessus du pouce, ou près de l'anneau de famille, le sujet manque de confiance en soi. Il arrive qu'une ramification descende de la ligne de vie vers le mont de Mars positif. On la trouve dans la main de ceux qui exercent un métier exigeant du courage physique ou qui font des efforts pour vaincre leur peur.

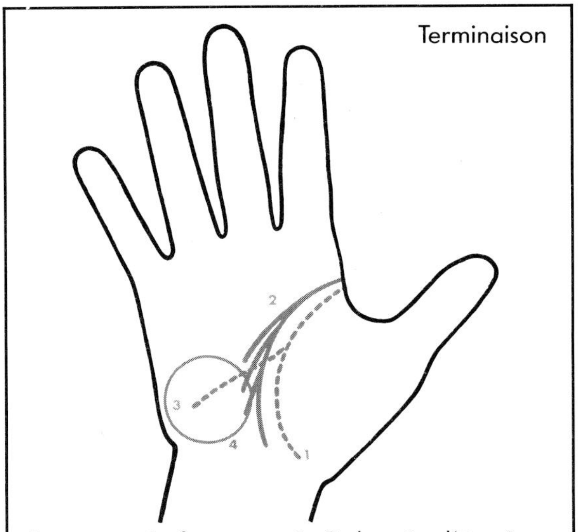

1. amour du foyer, patrie 2. besoin d'évasion 3. départ mais nostalgie 4. carrière internationale

TERMINAISON

Une ligne de vie qui encercle bien le mont de Vénus et se termine vers le pouce annonce l'amour du foyer et de la patrie.
En revanche, une ligne traversant la paume et finissant sur le mont de la Lune montre le goût du voyage et de l'aventure. Cette tendance s'accentuera si le pouce est flexible. Grâce à ses facultés d'adaptation, la personne passera sa vie par monts et par vaux.
Lorsque cette sorte de terminaison n'existe que sur la main droite alors que la ligne est tournée vers le pouce dans la gauche, cela indique une personne née pour rester chez elle, mais que l'internationalisation des échanges commerciaux a amenée à voyager — on le voit dans plus en plus de mains, les rythmes de vie actuels sont en effet de plus en plus rapides et ouverts sur le monde. L'inverse révèle que, malgré le désir d'aventure, les obligations, le devoir ou un esprit timoré obligent à rester chez soi. Pour les gauchers, interprétez de la manière inverse.
Quand une branche part vers Vénus et qu'une autre se dirige vers la Lune, la personne quittera son pays à la recherche d'aventures mais elle en gardera la nostalgie, et il est bien possible qu'elle revienne y finir ses jours.
Une ligne se terminant en torsade ou par plusieurs petites lignes fines dénote une déperdition d'énergie et une fin de vie végétative. Un triangle au bout de la ligne de vie est signe de tact et de diplomatie.

PARTICULARITES

Ramifications

Chaque branche montante de la ligne de vie indique un effort spécial et l'énergie déployée pour cet effort.
La partie de la ligne de vie qui se trouve sous le doigt de Jupiter va en gros jusqu'à 21 ans et correspond à l'enfance, à l'adolescence et aux études, à l'apprentissage...
Toute ligne montante sous l'index montrera donc la lutte menée pour réaliser ses ambitions, lutte qui n'est pas nécessairement perçue par l'entourage. Ces difficultés peuvent s'inscrire en point de chausson ou en chaîne au début du tracé de la ligne de vie.

L'ambition. Une ramification s'élevant de la ligne de vie à une autre période de l'existence et se dirigeant vers Jupiter montre également un effort spécial pour améliorer sa situation. Pour qu'elle soit significative, elle doit dépasser la ligne de tête et celle du cœur et atteindre le mont de Jupiter.
Lorsqu'elle va droit sur Jupiter, elle révèle le désir de réussir. On peut aussi l'appeler ligne de l'ambition. Son revers est une grande susceptibilité lorsque l'ego est chatouillé.

La réalisation. Sous Saturne, la ligne correspond à la période de vie s'étendant de 21 ans à 42 ans environ. C'est l'époque de la réalisation matérielle, de la maturité et de l'intériorisation spirituelle.
C'est aussi sous Saturne que s'élève la ligne de destin. Une ramification montant de la ligne de vie vers Saturne servira de seconde ligne de destin et renforcera la première (si elle existe).
Une branche partant sous Jupiter, donc de l'enfance, vers Saturne et comportant une île est une ligne d'inquiétude qui trahit les soucis et les tensions vécus dans le milieu familial.

La réussite. Une ramification s'élevant vers le mont du Soleil, qui symbolise la célébrité, le bonheur, le sens esthétique et artistique et auquel correspond l'âge théorique de 42 ans à 63 ans, indique la célébrité et le succès.
Elle joue le rôle de seconde ligne du Soleil. Excellent augure pour toute personne ayant un métier en relation avec le public : acteurs, politiciens, orateurs, hommes d'Eglise...

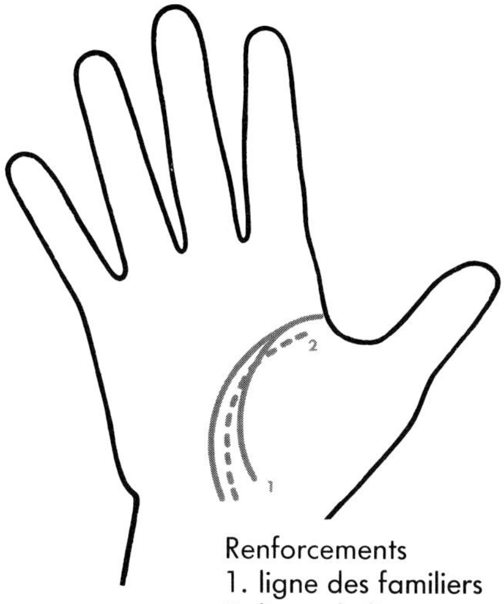

Renforcements
1. ligne des familiers
2. ligne de l'ange gardien

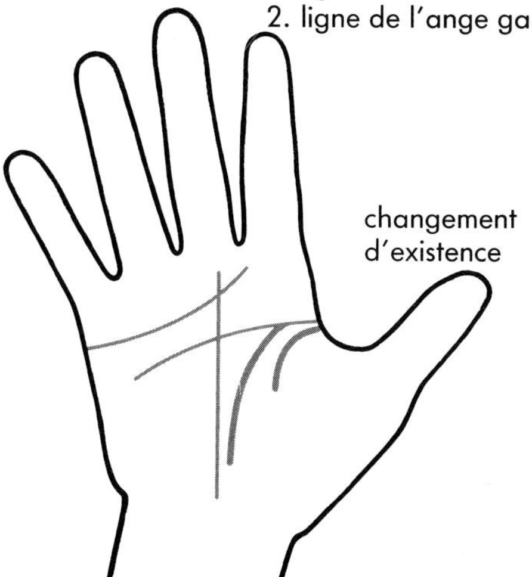

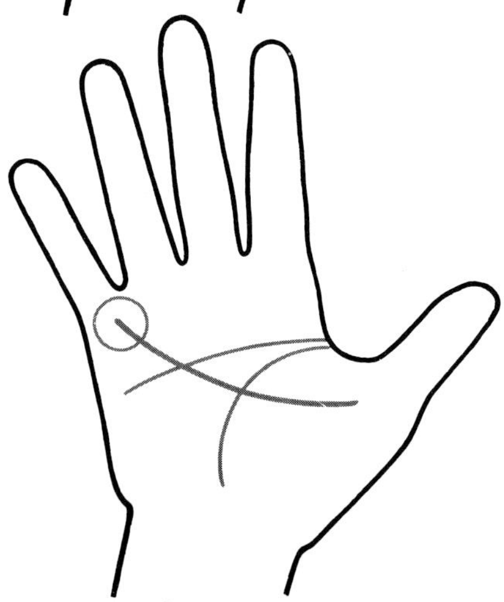

interférences étrangères

La richesse. Une branche lancée vers Mercure annonce un succès commercial, scientifique ou financier grâce au travail et aux mérites du sujet.

Le désir de liberté. Une ramification en provenance de la ligne de vie et s'arrêtant sur la ligne de destin est toujours d'un heureux présage, surtout si la ligne de destin en sort renforcée. Elle montre le désir de se libérer de contraintes qui, curieusement, se répétera une fois dans l'existence.

Le manque d'énergie. Une ramification descendante est un signe de déperdition d'énergie vitale. Elle peut n'être qu'un ennui de santé momentané.

Le besoin d'évasion. Vers le mont de la Lune, cela indique un désir de changement (époux, métier, pays ou domicile), une manifestation passagère d'insatisfaction quand elle est fine et une profonde envie d'évasion lorsqu'elle est fortement marquée.

Renforcement de la ligne de vie

On voit parfois, sur le mont de Vénus, une ligne courant parallèlement à la ligne de vie, sans la toucher, que l'on appelle la ligne de l'ange gardien, la ligne sœur ou la ligne de Mars.
Lorsqu'elle est claire et nette, elle protège des accidents et des maladies.

Lorsqu'une ramification jaillit de la ligne sœur vers le centre de la paume, la vitalité peut se transformer en agitation, en nervosité.
Ne pas la confondre avec une ligne parallèle qui part de la ligne de vie, appelée ligne de l'être cher (les attachements amoureux, les personnes avec qui l'on vit !).

A part la ligne sœur, plusieurs facteurs compensent une faible ligne de vie :

- une excellente ligne de destin traversant la main du bas de la paume jusqu'au-dessus de la ligne de cœur ;
- une bonne ligne de Soleil ;
- une ligne de tête longue et nette qui renforce l'énergie et la persévérance ;
- un pouce long et puissant, signe de grande énergie et de volonté.

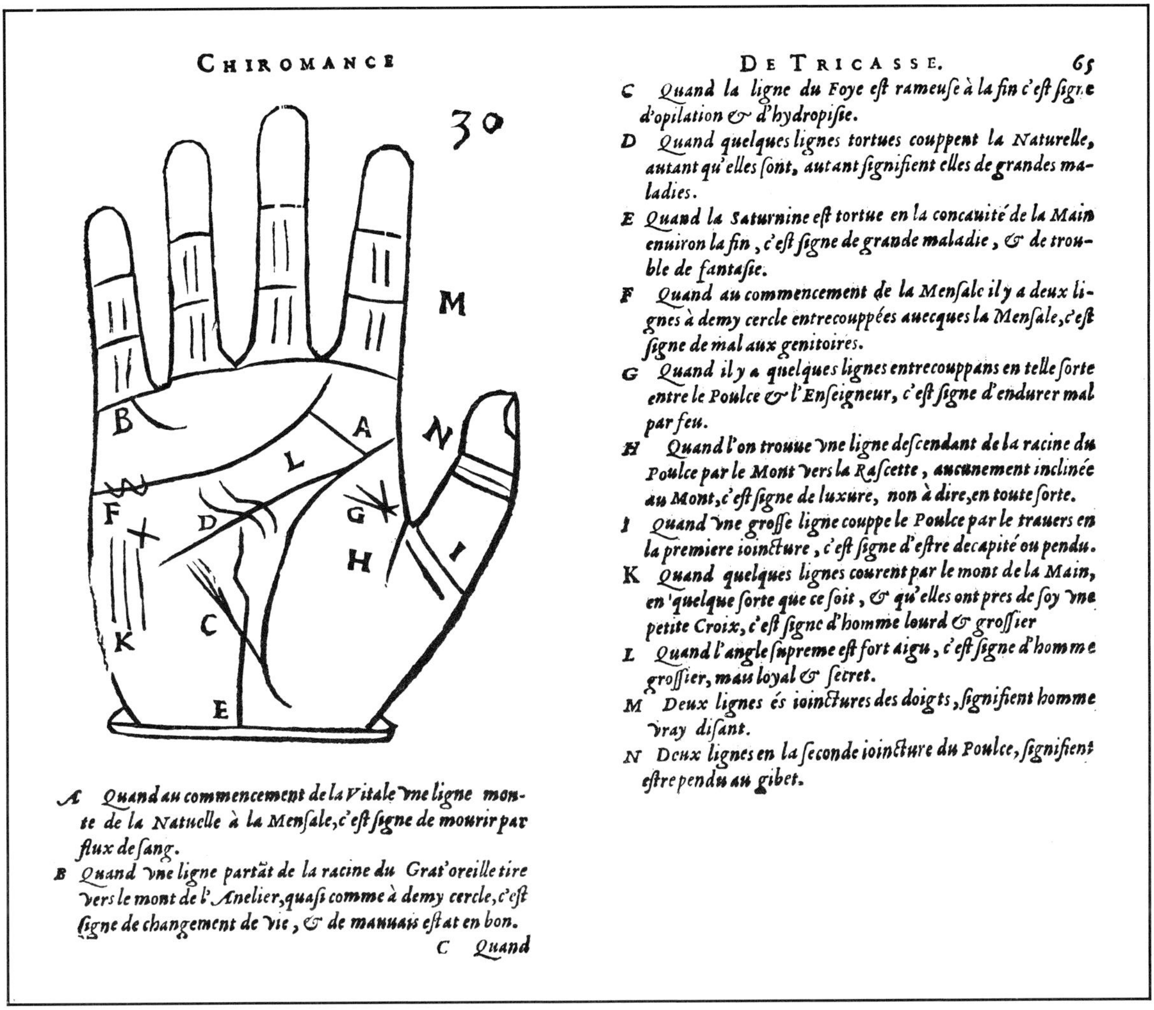

CHIROMANCE

A Quand au commencement de la Vitale vne ligne monte de la Natuelle à la Menſale, c'eſt ſigne de mourir par flux de ſang.

B Quand vne ligne partãt de la racine du Grat'oreille tire vers le mont de l'Anelier, quaſi comme à demy cercle, c'eſt ſigne de changement de vie, & de mauuais eſtat en bon.

C Quand

DE TRICASSE. 65

C Quand la ligne du Foye eſt rameuſe à la fin c'eſt ſigne d'opilation & d'hydropiſie.

D Quand quelques lignes tortues couppent la Naturelle, autant qu'elles ſont, autant ſignifient elles de grandes maladies.

E Quand la Saturnine eſt tortue en la concauité de la Main enuiron la fin, c'eſt ſigne de grande maladie, & de trouble de fantaſie.

F Quand au commencement de la Menſale il y a deux lignes à demy cercle entrecouppées auecques la Menſale, c'eſt ſigne de mal aux genitoires.

G Quand il y a quelques lignes entrecouppans en telle ſorte entre le Poulce & l'Enſeigneur, c'eſt ſigne d'endurer mal par feu.

H Quand l'on trouue vne ligne deſcendant de la racine du Poulce par le Mont vers la Raſcette, aucunement inclinée au Mont, c'eſt ſigne de luxure, non à dire, en toute ſorte.

I Quand vne groſſe ligne couppe le Poulce par le trauers en la premiere ioincture, c'eſt ſigne d'eſtre decapité ou pendu.

K Quand quelques lignes courent par le mont de la Main, en quelque ſorte que ce ſoit, & qu'elles ont pres de ſoy vne petite Croix, c'eſt ſigne d'homme lourd & groſſier

L Quand l'angle ſupreme eſt fort aigu, c'eſt ſigne d'homme groſſier, mais loyal & ſecret.

M Deux lignes és ioinctures des doigts, ſignifient homme vray diſant.

N Deux lignes en la ſeconde ioincture du Poulce, ſignifient eſtre pendu au gibet.

Il arrive aussi que la ligne de vie soit très courte et qu'une nouvelle ligne parte un peu plus loin de la ligne de tête, ressemblant à une ligne de destin ; cette nouvelle ligne de vie peut rester indépendante ou rejoindre la première. Il s'agit d'une personne qui a complètement changé d'existence et s'en est créé une plus intéressante et mieux remplie que celle à laquelle elle se destinait à l'origine. On le remarque surtout dans la main de personnes qui avaient envisagé une carrière et ont ensuite changé d'optique. L'effet est identique en cas de divorce ou de remariage. A vous de trouver des informations sur les autres lignes, qui vous permettront de faire une bonne interprétation.

▲ *Extrait de* la Chiromance, *de Tricasse, traduction française du livre italien paru en 1524. (Ph Bibliothèque nationale, Paris)*

(main gauche)

Forme : Air
Lignes : Feu
Tempérament : Feu

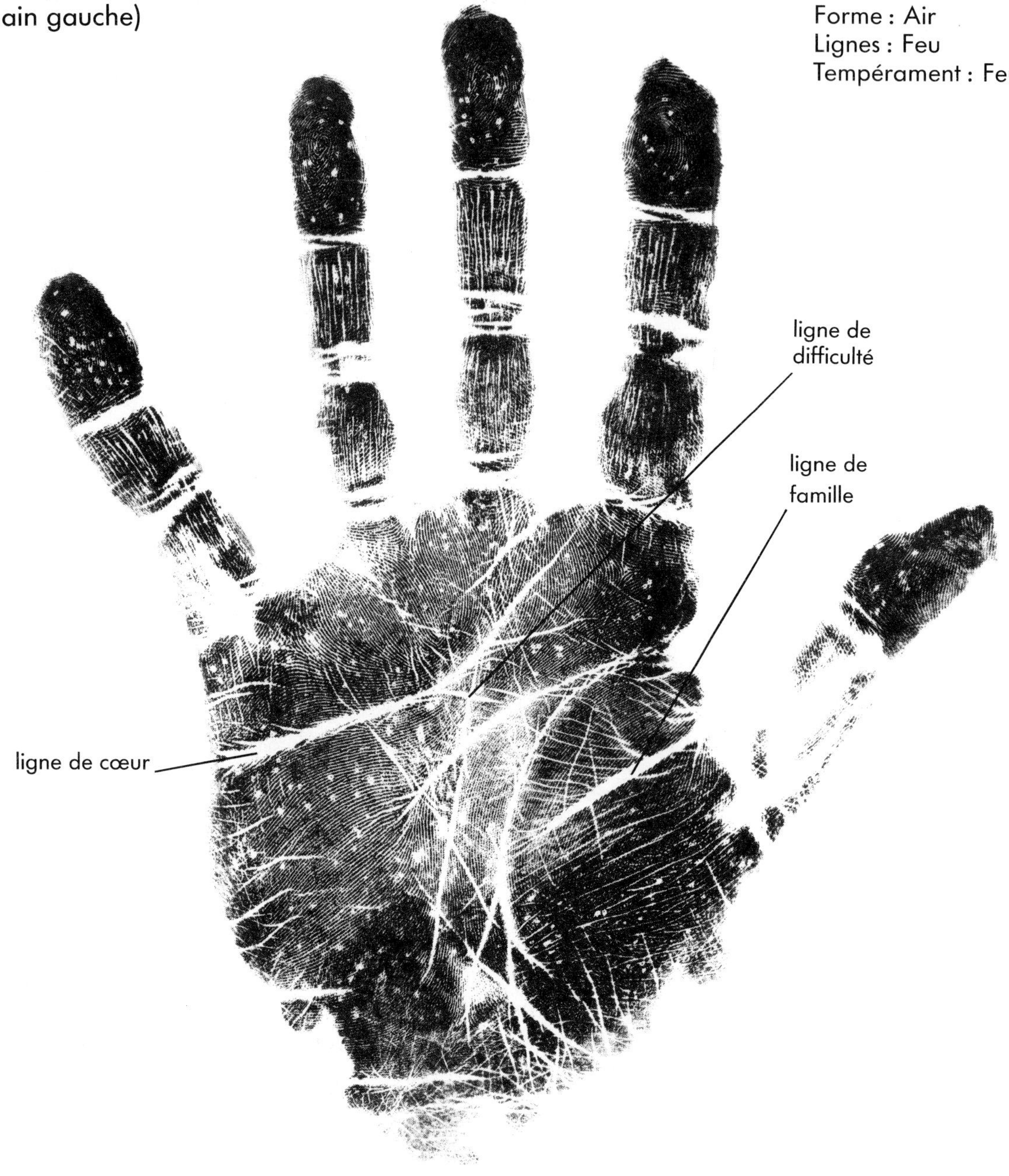

Les lignes agitées, leur peau sèche et chaude confèrent à ses mains un tempérament de Feu. En d'autres termes, la vie a contraint cette femme à devenir chef d'entreprise. Notez la ligne unissant le cœur à la tête vers la trentaine. Son divorce l'a poussée à prendre la direction de l'affaire dans laquelle elle travaillait. Les deux lignes venant de la vie et se dirigeant vers Mercure, le dieu du commerce, des échanges et de la finance, l'assurent de la réussite financière. Cette personne est intéressante par la diversité de ses lignes d'une main à l'autre. La gauche est plus tourmentée et passive tout en étant ordonnée et méthodique. La ligne de cœur touffue et droite jusqu'à la quarantaine montre une nature très passionnée et très demandeuse affectivement mais méfiante et craignant d'être blessée, d'où des déceptions et de la possessivité. Bien que la ligne de tête soit fourchue, elle alimente les rêves et donc la déception. Mais la main droite montre que cette personne, bien qu'angoissée, se dirige vers un meilleur équilibre affectif et mental.

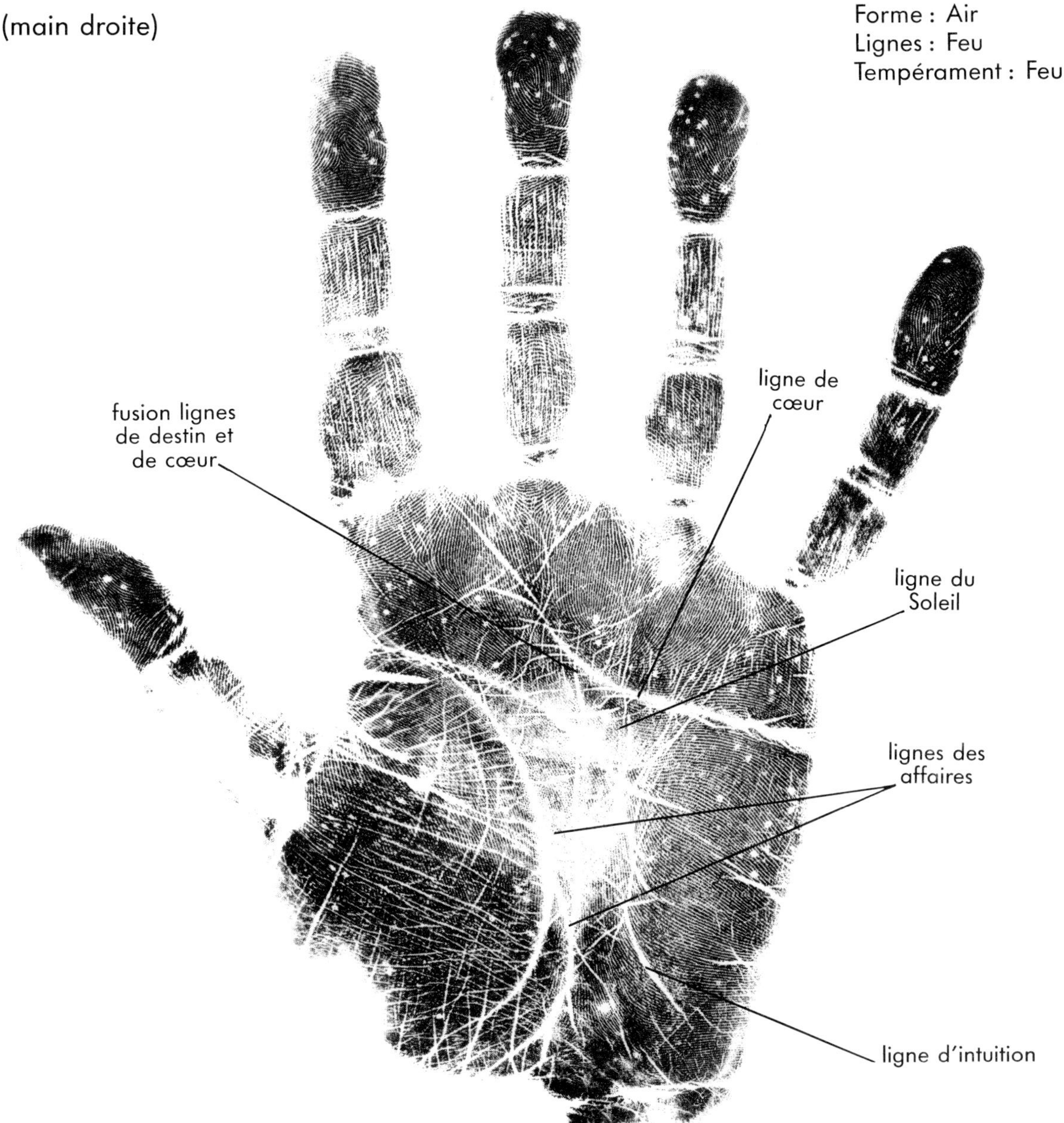

D'abord, elle prend sa vie professionnelle en main et sa ligne de destin semble vouloir se fondre avec la ligne de cœur, ce qui est un signe de réussite. Ensuite la ligne de tête, tout en étant imaginative, a une branche qui se redresse : ce qui lui donne du réalisme. La vitalité est bien meilleure, plus chaleureuse et généreuse comme le confirme la ligne de cœur se redressant pour se terminer entre l'index et le médius. Une ligne d'intuition monte du bas du mont de la Lune vers Mercure et une branche semble s'allier à la ligne de Soleil et l'autre à la mercurienne qui ici fait figure de ligne d'affaire. Partie pour une vie de mère de famille, son activité l'a complètement transformée. Il lui reste pourtant à s'équilibrer sur le plan relationnel et sexuel comme le montre l'auriculaire légèrement séparé des autres doigts, problèmes qui peuvent venir de l'enfance ou d'un poids familial lourd à supporter : forte ligne de famille partant du pouce gauche. Mais les volutes digitales donnent à ces mains une âme de battant qui augure bien de sa vie future.

Accidents modificateurs de la ligne de vie

La ligne de vie peut être coupée et reprendre : cela indique une maladie et un rétablissement. Si une ligne chevauche la coupure, le problème de santé sera minime. Une ligne sœur annule toujours l'effet d'une coupure. Quand la coupure est entourée d'un carré, la santé sera protégée.
Les lignes d'influence venant de Vénus et coupant la ligne de vie annoncent des ennuis ou des épreuves dont l'effet sera moindre si ces lignes ne traversent pas toute la paume. Ce sont toujours des interférences étrangères et indépendantes de la volonté du sujet.
Une ligne de vie annelée ou chaînée dénote de la fragilité et une tendance à la dépression. Annelée ou chaînée au début, elle révèle une santé délicate dans l'enfance mais qui s'est améliorée avec l'âge.
Les îles, grilles, barres, points et trous signalent une maladie ou une période de tension.
L'étoile ou la croix (uniquement si elles sont claires et nettes) annoncent un choc, un accident ou une opération.
Un triangle montre un sursaut d'énergie.

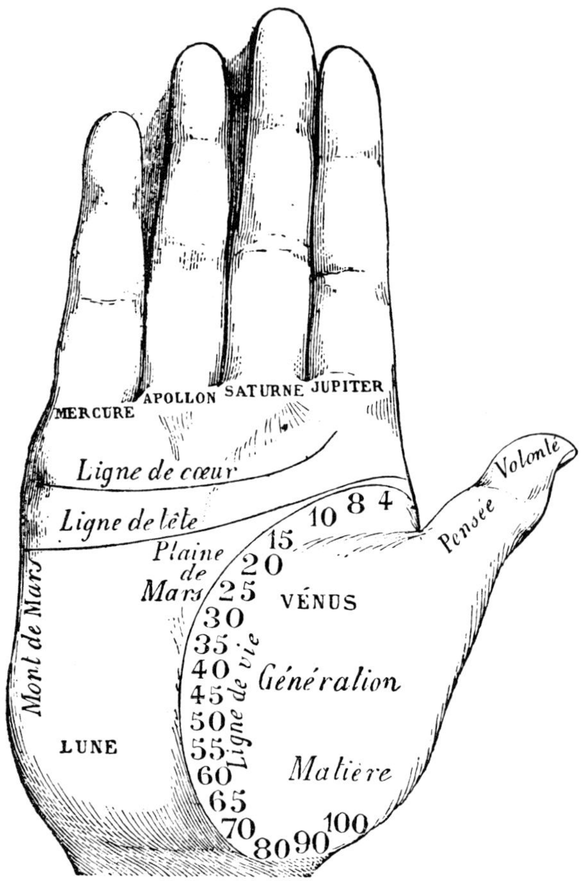

▲ Les Mystères de la main, *par A.-A. Desbarolles, Paris, 1859. (Ph Bibliothèque nationale, Paris)*

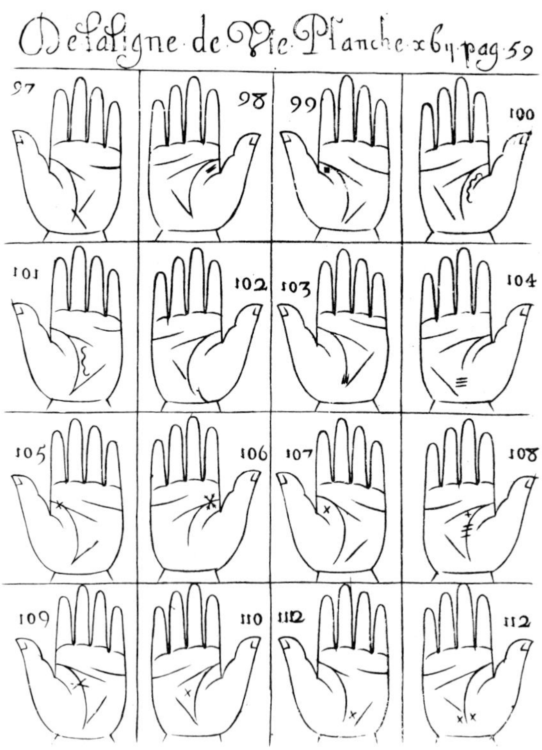

◀ *Planche extraite des* Principes de la chyromance, *tirée des* Œuvres mathématiques *de Jean Taisniers, Paris, 1677. (Ph Bibliothèque nationale, Paris)*

LE TEMPS SUR LA LIGNE DE VIE

Rappelons qu'une ligne courte n'est pas signe d'une vie courte et qu'une longue ligne n'indique pas une longue vie. La datation ne permet pas d'établir la durée de la vie ; elle donne la possibilité de repérer dans le temps les événements.
Partagez la ligne de vie en deux depuis son origine jusqu'au bas du pouce ou poignet et attribuez à la moitié du haut trente ans et au bas quatre-vingts ans ou plus suivant la main, et séparez par dizaines.

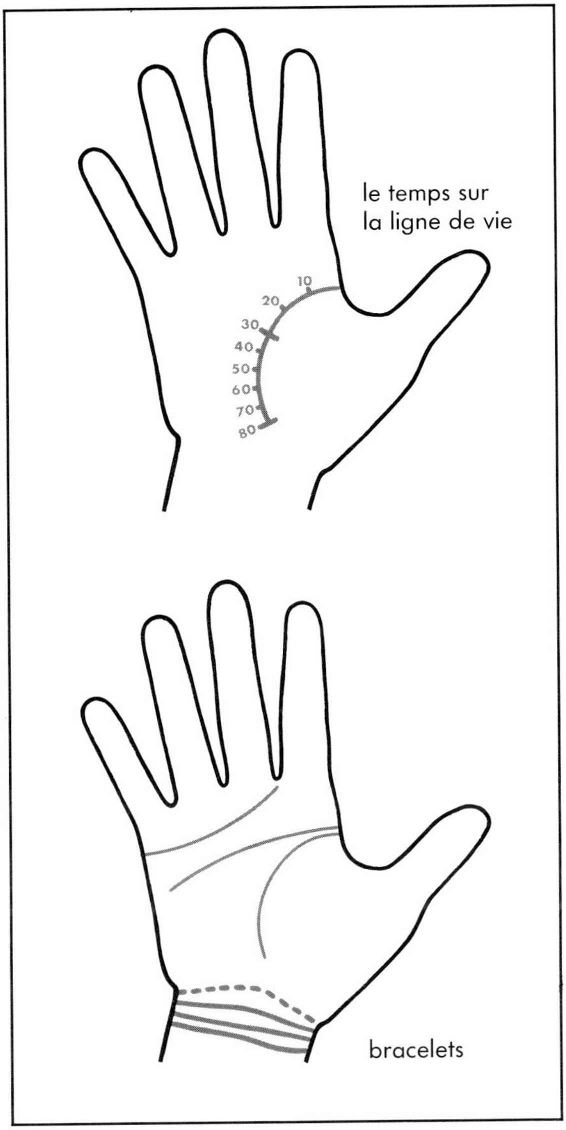

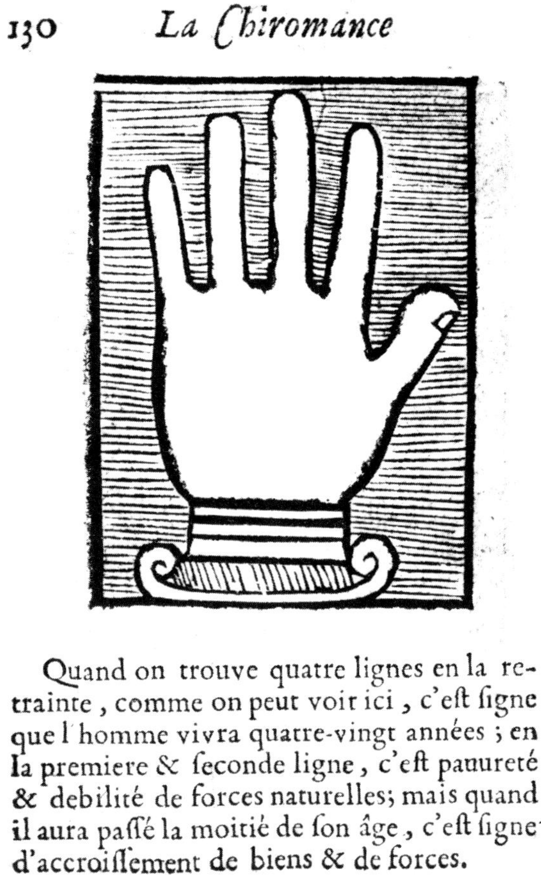
130 La Chiromance

Quand on trouve quatre lignes en la re-traintte, comme on peut voir ici, c'eſt ſigne que l'homme vivra quatre-vingt années ; en la premiere & ſeconde ligne, c'eſt pauureté & debilité de forces naturelles; mais quand il aura paſſé la moitié de ſon âge, c'eſt ſigne d'accroiſſement de biens & de forces.

▲ *Une page de* La Physiognomonie naturelle, la chiromance *de Coclès, Rouen, 1698. (Ph Bibliothèque nationale, Paris)*

RASCETTE OU BRACELETS

Les lignes qui apparaissent au bas de la paume, sur le poignet, et forment deux ou trois bracelets, ou même un seul, s'appellent la rascette. Bien que ces lignes aient des noms aussi suggestifs que bracelets magiques et bracelets royaux, leur interprétation ne sert qu'à titre indicatif. Plus on avance en âge et plus ils sont fortement tracés. Les gens âgés en auront donc plus.

Chacun représente trente-trois ans d'âge. Bien dessinés et au nombre de trois, ils augurent une longévité de quatre-vingt-dix-neuf ans, la fortune et une vie heureuse. Ce sont eux qu'on appelle les bracelets magiques.

Avec un premier bracelet chaîné, la personne travaillera dur et ne connaîtra le succès que passé les 60 ans.

Dans l'Antiquité, le bracelet en forme d'arc, dont la pointe rentre dans la paume, indiquait des problèmes physiologiques internes et gynécologiques chez les femmes. C'est ainsi que le grand prêtre choisissait les vestales qui, jeunes vierges, étaient appelées à se consacrer, leur vie durant, à l'entretien du feu sacré. Je l'ai moi-même et je n'ai pourtant pas eu de problèmes pour avoir des enfants !

Toute ligne partant de la rascette vers la Lune annonce un voyage (voir Mont de la Lune, page 142).

LA LIGNE DE CŒUR

La ligne de cœur représente nos réactions affectives, émotionnelles et sexuelles. Elle montre également la réalisation des ambitions, des désirs, les réussites et la richesse.
Certains chirologues la font débuter du côté du pouce, mais son départ du tranchant de la main sous l'auriculaire me semble plus naturel et plus véridique comme interprétation. En effet, dans la pratique, vous vous rendrez compte que la ligne de cœur est toujours plus agitée sous l'auriculaire et que, la maturité aidant, elle devient plus claire et plus nette en se dirigeant vers l'index, ce qui concorde avec l'expérience de l'existence.
Elle se lit comme formant un tout avec la ligne de tête. Cela vous permettra de déterminer si vous avez affaire à une personne plutôt émotive ou plutôt réfléchie.
Elle passe donc sous l'annulaire et le médius et se dirige vers l'index. Il existe pourtant des terminaisons différentes, qui ont toutes leur propre signification.

EMPLACEMENT

Elle peut être plus ou moins proche de la base des doigts. Lorsqu'elle est haute, l'ouverture d'esprit s'élargit et l'existence est conçue avec originalité, mais l'impulsivité et le manque de contrôle s'intensifient et la sensualité s'exprime sans que les sentiments y soient nécessairement mêlés. Lorsque la peau se creuse entre la ligne de cœur et la base des doigts, le sex-appeal et la passion sont grands. Très démonstrative dans ses nombreuses amours, cette personne ne trouvera le bonheur qu'avec un partenaire dans les mêmes dispositions.
Proche de la ligne de tête, elle dénote une personne qui, tout en ayant du cœur, a le sens des réalités sur le plan sentimental. Sa vision de l'existence est aussi plus conventionnelle et elle est d'une nature plus renfermée.
La ligne idéale est donc placée ni trop haut ni trop près de la ligne de tête. Elle doit être nette, bien tracée, légèrement rosée. Remontant en courbe, elle se termine entre l'index et le médius par un trident ou une fourche, ce qui annonce une nature chaleureuse et bienveillante, possédant un excellent

emplacements

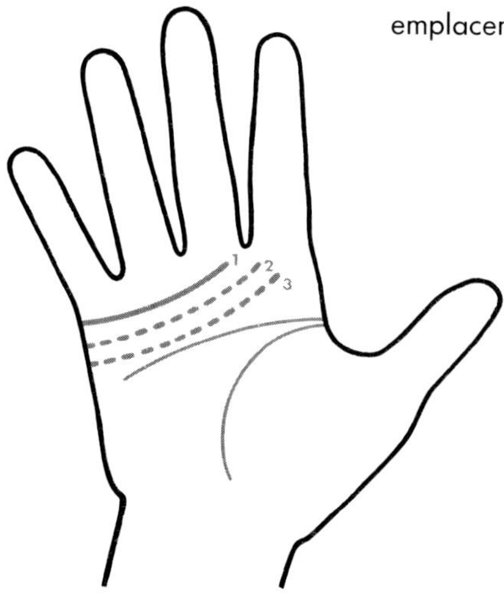

1. ouverture d'esprit, impulsivité
2. nature chaleureuse et équilibrée
3. sens des réalités

tracé
et terminaisons

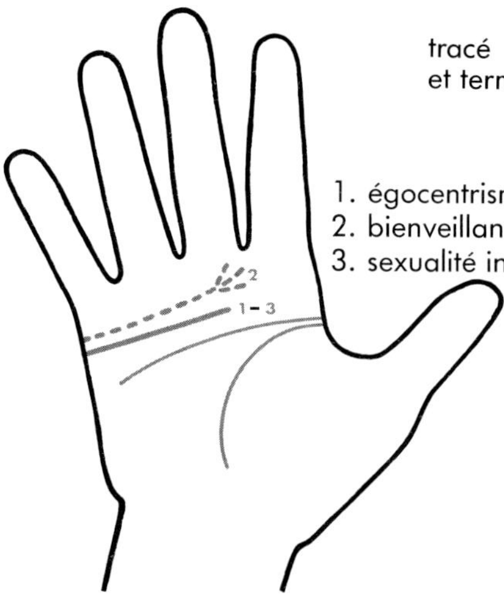

1. égocentrisme
2. bienveillance
3. sexualité instinctive

équilibre entre le bon sens, les sentiments et les passions, une personne aimante et aimée.
La première partie sous Mercure, le Soleil et Saturne montre les sentiments, les émotions et la sexualité. La seconde (qu'elle remonte en courbe, s'arrête ou continue en ligne droite sur Jupiter) révèle plus spécialement la nature de l'affectivité, l'harmonie qu'on veut atteindre et la réussite de l'existence.

TRACE

Un premier coup d'œil donne déjà une idée de la nature du consultant. Une ligne droite est plus mentale et égocentrique, une ligne courbe a une sexualité instinctive. Courte, elle dénote une nature plus réservée, voire froide. Longue, elle est le signe d'un tempérament très passionné. Une terminaison avec des ramifications ascendantes, un trident ou une fourche confère de la bienveillance, le sens des autres et annonce une personnalité sympathique. Profonde, elle assure de la faculté d'aimer et d'éprouver des attachements forts et sincères. Large et nettement tracée, elle indique un tempérament passionné n'aimant pas les liens. Si elle est faiblement tracée, les sentiments et l'affection sont superficiels. Chaînée et confuse, elle annonce une période troublée sentimentalement et sensuellement. Tortueuse et ondulée, elle traduit l'incapacité d'aimer et aucune sincérité de sentiments.

TERMINAISON

Une ligne se terminant sous Saturne a donc une sexualité plus physique que sentimentale. Dans les relations amoureuses, c'est la tête qui mène et non le cœur. Cette personne donne l'impression de n'éprouver aucune émotion et d'avoir de la difficulté à aimer et à s'attacher.
Entre Saturne et Jupiter, elle dénote un équilibre entre la raison et les émotions, du bon cœur, de la générosité et de la sympathie. Cette personne sera plus heureuse dans sa maturité que dans sa jeunesse.
Une terminaison sous l'index, sur le mont de Jupiter, signifie idéalisme en amour, tendance à mettre l'être aimé sur un piédestal (source de désillusions), désir de faire un beau mariage, mais, une fois le choix fait, l'attachement sera sincère. C'est le cœur et les émotions qui mènent et non la tête. Amour romantique.

terminaisons

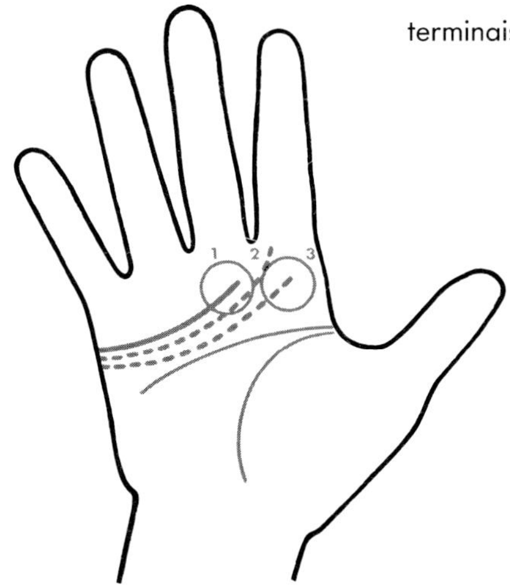

1. sexualité physique 2. équilibre
3. romantisme

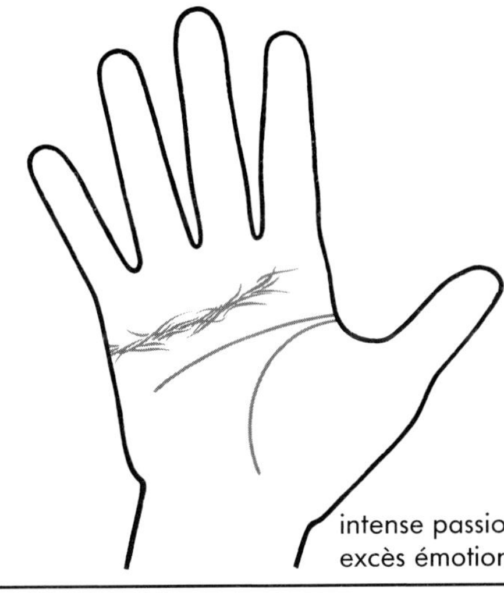

intense passion
excès émotionnel

Traversant la paume avec beaucoup de petites ramifications, la ligne est signe d'intenses passions amoureuses et d'excès émotionnels. Le perfectionnisme en amour n'apporte hélas que de l'insatisfaction. Extrême sensibilité. Humeurs changeantes passant de l'extase à la souffrance la plus noire. La jalousie et l'intensité des sentiments rendent la perception des autres très difficile.
Une ligne droite sans ramifications, traversant la paume et s'arrêtant sous Jupiter, montre une personne plus intéressée par son travail que par

l'amour, froide mais capable de dévouement pour la collectivité. Bonheur avec une personne ayant les mêmes intérêts.
Quand la ligne de cœur descend en courbe et touche la ligne de tête, il existe un conflit entre le cœur et la tête, qui peut venir d'un choc, d'une déception ou d'un désenchantement. Elle donne l'intelligence du cœur et une plus grande compréhension des autres. Mais cette grande sensibilité émotionnelle et cette gentillesse peuvent pousser le sujet à vivre avec un partenaire difficile, dans un pénible état de dépendance affective dont il a du mal à se soustraire. En bref, il comprend mieux les autres que lui-même.
Une ligne se terminant par une fourche dont une branche monte vers Jupiter et l'autre descend vers la tête indique une personne qui a tendance à se tromper en amour et qui éprouvera des déceptions.

COULEUR

La couleur de la ligne de cœur donne une image de la sexualité. Pour vous en assurer, ouvrez grand la paume.
Quand elle est de la même couleur que le reste de la main, elle dénote une excellente harmonie émotionnelle.
Pâle et longue, la sexualité est grande mais l'affection moindre.
Rouge, elle marque une sexualité excessive, de la passion, de la jalousie, mais aussi des problèmes circulatoires.
La meilleure est celle qui est légèrement plus rosée. La sexualité est harmonieuse et équilibrée, les sentiments chaleureux ; loyauté et sensibilité vis-à-vis de son conjoint.

PARTICULARITES

Ramifications

Les ramifications descendantes signalent les peines de cœur ou les déceptions affectives.
Une ou plusieurs ramifications descendant sous l'index vers la ligne de tête pourraient s'appeler ligne de la sympathie et de la perception d'autrui. Même interprétation si des rameaux touffus existent au début de la ligne de cœur.
Les ramifications montant vers les doigts sont signes de réceptivité, d'amitié et d'affection.
Trois branches dirigées vers le mont de Jupiter donnent le sens de la justice et annoncent honneurs, richesse et bonheur. Vers Mercure, la fortune sera conquise grâce aux efforts personnels.

Ligne de cœur et ligne de destin confondues

Lorque la ligne de destin rejoint la ligne de cœur ou l'une de ses branches et qu'elles suivent un parcours unique, la tradition en augure puissance,

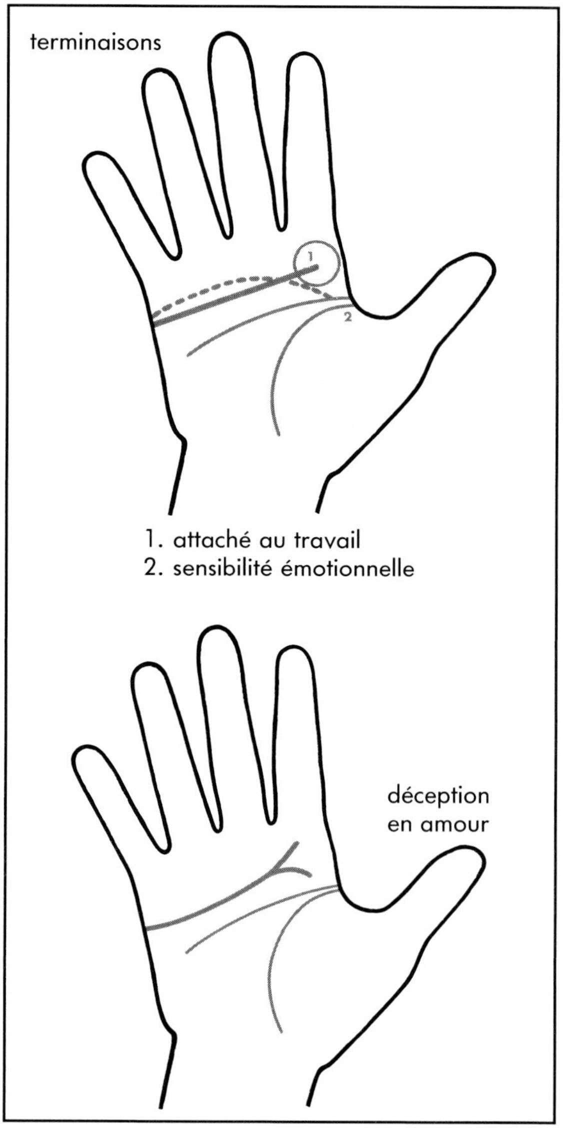

lignes de cœur
et de destin
confondus

1. bonheur
2. harmonie

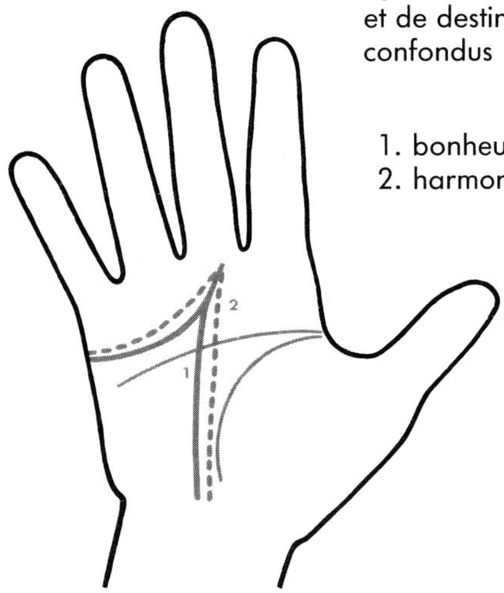

union des
lignes de cœur
et de Soleil

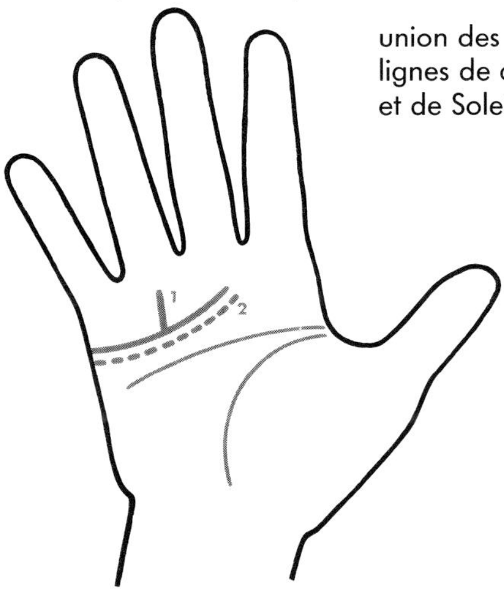

1. succès et bonheur tardifs
2. nature chaleureuse

prestige, richesse et bonheur grâce à l'affection, à l'amour ou à un mariage heureux.
Si elles s'unissent à l'extrémité de la ligne de cœur, les expériences et la maturité permettront d'atteindre une meilleure harmonie personnelle, ce qui facilitera la réussite et promet une fin de vie plus heureuse.

Ligne de cœur formant une ligne du Soleil

Quand une ramification claire et nette monte de la ligne de cœur vers le mont du Soleil, c'est une ligne du Soleil tardive, qui indique succès et bonheur après la cinquantaine, grâce à l'amour et l'affection de l'entourage, et qui donnera beaucoup de satisfactions, de joies et de richesse jusqu'à la fin de l'existence.
La ligne sœur renforce l'affectivité, l'amitié et l'amour. Au point de vue cardiaque, elle sert de pacemaker ! Il ne faut pas la confondre avec la ceinture de Vénus : une ligne en arc débutant entre Jupiter et Saturne et se terminant sous ou entre le Soleil et Mercure.

Accidents, lignes mineures et signes

Les cassures, petites barres ou croix de même que les îles et les points sont tous des signes de tension occasionnés par des peines de cœur, des problèmes sentimentaux, des carences affectives. Le carré assure que cette période difficile sera surmontée. Une croix et une étoile terminant la ligne de cœur sur le mont de Jupiter annoncent le bonheur et la célébrité.

Forme : Air
Lignes : Feu : gauche
Air : droite
Tempérament : Air

Voici un exemple de mains d'Air sociable très intuitive. Voyez les petites lignes d'intuition sur le mont de Mercure et l'extrémité pointue des doigts, signe de réceptivité. Les lignes donnent l'impression de changements comme le confirment la ligne de vitalité droite résolument ouverte vers l'extérieur et les lignes de voyage sur les monts de la Lune indiquant une vie en dehors du pays d'origine. En effet, cette personne a vécu dans deux pays autres que le sien pendant plusieurs années. La finesse du réseau linéaire montre la sensibilité, ce qui renforce l'intuition. La quarantaine, cette personne a en effet eu une vie très agitée. Personnalité très dynamique et enthousiaste (arcs de tente sur le médius et l'index droit), elle est partie faire des tournées comme chanteuse aux Etats-Unis et au Canada et qu'elle sponsorisait elle-même. Notez la ligne de destin partant du mont de la Lune, excellente pour se produire en scène car elle donne le sens du public, du charme et du sex-appeal. Cette personne a acquis un sens de l'argent qu'elle n'avait pas : ligne partant du destin droit pour remonter vers Mercure. Sa ligne de tête imaginative à gauche est devenue plus réaliste et longue, ce qui avive son excellente faculté de raisonnement pour se récupérer des enthousiasmes successifs où l'expédie sa témérité : grand écart entre la tête et le cœur. Jusqu'à maintenant, sa vie affective a été très tumultueuse et les multiples lignes transversales à la base du pouce ainsi que la voie lascive sur les deux mains montrent qu'elle a une nature très sensuelle et qu'elle a beaucoup de liaisons, plus physiques que sentimentales. Mais malgré toutes les difficultés qu'elle rencontre, carrées entre la vie et le destin, elle semble se diriger vers une période plus sereine à partir de la cinquantaine : ligne de Soleil à droite au-dessus de la ligne de cœur. Notez la boucle palmaire du sixième sens, révélatrice d'un don psychique renforçant l'intuition et prévenant des dangers.

(main droite)

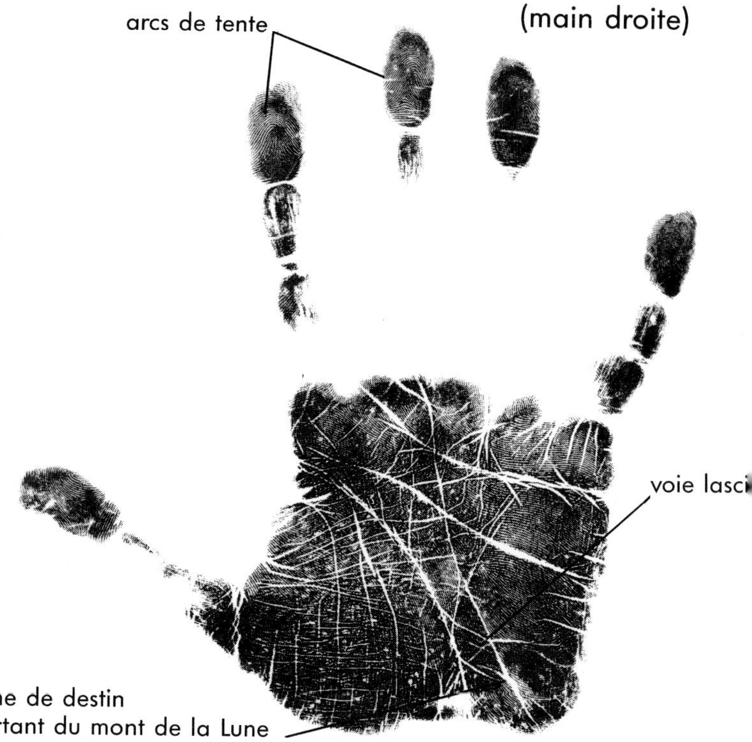

(main gauche)

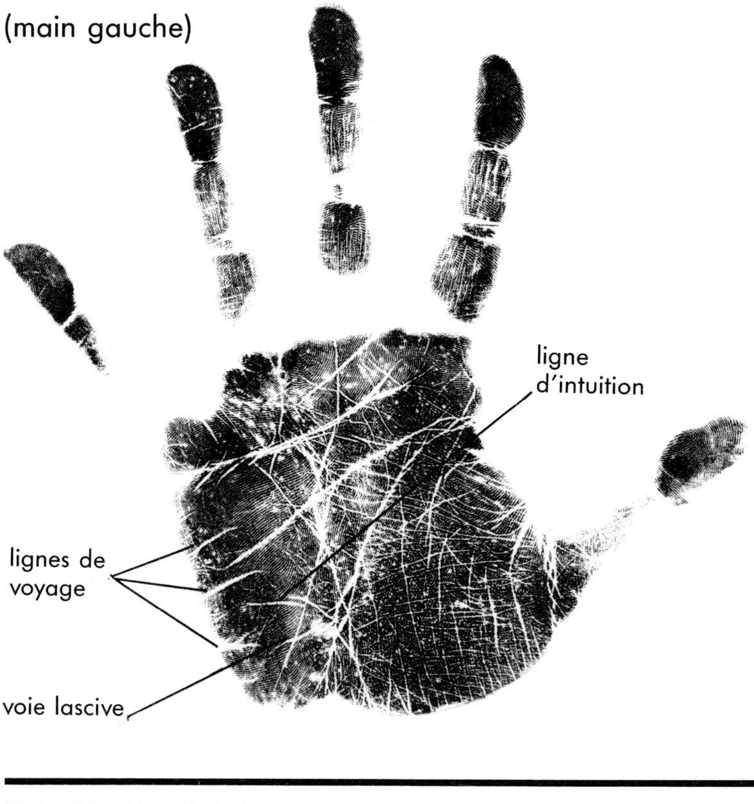

Forme : Air
Lignes : Terre créative
Tempérament : Eau

(main droite)

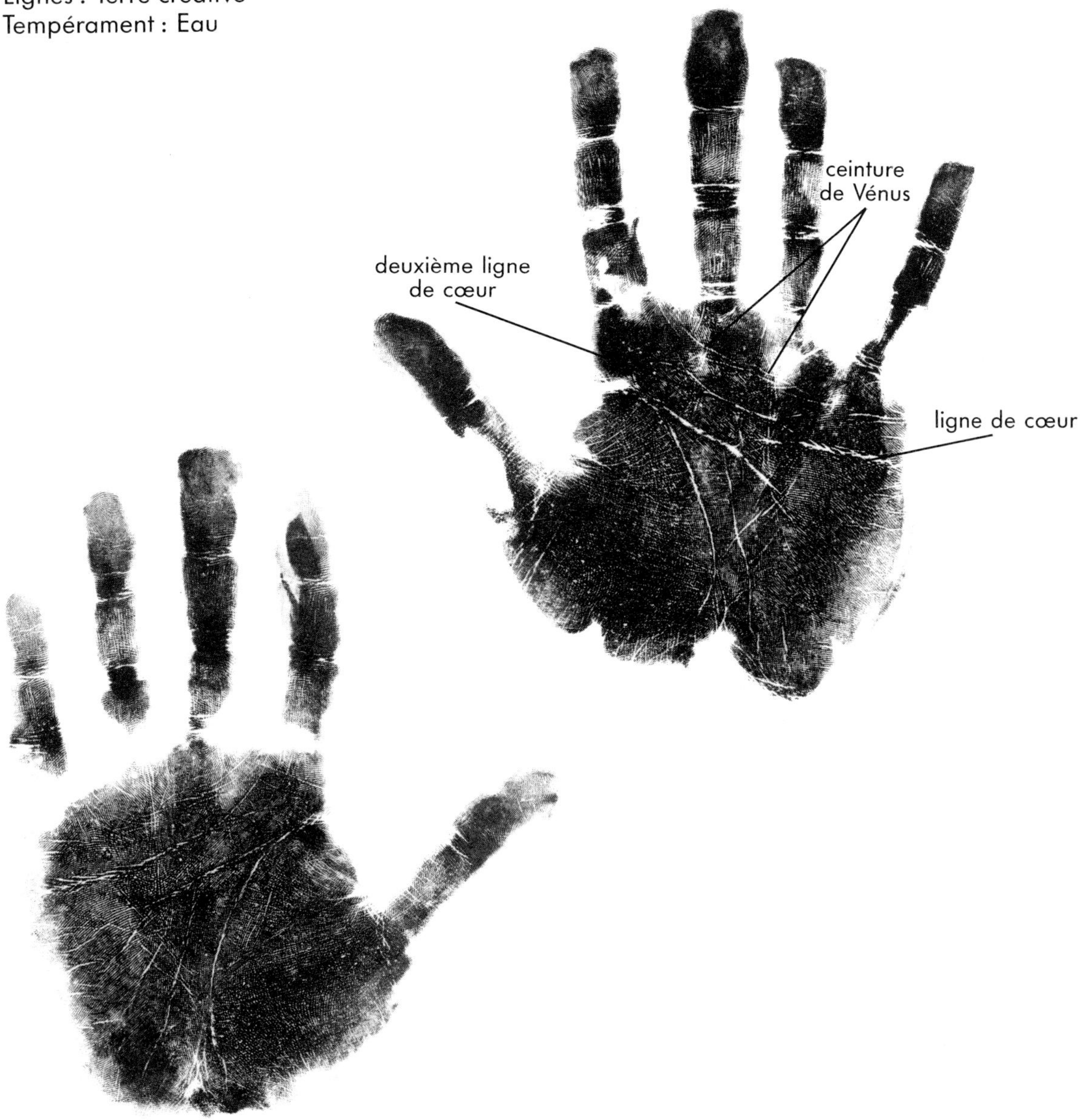

Double ligne de cœur : d'une forme Air sociable avec des lignes Terre créative, la main gauche de cette personne a une ligne de cœur remontant sur Jupiter et une courte ligne de tête droite, signe d'une affectivité équilibrée et réaliste. Pourtant, une enfance difficile a tracé dans la main droite une ligne de cœur hachurée et chaînée révélant une extrême sensibilité. Cet excès émotionnel rend la perception des autres difficile sur un plan affectif. La ceinture de Vénus fine et découpée près des doigts avive encore cette sensibilité et l'isole car elle fait peur aux autres. Présente jusqu'à quarante ans, elle est relayée vers vingt-cinq ans par une deuxième ligne de cœur à peine visible au début mais qui va en s'affirmant jusqu'à Jupiter et Saturne. Elle annonce que cette personne s'ouvrira aux autres et qu'elle réussira à sortir de son enfermement grâce à une carrière artistique, comme le montre la fine ligne de soleil débutant sur la ligne de tête imaginative. Ce jeune homme a débuté une carrière théâtrale.

LE CŒUR ET SES LIGNES

Si vous voulez en savoir plus sur les réactions affectives, émotives et sexuelles d'une personne, ne vous contentez pas de l'examen de sa ligne de cœur. Regardez si sa main possède une ceinture ou un anneau de Vénus, combien elle aura de liens affectifs durables — les lignes de mariage — et quelle importance auront les enfants dans sa vie. La voie lascive, suivant les cas, peut exacerber la sensualité ou n'être qu'imaginative. Elle trahit en outre une attirance pour les drogues ou l'alcool.

LA CEINTURE DE VENUS

Bien qu'elle soit une ligne mineure, elle complétera les informations données par la ligne de cœur. Certains chirologues la considèrent comme une deuxième ligne de cœur.

Située entre l'index et le médius et descendant en courbe sur le haut de la paume, au-dessus de la ligne de cœur, pour remonter vers l'annulaire, elle peut être formée d'une ou plusieurs lignes bien tracées, ou d'une série de petites lignes en arc de cercle. On ne la rencontre que dans 10 % des mains.

La ceinture de Vénus apporte un grand sens esthétique, une vive sensibilité, une réponse émotionnelle aiguë vis-à-vis de l'autre sexe. Ces qualités peuvent se manifester sur un plan purement intellectuel ou d'une manière plus physique.

Fine et en arc, coupant les lignes du Soleil et de destin, elle appartient à une personne qui peut se lancer dans une carrière artistique grâce à sa sensibilité et à son intelligence et aussi à son goût pour l'amour. Le don de parer d'un halo doré la personne qui lui plaît provient de sa vive imagination, un avantage pour toute œuvre créatrice mais qui annonce une vie sentimentale mouvementée. Avant de vous prononcer, vérifiez si la ligne de tête est capable de réalisations.

Une ceinture de Vénus formée de plusieurs anneaux ou petites lignes annonce du goût pour l'amour physique. Si elle coupe ou s'unit à une ligne de mariage, petite ligne horizontale sur le tranchant de la main à la base de l'auriculaire, elle révèle un violent attachement physique provoquant un état d'excitation permanent, ce qui peut être cause de déséquilibre.

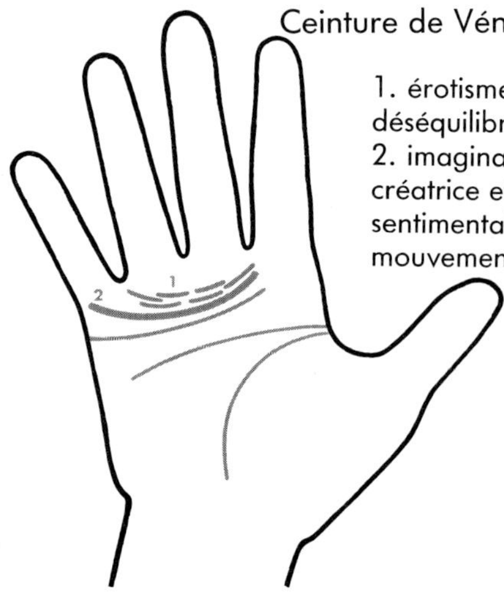

Ceinture de Vénus :

1. érotisme et déséquilibre
2. imagination créatrice et vie sentimentale mouvementée

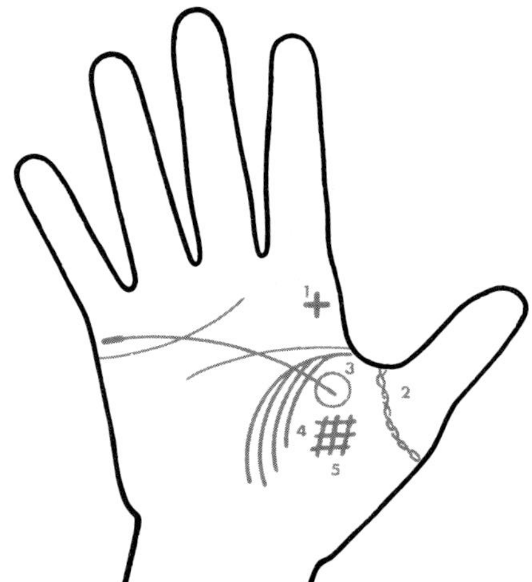

1. mariage heureux 2. sens de la famille 3. difficulté conjugale 4. être cher 5. liaisons

Une ceinture de Vénus fragmentée en petits traits trahit aussi un déséquilibre provoqué par l'inquiétude, la peur ou des tensions, qui mérite des soins. N'hésitez pas à le signaler à l'intéressé, surtout lorsqu'il s'agit de la main d'un enfant.
Quand elle se termine sur le mont de Mercure et que la ligne de tête est bonne, cela indique une forte énergie, de l'ardeur et de l'enthousiasme pour mener à bien les objectifs que le sujet s'est fixés.

LES LIGNES DE MARIAGE

D'après la tradition hindoue, les lignes horizontales qui débutent sur le tranchant de la main et s'avancent sur le mont de Mercure au-dessous de l'auriculaire s'appellent des lignes de mariage.
En fait, elles montrent des attachements affectifs profonds (dans le mariage ou en dehors). Mais, avant de les interpréter, il faut bien regarder la main dans son ensemble :

- la présence d'une croix bien marquée sur le mont de Jupiter est le signe d'un mariage heureux ;
- l'anneau de famille à la base du pouce, s'il est bien inscrit, indique le sens de la famille et des responsabilités qui en découlent ;
- les lignes d'influence descendant de la ligne de mariage et traversant la paume en direction du mont de Mars positif (la base du pouce) annoncent une ingérence étrangère dans le couple et un divorce mouvementé ; une ligne d'influence atteignant Vénus annonce des ennuis moins graves ;
- le mont de Vénus donne aussi de précieuses indications, par exemple par la présence de lignes de l'être cher (celles qui prennent naissance sur la ligne de vie et suivent un parcours parallèle) et de lignes d'aventures sexuelles (les lignes ou grilles à la base du pouce).

Des lignes de mariage peuvent aussi représenter un très fort attachement à un animal favori. Pour vous en assurer, regardez sur le côté de la phalange onglée du médius s'il existe des petites croix qui annoncent l'amour des petits animaux : chats ou chiens. Une croix plus importante correspond à un animal plus grand : cheval ou éléphant !

Lignes de mariage et d'enfants

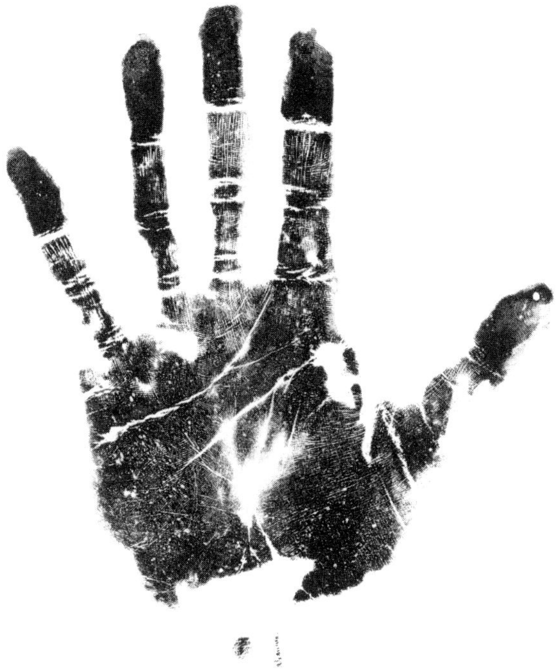

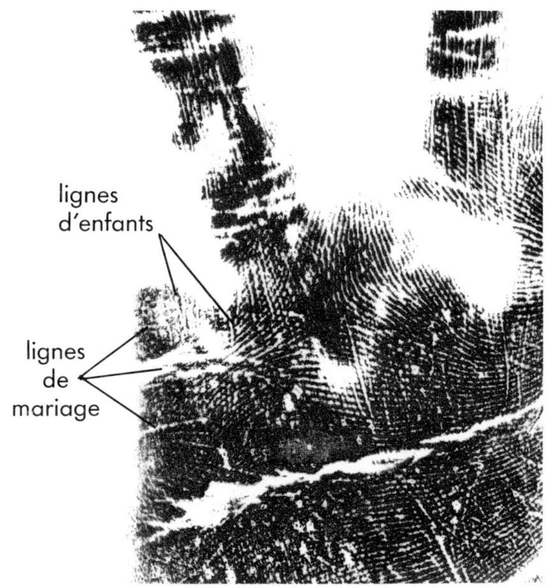

▲ *Ici il y a trois lignes de mariage, une très fine près de la ligne de cœur, une deuxième plus haut et une troisième très forte au-dessus. Les fines lignes verticales sont les lignes d'enfants. Ne retenir que les plus nettes.*

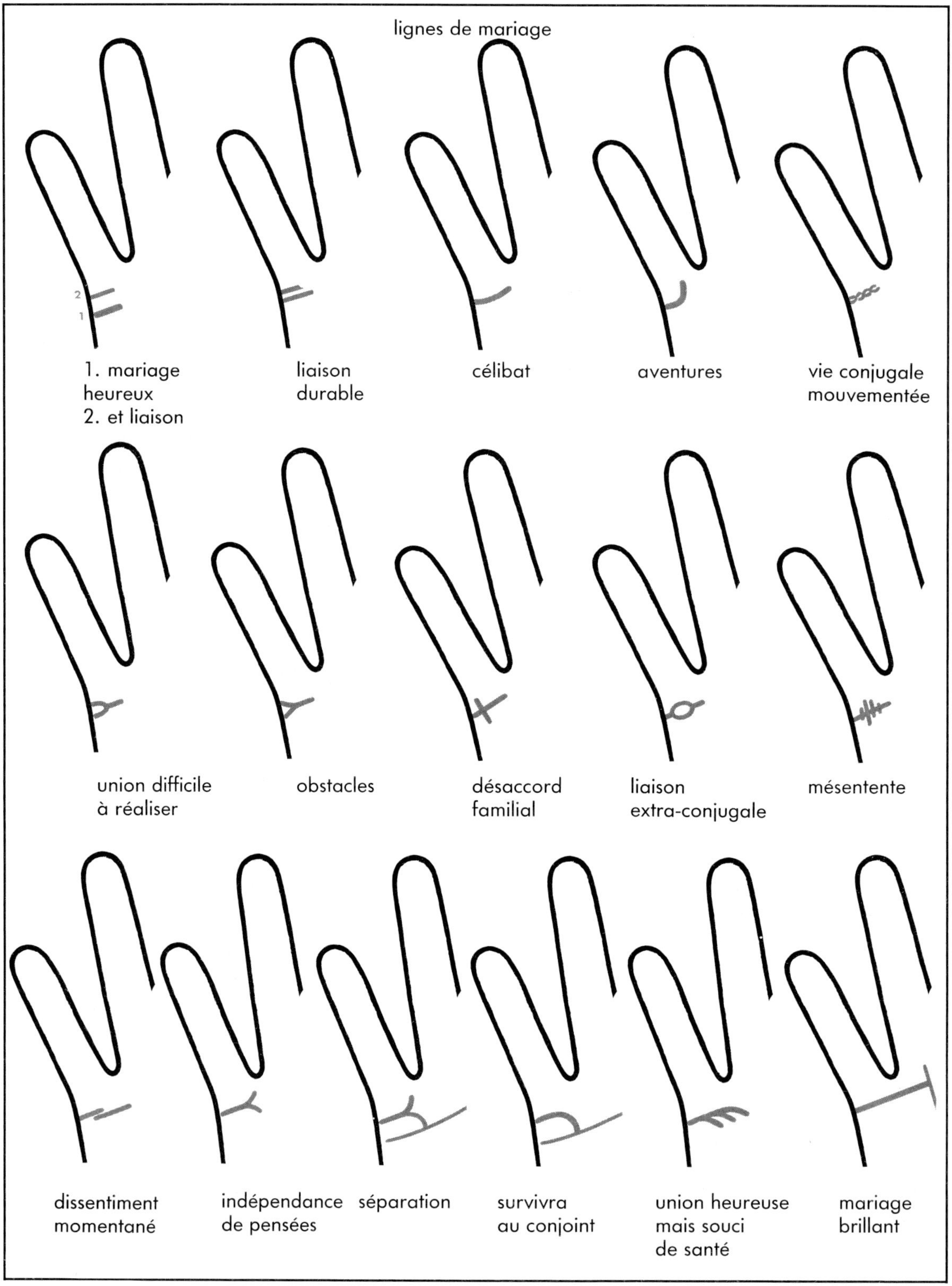
lignes de mariage
2
1
1. mariage heureux
2. et liaison
liaison durable
célibat
aventures
vie conjugale mouvementée
union difficile à réaliser
obstacles
désaccord familial
liaison extra-conjugale
mésentente
dissentiment momentané
indépendance de pensées
séparation
survivra au conjoint
union heureuse mais souci de santé
mariage brillant

Le temps sur les lignes de mariage

Partez de la ligne de cœur et remontez vers l'auriculaire. La ligne la plus proche du cœur montre un amour ou un mariage de jeunesse.

Tracé et multiplicité des lignes

Une ligne droite, unique, profonde et claire, s'avançant sur le mont de Mercure est signe d'un mariage heureux qui durera.
Quand il existe plusieurs lignes, on ne retient que la plus fortement inscrite. Lorsqu'il en existe deux ou plus de même valeur, la multiplicité des attachements montre que la personne a tendance à disperser son affection, d'où une difficulté à se cantonner dans une vie conjugale.
Une bonne ligne de mariage et une ligne plus haute de même importance sur le tranchant annoncent une liaison qui ne menacera pourtant pas l'union principale. Bien souvent la deuxième ligne n'apparaît que sur la main gauche (pour les droitiers), comme si elle n'était plus inscrite que dans le subconscient.
Deux lignes jumelles très proches indiquent que la personne a une liaison sérieuse alors qu'elle a encore une forte attache sentimentale. La ligne la plus profonde est celle du lien marital.

LIGNE DE CELIBAT

La tradition veut qu'un anneau ou un début d'anneau à la base de Mercure (l'auriculaire) annonce un célibataire endurci.
Une ligne de mariage se redressant vers Mercure indique un fort attrait pour les aventures, mais de la répulsion pour le mariage.
Une ligne chaînée révèle une multiplicité de liaisons qui laisse augurer une vie matrimoniale mouvementée pour le conjoint éventuel.

Origine

Il arrive parfois que la ligne, au lieu d'être droite à son origine, débute par un haricot. Proche de l'auriculaire, elle est signe que l'union tardera à se réaliser ou sera difficile, à moins que la ligne n'en sorte droite et profonde, ce qui annonce la victoire sur ces difficultés.
Une fourche à l'origine indique des débuts difficiles dus à la séparation ou à des raisons indépendantes de la volonté des conjoints, difficultés qui s'arrangeront si la ligne en sort droite et profonde.

Obstacles et difficultés

Une forte ligne interrompant la ligne d'union est signe d'un obstacle ou d'un désaccord familial sur un mariage. Il ne faut pas confondre ce signe avec celui des enfants (voir page 188).
Un haricot ou une île au milieu de la ligne indique une liaison extra-conjugale qui trouble le couple, mais ce désaccord disparaîtra si la ligne en ressort nette.
Une ligne hachurée est signe de difficultés ou de mésentente. Une ligne cassée mais se chevauchant elle-même annonce un dissentiment momentané.
Une fourche nettement marquée à la fin de la ligne de mariage annonce de l'indépendance de pensées et des intérêts différents. Mais si une des branches descend sur la ligne de cœur, les conjoints se sépareront.
Une ligne droite et rejoignant en courbe la ligne de cœur annonce que la personne survivra à son conjoint.
Si cette ligne se poursuit à travers la paume et rejoint le mont de Mars positif à la base du pouce, il y aura divorce et querelles orageuses.
Si elle se dirige vers le mont de Vénus, les différends seront moindres.

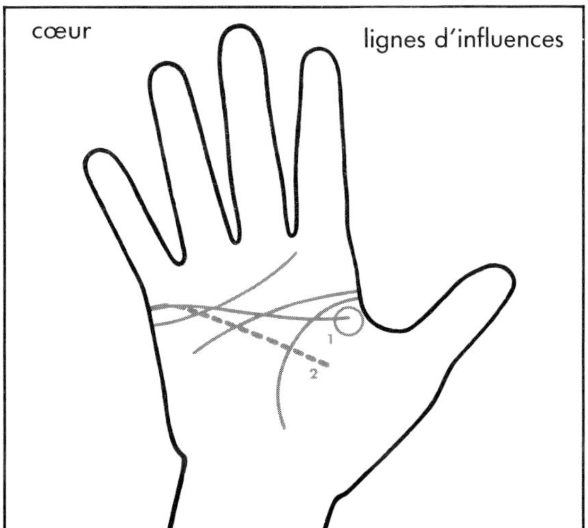

1. divorce 2. union orageuse

Des ramifications descendant d'une bonne ligne de mariage vers la ligne de cœur sont le signe d'une union heureuse mais aussi de soucis résultant de la mauvaise santé du conjoint.
Une ligne de mariage ou une branche touchant la ligne du Soleil annonce un mariage heureux et brillant, mais si la ligne solaire est coupée, le mariage ne sera pas heureux.

LES LIGNES D'ENFANT

« Combien aurai-je d'enfants ? » C'est une question qu'on vous demandera souvent. Impossible de répondre à la légère, d'autant plus qu'il est difficile de lire ces petits traits verticaux qui descendent de l'auriculaire, sur le tranchant, vers les lignes de mariage. Ils peuvent être très nombreux ou inexistants. Leur multiplicité n'indique pas de nombreux enfants mais l'amour des enfants, et leur absence signifie un manque d'intérêt pour eux. En effet, des personnes ayant des enfants peuvent très bien ne pas avoir pas de lignes d'enfant. Et un professeur célibataire et sans enfants aimant son métier possédera une multitude de lignes.
Les lignes à retenir sont les mieux marquées. Plus elles descendent sur le tranchant et traversent la ligne de mariage vers la ligne de cœur et plus grand sera l'attachement aux enfants. La tradition veut que les lignes fines annoncent des filles et les lignes fortes des garçons. D'après mon expérience, les filles et les garçons s'inscrivent avec une importance égale. Mais les lignes d'enfant sont plus fréquentes dans les mains féminines que masculines. Allez comprendre pourquoi !

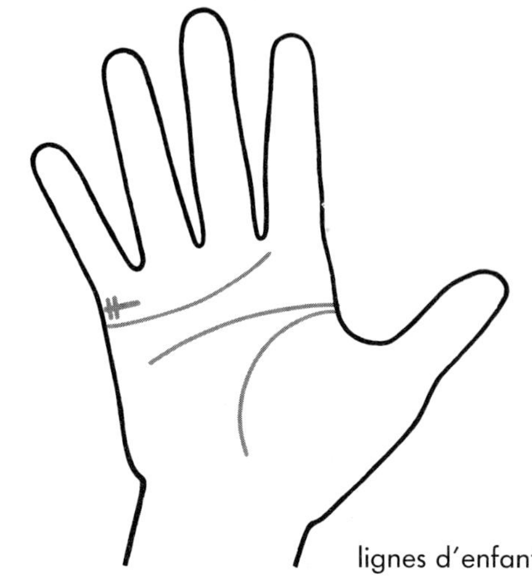
lignes d'enfants

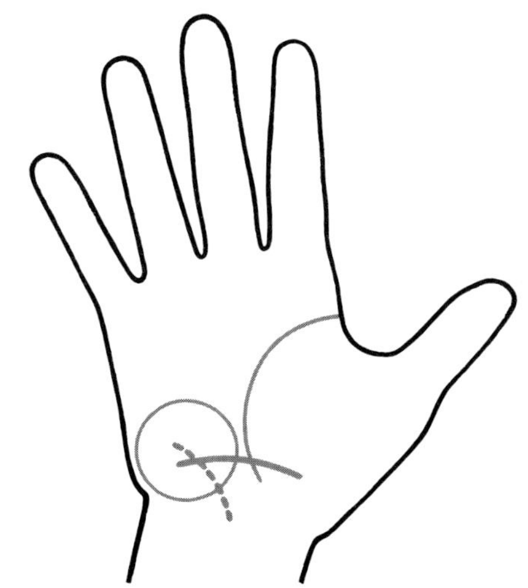
voie lascive

LA VOIE LASCIVE

C'est une ligne étrange qui a aussi le nom de voie lactée. Elle peut se présenter soit au bas de la paume, formant un demi-cercle entre le mont de Vénus et le mont de la Lune, soit comme une ligne venant du poignet et remontant sur le mont de la Lune, paraissant une seconde ligne d'intuition.
Dans le premier cas, c'est un signe de sensualité, d'où son nom de voie lascive. Dans le deuxième, cette sensualité, plus imaginative, est influencée par le mont de la Lune. Mais les deux lignes annoncent de l'attirance pour les drogues (quand la main est faible) et pour l'alcool (avec une main plus forte).
Pour l'école anglo-saxonne, cette ligne indique une allergie à l'alcool et de la répugnance pour certains médicaments. Tout dépend donc de la configuration générale de la main.

LA LIGNE DE DESTIN

La ligne de destin monte de la base du poignet vers le mont de Saturne, d'où son appellation par les anciens de saturnienne. Elle est donc spécialement influencée par ce mont et révèle la réalisation professionnelle, l'image sociale, l'influence familiale, les vicissitudes de la fortune et les changements matériels.

Mais elle donne aussi des informations sur la longévité, la santé et renforce le tracé de la ligne de vie. Une ligne de vie courte et un long destin montrent une personne qui, grâce à ses réalisations professionnelles, remplit si bien sa vie qu'elle la rallonge.

La ligne de destin est considérée à tort comme une ligne de chance. C'est la ligne du Soleil qui pourrait être appelée ligne de chance ou, comme je le préfère, ligne de bonheur. Une main possédant les lignes de destin et du Soleil est assurée d'une existence passionnante et de réalisations sortant de l'ordinaire.

Il est fascinant d'examiner les mains des nouveau-nés et d'y voir le destin bien inscrit. D'emblée, on peut dire aux parents que leur enfant aura de la personnalité et une existence intéressante.

Environ 35 % des mains n'ont pas de ligne de destin. L'absence de cette ligne révèle une personne plus guidée par son énergie vitale que par le sens de sa réalisation professionnelle et sociale. Si l'enfant sans ligne de destin décide, une fois adulte, de se lancer à force d'efforts dans une direction déterminée, une ligne de destin se dessinera peu à peu dans sa main.

Les lignes de la main ne nous prédestinent pas. Elles n'indiquent que des tendances.

A nous d'en jouer et d'en tirer la mélodie que nous voulons entendre.

Il est pourtant curieux de remarquer que la présence de cette ligne, tout en communiquant le sens du destin, ses occasions à saisir et ses restrictions, donne aussi l'impression d'être lancé sur des rails incontrôlables. Alors que son absence augmente les possibilités d'action. Tout dépend du pouce et de la volonté de réalisation.

Origine

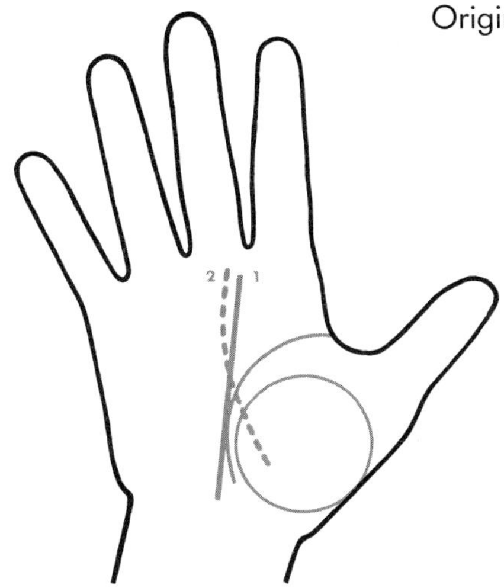

1. influence familiale mais affirmation de soi
2. prédominance familiale

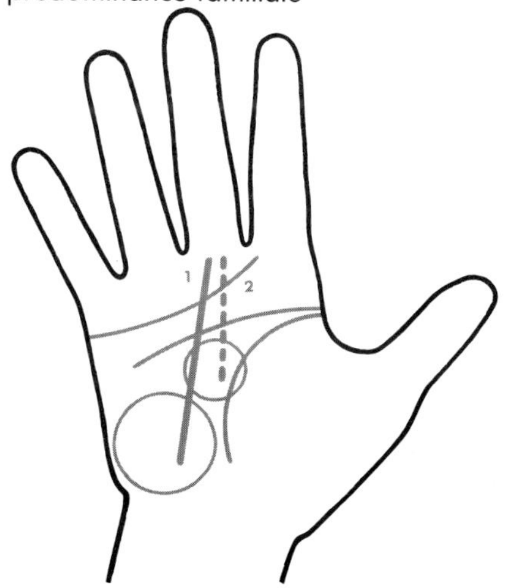

-1. guidé par les événements
2. difficulté à se réaliser, mais succès

ORIGINE

La ligne de destin typique part au-dessus de la première rascette, les bracelets à la base du poignet,

Lignes de destin

Les mains de ces quatre personnes différentes montrent combien le tracé de la ligne de destin, appelée à tort ligne de chance, peut être différent. La main ci-contre appartient à une petite fille de six ans. Pour le moment, l'origine de sa ligne de destin venant du mont de la Lune indique qu'elle sera plus menée par les événements que par sa propre volonté. Notez que le destin est presque doublé par une ligne à peine visible qui se relie à l'autre tronçon du destin au-delà de la ligne de tête.

(main gauche)

(main droite)

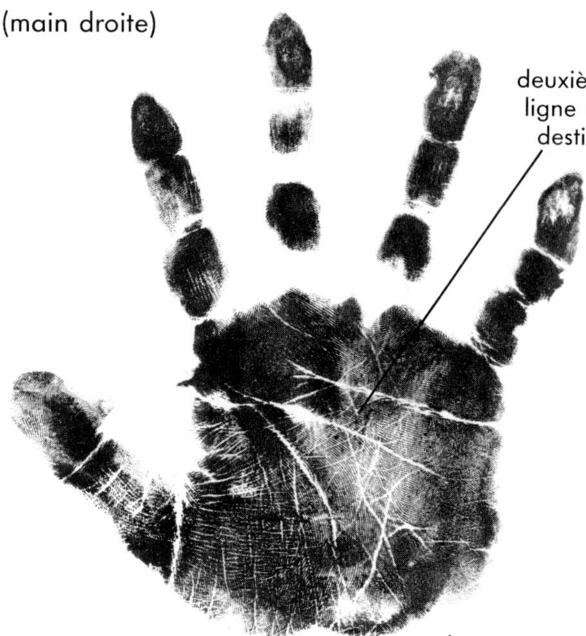

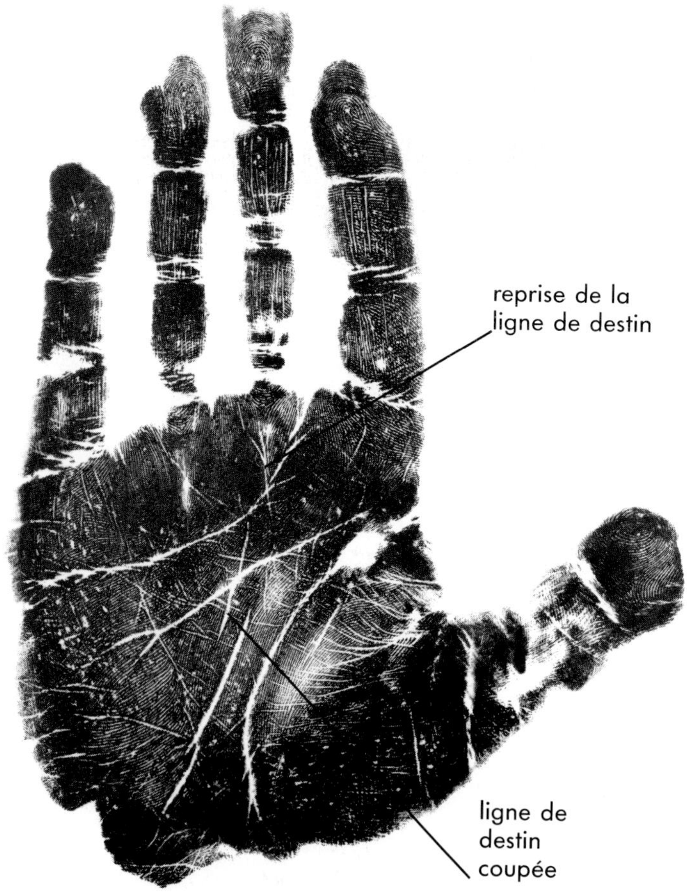

Les lignes étant changeantes, l'âge de cette jeune personne ne permet pas de s'aventurer plus loin.
Ci-contre, la main de Terre créative a aussi une ligne de destin commençant sur le mont de la Lune pour s'arrêter puis repartir en stoppant presque au niveau de cœur et reprendre sous Saturne, le médius. Après s'être mariée jeune, cette personne a divorcé et commencé une nouvelle existence indépendante très menée par les sentiments. Peintre, sa mauvaise santé l'a empêchée de

se consacrer totalement à son art. Sa ligne de vitalité permet de penser qu'elle ira de mieux en mieux et, dans les années qui viennent, elle sera reconnue professionnellement. Elle a actuellement quarante ans. La main ci-contre est typique d'une personne croyant à la fatalité et entièrement consacrée à la réussite de sa carrière qu'elle mène avec ténacité et qui sera couronnée par le succès grâce à ses efforts. Sa longueur renforce la vitalité. Le destin est la cheville ouvrière de cette

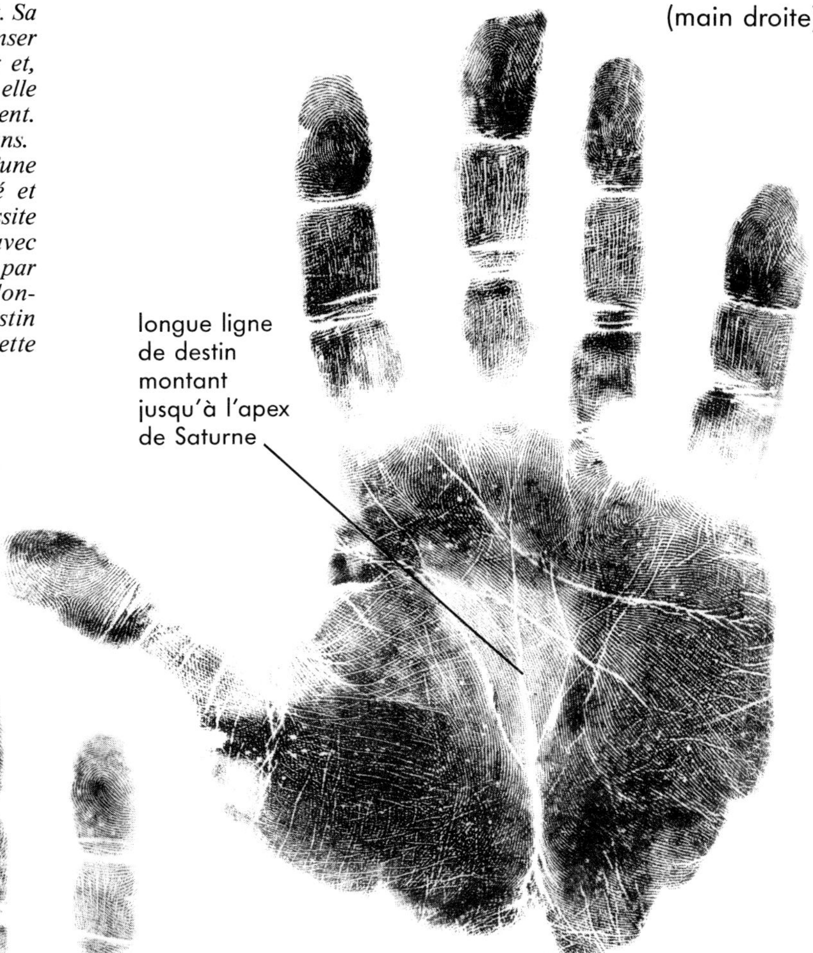

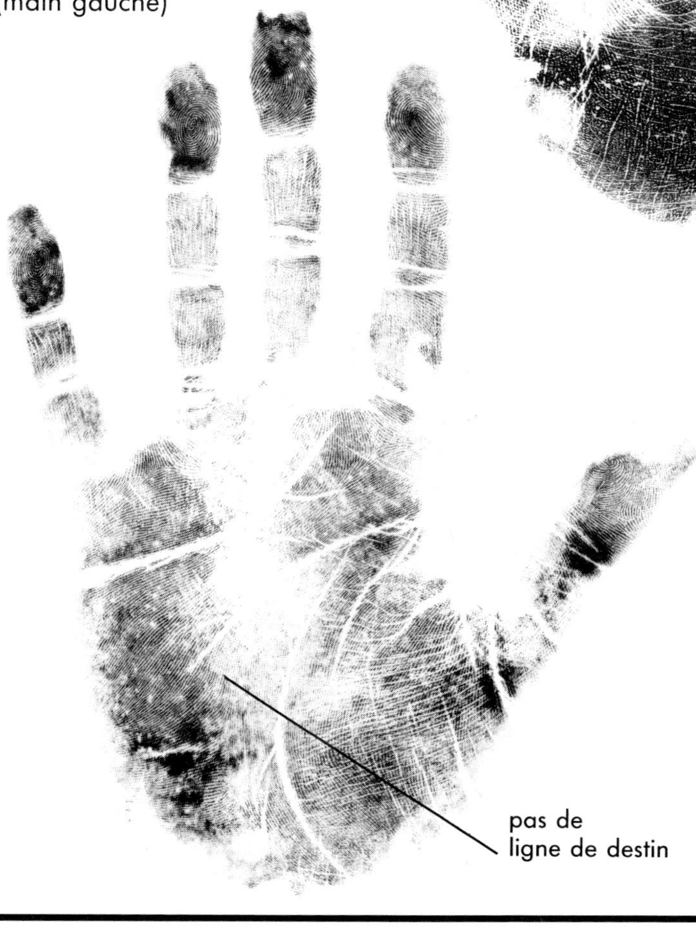

main : il lui apporte richesses et honneurs mais en même temps l'enferme dans une poursuite de chaque instant.
La main gauche n'a pas de ligne de destin, ce qui a donné à cette personne une grande liberté d'action pour choisir les occasions qui se présentaient. Elle a jusqu'à maintenant mené une existence intéressante et occupé des postes variés dans des secteurs très différents. La main droite montre d'ailleurs une ligne de destin partant du mont de la Lune.

Lignes partant du mont de la Lune (main droite)

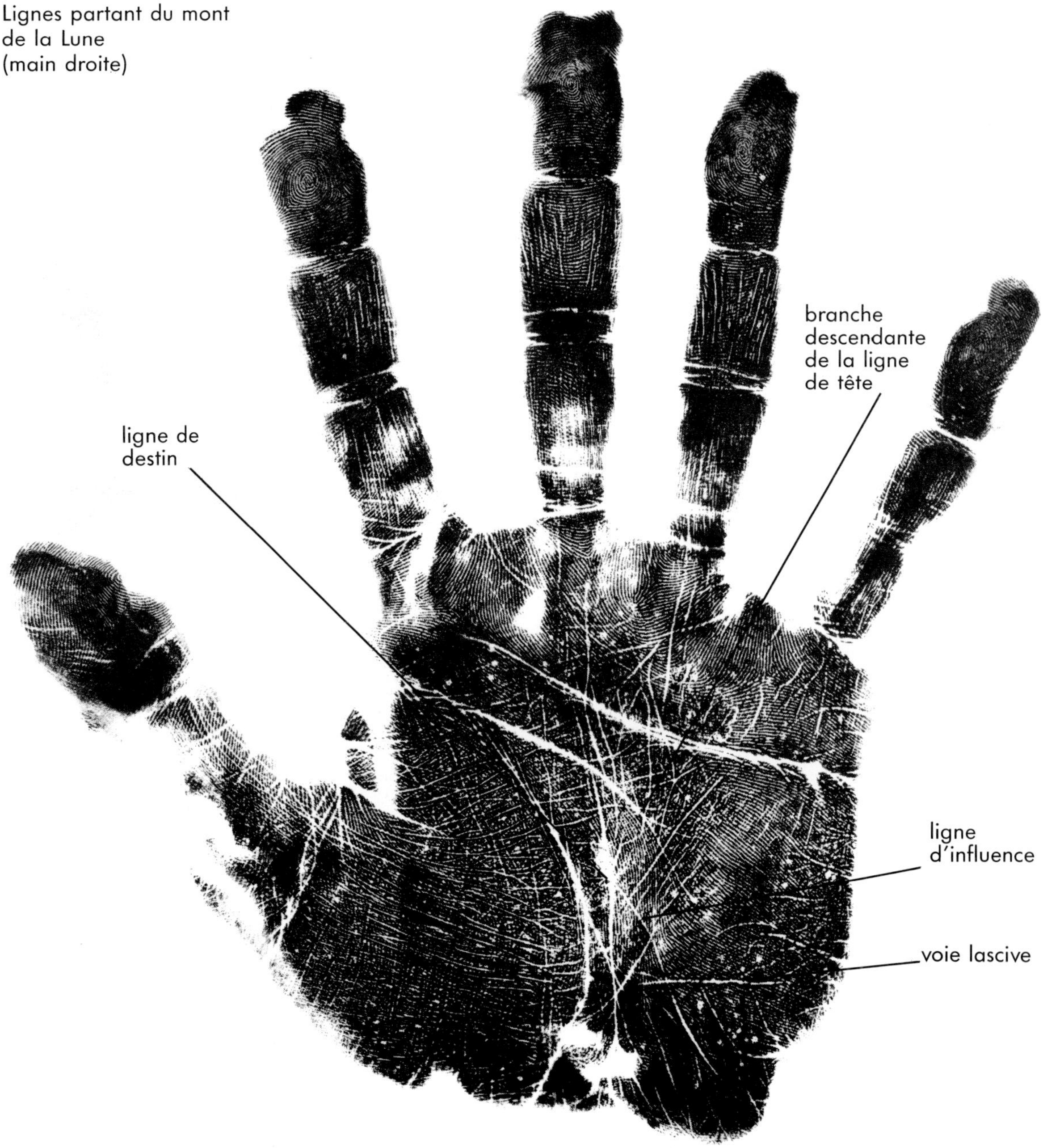

Dans cette main de Feu intuitive, tous les traits et lignes qui habitent le mont de la Lune indiquent une nature intuitive et imaginative, comme le confirme la branche descendante de la ligne de tête. Remarquez la ligne d'influence commençant au bas du mont et s'arrêtant sur la ligne de destin. Elle annonce que la personnalité se forgera sous l'influence de quelqu'un d'autre. Dans le cas présent, il s'agit d'un mariage vers les 24 ans. La ligne lascive la coupant annonce une forte demande érotique qui peut être perturbatrice. Le mariage n'y a pas survécu.

et se termine sous le mont de Saturne, au-dessous du médius. Ce genre de ligne montre de l'esprit de décision depuis l'enfance, assure une position de haut rang et un poste de commandement, surtout si un trident ou une fourche la termine, ce qui est fort rare.

Quand elle part de l'apex de la vallée de Neptune pour atteindre l'apex du mont de Saturne, elle appartient à quelqu'un qui croit à la fatalité (surtout s'il n'y a pas de ramifications) et la suit aveuglément. On dit qu'Hitler avait ce type de ligne, terminée par une croix de Saint-André, signe d'une mort violente selon la tradition.

Une ligne de destin montant sur la phalange du médius n'est jamais de bon augure, car le destin sera agité et souvent incontrôlable.

Quand elle part de la ligne de vie, elle est la marque d'une personne qui bâtit son existence grâce à ses propres mérites et efforts, mais dont la famille influence son orientation (voir page 189).

Si le destin quitte la ligne de vie et qu'il en sorte renforcé, cette personne se libérera de l'emprise familiale et s'affirmera dans sa propre voie.

Une ligne de destin commençant sur le mont de Vénus montre que l'enfance a été très choyée et que la personne se sent des responsabilités vis-à-vis de sa famille. S'il ne s'agit que d'une ramification et non de la ligne principale, la personne se libérera du joug familial.

Une ligne partant de la plaine de Mars, le creux de la paume, dénote des difficultés à démarrer à cause de problèmes de jeunesse tenant à l'anxiété ou à l'insécurité. Mais une fois décidée, cette personne ne devra son succès qu'à elle-même.

Une ligne partant du mont de la Lune vers Saturne indique un destin mouvementé parce qu'il dépendra des autres, du conjoint ou du public pour certaines carrières. Il s'agit d'une personne stimulante pour les autres par son imagination ainsi que par son impact émotionnel et très sensible à l'autre sexe. Si le destin rejoint Saturne, le succès sera au rendez-vous. Excellent signe pour les acteurs, les artistes ou toute personne ayant affaire au public.

Si une ramification au début de la ligne de destin rejoint la ligne de vie et une autre le mont de la Lune, les efforts et la fantaisie assureront le succès.

Un double départ de Vénus et de la Lune est signe de dualité entre cœur et fantaisie.

Quand la ligne de destin remonte jusqu'à Saturne, la réussite sera atteinte grâce aux efforts.

Une ligne partant de la ligne de tête et remontant jusqu'à Saturne annonce la réussite à force de volonté et d'intelligence, à partir de la trentaine.

TERMINAISON

D'habitude, la ligne se termine sur Saturne, ce qui est signe d'une haute ascension sociale et d'une carrière de meneur. Quand elle se finit par un trident ou une fourche, l'harmonie qui existe entre le

Origine

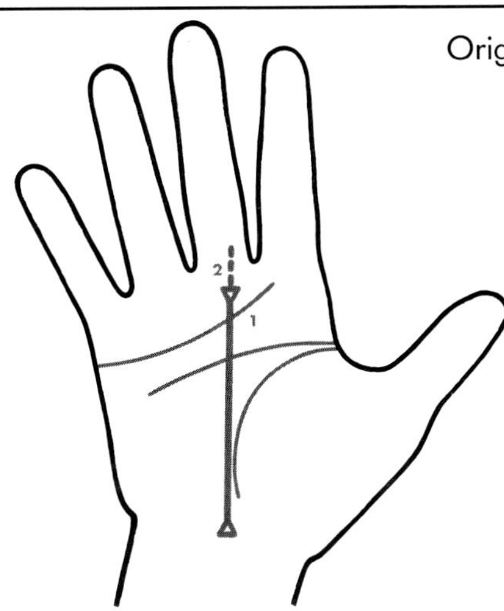

1. croyance en la fatalité
2. destinée incontrôlable

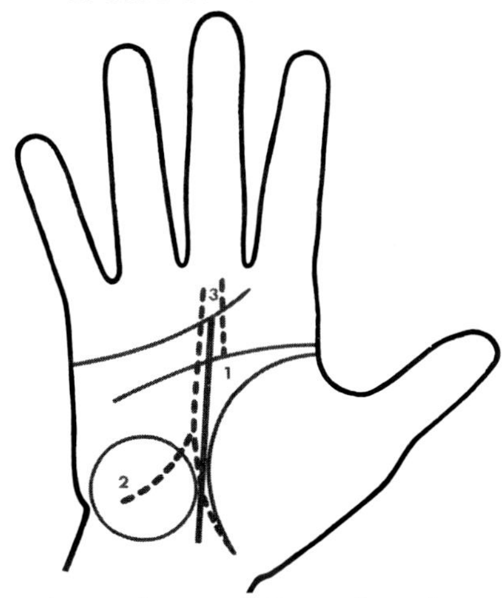

1. réussite par le travail 2. succès grâce aux efforts et à la fantaisie 3. influence des sentiments, chocs affectifs

devoir, la satisfaction personnelle et la joie du travail accompli renforce la réussite. Au contraire, une terminaison en plumeau ou avec une multitude de traits indiquent une vieillesse difficile.
Une terminaison sur la ligne de tête traduit des erreurs de jugement néfastes pour la carrière. Et, sur la ligne de cœur, un choc sentimental ou émotionnel provoquant un déséquilibre, ou encore une tendance à assujettir son destin aux attachements sentimentaux.
Vers ou sur Jupiter (avec ou sans ramification), les ambitions du sujet se réaliseront, sa carrière sera brillante et son mariage heureux. Particulièrement lorsque la ligne de destin se confond avec la ligne de cœur et que toutes deux se terminent sur Jupiter, car cette personne s'investira tout entière dans la réalisation de ses ambitions.
Sur le Soleil, les efforts se tourneront vers la réalisation artistique ou intellectuelle. On trouve ce type de ligne dans la main des personnalités favorisées par le public, ce qui est un signe de notoriété.

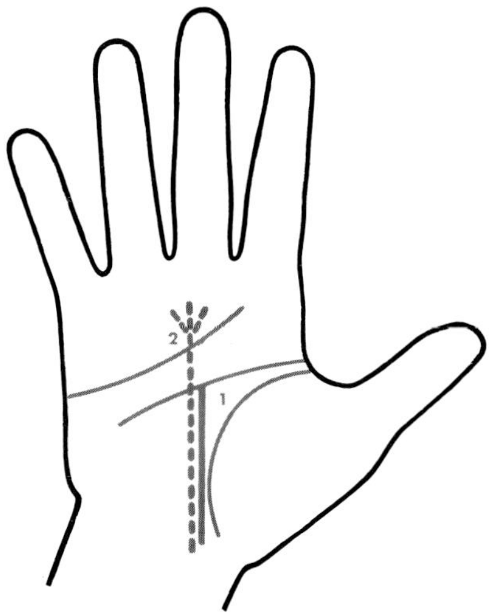

1. erreurs de jugement 2. position de haut rang et harmonie

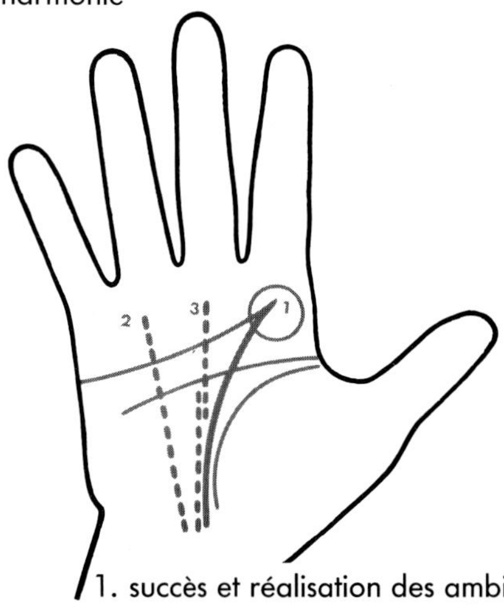

1. succès et réalisation des ambitions
2. notoriété artistique ou intellectuelle
3. changement de vie prémédité

TRACE

Une ligne claire, nette et bien tracée est signe de vitalité, de longévité, de concentration sur la réussite professionnelle, de force et de stabilité, de richesse et de sens des biens matériels.
Fine et faite de petits traits, elle dénote des difficultés à passer à l'action.
Ondulante et irrégulière, elle est la marque de difficultés caractérielles, d'humeurs changeantes.
Large, elle appartient à une personne qui est le jouet de la destinée, en d'autres termes, qui se laisse mener par les événements.
Profonde, elle montre que le destin viendra couronner les efforts. Lorsque son tracé est plus profond que celui des autres lignes, la personne est entraînée dans une existence contraire à ses goûts, d'où une insatisfaction permanente.

PARTICULARITES

Accidents et signes

Toute coupure de la ligne de destin est un signe de changement imprévisible. Quand les coupures se chevauchent, ce changement est voulu et prémédité.
La tradition veut qu'une île, à l'origine, annonce une naissance illégitime ou un secret entourant la naissance. En fait, il s'agit d'une personne mal à l'aise dans l'existence, car elle s'y sent étrangère, ce qui provient souvent d'une enfance difficile.
Une croix en début de ligne serait le signe de la mort d'un parent dans l'enfance. Les croix, étoiles et barres sur la ligne de destin sont toujours des obstacles à surmonter.
Une ligne sœur dévoile une double vie. Les difficultés s'aplaniront quand les deux lignes se réuniront. Si l'une d'elles se dirige vers un mont et l'autre vers un autre, la personne mène deux occupations de front, la ligne la plus longue représentant la

profession principale et l'autre une distraction. Une ligne de destin proche de la ligne de vie traduit une grande influence de la famille. Si elle lui est collée dans une partie de son trajet, il y aura mariage ou travail avec un membre de sa famille.
Le triangle est signe de combats, couronnés de succès. Le carré protège et aide à surmonter les difficultés.

Ramifications

Les ramifications latérales ou montantes sont toujours bénéfiques et révèlent un sursaut d'énergie et d'ambition. Notez la date de départ sur la ligne de destin et vérifiez sa correspondance sur la ligne de vie.
Les ramifications descendantes indiquent des problèmes financiers.
Voir plus haut les ramifications se dirigeant vers Jupiter et le Soleil. Vers Mercure : réussite financière, commerciale, industrielle, politique ou scientifique. De petites ramifications partant de chaque côté montrent que le succès sera obtenu grâce aux efforts.
Les ramifications vers la ligne de vie annoncent des changements de vie. Notez la date et l'effet à double détente.
Quand une ramification vient du cœur et coupe la ligne de destin : perturbation sociale et financière à cause du conjoint, qu'il s'agisse d'une séparation, d'un divorce ou d'un décès.

Lignes d'influence provenant du mont de la Lune

Toutes les lignes venant du mont de la Lune indiquent une influence étrangère, d'où son nom de ligne d'influence.
Nous avons déjà vu qu'une ligne de destin montant du mont de la Lune et s'arrêtant sur la ligne de cœur annonçait un mariage forgeant la personnalité et apportant la fortune. Ce signe est généralement heureux et stimulant, et le mariage dure. S'il ne s'agit que d'une branche venant du mont de la Lune, le bonheur sera égal, moins les avantages matériels. Si cette branche coupe le destin et poursuit sa route, l'union sera malheureuse à cause du conjoint et la tristesse qu'en ressentira la personne la déséquilibrera.

Particularités et ramifications

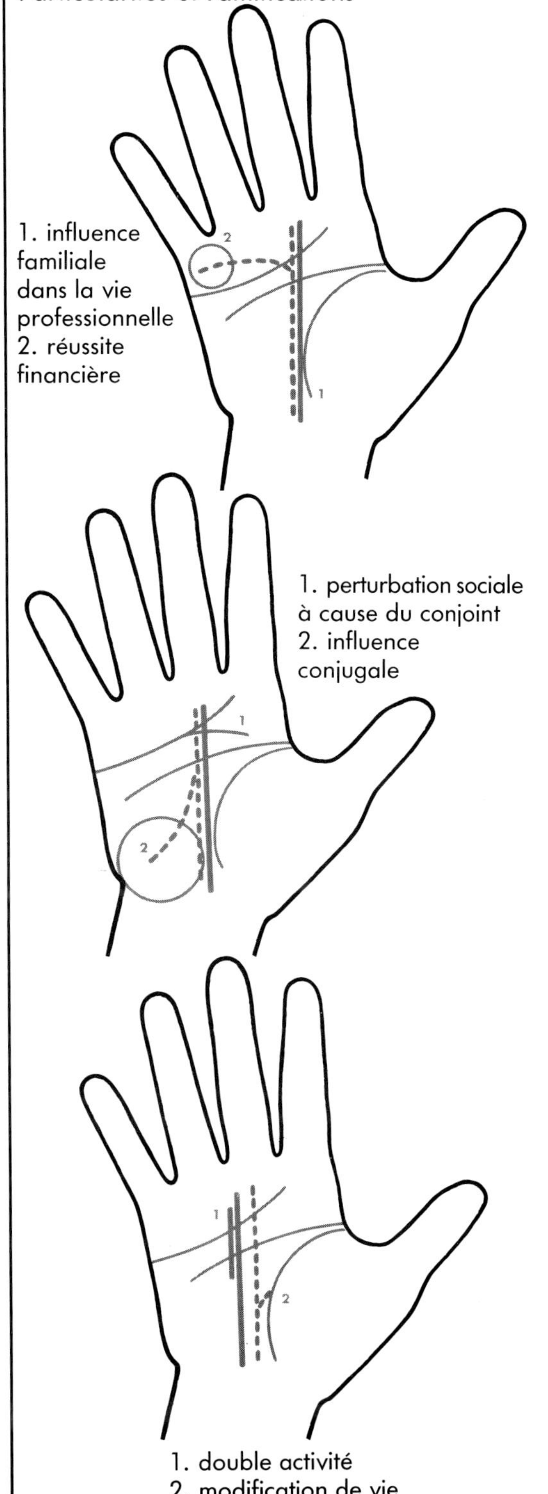

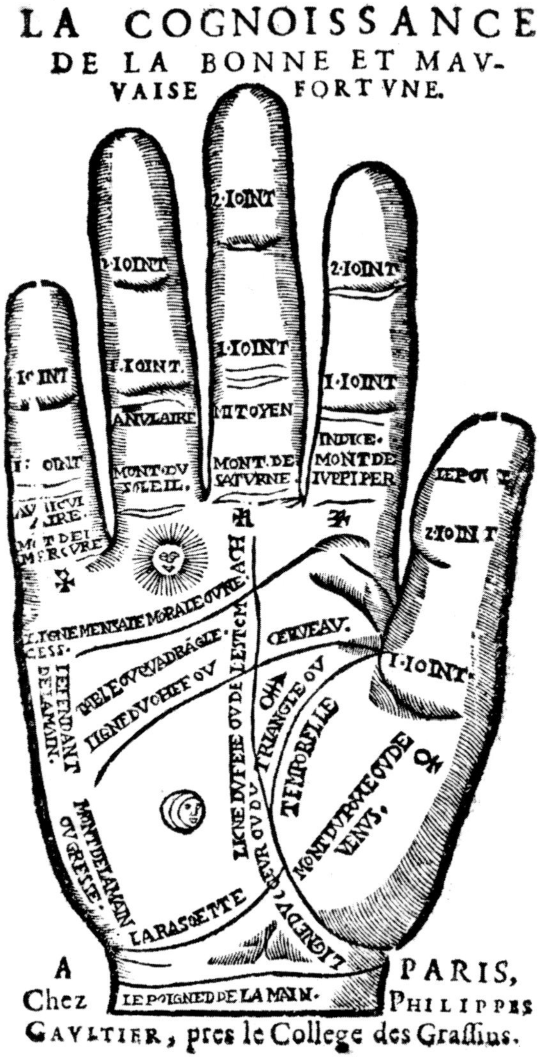

▲ La connaissance de la bonne et mauvaise fortune, *Jean Belot, Paris 1619-1624. (Ph Bibliothèque nationale, Paris)*

La ligne d'influence a le curieux résultat de modifier la ligne de destin à leur point de rencontre. Ensuite, si le tracé de la branche est faible, la personne fait prévaloir ses idées. Quand il est fort, le conjoint mène. Notez l'effet de la ligne d'influence sur la ligne de destin. Si cette dernière en sort plus ferme, l'influence sera bénéfique.

LE TEMPS SUR LA LIGNE DE DESTIN

Il est toujours approximatif. Il va jusqu'à 100 ans quand il atteint la base du médius. Il coupe la ligne de tête vers les 35 ans et la ligne de cœur vers les 55 ans. La première partie, jusqu'à 35 ans, semble plus longue, comme si l'enfance et la période de formation professionnelle prenaient le double de temps. Au-delà de 35 ans, le tracé est plus court, bien qu'il compte plus d'années : le temps se raccourcit à l'exemple de la vie.

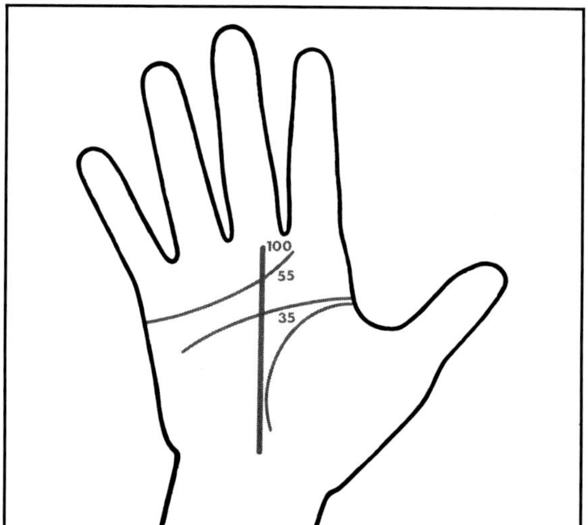

le temps sur la ligne de destin

LA LIGNE DU SOLEIL

La ligne du Soleil porte de multiples appellations (ligne de réussite, de gloire et de satisfactions...), mais elle est véritablement une ligne de chance. Son apparition, quelle qu'en soit la date, ensoleille la paume et apporte finesse de goût, gloire et réussite dans n'importe quelle discipline. Que ce soit une cause célèbre pour un avocat, la une des journaux pour l'escroc ou de l'avancement pour le commissaire de police chargé de l'enquête !

Il s'agit d'une personne qui a enfin trouvé sa voie. Ce qui explique l'apparition de la ligne au milieu de la paume ou même plus haut, donc plus tard dans la vie.

Même si les lignes de destin et de tête sont mauvaises, sa présence favorise la chance et suscite les occasions à saisir. Peut-être parce que ceux qui la possèdent ont plus de magnétisme et d'influence sur les autres et qu'ils ont aussi une nature plus heureuse et brillante, ce qui les aide à acquérir une excellente situation, la prospérité et la renommée suivant la qualité de la main. Voilà pourquoi cette ligne s'appelle ligne du bonheur.

Son absence montre qu'on devra compter sur soi-même, sur son travail et sa persévérance pour réussir. Il peut s'agir de quelqu'un qui n'a pas trouvé sa voie, d'un perfectionniste ou d'un insatisfait.

TRACE

La ligne idéale est fine et nette. Elle débute près du poignet et remonte jusqu'à la jointure de l'annulaire, le doigt du Soleil. Ce tracé est très rare. Il s'agit d'un prodige à l'esprit ultra-rapide qui connaîtra une réussite exceptionnelle.

Même si elle n'est pas aussi longue, une ligne fine et nette indique de la sensibilité, de la clarté d'esprit, et une possibilité de réussite et d'ascension.

Lorsqu'elle est profonde, toutes les qualités précédentes se doublent d'un grand pouvoir de concentration.

Une ligne large, faible ou superficielle atténue sa signification. Mal dessinée, irrégulière, coupée ou faite de petits traits, elle perd de sa qualité car elle montre une réussite par saccades, alternant avec des périodes de difficultés.

Une ligne sinueuse ou ondulée témoigne du talent

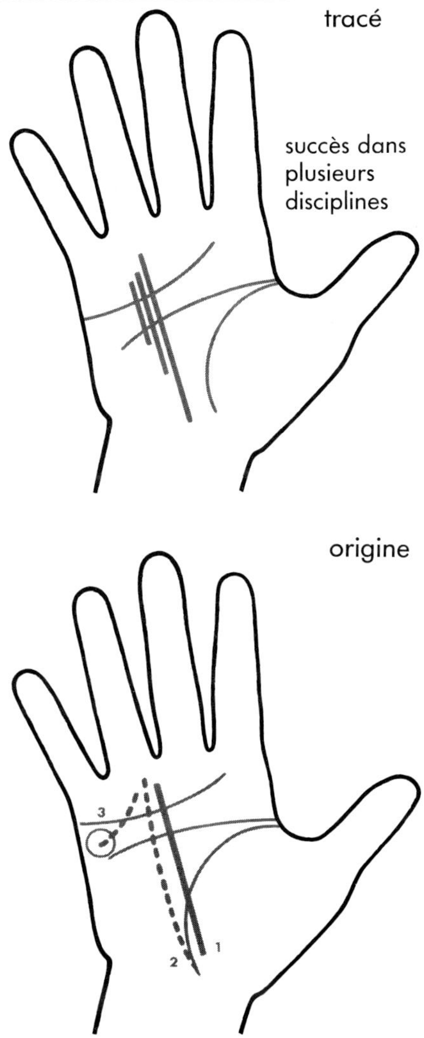

1. succès pour l'amour de l'art 2. succès grâce aux mérites personnels 3. combativité

Forme : Air
Lignes : Feu intuitive
Tempérament : Eau réceptive
(main droite)

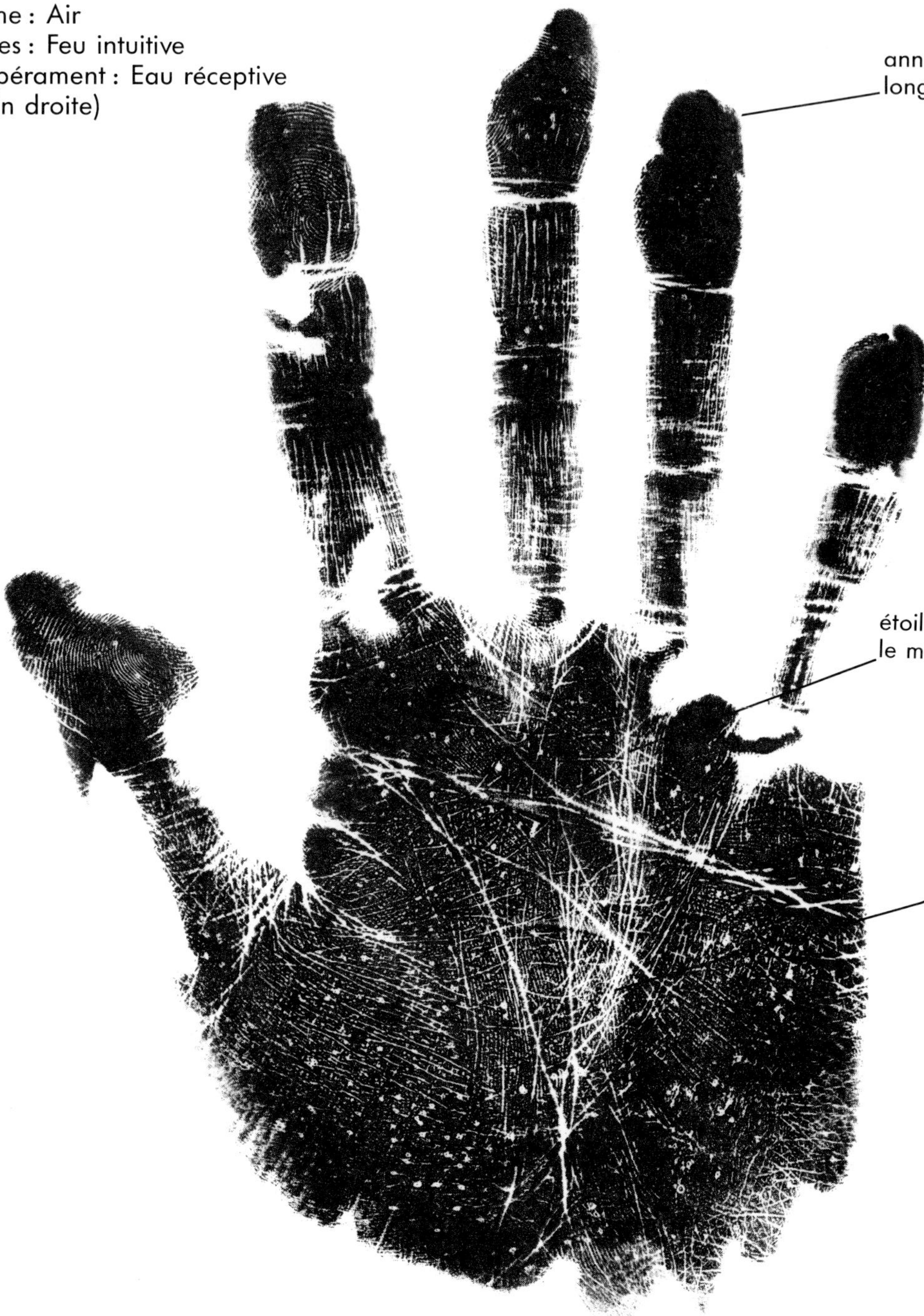

Notez la complexité de cette personnalité alliant l'intellectualité à une extrême sensibilité et un besoin de créativité qu'annonce la ligne de Soleil partant au bas de la ligne du destin et remontant vers le mont du Soleil, le tout couronné d'un annulaire plus long que l'index. C'est le signe d'une réussite dans n'importe quelle discipline. Il s'agit ici d'une carrière artistique commencée très jeune et qui occupe la vie tout entière de cette personne. Remarquez l'étoile sur le mont du Soleil qui confirme encore cette renommée à partir de la cinquantaine.

et du brio du sujet, mais aussi de sa difficulté à les mettre en pratique par manque de persévérance, d'où une destinée pleine de hauts et de bas. Pourquoi ne pas en découvrir la cause ?
Une ligne du Soleil doublée d'une ou deux lignes sœurs annonce le succès dans deux ou trois disciplines différentes si elles sont belles et bien tracées. Mais une ligne unique bien inscrite est toujours préférable.

ORIGINE

L'origine de la ligne du Soleil influence la vie entière. Nous avons déjà vu que, très exceptionnellement, il lui arrive de partir du poignet.
Elle peut aussi partir du mont de Vénus, ce qui annonce une personne qui réussira grâce à ses talents personnels et par amour de l'art plutôt que pour en tirer des avantages matériels : départ excellent pour un littéraire ou un artiste, qui saura obtenir la coopération du sexe opposé et de sa famille.
Lorsqu'elle part de la ligne de vie, elle est signe que le succès viendra grâce aux mérites personnels, et non par chance. Aptitude spéciale pour les sciences et les études.
De la ligne de destin, elle annonce le succès de carrière dans n'importe quelle discipline, mais plus particulièrement la musique, l'art et la littérature.
Du milieu de la paume, ce succès sera plus tardif, et obtenu grâce aux efforts personnels et sans l'aide des autres.
De la ligne de tête, le succès sera artistique, littéraire, grâce aux facultés intellectuelles, mais aussi à force de volonté et de persévérance.
Du mont de la Lune, elle dénote une existence capricieuse qui dépendra de la faveur des autres ou du public. Acteur-né, cette personnalité passionnée et imaginative exercera une forte séduction sur le sexe opposé ; ces qualités sont précieuses aux comédiens, romanciers, poètes, artistes, pour faire face au public.
De la ligne d'intuition, le sujet réussira grâce à son intuition, même si le projet paraît à première vue irréalisable.
Entre les lignes de tête et de cœur, le mont de Mars négatif lui confère le courage et la combativité nécessaires pour réussir dans la voie choisie ou réaliser enfin ses rêves. De toute façon, cela indique toujours une personnalité dynamique qui ne craint pas la lutte.

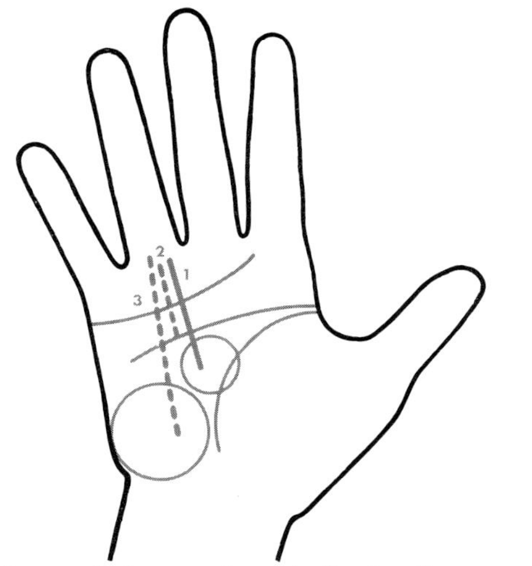

1. persévérance et succès 2. réussite intellectuelle 3. réussite artistique

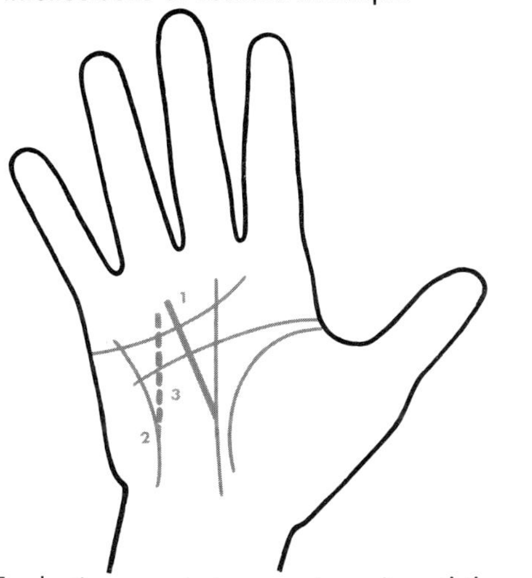

1. destin : persévérance et succès artistique
2. réussite grâce à l'intuition 3. réussite grâce à sa séduction

Sur la ligne de cœur, elle est signe de succès et de bonheur vers la cinquantaine et de sécurité financière assurée pour les vieux jours. Sur le plan créatif, les attachements affectifs perturbent et empêchent la pleine réussite.
Plusieurs petites lignes partant de la ligne de cœur assurent que la personne ne manquera jamais d'argent.
Une ligne apparaissant au-dessus de la ligne de cœur sur le mont du Soleil annonce une vieillesse heureuse.

TERMINAISON

L'arrivée habituelle de cette ligne est sur le mont du Soleil.

Rentrant dans la troisième phalange de l'annulaire, elle annonce un succès ravageur et incontrôlable pour retomber plus tard dans l'anonymat.

Une ligne qui commence ou termine en balai indique une réussite incertaine.

Autant la fourche à son début indique de la difficulté à choisir sa voie, autant une finition en trident (dont une branche s'incline vers Mercure, l'autre va droit sur le Soleil et la troisième vers Saturne) annonce une réussite exceptionnelle dans n'importe quel domaine.

Une petite fourche ou un trident terminant la ligne du Soleil et restant sur le mont indiquent une réussite dans deux ou trois carrières différentes.

Une branche ou une inclinaison de la ligne du Soleil vers Saturne annoncent une nature sérieuse, des aptitudes pour les études et la recherche (sciences, mathématiques ou autres métiers réclamant un esprit méticuleux).

Une branche ou la ligne elle-même se dirigeant vers Mercure révèle un esprit souple et réaliste, doué pour la diplomatie, la politique et ayant le sens des finances et de l'économie.

Une branche ou une ligne se dirigeant vers Jupiter révèle la réalisation des ambitions et une grande renommée.

Toute branche en provenance du mont de Vénus ou du mont de Mars positif annonce des ingérences ou des soucis provoqués par des tiers. Si la branche ne coupe pas la ligne du Soleil, ces difficultés seront aplanies. Si elle la coupe : difficultés d'argent ou perte d'un procès.

A l'inverse de la ligne coupée, une branche venant de la ligne de tête est toujours bénéfique grâce à l'intelligence qui amènera des succès financiers.

L'union des lignes du Soleil et du destin par une branche annonce une association heureuse ; mais cette association sera néfaste si la ligne de destin coupe la ligne du Soleil.

Une ligne de mariage coupant la ligne du Soleil révèle une personne mal mariée, à qui ce lien affectif retire tout jugement, d'où pertes d'argent et mauvaise réputation.

La ligne du joueur heureux : une bonne ligne du Soleil et une ligne de tête descendant sur le mont de la Lune montrent que la personne aime le risque

origine

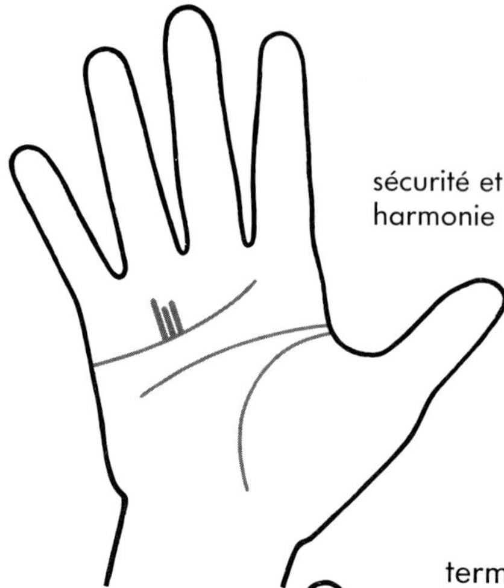

sécurité et
harmonie tardives

terminaison

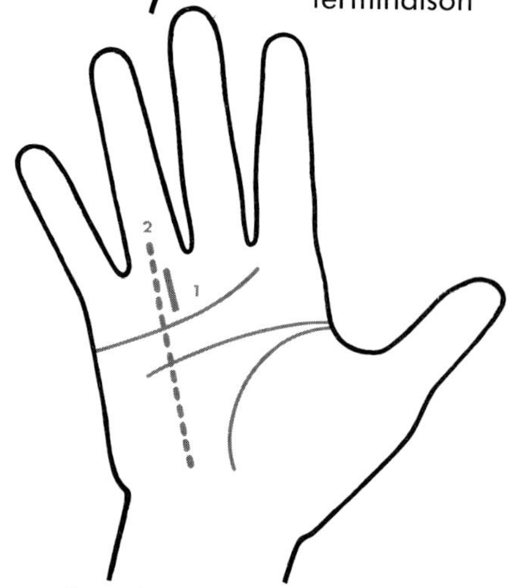

1. vieillesse heureuse
2. succès unique et non durable

terminaison

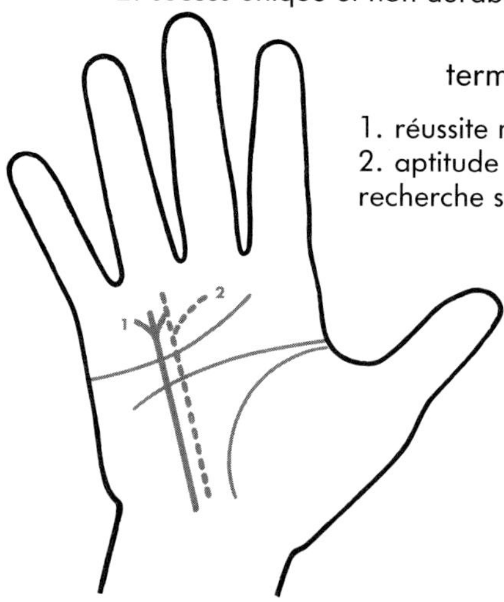

1. réussite multiple
2. aptitude pour la recherche scientifique

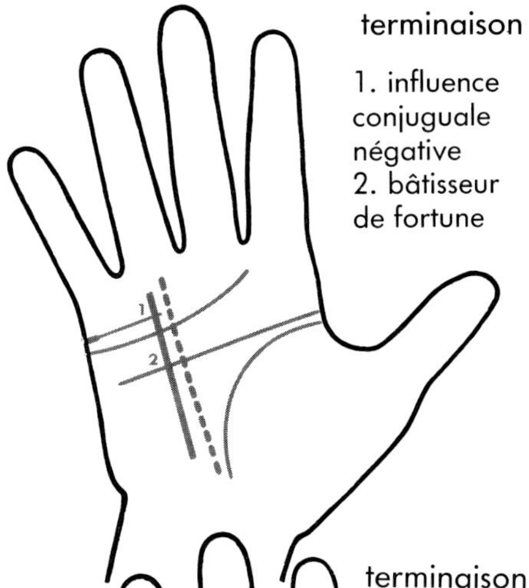

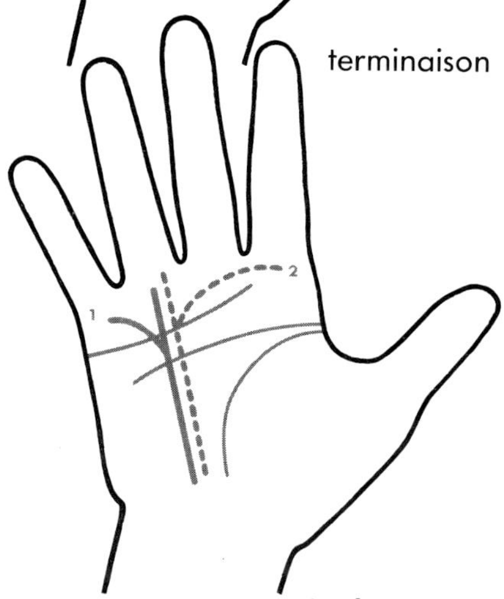

1. dons pour la diplomatie, les finances et la politique 2. réalisations des ambitions et renommée

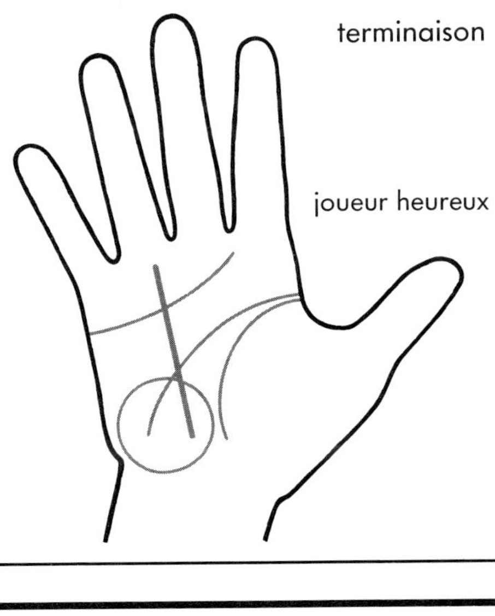

et qu'elle est chanceuse. Avec un annulaire aussi long que le médius, c'est un joueur enragé.
Le bâtisseur de fortune : une ligne du Soleil longue et une ligne de tête longue et droite. Ne laissant rien au hasard, cette personne travaillera avec acharnement et amassera une fortune.

SIGNES ET ACCIDENTS MODIFICATEURS

L'étoile est toujours bénéfique et annonce renommée, richesse grâce aux talents et aux capacités personnels.
Les petites barres au début annoncent des difficultés d'argent dans la jeunesse. Au milieu, elles sont signes de jalousie et de rivalité.
L'île à l'extrémité ternit la réputation et annonce le scandale, qu'il soit financier ou autre. Au milieu, le scandale peut provenir d'une liaison. Mais si la ligne se poursuit clairement, tout rentrera dans l'ordre et le sujet connaîtra la réussite.
La croix est signe de difficulté ou d'arrêt dans la réussite ; si la ligne continue, tout reprendra.
Le carré protège de la médisance et de la jalousie.

LE TEMPS SUR LA LIGNE DU SOLEIL

Sa longueur fixe l'âge où elle apparaît. Sa datation est la même que celle de la ligne de destin, à laquelle elle est bien souvent parallèle. L'enfance se trouve au bas du poignet et elle remonte vers la ligne de tête qu'elle coupe à 35 ans environ et la ligne de cœur à 55 ans. Elle atteint la base de l'annulaire au-delà de 80 ans.

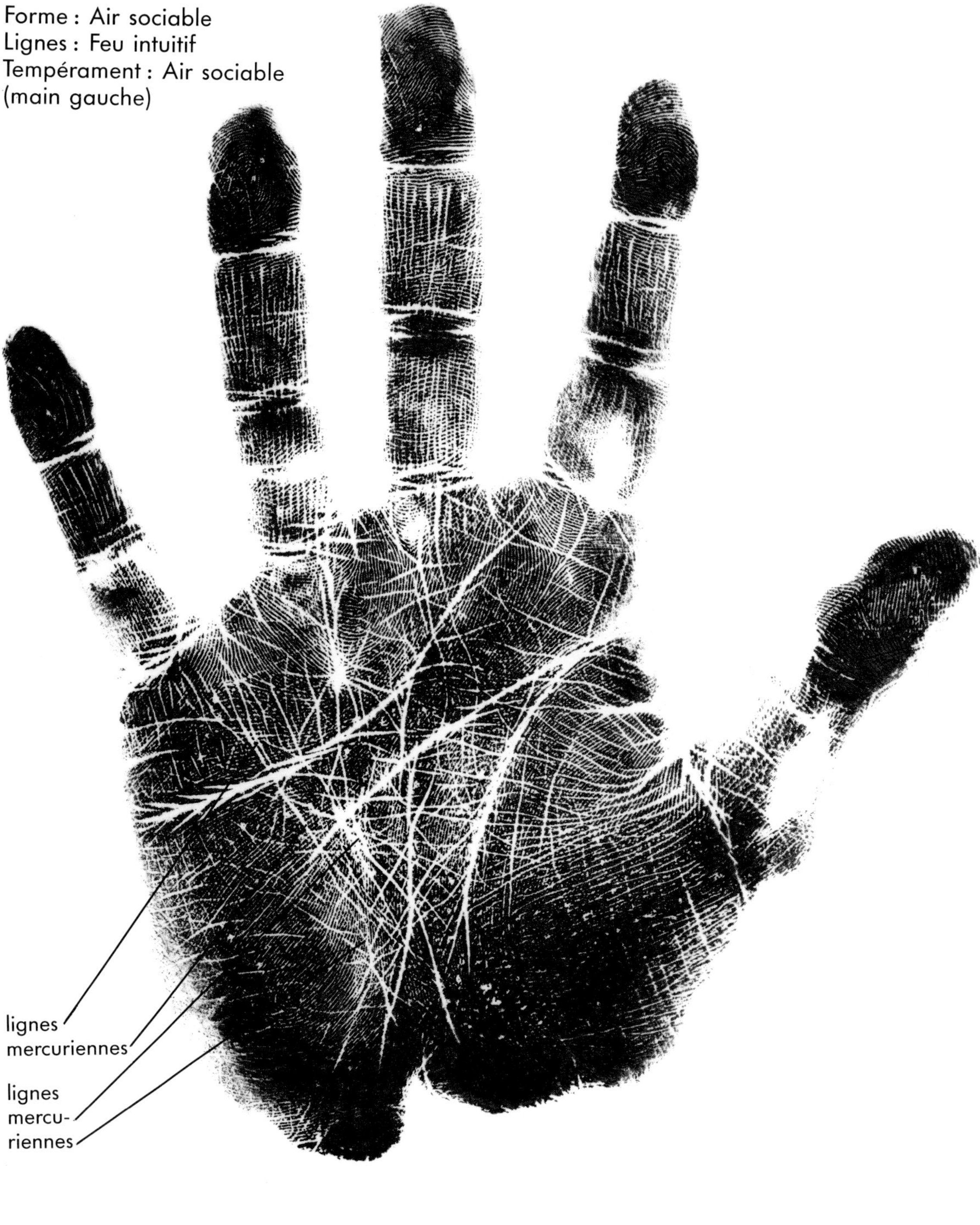

Notez les lignes montant sous l'annulaire. On les appelle les mercuriennes. Celles-ci forment plusieurs lignes d'intuition. Depuis des années, cette personne fait des rêves prémonitoires qu'elle note sans savoir toujours les interpréter mais dont elle vérifie la véracité après coup. Ce don n'est pas facile à vivre pour celui qui le possède, spécialement quand cette personne ne maîtrise pas ce don de divination.

LES LIGNES MERCURIENNES

Il existe trois lignes différentes sous l'auriculaire, qui, suivant leur origine et leur forme particulière, s'appellent ligne de santé, ligne d'intuition et ligne des affaires.
Rares dans les mains réalistes (Terre), on les trouve chez les intuitives (Feu), les intellectuelles (Air) et surtout les sensitives (Eau) à cause de leur réseau linéaire complexe et de leur grande réceptivité. Ces lignes montrent toutes de l'intuition à l'image de Mercure, d'où leur nom de mercuriennes, et de la sensibilité. Leur présence n'est pas nécessaire et même, dans certains cas, leur absence est préférable.

LA LIGNE DE SANTE

Bien qu'elle n'apparaisse que dans 50 % des mains, c'est la plus fréquente des trois. Partant en ligne droite du mont de Mercure, elle finit sur le mont de Vénus, sur la ligne de vie ou au bas de la paume sur la plaine de Neptune, entre Vénus et la Lune. Les anciens l'appelaient ligne hépatique parce qu'ils croyaient qu'elle représentait l'état du foie.
Curieusement, son absence indique une constitution robuste et une excellente santé. En revanche, on la trouve fine, hachurée, faite de plusieurs lignes dans les mains de personnes ayant une vive sensibilité, d'une nature nerveuse ou anxieuse. Sans doute parce qu'elle reflète une notion subconsciente du degré de résistance du système nerveux.
De toutes les lignes, c'est celle qui fluctue le plus. Elle peut être présente à la naissance sur le mont de Mercure et disparaître au fur et à mesure que la constitution physique se renforcera. Elle peut aussi s'inscrire momentanément ou encore ne faire son apparition que dans la maturité. Elle se lit de haut en bas.

Tracé

Nette, sans accidents et arrivant au bas de la paume sans toucher la ligne de vie, elle dénote une bonne santé, de la résistance et un bon équilibre émotionnel.
Si elle aboutit sur la ligne de vie (particulièrement lorsqu'elle commence au-dessus de la ligne de cœur), la sensibilité nerveuse est plus vive. Si le sujet se sent bien, son bien-être sera décuplé, et s'il a un malaise, il se sentira très mal. Les anciens chirologues considéraient que le point de rencontre de la ligne de santé et de la ligne de vie prédisait l'âge de la mort. Il n'en est rien. Cela ne fait qu'annoncer une fragilité de santé, une fatigue nerveuse et une baisse de vitalité.
Il ne faut pas confondre la ligne de santé avec une branche claire et nette venant de la ligne de vie et se dirigeant vers Mercure, qui indique le succès dans les sciences, le commerce, les finances ou l'industrie et dont l'effet ressemble à celui de la ligne des affaires. Bien juger de l'ensemble de la main. D'habitude, la ligne de santé ne touche la ligne de vie qu'au bas de la paume et la branche, dont nous parlons, viendra du milieu de la ligne de vie.

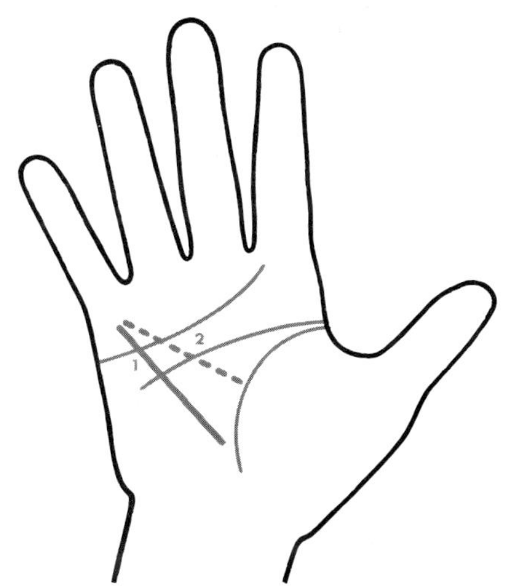

1. ligne de santé
2. succès en affaire

(main droite)

Les mercuriennes

Allant vers Mercure, elles s'appellent, suivant leur tracé, lignes d'affaires, de santé ou d'intuition. Notez ici la ligne d'intuition partant du mont de la Lune et la ligne de santé arrivant sur la ligne de vie.

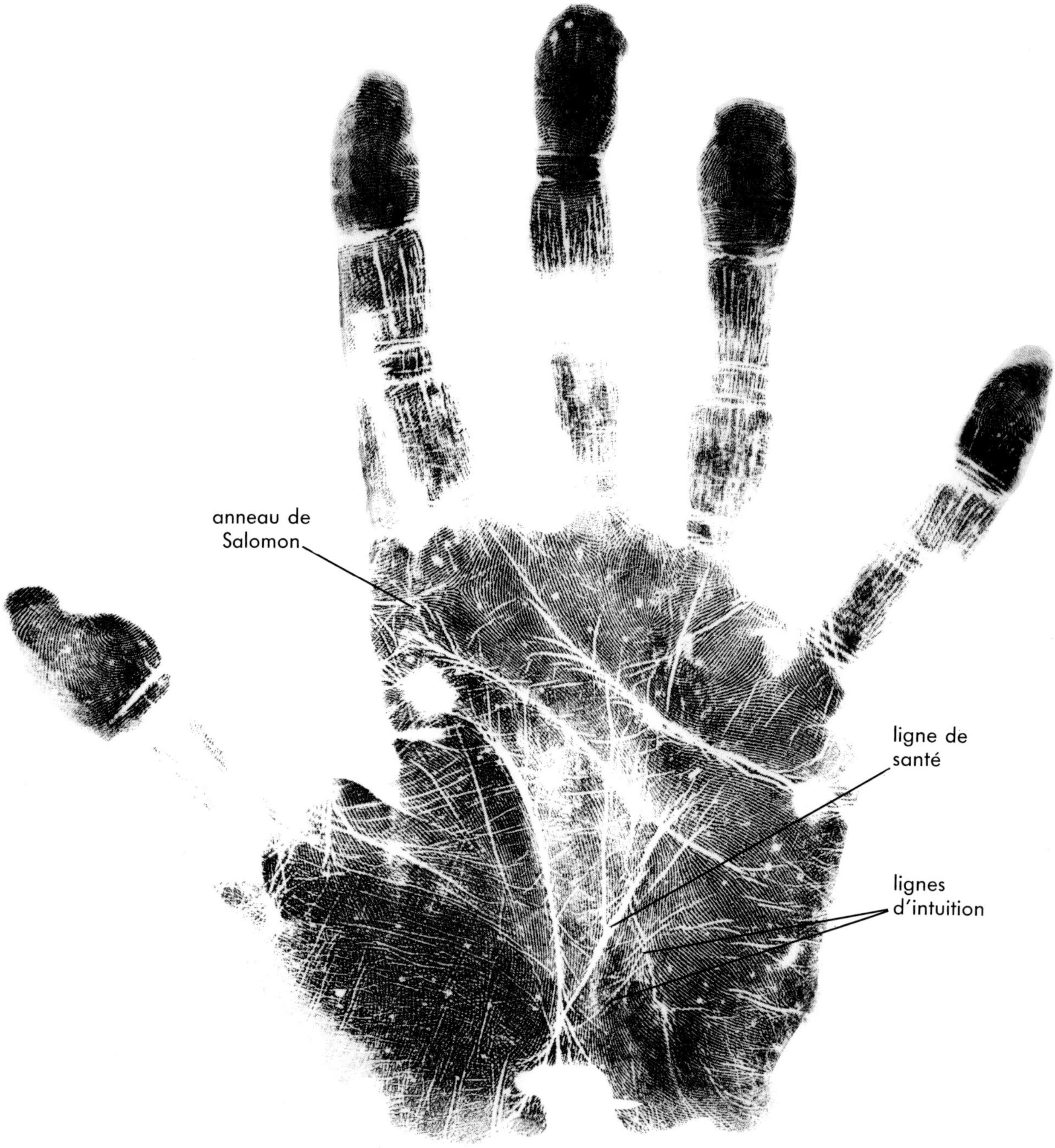

Accidents et signes

Une ligne faible, hachurée ou confuse, les croix, les étoiles, les îles et les points diminuent la vitalité et augmentent la tension nerveuse. Le carré a toujours son rôle protecteur et les ramifications renforcent l'énergie et la combativité (particulièrement quand elles se dirigent vers le tranchant de la main).

LA LIGNE D'INTUITION

La ligne d'intuition est beaucoup plus rare. Elle décrit une courbe sur le mont de la Lune et remonte vers l'auriculaire. Elle se voit surtout chez les sensitives (Eau).

Emplacement et parcours

Quand elle n'atteint pas la ligne de cœur, l'intuition reste instinctive, mais lorsqu'elle la dépasse, elle devient consciente et avive l'intelligence. Pour les droitiers, quand elle n'existe que dans la main gauche, ces dons n'ont pas été développés.
Claire, nette, elle dénote une grande imagination, de l'intuition et de la clairvoyance, une facilité d'expression et un pouvoir hypnotique qui donnent un talent inné d'orateur et du génie littéraire (orateurs politiques, avocats, acteurs, écrivains, psychiatres et médecins).

Lorsque la ligne d'intuition commence sur le mont de Mars négatif (entre les lignes de cœur et de tête) et remonte vers l'auriculaire, l'abondance imaginative se manifeste par des pressentiments dérangeants d'une expression violente. C'est le signe de Cassandre, prophète du malheur. Il s'agit de discipliner ces dons d'une manière positive.
Mais lorsque la ligne prend naissance sur le mont de Mars et descend vers le mont de la Lune, les intuitions et les pressentiments seront bénéfiques et ils apporteront l'optimisme dans le cœur des autres. Quand la ligne remonte sur le mont de la Lune, la personne possède un don de voyance et des perceptions extra-sensorielles qu'elle devra discipliner pour pouvoir les utiliser. Il existe des techniques divinatoires qui aideront à discipliner ces dons.

Accidents et signes

Une ligne mal dessinée ou chaînée a une signification moindre. Quand elle se termine par une île, le don de voyance est extrêmement développé, mais il se double de somnambulisme.
Une branche venant de Vénus et coupant la ligne d'intuition annonce une passion pour l'occultisme. La personne veut en faire son métier mais sa famille s'y oppose. En général, elle tiendra tête et l'exercera.

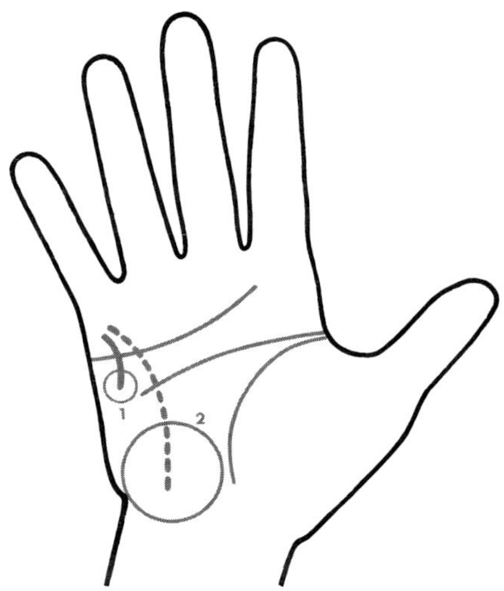

1. pressentiments 2. clairvoyance

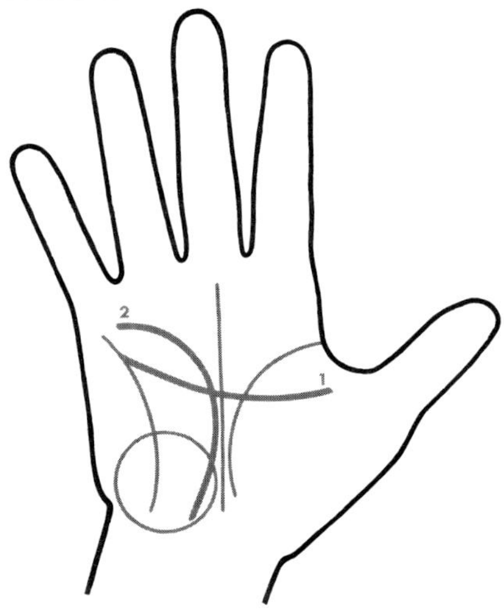

1. passion pour l'occultisme mais opposition familiale 2. s'appuyant sur la ligne de destin : flair en affaire

LA LIGNE DES AFFAIRES

C'est une ligne originaire du mont de la Lune et dont la courbe se confond avec la ligne de destin pour ensuite remonter vers l'auriculaire. Elle signifie que la personne a du flair en affaires et un sens de la spéculation qui l'aidera à faire fortune, et cela même avec une ligne de tête faible comme il arrive parfois. C'est aussi une ligne précieuse pour le cambiste ou toute personne lancée dans des spéculations financières.

AUTRES SIGNES SYMBOLIQUES

Les très anciens traités de chirologie attachaient une importance primordiale aux signes symboliques de la main, à la bonne formation des grands et petits triangles et du quadrangle, comme l'explique Jean-Antoine Rampalle dans son livre *De la chyromantie naturelle de Ronphile*[1] (1653), dont le souci fort moderne était de « conjoncturer le tempérament, les dispositions, les inclinations des personnes ». Au cours des siècles, les ouvrages de chirologie ont repris le grand et le petit triangle en se souciant du dessin que formaient les lignes de vie, de destin, de cœur et de tête : formaient-elles un M net et clair ? Si oui, son propriétaire était bien équilibré, intelligent et paré de toutes les qualités pour réussir sa vie. Cette interprétation est restrictive et la plupart du temps inexacte. Peu de gens possèdent un M parfait et il n'est pas évident que ce soit une assurance de réussite.

LE GRAND TRIANGLE

Il est formé par les lignes de vie, de tête et de santé ou, très rarement, par la ligne d'intuition.

Quand il est large et que les lignes sont claires et nettes, c'est un signe d'équilibre, de bonne santé, d'intelligence, d'intuition et de clairvoyance. La personne est constructive, active et énergique. Si un des côtés du triangle est formé par la ligne d'intuition, la personne peut être médium ou voyante.

Un triangle mal formé indique un manque d'équilibre ; un triangle étroit, un manque de courage et de la mesquinerie.

L'angle formé par la ligne de vie et la ligne de tête est le plus significatif et on l'appelait déjà triangle suprême en 1653. Plus cet angle est fin et pointu, plus le sujet est doté d'un solide bon sens, du sens des mesures et plus il est raffiné.

Quand les lignes restent collées les unes aux autres, loin dans la paume, formant alors un grand angle plus étroit, la personne manque d'assurance et elle craint pour sa propre sécurité. Le résultat est qu'elle a du mal à s'intéresser à autrui et à le comprendre.

Les lignes de cœur et de tête séparées montrent de l'indépendance d'esprit et de l'audace, mais plus les lignes sont séparées et plus l'audace devient témérité.

Le deuxième angle est celui formé par l'intersection de la ligne de tête et de la ligne de santé. Quand il est bien inscrit et large, cela renforce la longévité et la rapidité d'esprit. S'il est obtus parce que la ligne de tête plonge sur le mont de la Lune, la nervosité est grande et les sautes d'humeur sont imprévisibles.

Le troisième angle est déterminé par la ligne de vie et la ligne de santé. Plus il est étroit et moins bonne est la santé, ce qui est logique puisqu'une ligne de santé s'éloignant de la ligne de vie renforce la vitalité et la longévité. Rappelons qu'il est préférable que ces lignes soient séparées : elles prédisent une excellente santé. Si l'espace est très large, la personne ne sera pas d'une nature très fidèle !

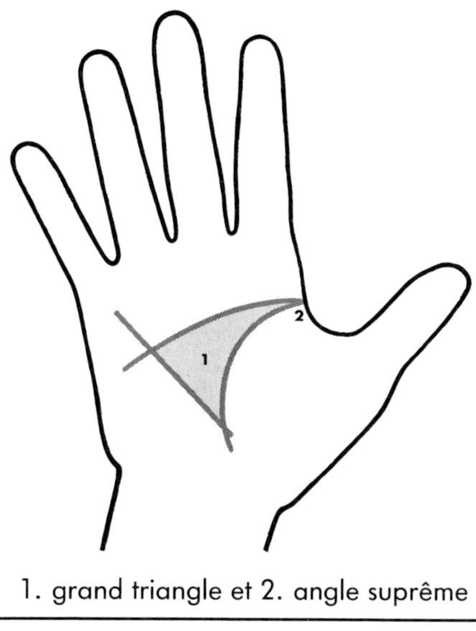

1. grand triangle et 2. angle suprême

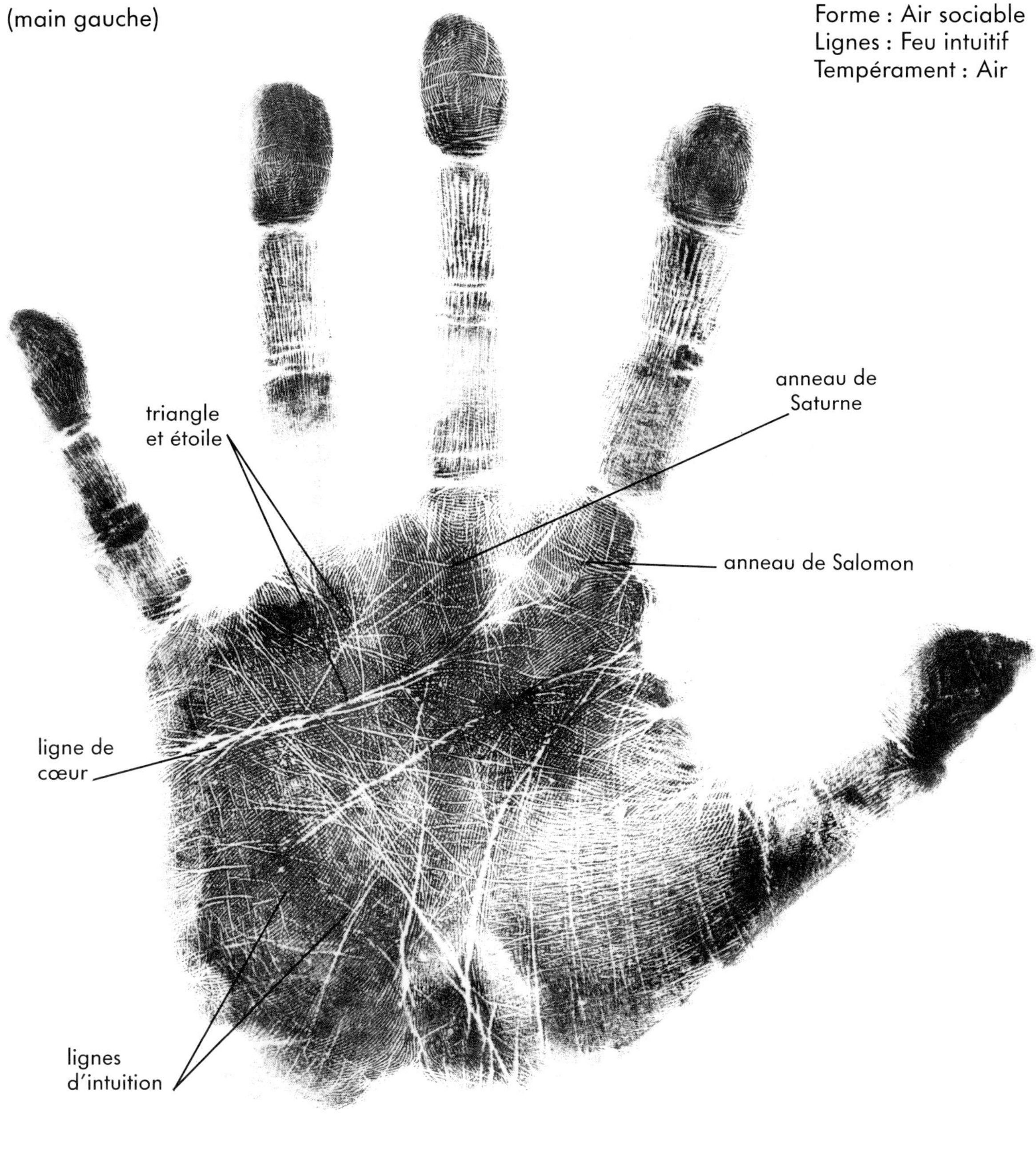

Quelques signes rares ornent cette main complexe : un triangle et une étoile sur le mont du Soleil signalent une approche scientifique sur le plan créatif et la réussite après la cinquantaine. Notez aussi un anneau de Saturne entourant le médius, signe de blocage provenant sans doute de l'enfance et empêchant de se réaliser. Son inscription légère montre que cette difficulté s'estompe. L'anneau de Salomon à la base de l'index indique le sens de l'initiation innée et l'aptitude à comprendre les êtres et les choses que renforcent ici les lignes d'intuition. Il annonce aussi une attirance pour le mysticisme. La tradition veut que ce soit le signe du chirologue ayant un don de divination ; quand il entoure le doigt, il prend sa pleine signification de sagesse.

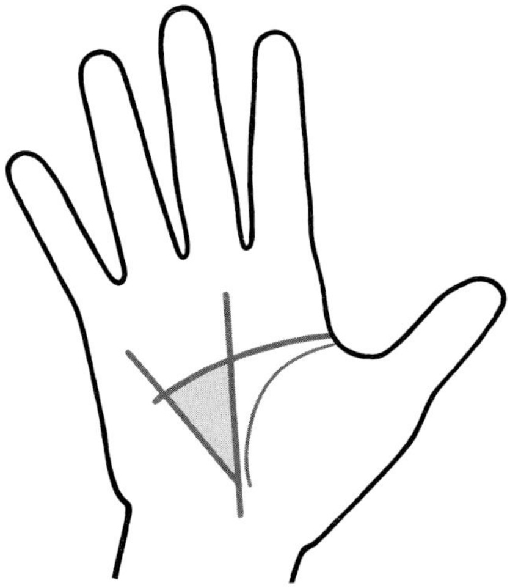

petit triangle et ligne de santé : dons pour l'occultisme

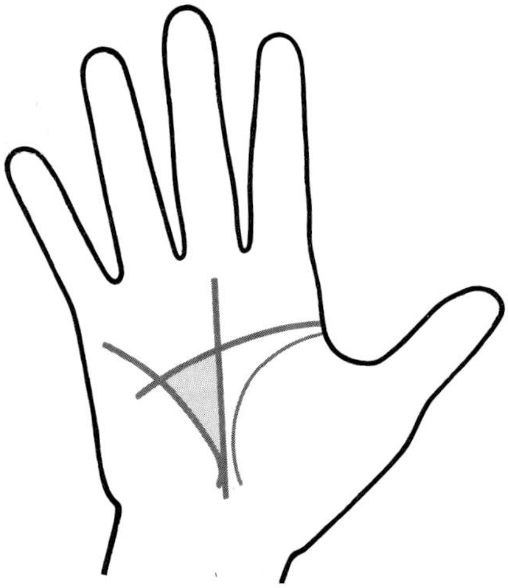

petit triangle et ligne d'intuition : dons divinatoires

LE QUADRANGLE

C'est l'espace entre les lignes de cœur et de tête que les anciens appelaient aussi la table de la main.
Un triangle régulier et bien tracé (avec des lignes de cœur et de tête à leur place) indique une personnalité équilibrée, généreuse et d'une grande clarté d'esprit, honnête et loyale. Les qualités se renforceront si les lignes s'élargissent vers le tranchant.
Rappelons que des lignes de cœur et de tête très proches sont signe d'égocentrisme, de mesquinerie, d'étroitesse d'esprit.
Au contraire, des lignes très séparées accentuent l'indépendance d'esprit, mais aussi l'impulsivité puisque plus la ligne de cœur est haute et plus la personnalité est dominée par les émotions et les sentiments.
Si l'espace entre le mont du Soleil est plus large que sous le mont de Saturne, la personne aime faire bonne impression. En revanche, lorsque l'espace est plus grand sous Saturne, elle ne se soucie pas de sa réputation.
Quand le quadrangle est rempli de petites lignes comme des fils d'araignée, il s'agit d'une personne plus instable et plus hypersensible que lorsque l'intérieur du quadrangle est clair.

LE PETIT TRIANGLE

Il est formé par les lignes de destin, de tête et de santé, et quelquefois par la ligne d'intuition.
Clair et net, il indique une prédisposition naturelle pour les sciences occultes, qui, développée, permettra d'en devenir un maître.
Lorsque la ligne d'intuition remplace la ligne de santé, les dons divinatoires et hypnotiques sont exceptionnels. Cette forte personnalité d'une nature chaleureuse a un effet très bénéfique et remontant sur les autres.

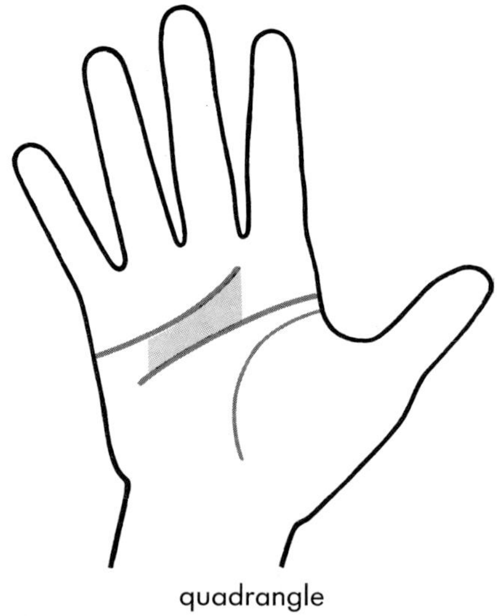

quadrangle

LA CROIX MYSTIQUE

Ce signe très controversé apparaît dans le quadrangle entre les lignes de cœur et de tête. Les détracteurs de la chirologie la citent souvent pour ridiculiser cet art. Cette attitude provient sans doute d'une erreur d'interprétation.

On trouve beaucoup de croix mal formées dans le quadrangle (particulièrement dans les mains couvertes de petites lignes).

On ne retiendra qu'une croix claire, nette et indépendante de toute ligne. Elle indique une attirance pour la vie mystique et des aptitudes spéciales pour les sciences métaphysiques et occultes.

Quand une branche de cette croix touche le destin, la personne deviendra un dignitaire de l'Eglise ou un chef religieux respecté.

Si cette personne développe ses talents naturels, elle sera un maître de la divination.

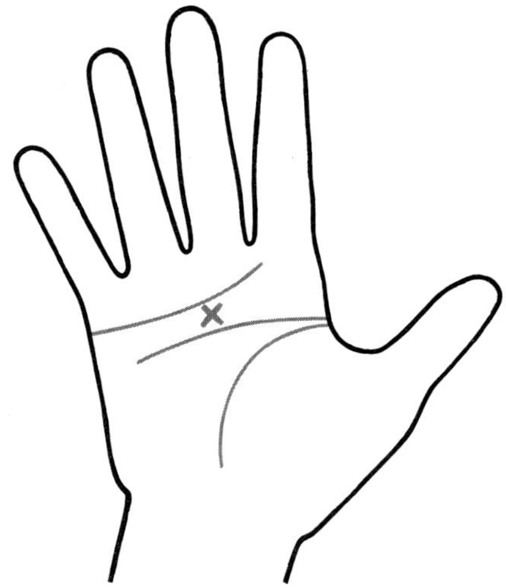

croix mystique

1. Jean-Antoine Rampalle, *De la chyromantie naturelle de Ronphile,* paru à Lyon en 1653. Jean-Antoine Rampalle, alias le révérend père Saint-André, mourut à Rome en 1671 après une brillante carrière ecclésiastique.

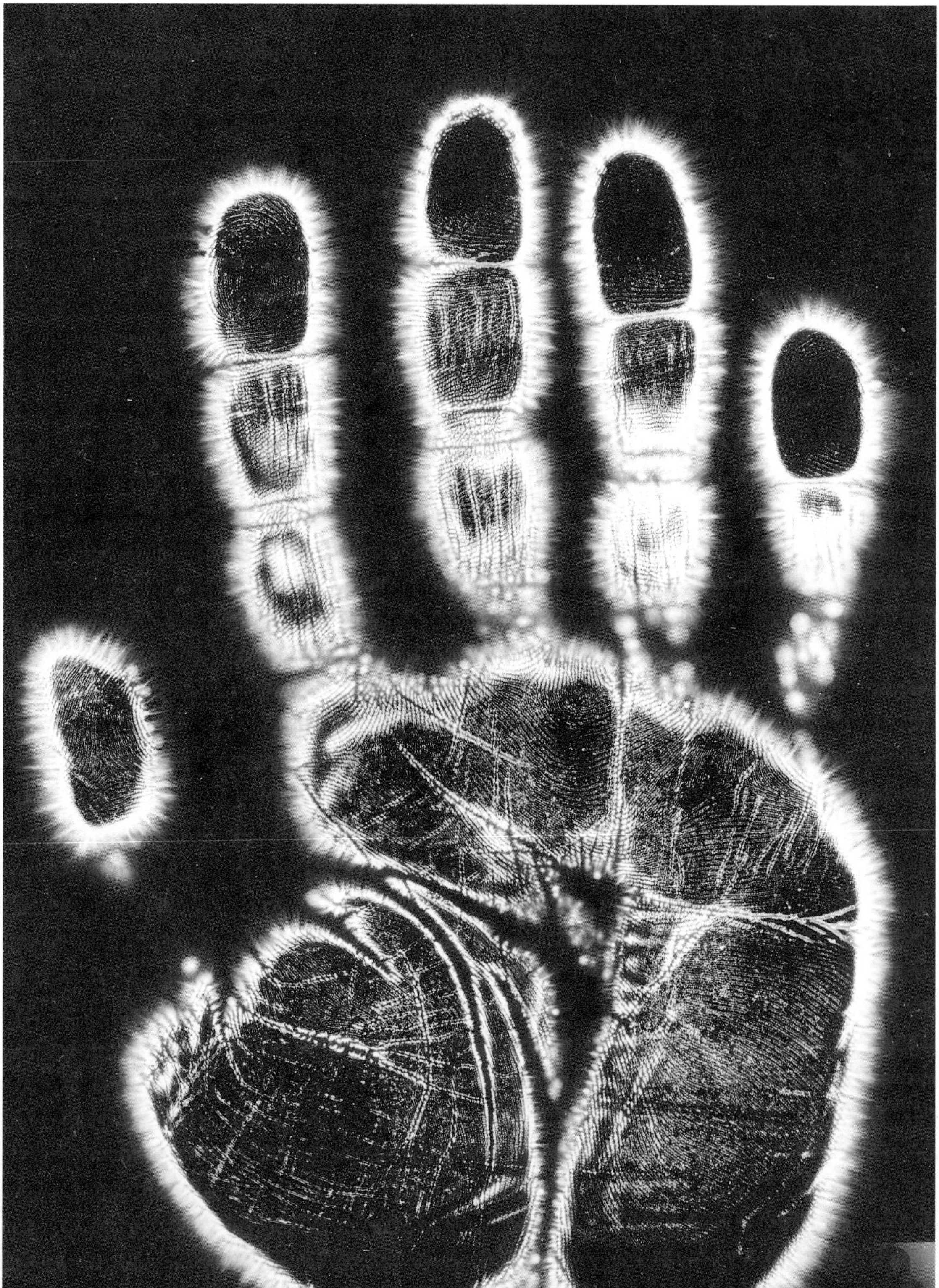

QUEL AVENIR?

Tant qu'il n'y aura pas eu de découvertes en biologie prouvant les relations privilégiées du cerveau avec la main, et particulièrement avec les lignes, la chirologie restera une connaissance marginale. L'acupuncture, traitement par les aiguilles employé en Chine depuis des millénaires, n'est plus considérée comme un remède de guérisseur. Et pourtant, les infimes courants d'énergie circulant à la surface de la peau, sur lesquels se base le rééquilibrage du Yin et du Yang, n'ont toujours pas été expliqués, bien qu'ils aient été photographiés par un appareil électronique, le tobiscope. Les inventeurs de l'appareil, les Soviétiques Kirlian et Gaïkine, découvrirent ces courants d'énergie en photographiant leurs mains dont ils virent s'échapper des flamboiements lumineux qui se croisaient exactement aux points traditionnels d'acupuncture.

Que dire des crépitations ou vibrations s'échappant des lignes et des doigts d'une manière différente selon chaque individu, comme l'avait prouvé Meissner en 1853 ? On ne peut s'empêcher d'évoquer la main du rebouteux ou du guérisseur dirigée vers le malade et dont l'effet est curatif. L'imposition des mains se pratique depuis l'Antiquité et il en est fait mention aussi bien dans l'Ancien que dans le Nouveau Testament. En France, après le sacre, le roi guérissait les écrouelles, inflammation et abcès d'origine tuberculeuse atteignant les ganglions du cou.

Mais la possibilité que nos mains reflètent nos images mentales est déjà suffisamment intéressante pour qu'on se tourne vers la chirologie et que celle-ci devienne un moyen d'étude psychologique.

◀ *Effet Kirlian. (Ph Georges Hadjo - Centre National de Recherches iconographiques, Paris)*

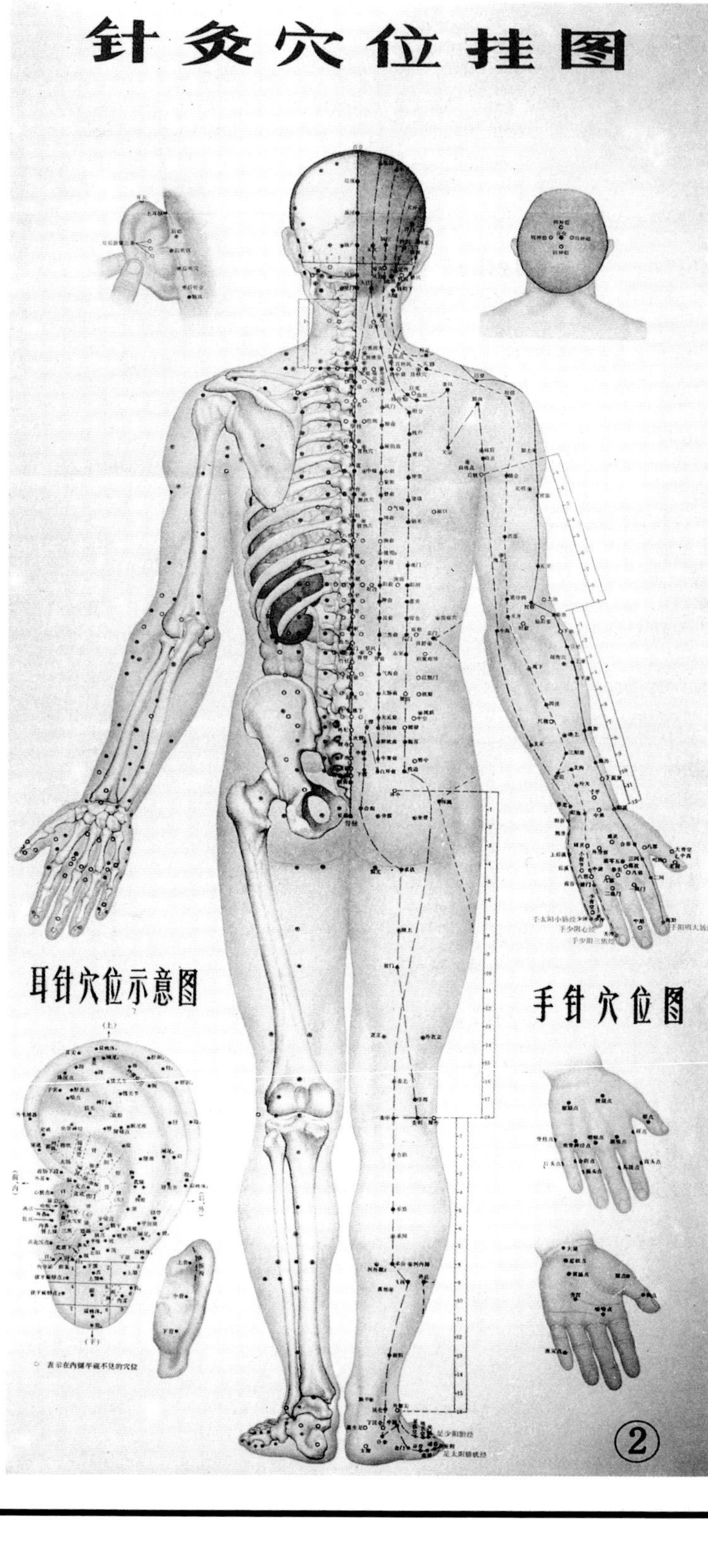

▶ *Points d'acupuncture sur le dos, les oreilles et les mains. Planche chinoise. (Ph Collection Viollet)*

GLOSSAIRE

ACUPUNCTURE : Méthode thérapeutique chinoise apparue vers 1 000 ans avant Jésus-Christ. Ayant pour but d'harmoniser l'être humain dans sa globalité, elle utilise des aiguilles fines qui, une fois posées en des zones cutanées précises appelées « points », ont la particularité de favoriser la circulation des différents souffles animant le corps.

ANTHROPOMETRIE : Ensemble des procédés de mensurations des diverses parties du corps humain, en particulier de la tête, l'anthropométrie fut adoptée avec succès en France, notamment vers 1883 par le docteur A. Bertillon, comme méthode d'identification des criminels. Sa complication et son manque de fiabilité firent cependant qu'on lui préféra la prise d'empreintes digitales (dermatoglyphes digitaux).

ASTROLOGIE : Etude de l'influence des astres sur le comportement de l'homme et des groupes sociaux ainsi que sur leur destinée, l'astrologie s'est pratiquée depuis la plus haute Antiquité et a été un élément moteur dans le développement de l'astronomie. Etudiant les corrélations entre la configuration, la qualité propice ou néfaste du ciel lors d'un événement terrestre (tel que la naissance) et de la nature — et les développements — de cet événement, l'astrologie dresse *l'horoscope* d'un individu esquissant sa trajectoire personnelle d'après une série de paramètres : dignité ou détriment des astres dans le zodiaque, la position en maisons, l'interaction par aspect, les échéances principales suivant les directions des significateurs. Le rapprochement entre un passé (connu) et un futur (prévisible) permet d'appréhender et de surmonter les contraintes du présent.

CHIROGNOMONIE : Interprétation des formes, de la couleur et de la texture de la peau des mains dont on déduit l'hérédité et le tempérament de base.

CHIROLOGIE : Etude des corrélations de la main avec la constitution physique, le tempérament et le caractère d'un individu permettant de dresser un portrait de sa personnalité. Elle se divise en deux parties : la chirognomonie et la chiromancie.

CHIROMANCIE : Interprétation des lignes et signes inscrits sur la paume et les doigts à travers lesquels la chiromancie traditionnelle « voyait » l'avenir.

CHIROSOPHIE : Science humaine qui, dans l'Antiquité, examinait les mains pour diagnostiquer l'état de santé, déterminer l'hérédité, la constitution émotionnelle et physique de l'individu et connaître sa psychologie.

DERMATOGLYPHIE : Etude des motifs cutanés de la paume et du bout des doigts. Leur classification comporte trois types fondamentaux : la boucle, l'arc et la volute. L'unicité inaltérable de chaque empreinte digitale a poussé la police à l'utiliser comme moyen d'identification judiciaire.

ECTODERME DE L'EMBRYON : Le même feuillet embryonnaire, l'ectoderme ou ectoblaste, donne naissance au système nerveux central (réparti dans le cerveau et la colonne vertébrale), au système endocrinien, aux organes des sens et à l'épiderme. Il n'y aurait donc rien d'étonnant à ce que la peau reflète les particularités psychologiques.

ESOTERISME : Partie de certaines philosophies pythagoriciennes, cabalistes ou autres, qui devait rester inconnue des profanes, et faire l'objet d'une initiation pour être compréhensible.

FATMA : La main de Fatma est un porte-bonheur répandu dans tous les pays musulmans. Chacun des doigts représente un des cinq commandements principaux du Coran. D'autre part, le pouce symbolise Mahomet, l'index Fatima d'où Fatma, sa fille, Ali, le mari de Fatima, est le médius et leurs enfants, Hassan et Hussein, sont l'annulaire et l'auriculaire.

GENETIQUE : Science biologique de l'hérédité, fondée sur la théorie des gènes, elle étudie la transmission de l'information héréditaire des parents et leurs descendants au travers des gènes.

HERMETISME : Ensemble des doctrines contenues dans les « livres hermétiques » — écrits de l'époque gréco-romaine, et dits hermétiques parce qu'attribués au dieu Hermès Trismégiste (correspondant au dieu Toth, en Egypte) —, l'hermétisme peut être compris comme une doctrine du salut dont le but est d'atteindre un idéal mystique qui permettra la libération post-mortem grâce à l'enseignement personnel acquis ici-bas au travers de l'astrologie, l'alchimie, la magie, la philosophie, la théologie...

HOROSCOPE : Calculs astrologiques concernant la trajectoire personnelle d'un individu qui sont portés sur une feuille représentant la sphère céleste ou zodiaque, partagé en douze signes astrologiques et où circulent le soleil et les planètes et s'inscrivent les douze maisons. Les liens unissant les différents points du zodiaque établissent une véritable carte personnelle du ciel.

KABBALE ou CABALE : Ensemble de commentaires mystiques et ésotériques juifs des textes bibliques et de leur tradition orale transmise par les initiés. La Cabale commença à se développer deux siècles avant Jésus-Christ et se répandit dans le midi de la France et en Espagne, au Moyen Age. Cette doctrine, selon laquelle l'homme est la forme cosmique parfaite qui contient tous les autres, influença beaucoup de nombreux adeptes célèbres et aussi divers que Avicenne, Raymond Lulle, Pic de la Mirandole et Paracelse.

KARMA : Dans la chirologie indoue — l'une des plus anciennes formes de la chirologie — le pouce définit le caractère par rapport au karma, l'âme des vies antérieures que nous réincarnons. Les lignes révèlent leurs conflits intérieurs provenant de nombreuses réincarnations et des difficultés rencontrées dans des vies antérieures.

NUMEROLOGIE : Issue de l'arithmosophie, la science traditionnelle et sacrée des nombres réservée aux initiés dont au VIe siècle avant J.-C. Pythagore, le père de la multiplication, fut l'un des maîtres, la numérologie est un art divinatoire qui analyse numériquement selon des procédés divers un nom propre, un prénom, la date de naissance, etc. Elle est très employée dans le monde en affaires, aux Etats-Unis surtout.

ONYCHOLOGIE : Examen des ongles qui permet d'établir d'un seul coup d'œil l'état de santé et la psychologie d'une personne. Ne pas confondre avec l'onychomancie, la divination par les ongles.

PHRENOLOGIE : Fondée par F.-J. Gall (1758-1828), anatomiste allemand du système nerveux, cette science relie chaque fonction mentale à une zone du cortex cérébral et soutient que la forme même du crâne indique l'état des différentes facultés. Elle a constitué une étape dans la connaissance du cerveau.

PSYCHOCHIROLOGIE : Se démarquant des prédictions de la chiromancie traditionnelle, la chirologie moderne ou psychochirologie observe les formes et les lignes de la main dont elle tire un portrait psychologique de la personnalité qui indiquera le devenir et non pas l'avenir.

PHYSIOGNOMONIE : Science basée sur l'observation de l'homme extérieur, sa physionomie, permettant de connaître l'homme intérieur, donc son caractère. Pratiquée depuis l'Antiquité, les savants de la Renaissance lui accordèrent une grande importance. Mais le traité le plus célèbre est celui, au XVIIIe siècle, du théologien d'expression allemande, Johann Kaspar Lavater. Sa forme moderne est la morphopsychologie qui met en évidence les corrélations entre certaines caractéristiques structurales de la forme humaine et les particularités psychiques fondamentales de la personnalité.

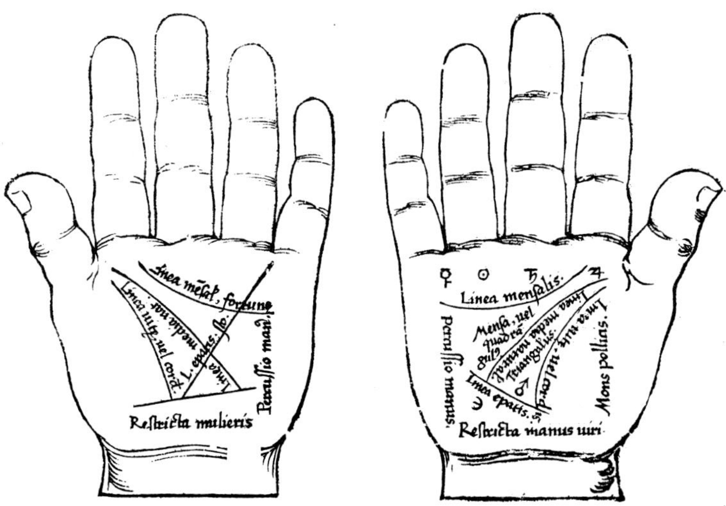

Deux dessins des lignes de la main ; extraits de Chiromantia Physiognomica. (Ph Bibliothèque nationale, Paris)

BIBLIOGRAPHIE

ALTMAN Nathaniel — *The Palmestry Work book,* Londres, Aquarian Press, 1984.

BASHIR Mir
Le Guide Marabout de la chiromancie et de l'analyse du caractère par les lignes de la main, Paris, Marabout, 1980.

BENHAM William G. — *Laws of Scientific Hand reading,* Londres, Putman & Co, 1946.

BLIN Clément — *La Connaissance de soi et des autres,* Paris, le Hameau, 1980.

Votre Main, principes de chirométrie, Monaco, Editions du Rocher, 1980.

BLOCK Eugène — *L'Empreinte du crime : histoire vraie des empreintes digitales,* Paris, Solar, 1979.

BUTLER René — *Les lignes de la main en s'amusant,* Paris, Denoël, 1973.

CHEIRO — voir HAMON (Louis).

CHEKERIAN Grégoire — *Les Lignes de la main,* Paris, Solar, 1979.

CHOISY Maryse — *La Chirologie,* Paris, PUF, 1927.

DESBARROLLES Adrien-Adolphe — *Les Mystères de la main,* Paris, Librairie du Petit journal, 1859 et multiples rééditions, puis Paris, Garnier frères, 1959 et 1972.

ENCAUSSE Gérard (pseud. PAPUS) — *Comment on lit dans la main, premiers éléments de chiromancie,* Saint Jean de Braye, Dangles, 1980. (Réédition Paris, Dangles ; 1946, 48, 72, 74.)

Les Arts divinatoires, Paris, Dangles, 1984.

GETTINGS Fred — *Le Livre de la main,* Paris, Editions des deux Coqs d'Or, 1969.

HAMON Louis (pseud. CHEIRO) — *Ce que disent les mains, Précis de chirologie,* Paris, Stock, 1970 puis 1980.

Language of the Hand, Londres, Herbert Jenkins Ltd, *sd.*

Confessions : Memoirs of a modern Seer, Londres, Jarrolds Publishers, 1932.

HAYN Jean de — voir Indagine

HUTCHINSON Beryl B. — *La Main reflet du destin, chirognomie, chiromancie, chiroscopie,* Paris, Payot, 1971.

Your Life in your Hands, Londres, Sphère, 1978.

A Handbook on Hands, Londres, Rider & Co, *sd.*

INDAGINE Jean d' — *De la chiromancie,* Paris, GLM, 1948.

MOREAU Adèle — *L'Avenir dévoilé : chiromancie nouvelle, étude des deux mains,* Paris, chez l'auteur, 1869.

MUCHERY Georges — *Traité complet de chiromancie déductive et expérimentale,* Paris, Editions du Chariot, 1958.

PAPUS — voir ENCAUSSE (Gérard).

RAMPALLE Jean Antoine — *La Chiromancie naturelle* de Ronphile, Lyon, chez A. Juilieron, 1653 réédité dans les *Cahiers de la Tour Saint Jacques,* 1961, N° V.

SONDAZ Marie-Louise — *Tous les signes expliqués : essai de morphologie astrale, le visage, la main, les astres,* Marseille, R. Laffont, 1942.

SOULIÉ de MORANT Georges — *Traité de chiromancie chinoise, les sciences occultes en Chine, la main,* Paris, Editions de la Maisnie, 1978.

TERVAGNE Simone de — *Madame Fraya m'a dit, les confidences de la plus grande voyante du siècle,* Paris, Adyar, 1955.

WATSON Lyall — *Histoire naturelle du surnaturel,* Paris, Albin Michel, 1974.

WEISSBRODT Raymond — *Les lignes de votre main parlent : tout ce que la main peut vous apprendre sur vous et votre destin,* Paris, Tchou, 1978.

WIRTH Oswald — *L'Imposition des mains et la médecine philosophale, le symbolisme,* Laval, 1963.

WOLFF Charlotte — *Studies in Hand Reading,* Londres, Chatto & Windus, 1936.

La Main humaine, Paris, PUF, 1952.

Achevé d'imprimer en mars 1988
sur les presses de l'Imprimerie Tardy Quercy S.A. - Bourges
Dépôt légal : n° 6589, 1er trimestre 1988 - N° d'imprimeur : 14391